Die Bonus-Seite

Ihr Vorteil als Käufer dieses Buches

Auf der Bonus-Webseite zu diesem Buch finden Sie zusätzliche Informationen und Services. Dazu gehört auch ein kostenloser **Testzugang** zur Online-Fassung Ihres Buches. Und der besondere Vorteil: Wenn Sie Ihr **Online-Buch** auch weiterhin nutzen wollen, erhalten Sie den vollen Zugang zum **Vorzugspreis**.

So nutzen Sie Ihren Vorteil

Halten Sie den unten abgedruckten Zugangscode bereit und gehen Sie auf **www.galileocomputing.de**. Dort finden Sie den Kasten **Die Bonus-Seite für Buchkäufer**. Klicken Sie auf **Zur Bonus-Seite / Buch registrieren**, und geben Sie Ihren **Zugangs- code** ein. Schon stehen Ihnen die Bonus-Angebote zur Verfügung.

Ihr persönlicher
Zugangscode | q5ig-n7zu-t64w-r2ek

Thomas Theis

Einstieg in PHP 5.3 und MySQL 5.4

Galileo Press

Liebe Leserin, lieber Leser,

mit PHP und MySQL können Sie anspruchsvolle dynamische Webseiten erstellen – dieses Buch zeigt Ihnen, wie Sie das im Handumdrehen schaffen. Die vielen zufriedenen Leser der ersten vier Auflagen bestätigen, dass es aus gutem Grund zu den erfolgreichsten Einsteigerbüchern in diesem Bereich gehört.

Alles, was Sie zur Programmierung Ihrer Webseiten benötigen, lernen Sie Schritt für Schritt anhand vieler kleiner Anwendungsbeispiele. Sämtliche Codezeilen werden dabei ausführlich erklärt, so dass Sie alles problemlos nachvollziehen können. Durch das Lösen der Übungsaufgaben können Sie Ihr neu gewonnenes Wissen anschließend überprüfen und festigen.

Auch wenn Sie bislang noch nie programmiert haben, werden Sie mit diesem Buch schnell Ihre ersten dynamischen Webseiten entwickeln können. Damit Ihnen der Einstieg sicher gelingt, vermittelt Ihnen unser Autor Thomas Theis zu Beginn zunächst die notwendigen Grundlagen der Programmierung mit PHP. Anschließend lernen Sie dann, wie Sie »richtige« Internetanwendungen mit PHP erstellen, wie Sie also beispielsweise Daten aus HTML-Formularen auslesen und in MySQL-Datenbanken abspeichern, wie Sie Grafiken und PDF-Dokumente generieren, automatisch erzeugte E-Mails versenden und vieles andere mehr.

Dieses Buch wurde mit großer Sorgfalt geschrieben, geprüft und produziert. Sollte dennoch einmal etwas nicht so funktionieren, wie Sie es erwarten, freue ich mich, wenn Sie sich mit mir in Verbindung setzen. Ihre Kritik und konstruktiven Anregungen, aber natürlich auch Ihr Lob sind uns jederzeit herzlich willkommen!

Viel Spaß beim Programmieren Ihrer Webseiten wünscht Ihnen nun

Ihre Christine Siedle
Lektorat Galileo Computing

christine.siedle@galileo-press.de
www.galileocomputing.de
Galileo Press · Rheinwerkallee 4 · 53227 Bonn

Auf einen Blick

Der Name Galileo Press geht auf den italienischen Mathematiker und Philosophen Galileo Galilei (1564–1642) zurück. Er gilt als Gründungsfigur der neuzeitlichen Wissenschaft und wurde berühmt als Verfechter des modernen, heliozentrischen Weltbilds. Legendär ist sein Ausspruch *Eppur se muove* (Und sie bewegt sich doch). Das Emblem von Galileo Press ist der Jupiter, umkreist von den vier Galileischen Monden. Galilei entdeckte die nach ihm benannten Monde 1610.

Gerne stehen wir Ihnen mit Rat und Tat zur Seite:
christine.siedle@galileo-press.de bei Fragen und Anmerkungen zum Inhalt des Buches
service@galileo-press.de für versandkostenfreie Bestellungen und Reklamationen
britta.behrens@galileo-press.de für Rezensions- und Schulungsexemplare

Lektorat Judith Stevens-Lemoine, Christine Siedle
Korrektorat René Wiegand
Einbandgestaltung Barbara Thoben, Köln
Typografie und Layout Vera Brauner
Herstellung Lissy Hamann
Satz Typographie & Computer, Krefeld
Druck und Bindung Bercker Graphischer Betrieb, Kevelaer

Dieses Buch wurde gesetzt aus der Linotype Syntax Serif (9,25/13,25 pt) in FrameMaker. Gedruckt wurde es auf chlorfrei gebleichtem Offsetpapier.

Bibliografische Information der Deutschen Nationalbibliothek
Die Deutsche Nationalbibliothek verzeichnet diese Publikation in der Deutschen Nationalbibliografie; detaillierte bibliografische Daten sind im Internet über http://dnb.d-nb.de abrufbar.

ISBN 978-3-8362-1544-2

© Galileo Press, Bonn 2010
6., aktualisierte Auflage 2010

Inhalt

5 Objektorientierung in PHP 245

6 Weitere Themen 285

8　Beispielprojekte 541

1 Einführung

In diesem Kapitel erfahren Sie, warum Sie PHP erlernen sollten. Die Vorzüge von PHP werden dargestellt, zudem wird der Aufbau des Buchs beschrieben.

1.1 Zu diesem Buch

PHP ist eine weitverbreitete Sprache zur Entwicklung dynamischer Internetanwendungen, deren Nutzung seit ihrer ersten Einführung stetig ansteigt. PHP wird inzwischen auf Millionen Websites weltweit eingesetzt.

Dieses Buch erscheint aktuell zu PHP 5.3 und MySQL 5.4. Es ist, wie schon seine Vorgängerbücher zu PHP 4 und PHP 5, eine leicht verständliche Einführung in die wichtigsten Einsatzgebiete von PHP. Zahlreiche Kommentare und Mails zu diesem Bestseller haben gezeigt, dass es als Lehrbuch sehr gut angenommen wird. Viele Leser fühlen sich erfolgreich an die Hand genommen und in die PHP-Welt eingeführt. Die verschiedenen Auflagen des Buchs wurden ständig überarbeitet beziehungsweise erweitert.

Bestseller

Für den Einsteiger ergeben sich bei PHP 5.3 und MySQL 5.4 im Vergleich zu älteren Versionen nur wenige Änderungen. Die Beispiele in diesem Buch laufen unter allen Versionen von PHP 5 und MySQL 5.

Die Software auf der beiliegenden CD kann sehr einfach installiert werden. Mit Hilfe dieser Software können Sie schnell eigene PHP-Programme entwickeln und testen. PHP ist in vielen kostengünstigen Angeboten von Websiteprovidern enthalten, sodass die erlernten Kenntnisse dort erfolgreich eingesetzt werden können.

Zum Erlernen von PHP anhand des vorliegenden Buchs werden von Ihnen, dem künftigen PHP-Programmierer, lediglich Grundkenntnisse auf Anwenderebene von Microsoft Windows oder Linux verlangt. Sie sollten mit Dateien und Verzeichnissen sowie mit einem Browser arbei-

PHP lernen

ten können. Machen Sie sich nun mit dieser erfolgreichen und einfachen Sprache vertraut!

Für die Hilfe bei der Erstellung dieses Buchs bedanke ich mich bei René Wiegand und dem ganzen Team von Galileo Press, ganz besonders bei Christine Siedle.

1.2 PHP – eine Beschreibung

Dynamische Internetseiten

PHP ist die Abkürzung für PHP Hypertext Preprocessor. PHP ermöglicht Entwicklern die Erzeugung dynamischer Internetseiten, mit denen sogenannte Web Applications, wie zum Beispiel E-Commerce-Systeme, Chats oder Foren, erstellt werden. Im Unterschied zu statischen Internetseiten kann sich der Inhalt als Folge von Aktionen des Benutzers oder aufgrund neuer Basisinformationen, die beispielsweise aus Datenbanken stammen, jederzeit ändern.

MySQL

PHP unterstützt insbesondere die einfache Auswertung von Formularen, mit denen ein Benutzer Daten an eine Website senden kann. Es ermöglicht die Zusammenarbeit mit vielen verschiedenen Datenbanksystemen. Die weitaus meisten PHP-Entwickler setzen das Datenbanksystem MySQL ein. Ein besonderer Schwerpunkt dieses Buchs ist daher der Zusammenarbeit von PHP und MySQL gewidmet.

1.3 PHP – Vorzüge

Gründe für die Verwendung von PHP

PHP bietet im Vergleich zu anderen Programmiersprachen viele Vorteile. Als wichtigste Gründe für die Nutzung von PHP sind zu nennen:

▸ Es dient der Entwicklung von Internetanwendungen.

▸ Es ermöglicht die einfache Entwicklung von Programmen.

▸ Es unterstützt verschiedene Plattformen.

▸ Es lässt sich leicht in Apache, den weitverbreiteten Webserver, integrieren.

▸ Es ist erschwinglich und flexibel.

Im Folgenden sollen einige Eigenschaften von PHP näher betrachtet werden: Erlernbarkeit, Einsatzbereich, Preis und Ausführungsort.

1.3.1   Erlernbarkeit

Im Vergleich zu anderen Sprachen ist PHP relativ leicht erlernbar. Dies liegt hauptsächlich daran, dass PHP im Gegensatz zu anderen Sprachen ausschließlich für die Webserver-Programmierung entwickelt wurde und nur die dafür notwendigen Bestandteile enthält.

Leicht erlernbar

1.3.2   Einsatzbereich

PHP wird von vielen Typen von Webservern einheitlich unterstützt. Andere Sprachen kommen nur auf bestimmten Servertypen zum Einsatz. Ein PHP-Programmierer kann also seine Kenntnisse später auf den unterschiedlichsten Systemen nutzen.

Auf vielen Systemen einsetzbar

1.3.3   Preis

PHP kostet nichts; es muss weder ein Compiler noch ein Entwicklungssystem gekauft werden. Es kann unter anderem auf dem ebenfalls frei verfügbaren und weitverbreiteten Apache-Webserver unter verschiedenen Betriebssystemen eingesetzt werden.

Frei verfügbar

1.3.4   Ausführungsort

Eine Internetanwendung kann entweder auf einem Webserver (Serverprogramm) oder beim Betrachter einer Internetseite (Clientprogramm) ausgeführt werden. PHP-Programme sind stets Serverprogramme. Beim Betrachter wird also lediglich die Ausgabe der Programme dargestellt. Der Browser des Betrachters muss nur in der Lage sein, den vom Server gesendeten HTML-Code umzusetzen. Er muss keine besonderen Eigenschaften besitzen, die mit der Programmiersprache des Webservers zusammenhängen. Die Seiten können daher auch von älteren Browsern dargestellt werden.

Serverprogramm

Darüber hinaus haben Serverprogramme im Unterschied zu Clientprogrammen (zum Beispiel in JavaScript) Zugriff auf Textdateien und Datenbanken. Dies ermöglicht erst die Durchführung häufig vorkommender Vorgänge: wie zum Beispiel die Suche nach bestimmten Daten oder die Übermittlung von Daten an den Server.

Dateien und Datenbanken

Der Betrachter kann keine Rückschlüsse auf den erzeugenden Programmcode oder auf die Quelldaten ziehen. Die Programme können also vom Betrachter nicht kopiert und zu eigenen Zwecken weiterverwendet werden.

Sicherheit

1.4 Aufbau dieses Buchs

Alle Kapitel des Buchs haben den folgenden, lernfreundlichen Aufbau:

Grundlagen und Anwendung

▶ Schritt für Schritt werden den bis zum jeweiligen Zeitpunkt vorhandenen Grundlagen und Kenntnissen neue Elemente hinzugefügt. Die Theorie wird beschrieben und anhand von vollständigen, anschaulichen und ausführlich kommentierten Beispielen erläutert.

Übungen

▶ Sie haben die Möglichkeit, Übungsaufgaben zum Thema zu lösen. Sie sollen dabei das soeben erworbene Wissen umsetzen und haben damit eine unmittelbare Erfolgskontrolle. Sie können so selbst feststellen, ob Sie den betreffenden Abschnitt verstanden haben.

▶ Die Lösungen zu allen Übungsaufgaben finden Sie (zusammen mit dem Code aller Programmbeispiele) auf der dem Buch beiliegenden CD. Sollten Sie eine Übungsaufgabe nicht vollständig gelöst haben, so kann Ihnen die dortige Lösung als Hilfestellung dienen.

▶ Sofern Sie selbst eine lauffähige Lösung gefunden haben, können Sie sie mit der vorgeschlagenen Lösung vergleichen. Beim Programmieren gilt der Grundsatz: Es gibt beliebig viele richtige Lösungen, und nicht nur eine sogenannte Musterlösung. Allerdings soll mit dem Aufbau der Beispiel- und Übungsprogramme auch ein übersichtlicher und lesbarer Programmierstil vermittelt werden, der ein strukturiertes Erlernen und professionelles Programmieren ermöglicht.

1.5 Systemvoraussetzungen

Voraussetzungen

PHP läuft unter zahlreichen Betriebssystemen, unter anderem unter Windows, Mac OS X und Linux. Sie benötigen für Ihre Arbeit mit PHP neben einem Browser zum Betrachten beziehungsweise Benutzen der Seiten die folgende Minimalausstattung:

▶ einen PHP-fähigen Webserver (zum Beispiel Apache)
▶ PHP selbst
▶ das Datenbanksystem MySQL

Buch-CD

Das Installationspaket XAMPP beinhaltet alle notwendigen Bestandteile sowie weitere nützliche Software bereits fertig vorkonfiguriert. Sie finden es auf der CD zum Buch. Die Installation unter Windows wird in einem eigenen Abschnitt in Anhang B beschrieben.

2 PHP-Programmierkurs

In diesem Kapitel lernen Sie, erfolgreich Programme in PHP zu schreiben. Sie lernen insbesondere Variablen und Felder, Operatoren, Kontrollstrukturen und Funktionen kennen. Die Auswertung von Formularen und einige umfangreichere Beispiele runden das Kapitel ab.

Hinweise
In diesem Buch sollen nicht nur die Kenntnisse der Sprache PHP vermittelt werden, sondern auch ein übersichtlicher und strukturierter Programmierstil. Dies vereinfacht sowohl die Arbeit eines einzelnen Entwicklers als auch die Zusammenarbeit eines Entwicklerteams und die spätere Wartung der Programme.
Für viele denkbare Anwendungsfälle wird jeweils nur eine Lösung angeboten und der typische Einsatzzweck erläutert, ohne dabei durch eine allzugroße Anzahl von Möglichkeiten zu verwirren.

[«]
Programmierstil

Typischer
Einsatzzweck

2.1 Einbettung von PHP in HTML

In den meisten PHP-Programmen wird die folgende Methode verwendet, um PHP-Programme in HTML-Dateien einzubetten:

```
<?php
    [PHP-Anweisung]
    [PHP-Anweisung]
    [PHP-Anweisung]
?>
<?php ... ?>
```

Die Markierung `<?php` leitet eine einzelne PHP-Anweisung oder einen Block von PHP-Anweisungen ein. Diese werden bis zur Markierung `?>` bearbeitet, die das Ende des Blocks darstellt. PHP-Blöcke können im gesamten Dokument untergebracht werden. Der Code wird von oben nach unten abgearbeitet; es kann dabei mehrmals zwischen HTML und PHP gewechselt werden.

Zur Auffrischung bzw. Vertiefung Ihrer HTML-Kenntnisse soll an dieser Stelle auf zwei Möglichkeiten verwiesen werden, nämlich auf

HTML-Kurs

▶ den Schnellkurs »HTML für PHP« in Anhang A des Buchs, in dem die wichtigsten HTML-Themen, die zur PHP-Programmierung notwendig sind, erläutert werden, sowie auf

▶ einen ausführlichen HTML-Kurs auf der CD zum Buch.

Das folgende, vollständige Beispiel verdeutlicht die Einbettung von PHP-Code in HTML:

```
<html>
<head>
<title>Titelzeile der Datei</title>
</head>
<body>
Die erste Zeile in HTML<br />
<?php echo "Die zweite Zeile in PHP<br />"; ?>
Die dritte Zeile in HTML<br />
<?php
    echo "Die vierte Zeile in PHP<br />";
    echo "Die fünfte Zeile in PHP";
?>
</body>
</html>
```

Listing 2.1 Datei p201.php

echo Die PHP-Anweisung echo gibt den angegebenen Text auf dem Bildschirm aus. Der Text muss in doppelten Anführungszeichen oder einfachen Hochkommata geschrieben werden. Falls der Text HTML-Markierungen beinhaltet (hier <br /> für einen Zeilenumbruch), werden diese ausgeführt. Die Ausgabe des Programms im Browser sieht wie folgt aus:

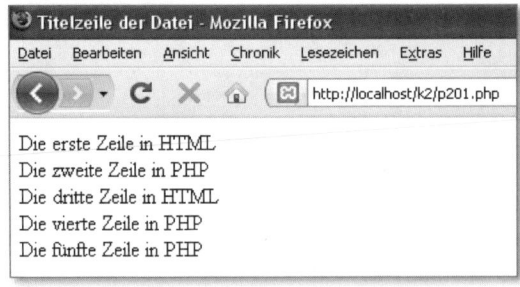

Abbildung 2.1 Einbettung von PHP in HTML

Um das Beispiel nachzuvollziehen, gehen Sie wie folgt vor:

- Starten Sie nach der in diesem Buch empfohlenen Installation von XAMPP zunächst den Apache-Webserver über das XAMPP Control Panel.

- Legen Sie die Datei *p201.php* in das Hauptverzeichnis des Webservers (unter Windows *C:\xampp\htdocs\k2*).

- Geben Sie in der Adresszeile Ihres Browsers *http://localhost/k2/p201.php* ein.

Sollten Sie in Ihrem Browser nicht die gleiche Ausgabe wie in Abbildung 2.1 sehen, kontrollieren und korrigieren Sie ggf. die eingegebene Adresse. Falls diese stimmt, ist PHP möglicherweise nicht korrekt installiert, siehe Anhang B, »Installationen«.

2.2 Kommentare

Mit Hilfe von Kommentaren wird ein Programm lesbarer. Kommentare werden nicht ausgeführt, sondern dienen nur zur Information des Entwicklers, insbesondere bei umfangreichen Programmen. Sollte es sich um eine Gruppe von Entwicklern handeln oder sollte das Programm später von anderen Entwicklern weiter bearbeitet werden, so ist es besonders notwendig, Kommentare zu schreiben.

Kommentare

> **Hinweis**
>
> Erfahrungsgemäß gibt es immer wieder Entwickler, die ihre Programme nur minimal kommentieren. Dies stellt sich nach kurzer Zeit als Nachteil für sie selbst und ihre Kollegen heraus.

[«]

Man unterscheidet zwischen einzeiligen und mehrzeiligen Kommentaren.

- Ein einzeiliger Kommentar beginnt mit den Zeichen // und endet am Ende der Zeile. Er wird im Allgemeinen zur Kommentierung einzelner Begriffe verwendet.

//

- Ein mehrzeiliger Kommentar beginnt mit den Zeichen /* und endet mit den Zeichen */. Er wird üblicherweise zur Erläuterung eines Programmblocks verwendet.

/* ... */

Ein Beispiel hierzu:

```
<html>
<body>
<?php
    echo "Das ist der Anfang";    // Kommentar
                                   // bis zum Zeilenende
```

```
    /* Ein Kommentar über
        mehrere Zeilen hinweg */
    echo " und hier das Ende des Programms";
?>
</body>
</html>
```

Listing 2.2   Datei p202.php

Die Ausgabe des Programms im Browser sieht wie in Abbildung 2.2 dargestellt aus.

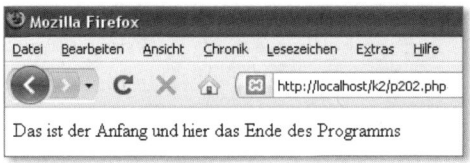

Abbildung 2.2   Programm (ohne sichtbare Kommentare)

[⫽]

> **Übung P203**
>
> Schreiben Sie ein PHP-Programm innerhalb einer Webseite (Datei *p203.php*) mit Kommentarzeilen. Speichern Sie die Datei im Hauptverzeichnis Ihres Webservers und testen Sie das Programm, indem Sie einen Browser aufrufen und die passende Adresse eingeben. Die Ausgabe des Programms im Browser sollte wie folgt aussehen:
>
>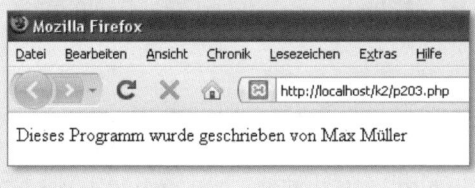
>
> **Abbildung 2.3**   Ergebnis von Übung P203

2.3   Variablen, Datentypen und Operatoren

Variable   Innerhalb eines Programms können Informationen zur späteren Verwendung in Variablen gespeichert werden. Diese Variablen unterscheiden sich in ihren Datentypen. PHP unterstützt Datentypen für:

▸ ganze Zahlen

▸ Zahlen mit Nachkommastellen

▸ Zeichenketten (Strings)

▶ Felder (ein- und mehrdimensionale Felder von Variablen)

▶ Objekte

Der Datentyp für eine Variable wird nicht vom Programmierer festgelegt, sondern richtet sich nach dem Zusammenhang, in dem die Variable
verwendet wird. Eine Variable kann ihren Datentyp innerhalb eines Programms wechseln. Im Unterschied zu vielen anderen Programmiersprachen findet in PHP keine Variablendeklaration statt. Dies bedeutet, dass
eine Variable bei ihrem ersten Erscheinen sofort benutzt werden kann
und dem Programm vorher nicht bekannt gemacht werden muss.

Datentypen

Zunächst geht es um die sogenannten »einfachen Datentypen« (Zahlen und
Zeichenketten), mit denen viele Aufgaben bei der Programmierung bereits
erledigt werden können. Später kommen Felder und Objekte hinzu.

2.3.1 Namen

Für den Namen einer Variablen (und später auch Funktionen) gelten folgende Regeln:

Variablennamen

▶ Er muss mit einem Dollarzeichen beginnen.

$

▶ Er darf keine Leerzeichen enthalten.

▶ Er darf nur aus Buchstaben und Ziffern bestehen, wobei das erste Zeichen ein Buchstabe sein muss. Es sind Groß- und Kleinbuchstaben
erlaubt, zwischen denen jedoch unterschieden wird (`$HokusPokus` ist
nicht das Gleiche wie `$hokuspokus`).

▶ Er darf keine deutschen Umlaute oder scharfes s (ß) enthalten.

▶ Er darf als einziges Sonderzeichen den Unterstrich _ enthalten.

▶ Er darf nicht mit einem reservierten Wort identisch sein, also zum
Beispiel mit einem Befehl aus der Sprache PHP. Eine Liste finden Sie
in Anhang C.

Sie sollten selbsterklärende Namen vergeben. Dies hat den Vorteil, dass sich
jeder, der sich später mit dem Programm befasst, sofort zurechtfindet.
Einige Beispiele: `$Startmeldung`, `$Temperaturwert`, `$XKoordinate`, `$Ywert`

2.3.2 Variablen für Zahlen

Betrachten wir einmal das folgende Programm, in dem der Preis für eine
Tankfüllung Benzin berechnet wird:

```
<html>
<body>
```

```
<?php
    $liter = 14;
    $preis = 1.35;
    $zahlung = $liter * $preis;
    echo $zahlung;
?>
</body>
</html>
```

Listing 2.3 Datei p204.php

Die Aufgabe dieses Programms ist die Multiplikation zweier Zahlen und die Ausgabe des Ergebnisses. Dies wird wie folgt durchgeführt:

Zahlenvariable

▸ Die Variable $liter wird eingeführt. Es wird ihr der Wert 14 zugewiesen, wodurch $liter zu einer Variablen für eine ganze Zahl wird.

▸ Die Variable $preis wird eingeführt. Es wird ihr der Wert 1.35 zugewiesen, also wird $preis zu einer Variablen für eine Zahl mit Nachkommastellen (dabei muss der Punkt als Dezimaltrennzeichen verwendet werden).

▸ Die Variable $zahlung wird eingeführt. Die Variablen $liter und $preis werden miteinander multipliziert; das Ergebnis wird der Variablen $zahlung zugewiesen. Damit wurde $zahlung ebenfalls zu einer Variablen für eine Zahl mit Nachkommastellen.

▸ Der Wert von $zahlung (also 18.9) wird mit der Anweisung echo ausgegeben. Mit echo lassen sich nicht nur Texte, sondern auch Variablen sowie HTML-Code ausgeben. Dies wird in Abschnitt 2.3.4 erläutert.

Abbildung 2.4 zeigt die Ausgabe des Programms im Browser.

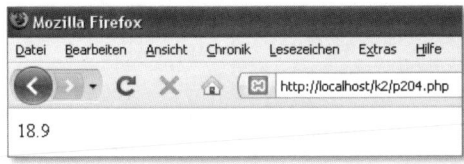

Abbildung 2.4 Ergebnis einer einfachen Berechnung

[»] **Hinweis**

Eine Zahl mit Nachkommastellen kann auch als sogenannte Exponentialzahl dargestellt werden. Im oben angegebenen Programm hätte man für die Zahl 1.35 eine der Schreibweisen aus Tabelle 2.1 verwenden können, was zum gleichen Ergebnis geführt hätte.

Schreibweise	Berechnung	Ergebnis
$preis = 0.135e1;	$0.135 * 10^1 = 0.135 * 10$	1.35
$preis = 135e-2;	$135 * 10^{-2} = 135 * 0.01$	1.35

Tabelle 2.1 Beispiele für Schreibweisen von Exponentialzahlen

2.3.3 Rechenoperatoren für Zahlen

Bei Zahlen können die Rechenoperatoren (arithmetische Operatoren) aus Tabelle 2.2 verwendet werden:

Rechenoperatoren
+ – * / %

Operator	Bedeutung
+	Addition
–	Subtraktion
*	Multiplikation
/	Division
%	Modulo-Operation: der Rest bei einer ganzzahligen Division Zum Beispiel ergibt 7 % 3 den Wert 1. Denn 7 dividiert durch 3 ergibt 2, Rest 1.

Tabelle 2.2 Rechenoperatoren in PHP

Zu erwähnen sind auch die kombinierten Zuweisungsoperatoren += und -=. Mit ihrer Hilfe kann eine Addition bzw. eine Subtraktion zusammen mit einer Zuweisung erfolgen.

Zwei Beispiele hierzu:

▶ $x = 5; $x += 3; (jetzt hat $x den Wert 8)

▶ $x = 5; $x -= 3; (jetzt hat $x den Wert 2)

Ein weiteres Beispiel mit einer etwas umfangreicheren Berechnung:

```
<html>
<body>
<?php
    $liter1 = 16;
    $liter2 = 23;
    $liter3 = 34;
    $preis = 1.35;
    $gesamtzahlung = ($liter1 + $liter2 + $liter3) * $preis;
    echo $gesamtzahlung;
?>
</body>
</html>
```

Listing 2.4 Datei p205.php

Rangordnung der
Operatoren

Beachten Sie bitte, dass (wie in der Mathematik üblich) Multiplikation und Division Vorrang vor Addition und Subtraktion haben, also zuerst ausgeführt werden. Bei Operatoren mit gleicher Rangordnung werden Ausdrücke von links nach rechts bearbeitet.

Allerdings kann der Entwickler die Reihenfolge durch das Setzen von Klammern beeinflussen. Ausdrücke in Klammern werden zuerst vollständig ausgewertet, das Ergebnis fließt später in die restliche Berechnung ein.

Zum vorliegenden Programm: Die Variablen `$liter1`, `$liter2`, `$liter3` und `$preis` werden eingeführt und mit Werten belegt. Die Variable `$gesamtzahlung` wird wie folgt errechnet:

▶ Die drei Literzahlen werden addiert (ergibt 73).

▶ Die Gesamtliterzahl wird mit dem Preis multipliziert (ergibt 98.55).

Die Ausgabe des Programms im Browser sieht wie in Abbildung 2.5 dargestellt aus.

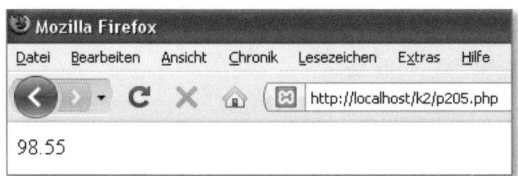

Abbildung 2.5 Ergebnis einer umfangreicheren Berechnung

Der Ausdruck `$gesamtzahlung = $liter1 + $liter2 + $liter3 * $preis`, also ohne Klammern, führt nicht zum richtigen Ergebnis, da in diesem Fall

▶ die Multiplikation zuerst ausgeführt wird (es ergibt sich der Preis für 34 Liter) und

▶ anschließend zu diesem Preis die beiden anderen Literzahlen addiert werden.

[✐]

Übung P206

Berechnen Sie in einem PHP-Programm (Datei *p206.php*) den Bruttopreis eines Einkaufs. Es werden drei Artikel eingekauft. Die Nettopreise der einzelnen Artikel betragen 22,50 €, 12,30 € und 5,20 €. Der Bruttopreis berechnet sich bekanntlich aus dem Nettopreis zuzüglich 19 Prozent Umsatzsteuer. In die Berechnung muss also der Faktor 1.19 eingehen.

Speichern Sie die Datei im Hauptverzeichnis Ihres Webservers und testen Sie anschließend Ihr Programm, indem Sie einen Browser aufrufen und die Adresse *http://localhost/k2/p206.php* eingeben.

Die Ausgabe des Programms im Browser sollte etwa wie folgt aussehen:

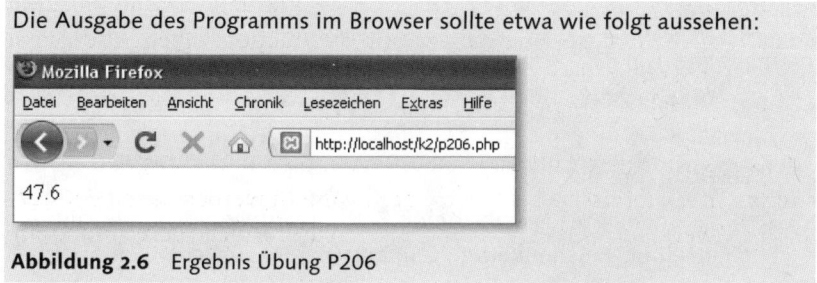

Abbildung 2.6 Ergebnis Übung P206

2.3.4 Variablen und Operatoren für Zeichenketten

Zeichenketten (Strings) müssen in doppelte Hochkommata (" ") oder in einfache Hochkommata (' ') eingeschlossen werden.

Strings

Das Zeichen . (Punkt) dient zur Verkettung von Zeichenketten beziehungsweise von Zahlen und Zeichenketten. Dies wird zum Beispiel für eine kommentierte Ergebnisausgabe genutzt. Der Operator .= (Punkt gleich) kann zur Vergrößerung einer Zeichenkette eingesetzt werden. Falls die Zeichenketten HTML-Code enthalten, so gelangt dieser HTML-Code zur Ausführung. Ein Beispielprogramm:

Hochkomma, Punkt

```
<html>
<body>
<?php
    $liter = 14;
    $preis = 1.35;
    $zahlung = $liter * $preis;
    $einheit1 = "Liter";
    $einheit2 = 'Euro';

    $gesamt = "<p>Tankfüllung: " . $liter . " " . $einheit1;
    $gesamt .= " kosten " . $zahlung . " "
            . $einheit2 . "</p>";
    echo $gesamt;
    echo "<p>Tankfüllung: $liter $einheit1
        kosten $zahlung $einheit2</p>";
    echo '<p>Tankfüllung: $liter $einheit1
        kosten $zahlung $einheit2</p>';
?>
</body>
</html>
```

Listing 2.5 Datei p207.php

Erläuterung:

▶ Im ersten Teil des Programms findet die Berechnung des Preises statt.

▶ Den Variablen `$einheit1` und `$einheit2` werden Zeichenketten zugewiesen – in doppelten Hochkommata beziehungsweise in einfachen Hochkommata.

▶ Der Variablen `$gesamt` wird eine Zeichenkette zugewiesen, die sich aus einzelnen Zeichenketten, Zahlenvariablen, Zeichenkettenvariablen und HTML-Code zusammensetzt (Operator .).

▶ Die Zeichenkette `$gesamt` wird verlängert (Operator .=).

▶ Die Zeichenkette `$gesamt` wird ausgegeben.

▶ Der gleiche Ausgabetext soll auf zwei weitere Arten ausgegeben werden. Der Wert einer einzelnen Variablen wird auch dann ausgegeben, falls die Variable innerhalb einer Zeichenkette untergebracht wurde. Diese Form wird häufig verwendet. Es ist allerdings darauf zu achten, dass die Zeichenkette zwischen doppelte Hochkommata gesetzt wird.

▶ Falls die Variable innerhalb einer Zeichenkette mit einfachen Hochkommata steht, wird nur der Name der Variablen, nicht aber der Wert der Variablen im Text ausgegeben (siehe Ausgabe). Dies ist normalerweise nicht erwünscht.

Ein Tipp zum besseren Verständnis: Verfolgen Sie jeden einzelnen Schritt des Programms und notieren Sie den aktuellen Wert jeder Variablen, sobald sich dieser ändert.

[»]

Hinweis

Beim Schreiben eines Programms im Editor sollte innerhalb einer Zeichenkette, also innerhalb einfacher oder doppelter Hochkommata, kein Zeilenumbruch erfolgen. In diesem Buch ist dies aber aus drucktechnischen Gründen an einigen Stellen notwendig, da einige Zeichenketten schlicht zu lang sind.

Sie erkennen zusammengehörige, lange Zeichenketten leicht an dem geringeren Abstand zwischen den einzelnen Zeilen und an der Einrückung ab der zweiten Zeile. An diesen Stellen wurde kein Absatzumbruch, sondern ein manueller Zeilenwechsel durchgeführt. Falls Sie die betreffende Programmstelle übernehmen, sollten Sie sie unbedingt in einer einzelnen Zeile schreiben.

Abbildung 2.7 zeigt die Ausgabe des Programms im Browser.

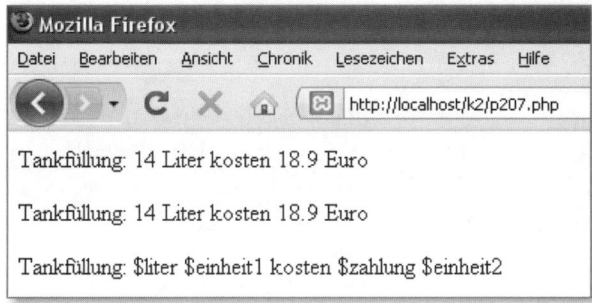

Abbildung 2.7   Arbeiten mit Zeichenketten

Übung P208   [✐]

Schreiben Sie das Programm aus der vorherigen Übung P206 um (Datei *p208.php*). Das Zwischenergebnis und das Endergebnis sollen errechnet werden. Speichern Sie die Datei im Hauptverzeichnis Ihres Webservers und testen Sie Ihr Programm, indem Sie einen Browser aufrufen und die Adresse *http://localhost/k2/p208.php* eingeben.

Die Ausgabe des Programms im Browser sollte etwa wie folgt aussehen:

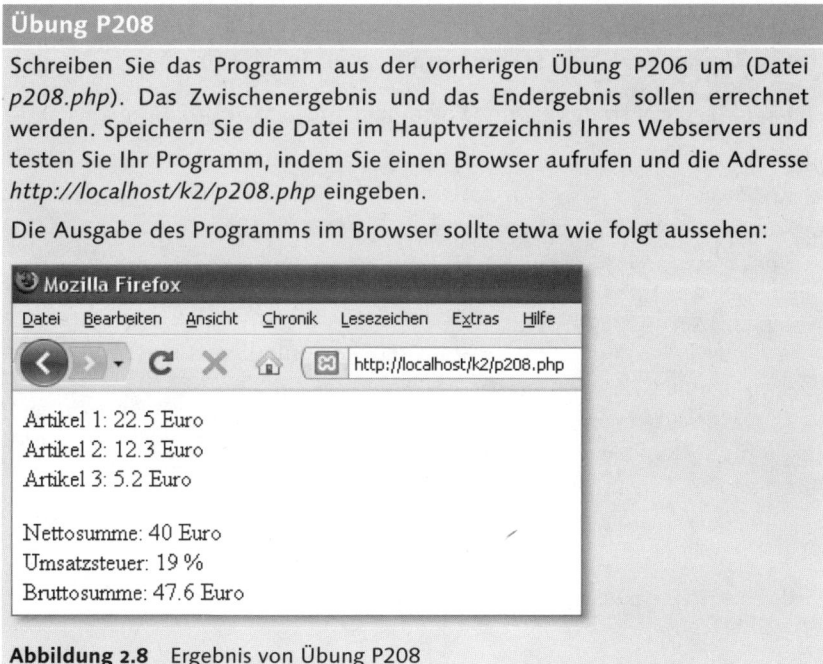

Abbildung 2.8   Ergebnis von Übung P208

2.4   Einfache Formularauswertungen

In den bisher gezeigten Beispielen hatte der Benutzer eines Programms noch keine Möglichkeit, eigene Eingaben vorzunehmen. Er konnte das Programm lediglich aufrufen und das Ergebnis betrachten.

Formulare auswerten

Eine besondere Stärke und ein typischer Einsatzzweck von PHP ist jedoch die Auswertung von Benutzereingaben aus Formularen. Durch eine solche Auswertung wird die dynamische Informationsübermittlung zwischen Benutzer und Webserver erst ermöglicht.

Dem Betrachter wird zunächst ein Formular vorgelegt, in dem er eigene Einträge vornehmen beziehungsweise bei dem er aus bereits vorhandenen Einträgen auswählen kann. Er füllt das Formular aus, sendet es ab und erhält nach der Auswertung eine Antwort vom Webserver.

2.4.1 Eingabeformular

Texteingabefeld

In diesem Abschnitt soll eine Informationsübermittlung mit Hilfe von einzeiligen Texteingabefeldern ermöglicht werden. Formulare können noch aus einer Reihe weiterer Elemente bestehen. Diese werden ausführlich in Kapitel 3, »Daten senden und auswerten«, besprochen.

Der HTML-Programmcode des Formulars:

```
<html>
<body>
<p>Bitte tragen Sie Ihren Vornamen
   und Ihren Nachnamen ein.<br />
Senden Sie anschließend das Formular ab.</p>
<form action = "p209.php" method = "post">
    <p><input name = "vor" /> Vorname</p>
    <p><input name = "nach" /> Nachname</p>
    <p><input type = "submit" />
    <input type = "reset" /></p>
</form>
</body>
</html>
```

Listing 2.6 Datei p209.htm

form, action, method

Innerhalb des HTML-Dokuments befindet sich ein `form`-Container. Die Markierung `<form>` beinhaltet

▸ das Attribut `action`, das auf die Datei mit dem PHP-Auswertungsprogramm (hier: *p209.php*) verweist, und

▸ das Attribut `method`, das auf die Übermittlungsmethode zum Webserver (hier: post) verweist.

Der `form`-Container beinhaltet die verschiedenen Formularelemente. Dabei handelt es sich um

▶ zwei einzeilige Texteingabefelder mit den Namen `vor` beziehungsweise `nach` für die Eintragung des Vornamens beziehungsweise des Nachnamens,

▶ eine Schaltfläche zum Absenden (engl. `submit`). Beim Betätigen werden die eingetragenen Daten an den Server gesendet und es wird das genannte PHP-Auswertungsprogramm angefordert,

submit, reset

▶ eine Schaltfläche zum Zurücksetzen (engl. `reset`) des Formulars. Beim Betätigen wird das Formular wieder in den Anfangszustand versetzt, wie es zum Beispiel bei einer Fehleingabe notwendig sein kann.

Die Ausgabe des Formulars im Browser, mit eingegebenen Beispieldaten, sieht wie in Abbildung 2.9 dargestellt aus.

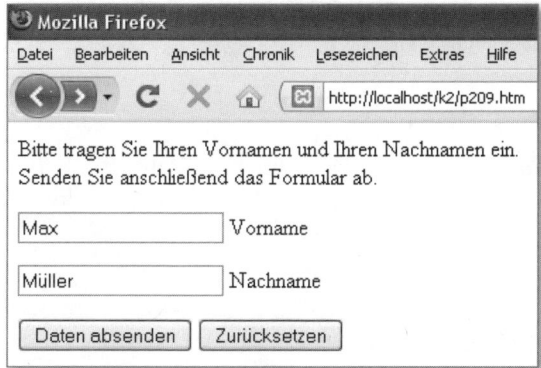

Abbildung 2.9 Eingabeformular mit Beispieldaten

Die Auswertung der Eingabedaten wird im folgenden Abschnitt vorgestellt.

Übung P210, Teil 1	[/]

Erweitern Sie das Beispiel dahingehend, dass eine vollständige Adresse eingegeben werden kann (Datei *p210.htm*). Es sollen zusätzlich drei weitere Eingabefelder für die Angaben zu Straße, Hausnummer, Postleitzahl und Ort innerhalb des Formulars vorhanden sein.

Das Formular sollte das folgende Aussehen haben (mit Beispieldaten):

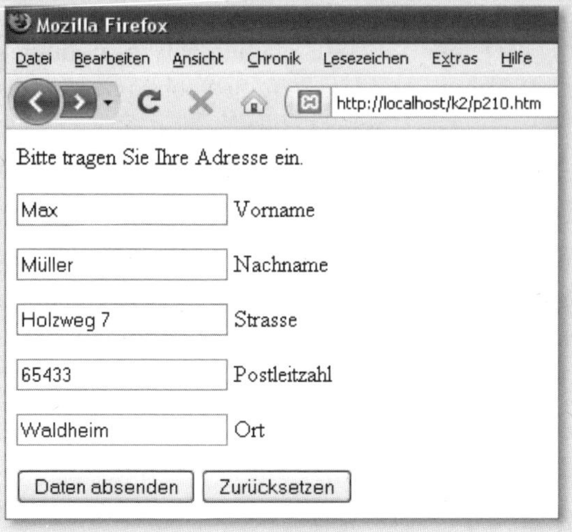

Abbildung 2.10   Erweitertes Eingabeformular mit Beispieldaten

2.4.2   Auswertung mit $_POST

Das antwortende PHP-Programm für das Formular in Datei *p209.htm* sieht wie folgt aus:

```
<html>
<body>
<?php
    echo "Guten Tag, " . $_POST["vor"]
        . " " . $_POST["nach"];
?>
</body>
</html>
```

Listing 2.7   Datei p209.php

Falls der Benutzer das oben angegebene Beispiel eingegeben hat, antwortet der Server wie in Abbildung 2.11 dargestellt.

Abbildung 2.11   Auswertung eines einfachen Eingabeformulars

Es gibt in PHP einige vordefinierte Variablen, unter anderem das assoziative **$_POST**
Feld $_POST. Aus den Namen der Eingabefelder werden automatisch Ele-
mente dieses Feldes, falls die Übermittlungsmethode post verwendet wird.

Die Elemente können angesprochen werden, indem man ihren Namen
in Anführungszeichen und eckigen Klammern hinter dem Namen des
Feldes $_POST angibt. Die Eintragung im Texteingabefeld vor wird also
zum Wert der Variablen $_POST["vor"] im Programm.

Feldelemente können allerdings nicht in einer Zeichenkette innerhalb
von Hochkommata ausgegeben werden, wie dies bei einzelnen Variablen
der Fall ist. Daher ist die Ausgabezeile mit echo etwas umfangreicher.
Weitere Einzelheiten zu Feldern sowie insbesondere zu assoziativen Feldern folgen in Abschnitt 2.7.2.

Ein Formular kann statt mit der Methode post auch mit der Methode get **$_GET**
versendet werden. Es ist dabei darauf zu achten, dass das Feld $_GET statt
des Feldes $_POST verwendet werden muss. Die Methode post ist im All-
gemeinen zu bevorzugen, da sie sicherer und universell ist.

| **Übung P209** | [✐] |

Dieses Zusammenspiel von HTML-Datei und PHP-Datei stellt einen wichtigen Schritt dar. Daher zunächst eine »einfache« Aufgabe: Geben Sie das
angegebene Beispiel mit Hilfe eines Texteditors ein und speichern Sie es
unter den genannten Dateinamen (*p209.htm* und *p209.php*) ab. Füllen Sie
das Formular aus, senden Sie es ab und kontrollieren Sie die Reaktion des
Webservers.

| **Übung P210, Teil 2** | [✐] |

Erstellen Sie (passend zum Formular aus Übung P210, Teil 1) ein PHP-Programm, das die Daten des Benutzers bestätigt. Falls der Benutzer die oben
angegebenen Beispieldaten eingegeben hat, soll die Ausgabe des Programms im Browser wie folgt aussehen:

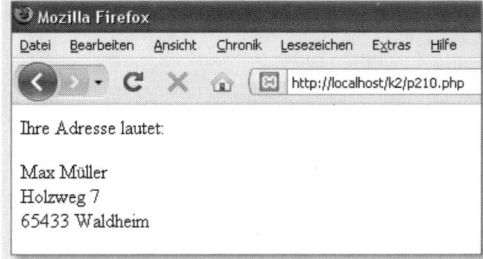

Abbildung 2.12 Auswertung des erweiterten Eingabeformulars

2.4.3 Umwandlung von Zeichenketten in Zahlen

Ein Texteingabefeld eines Formulars nimmt eine Zeichenkette auf; es wird dabei eine Zeichenkette an das PHP-Programm übermittelt. Häufig sollen jedoch Zahlen, zum Beispiel zur Ausführung von Berechnungen, übermittelt werden. Dabei sind die folgenden Regeln zu beachten.

Umwandlung, Konvertierung Bei der Umwandlung einer Zeichenkette (Konvertierung) ist der Beginn der Zeichenkette wichtig. Falls die Zeichenkette mit gültigen numerischen Zeichen beginnt, so werden diese numerischen Zeichen genutzt. Andernfalls ergibt sich der Wert 0. Eine gültige Folge von numerischen Zeichen beinhaltet

▶ ein Vorzeichen (optional),

▶ eine oder mehrere Ziffern,

▶ einen Dezimalpunkt (optional),

▶ einen Exponenten (optional). Der Exponent ist ein kleines e oder ein großes E, gefolgt von einer oder mehreren Ziffern.

Die Zeichenkette wird interpretiert

▶ als ganze Zahl, falls sie nur Ziffern beinhaltet,

▶ als Zahl mit Nachkommastellen, falls sie neben den Ziffern die Zeichen ».« (Punkt), e oder E beinhaltet.

Einige Beispiele in Tabelle 2.3:

Zeichenkette	Wert	Datentyp
"352"	352	ganze Zahl
"352xz"	352	ganze Zahl
"xz352"	0	Zeichenkette
"35.2"	35.2	Zahl mit Nachkommastellen
"35.2xz"	35.2	Zahl mit Nachkommastellen
"xz35.2"	0	Zeichenkette
"-352"	–352	ganze Zahl
"35e2"	3500	Zahl mit (möglichen) Nachkommastellen
"35e-2"	0.35	Zahl mit Nachkommastellen

Tabelle 2.3 Beispiele für Umwandlungen von Zeichenketten

Falls man Zeichenkettenvariablen der Sicherheit halber explizit (also vom Programmentwickler gesteuert) in Zahlen umwandeln möchte, kann man die beiden Funktionen doubleval() beziehungsweise intval() anwenden. Ein kleines Beispiel für zwei Umwandlungen:

```
$a = "435";
$a = intval($a);
$b = "22.6";
$b = doubleval($b);
```

Nach der Bearbeitung dieses Programmteils stehen die Variablen $a und $b als Zahlenvariablen mit dem ganzzahligen Wert 435 beziehungsweise dem Wert 22.6 für weitere Berechnungen zur Verfügung.

In den Einführungsbeispielen dieses Buchs werden Eingabefehler des Benutzers nicht immer abgefangen. Die Programme würden sonst unnötig umfangreich und schwer verständlich. Später werden wir Routinen in den Programmen einbauen, die möglichst alle Eingabefehler abfangen. Aber es gilt immer der Grundsatz: Kein Programm ist vollständig gegen Eingabefehler gesichert.

Im nachfolgenden Beispiel wird der Benutzer aufgefordert, in einem Formular zwei Zahlen einzugeben und das Formular abzusenden. Ein PHP-Programm berechnet die Summe der beiden Zahlen und gibt das Ergebnis aus.

Der HTML-Code des Formulars:

```
<html>
<body>
<p>Bitte tragen Sie zwei Zahlen ein
    und senden Sie das Formular ab.</p>
<form action = "p211.php" method = "post">
    <p>Wert 1: <input name = "w1" /></p>
    <p>Wert 2: <input name = "w2" /></p>
    <p><input type = "submit" />
    <input type = "reset" /></p>
</form>
</body>
</html>
```

Listing 2.8 Datei p211.htm

Das PHP-Programm:

```
<html>
<body>
<?php
    $erg = $_POST["w1"] + $_POST["w2"];
    echo "Die Summe von " . $_POST["w1"]
        . " und " . $_POST["w2"] . " ist $erg";
?>
```

```
</body>
</html>
```

Listing 2.9   Datei p211.php

Ein Aufruf mit den in Abbildung 2.13 dargestellten Eingabewerten …

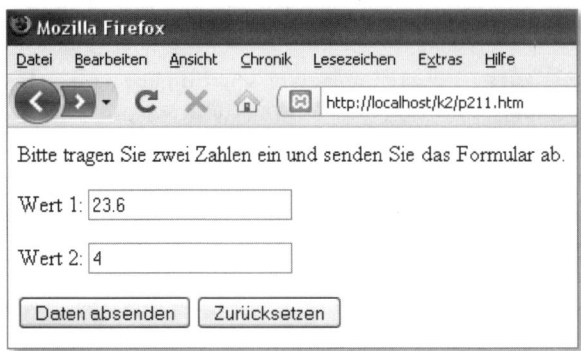

Abbildung 2.13   Senden von Zahlen

… ergibt die in Abbildung 2.14 dargestellte Antwort.

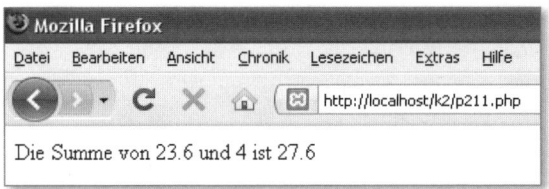

Abbildung 2.14   Umwandlung und Berechnung des Ergebnisses

Im Antwortprogramm werden die eingegebenen Zeichenketten nach den oben angegebenen Regeln automatisch in Zahlen umgewandelt.

[*]   **Übung P212**

Erstellen Sie ein Eingabeformular (Datei *p212.htm*) und ein dazu passendes PHP-Programm (Datei *p212.php*), mit dessen Hilfe das Quadrat einer Zahl berechnet werden kann. Die Zahl soll also mit sich selbst multipliziert werden.

Formular und Ergebnis sollten wie folgt aussehen:

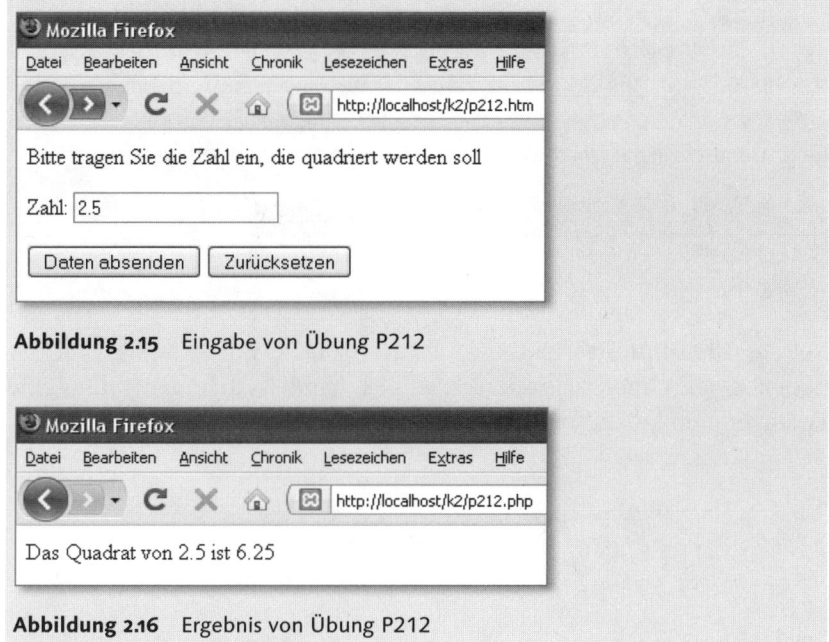

Abbildung 2.15 Eingabe von Übung P212

Abbildung 2.16 Ergebnis von Übung P212

2.5 Verzweigungen

Bisher wurden die Dateien mit dem HTML-Code und dem PHP-Code rein sequenziell abgearbeitet, das heißt, es wurde eine Anweisung nach der anderen durchgeführt. Programme sind aber auch in der Lage, auf unterschiedliche Bedingungen zu reagieren. Einzelne Anweisungen werden dann nur in bestimmten Situationen ausgeführt.

Die Ausführung dieser Anweisungen wird in solchen Fällen von einer oder von mehreren Bedingungen (if-Anweisung) abhängig gemacht. Je nachdem, ob die Bedingung zutrifft, werden die entsprechenden Anweisungen ausgeführt oder nicht. Darüber hinaus können bei Nichterfüllung der Bedingung alternative Anweisungen (if-else-Anweisung) bearbeitet werden. Man nennt diese Stellen in einem Programm *Verzweigungen* oder auch *bedingte Anweisungen*.

if, if-else

Bedingungen werden mit Hilfe von Wahrheitswerten (wahr oder falsch) und Vergleichsoperatoren erstellt. Es folgt Tabelle 2.4 mit einer Übersicht über die Vergleichsoperatoren.

Bedingung, wahr, falsch

Operator	Bedeutung	Gilt ...
==	gleich	... für Zahlen und Zeichenketten
!=	ungleich	... für Zahlen und Zeichenketten
>	größer als	... nur für Zahlen
<	kleiner als	... nur für Zahlen
>=	größer als oder gleich	... nur für Zahlen
<=	kleiner als oder gleich	... nur für Zahlen

Tabelle 2.4 Vergleichsoperatoren in PHP

Vergleichs-operatoren Bei der Überprüfung auf Gleichheit hin sollten Sie besonders auf das doppelte Gleichheitszeichen achten. Es handelt sich dabei um eine Bedingung und nicht um eine Zuweisung.

2.5.1 if-Anweisung

Ein Beispiel für eine Verzweigung mit einer if-Anweisung:

```
<html>
<body>
<?php
    $preis = 0.98;
    if ($preis < 1) echo "Der Preis liegt unter 1 &euro;";
?>
</body>
</html>
```

Listing 2.10 Datei p213.php

Falls $preis kleiner als 1 ist, wird der entsprechende Text in das Dokument geschrieben, andernfalls geschieht nichts. Die Bedingung (hier: $preis < 1) muss in Klammern stehen.

Die Ausgabe sieht wie folgt aus:

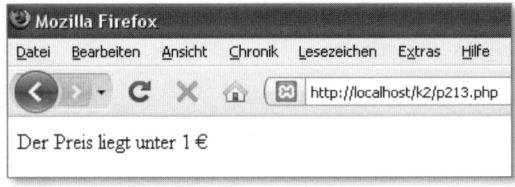

Abbildung 2.17 Einfache if-Bedingung

Ein weiteres Beispiel:

```
<html>
<body>
<?php
   $preis = 0.98;
   if ($preis < 1)
   {
      echo "Der Preis liegt unter 1 &euro;.<br />";
      echo "Das ist günstig.";
   }
?>
</body>
</html>
```

Listing 2.11 Datei p214.php

Falls aufgrund einer Bedingung mehrere Anweisungen ausgeführt wer- **Anweisungsblock**
den sollen, müssen diese innerhalb von geschweiften Klammern stehen. { . . }
Dies nennt man einen Anweisungsblock. In diesem Programm werden
zwei Ausgaben erzeugt, da $preis kleiner als 1 ist.

Abbildung 2.18 zeigt die Ausgabe.

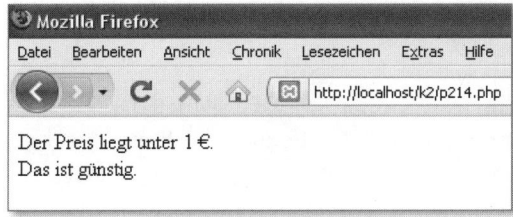

Abbildung 2.18 Verzweigung mit Anweisungsblock

2.5.2 if-else-Anweisung

Ein Beispiel für eine Verzweigung mit einer if-else-Anweisung:

```
<html>
<body>
<?php
   $preis = 1.02;

   if ($preis < 1)
   {
      echo "Der Preis liegt unter 1 &euro;<br />";
      echo "Das ist günstig";
   }
```

```
        else
        {
           echo "Der Preis liegt bei 1 &euro; oder darüber<br />";
           echo "Langsam wird es teuer";
        }
?>
</body>
</html>
```

Listing 2.12 Datei p215.php

Falls die Bedingung hinter if nicht zutrifft, werden die Anweisungen hinter else ausgeführt. Auch hier gilt, dass bei mehreren Anweisungen geschweifte Klammern gesetzt werden müssen.

Die Ausgabe sieht wie in Abbildung 2.19 dargestellt aus.

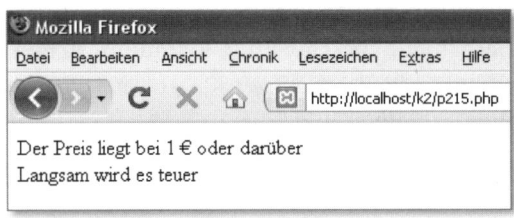

Abbildung 2.19 Verzweigung mit »else«

Passwort   Ein weiteres Beispiel (mit Eingabeformular) verdeutlicht den Vergleich von Zeichenketten bei einer Bedingung. Der Benutzer soll ein Zugangspasswort eintragen (ausnahmsweise in sichtbarer Form). Das PHP-Programm vergleicht die Eingabe mit dem gespeicherten Passwort und reagiert entsprechend.

Der HTML-Code des Formulars sieht wie folgt aus:

```
<html>
<body>
<p>Bitte tragen Sie das Zugangspasswort ein</p>
<form action = "p216.php" method = "post">
    <p><input name = "pw" /></p>
    <p><input type = "submit" />
    <input type = "reset" /></p>
</form>
</body>
</html>
```

Listing 2.13 Datei p216.htm

Das Auswertungsprogramm sieht so aus:

```
<html>
<body>
<?php
    if ($_POST["pw"] == "bingo")
        echo "Zugang gestattet";
    else
        echo "Zugang verweigert";
?>
</body>
</html>
```

Listing 2.14   Datei p216.php

Falls der Benutzer Folgendes eingibt, …

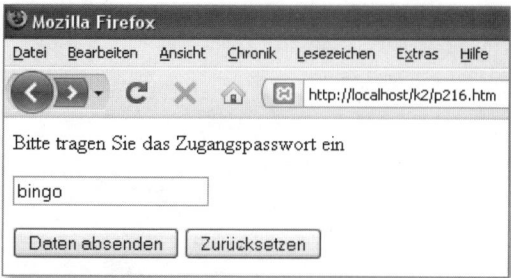

Abbildung 2.20   Eingabe des Passworts

… erhält er Zugang, …

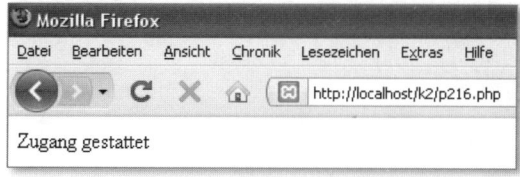

Abbildung 2.21   Auswertung der Verzweigung

… andernfalls nicht.

[//] Übung P217

Erstellen Sie ein Eingabeformular (Datei *p217.htm*) und ein dazu passendes PHP-Programm (Datei *p217.php*). Es soll der Preis für eine Tankfüllung berechnet werden. Es gibt zwei Sorten Benzin: Normal (Preis: 1,35 €) und Super (Preis: 1,40 €).

Der Benutzer gibt im ersten Eingabefeld die getankte Literzahl und im zweiten Eingabefeld entweder ein N oder ein S ein. Das PHP-Programm ermittelt in Abhängigkeit von der Sorte und der getankten Menge den zu zahlenden Betrag. Es wird davon ausgegangen, dass der Benutzer keine Fehleingaben macht.

Falls der Benutzer also beispielsweise eingibt, dass er 15 Liter Super-Benzin tankt, ...

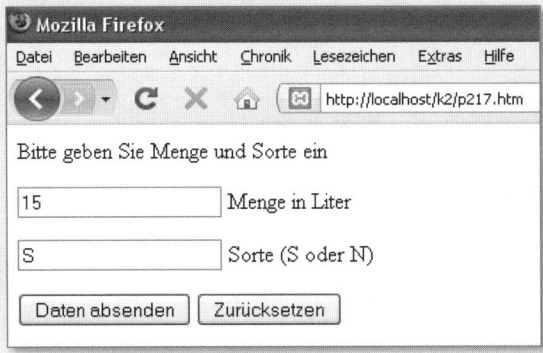

Abbildung 2.22   Eingabe Tankvorgang

... sollte die Ausgabe des Programms wie folgt aussehen:

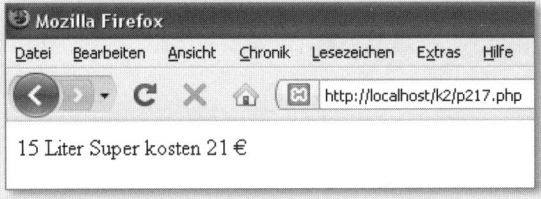

Abbildung 2.23   Ergebnis Tankvorgang

[//] Übung P218

Erweitern Sie die vorherige Übung. Großkunden, die 100 Liter oder mehr tanken, erhalten unabhängig von der Sorte an dieser Tankstelle 2 Prozent Rabatt.

Falls der Benutzer beispielsweise eingibt, dass er 120 Liter Normal-Benzin tankt, ...

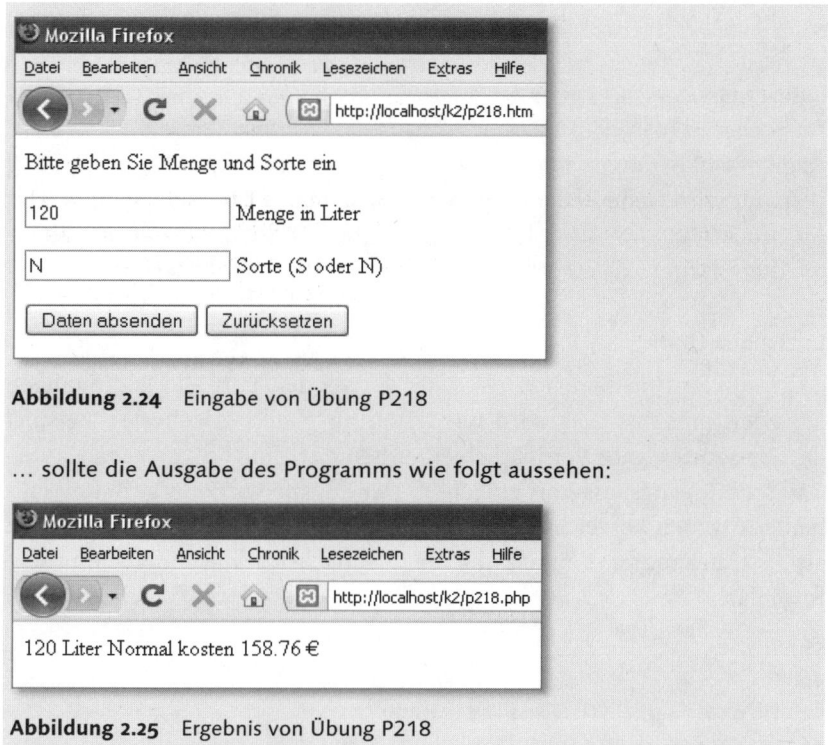

Abbildung 2.24 Eingabe von Übung P218

... sollte die Ausgabe des Programms wie folgt aussehen:

Abbildung 2.25 Ergebnis von Übung P218

2.5.3 Logische Operatoren

Logische Operatoren dienen zur Verknüpfung mehrerer Bedingungen.

Logische
Operatoren

Logisches Oder

Das logische Oder (Zeichen | |) wird verwendet, falls nur eine von mehreren Bedingungen zutreffen muss. Zur Verdeutlichung wird das Beispiel mit der Passworteingabe (*p216.htm* und *p216.php*) erweitert. Es gibt nun zwei Passwörter, die zum erfolgreichen Zugang führen. Das Eingabeformular bleibt gleich, das Auswertungsprogramm sieht wie folgt aus:

Logisches Oder
||

```
<html>
<body>
<?php
   if ($_POST["pw"] == "bingo" || $_POST["pw"] == "kuckuck")
      echo "Zugang gestattet";
   else
      echo "Zugang verweigert";
?>
```

```
</body>
</html>
```

Listing 2.15 Datei p219.php

Es gibt zwei Bedingungen. Davon muss eine zutreffen, damit der Zugang gestattet wird. Jede Bedingung muss vollständig formuliert werden. Der Ausdruck $_POST["pw"] == "bingo" || "kuckuck" würde zu einer Fehlermeldung führen, da die zweite Bedingung unvollständig ist.

Logisches Und

Logisches Und
&&

Das logische Und (Zeichen &&) wird verwendet, falls alle Bedingungen zutreffen müssen. Dies wird wiederum an einem erweiterten Beispiel der Passworteingabe verdeutlicht. Der Benutzer muss nun seinen Namen und sein Zugangspasswort eingeben. Der Zugang wird nur gestattet, falls beide Angaben korrekt sind, es sich also um einen sowohl berechtigten als auch bekannten Benutzer handelt. Zunächst das geänderte Eingabeformular:

```
<html>
<body>
<p>Bitte tragen Sie Name und Zugangspasswort ein</p>
<form action = "p220.php" method = "post">
    <p><input name = "bname" /> Name</p>
    <p><input name = "pw" /> Passwort</p>
    <p><input type = "submit" />
    <input type = "reset" /></p>
</form>
</body>
</html>
```

Listing 2.16 Datei p220.htm

Das Auswertungsprogramm sieht wie folgt aus:

```
<html>
<body>
<?php
    if ($_POST["bname"] == "Maier"
        && $_POST["pw"] == "kuckuck")
        echo "Zugang gestattet";
    else
        echo "Zugang verweigert";
?>
```

```
</body>
</html>
```

Listing 2.17 Datei p220.php

Gibt der Benutzer zwar den Namen Maier, aber ein falsches Passwort ein, wird der Zugang verweigert, da beide Angaben stimmen müssen. Das Gleiche trifft zu, falls der Benutzer den Namen Meier (mit e statt mit a) und das Passwort kuckuck eingibt, da in diesem Falle nur die zweite Bedingung zutrifft – siehe Formular und Ausgabe (Abbildung 2.26 bzw. Abbildung 2.27).

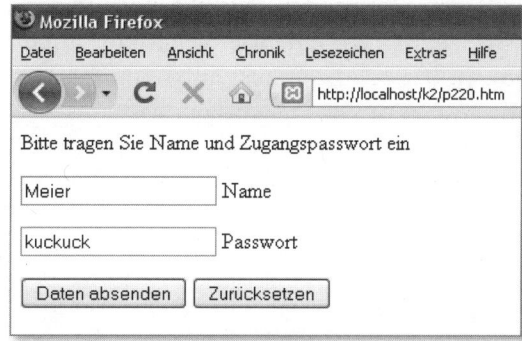

Abbildung 2.26 Eingabe von Name und Passwort

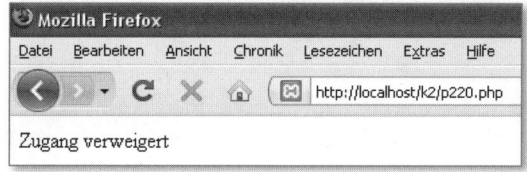

Abbildung 2.27 Richtiges Passwort, falscher Name

Logisches Nicht

Mit Hilfe des Operators Nicht (Zeichen !) wird der Wahrheitswert von Bedingungen umgekehrt. Dies kann bei komplexen logischen Verknüpfungen hilfreich sein.

Logisches Nicht
!

Übung P220   [✐]

Testen Sie die Beispiele P219 und P220 mit verschiedenen Passwörtern beziehungsweise Namens- und Passwort-Kombinationen.

2.5.4 Rangordnung der Operatoren

Ausdrücke mit mehreren Operatoren werden von links nach rechts auf-gelöst – unter Beachtung der Rangordnung. Nachfolgend Tabelle 2.5 mit der Rangordnung der bisher verwendeten Operatoren. Es wird mit der höchsten Stelle der Rangordnung begonnen.

Operator	Bedeutung
( )	Klammern
! -	logisches NICHT, negatives Vorzeichen
* / %	Multiplikation, Division, Modulo-Operation
+ -	Addition, Subtraktion
< <= > >=	kleiner, kleiner oder gleich, größer, größer oder gleich
== !=	gleich, ungleich
&&	logisches UND
||	logisches ODER
=	Zuweisung

Tabelle 2.5 Rangordnung der Operatoren

Klammern stehen innerhalb der Rangordnung an erster Stelle. Mit ihrer Hilfe kann man Ausdrücke in einer gewünschten Reihenfolge bearbeiten lassen. Zusätzlich kann man Klammern verwenden, falls man sich bei der Rangordnung nicht sicher ist.

[*]

> **Übung P221**
>
> Erweitern Sie das Beispielprogramm aus dem vorherigen Abschnitt. Nur die beiden Benutzer Marten (Passwort Hamburg) und Schmitz (Passwort Berlin) sollen Zugang haben (Dateien *p221.htm* und *p221.php*).

2.5.5 Mehrfache Verzweigung

Verzweigungen mit if und else lassen sich verschachteln, sodass eine mehrfache Verzweigung möglich wird. Diese kann für mehr als zwei mögliche Fälle verwendet werden. Ein Beispiel hierzu:

```
<html>
<body>
<?php
    $preis = 1.12;

    if ($preis < 1)
    {
```

```
        echo "Der Preis liegt unter 1 &euro;<br />";
        echo "Das ist günstig";
    }
    else
    {
        if ($preis <= 1.2)
        {
            echo "Der Preis liegt
                zwischen 1 &euro; und 1.20 &euro;<br />";
            echo "Langsam wird es teuer";
        }
        else
        {
            echo "Der Preis liegt über 1.20 &euro;<br />";
            echo "Das ist viel zu teuer";
        }
    }
?>
</body>
</html>
```

Listing 2.18 Datei p222.php

Falls $preis kleiner als 1 ist, trifft die erste Bedingung zu. Die restlichen Bedingungen müssen dann nicht mehr geprüft werden. Andernfalls kann $preis nur noch größer oder gleich 1 sein. Es wird dann die nächste Bedingung ($preis <= 1.2) geprüft. Falls diese ebenfalls nicht zutrifft, kann $preis nur noch größer als 1.2 sein.

Die Ausgabe sieht wie folgt aus:

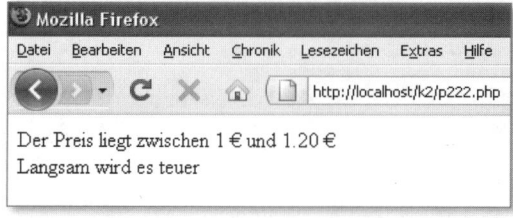

Abbildung 2.28 Ergebnis mehrfacher Verzweigung

Übung P223   [▮]

Erweitern Sie das Programm aus Übung P217. Es soll der Preis für eine Tank-füllung berechnet werden, ohne Rabatt für Großkunden. Es gibt drei Sorten Benzin: Normal (Preis: 1,35 €), Super (Preis: 1,40 €) und Diesel (Preis: 1,10 €).

Der Benutzer gibt im ersten Eingabefeld die getankte Literzahl und im zweiten Eingabefeld entweder ein N, ein S oder ein D ein. Das PHP-Programm ermittelt in Abhängigkeit von der Sorte und der getankten Menge den zu zahlenden Betrag. Es wird davon ausgegangen, dass der Benutzer keine Fehleingaben macht.

Falls der Benutzer 35 Liter Diesel-Benzin tankt, ...

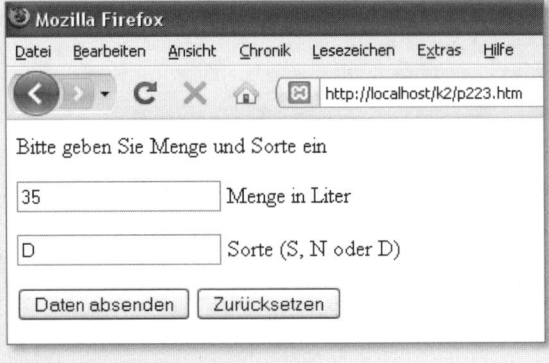

Abbildung 2.29   Eingabe der Übung P223

... sollte die Ausgabe wie folgt aussehen:

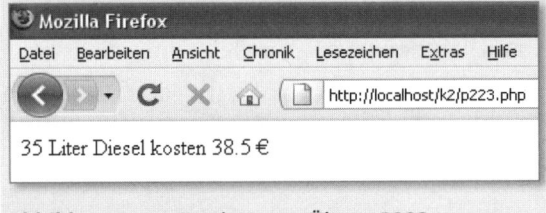

Abbildung 2.30   Ergebnis von Übung P223

2.5.6   switch-case-Anweisung

switch-case   Die switch-case-Anweisung bietet für einen bestimmten Typ von mehrfachen Verzweigungen eine alternative Schreibweise. Sie kann eingesetzt werden, falls eine bestimmte Variable auf mehrere, feste Werte hin geprüft werden soll. Diese Form der mehrfachen Verzweigung ist insbesondere dann übersichtlicher als eine geschachtelte Verzweigung, falls viele unterschiedliche Fälle vorliegen.

Ein Beispiel bietet Übungsaufgabe P223 (siehe oben). Das Eingabeformular aus der Datei *p223.htm* kann übernommen werden (in *p224.htm*). Das Auswertungsprogramm mit der Anweisung switch-case sieht wie folgt aus:

```
<html>
<body>
<?php
   switch($_POST["sorte"])
   {
      case "N":
         $zahlung = $_POST["liter"] * 1.05;
         echo $_POST["liter"]
            . " L Normal kosten $zahlung &euro;";
         break;
      case "S":
         $zahlung = $_POST["liter"] * 1.15;
         echo $_POST["liter"]
            . " L Super kosten $zahlung &euro;";
         break;
      case "D":
         $zahlung = $_POST["liter"] * 0.9;
         echo $_POST["liter"]
            . " L Diesel kosten $zahlung &euro;";
         break;
      default:
         echo "Als Sorte nur N, S oder D eingeben!";
   }
?>
</body>
</html>
```

Listing 2.19 Datei p224.php

Es wird ein sogenannter switch-Block erzeugt. Innerhalb dieses switch-Blocks wird der Wert von $_POST["sorte"] untersucht. Die vorhandenen Fälle (engl. case) werden der Reihe nach mit diesem Wert verglichen. Sobald einer der Fälle zutrifft, werden alle weiteren Anweisungen bearbeitet, bis man auf die Anweisung break trifft. Die Anweisungen nach break werden nicht mehr ausgeführt.

break, default

Optional kann die Anweisung default benutzt werden. Diese ist dann nützlich, falls keiner der genannten Fälle zutrifft. Dies wäre im oben angegebenen Programm der Fall, falls der Benutzer als Sorte weder N noch S noch D eingeben würde.

Falls der Benutzer die Eingaben 35 und P macht, ...

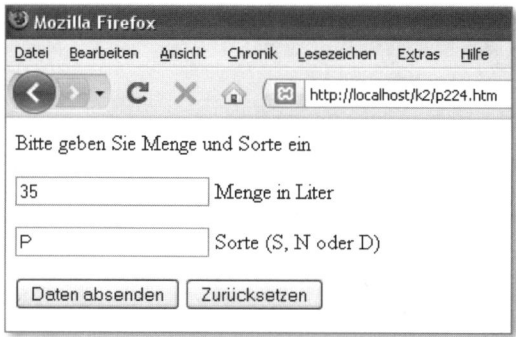

Abbildung 2.31 Eingabe für switch-case

... ergibt sich:

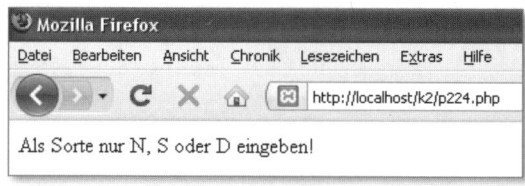

Abbildung 2.32 Default-Fall

2.5.7 HTML in Verzweigungsblöcken

HTML und PHP
gemischt

Falls innerhalb einer einfachen oder mehrfachen Verzweigung jeweils nur reiner HTML-Code ohne PHP-Variablen ausgegeben werden muss, ist eine gemischte Schreibweise mit PHP und HTML recht nützlich. Ein Beispiel:

```
<html>
<body>
<?php
$preis = 1.12;
if ($preis < 1):
?>
Der Preis liegt unter 1 &euro;<br />
Das ist günstig
<?php else: ?>
Der Preis liegt bei 1 &euro; oder darüber<br />
Langsam wird es teuer
<?php endif; ?>
```

```
</body>
</html>
```

Listing 2.20 Datei p225.php

Der Ablauf der Verzweigung wird auf mehrere PHP-Blöcke verteilt. Dazwischen kann der HTML-Code ohne echo, Anführungsstriche, Semikolon und usw. notiert werden.

▶ Nach der Bedingung if ($preis < 1) wird ein Doppelpunkt notiert. Dies bedeutet, dass die Verzweigung noch »offen« ist. Der anschließende HTML-Code bis zum nächsten Teil der Verzweigung wird nur ausgeführt, sofern die Bedingung zutrifft.

▶ Es folgt die else-Anweisung, ebenfalls mit einem Doppelpunkt. Für den darauffolgenden HTML-Code gilt das Gleiche. Die Verzweigung ist nach wie vor »offen«.

▶ Sie wird erst durch die Anweisung endif abgeschlossen.

Diese gemischte Schreibweise aus PHP und HTML kann auch für andere Formen der Verzweigung und andere Kontrollstrukturen benutzt werden.

2.6 Schleifen

Falls sich innerhalb eines Programms einzelne Anweisungen oder Blöcke von Anweisungen wiederholen, werden Schleifen verwendet. In PHP gibt es unter anderem die for-Schleife und die while-Schleife. Welche Variante bei der Lösung eines aktuellen Problems die richtige ist, lässt sich leicht entscheiden:

Schleife, Wiederholung

▶ Man verwendet die for-Schleife, falls die Anzahl der Wiederholungen dem Programmierer bekannt ist oder diese sich eindeutig im Verlauf des Programms vor der Schleife ergibt (Zählschleife).

▶ Man verwendet die while-Schleife, falls die Anzahl der Wiederholungen dem Programmierer nicht bekannt ist und diese sich nicht eindeutig im Verlauf des Programms vor der Schleife ergibt. Die Wiederholung oder der Abbruch der Schleife ergeben sich erst zur Laufzeit des Programms (bedingungsgesteuerte Schleife).

2.6.1 for-Schleife

for Die `for`-Schleife wird verwendet, um eine feste Anzahl Wiederholungen zu erzeugen. Entweder ist die Anzahl vorher bekannt, oder Start und Ende der Wiederholung sind bekannt beziehungsweise können errechnet werden. Ein Beispiel:

```
<html>
<body>
<?php
    for ($i=1; $i<=5; $i++)
    {
        echo "Zeile $i<br />";
    }
?>
</body>
</html>
```

Listing 2.21 Datei p226.php

Mit Hilfe des Programms werden fünf Zeilen in das Dokument geschrieben, jeweils mit dem Inhalt `Zeile: <Nummer>`. Die Ausgabe sieht aus wie in Abbildung 2.33 dargestellt.

Abbildung 2.33 Schleife

Die `for`-Schleife besteht aus Kopf und Rumpf. Der Kopf der `for`-Schleife besteht aus drei Teilen, die durch Semikola voneinander getrennt sind:

▶ Startwert

▶ Bedingung zur Wiederholung

▶ Veränderung der Schleifenvariablen

In diesem Beispiel wird die Variable `$i` als sogenannte »Schleifenvariable« verwendet, das heißt, mit Hilfe von `$i` wird die Schleife gesteuert.

Die Variable $i bekommt zunächst den Wert 1. Es wird geprüft, ob die Bedingung zur Wiederholung erfüllt ist. Ist dies der Fall, wird mit dem Anfangswert der Rumpf der Schleife durchlaufen. Dies liefert die Ausgabe: Zeile 1. Anschließend wird die Variable durch die Veränderung der Schleifenvariablen (auf 2) erhöht.

Es wird anschließend geprüft, ob die Bedingung zur Wiederholung noch erfüllt ist. Ist dies der Fall, so wird der Rumpf der Schleife mit dem Wert $i (Ausgabe: Zeile 2) durchlaufen usw. Nach dem fünften Durchlauf wird $i auf 6 erhöht. Damit trifft die Bedingung zur Wiederholung nicht mehr zu; das Programm beendet die Schleife und läuft weiter. Im vorliegenden Programm ist dann das Ende erreicht.

> **Anmerkung**   ++, --
>
> $i++ ist eine Kurzform der Zuweisung $i=$i+1. Häufig wird auch $i-- verwendet. Dies ist eine Kurzform der Zuweisung $i=$i-1, also eine Verminderung von $i um 1.
>
> Auch bei Schleifen gilt: Falls sich die Schleife auf mehrere Anweisungen bezieht, müssen diese in geschweifte Klammern gesetzt werden. Streng genommen wäre dies also beim oben genannten Beispiel nicht notwendig gewesen; aber es schadet auch nicht.

2.6.2 Beispiele für for-Schleifen

Einige Beispiele für Schleifensteuerungen sind in Tabelle 2.6 aufgeführt:

Kopf der for-Schleife	$i bekommt nacheinander die Werte
for ($i=10; $i<=15; $i++)	10, 11, 12, 13, 14, 15
for ($i=10; $i<15; $i++)	10, 11, 12, 13, 14
for ($i=10; $i>=5; $i--)	10, 9, 8, 7, 6, 5
for ($i=10; $i>5; $i--)	10, 9, 8, 7, 6
for ($i=3; $i<=22; $i=$i+3)	3, 6, 9, 12, 15, 18, 21
for ($i=32; $i>12; $i=$i-4)	32, 28, 24, 20, 16
for ($i=12; $i<13; $i=$i+0.2)	12.0, 12.2, 12.4, 12.6, 12.8
$a=6, $b=16, $c=2; for ($i=$a; $i<$b; $i=$i+$c)	6, 8, 10, 12, 14

Tabelle 2.6 Beispiele für Schleifensteuerungen

Sie sollten immer darauf achten, dass Sie nicht aus Versehen eine Endlosschleife erzeugen. Dies könnte man zum Beispiel mit dem folgenden Schleifenkopf erreichen: for ($i=3; $i>2; $i=$i+3). Die Bedingung

53

$i>2 ist für alle Zahlen, die erzeugt werden, erfüllt. Demnach wird diese Schleife niemals beendet, und das Programm »hängt sich auf«.

[✎]

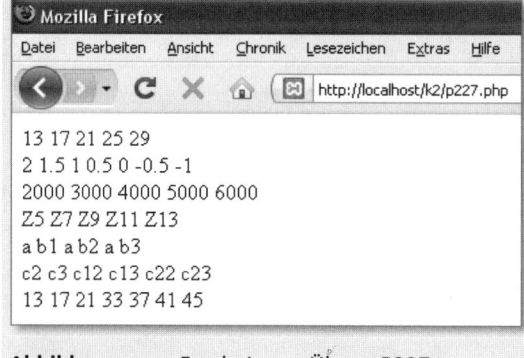

> ### Übung P227
>
> Schreiben Sie ein Programm (Datei *p227.php*), in dem mit Hilfe verschiedener for-Schleifen die nachfolgend angegebenen Zeilen ausgegeben werden. Ein Tipp: Für die letzte Zahlenreihe wird eine zusätzliche if-Bedingung benötigt.

Abbildung 2.34 Ergebnis von Übung P227

2.6.3 Geschachtelte for-Schleifen

Geschachtelte Schleifen

Schleifen können geschachtelt werden. Dabei befindet sich eine Schleife innerhalb einer anderen Schleife (Schachtelung). Dadurch wird später die Bearbeitung einer zweidimensionalen Struktur wie zum Beispiel einer Tabelle (siehe Anhang A) oder eines zweidimensionalen Feldes (siehe Abschnitt 6.3) möglich. Ein Beispiel:

```
<html>
<body>
<?php
    for ($z=1; $z<=5; $z=$z+1)
    {
        for ($s=1; $s<=3; $s=$s+1)
        {
            echo "Ze$z/Sp$s ";
        }
        echo "<br />";
    }
?>
</body>
</html>
```

Listing 2.22 Datei p228.php

Die erste (äußere) Schleife wird fünfmal durchlaufen. Innerhalb dieser Schleife befindet sich wiederum eine (innere) Schleife, die bei jedem Durchlauf der äußeren Schleife dreimal durchlaufen wird. Anschließend wird ein Umbruch erzeugt. Es gibt insgesamt 5 × 3 = 15 Wiederholungen. Abbildung 2.35 zeigt die Programmausgabe.

Abbildung 2.35 Geschachtelte Schleife

Übung P229

[/]

Schreiben Sie ein Programm (Datei *p229.php*), in dem mit Hilfe zweier geschachtelter `for`-Schleifen das kleine Einmaleins ausgegeben wird. Die Ausgabe soll wie folgt aussehen:

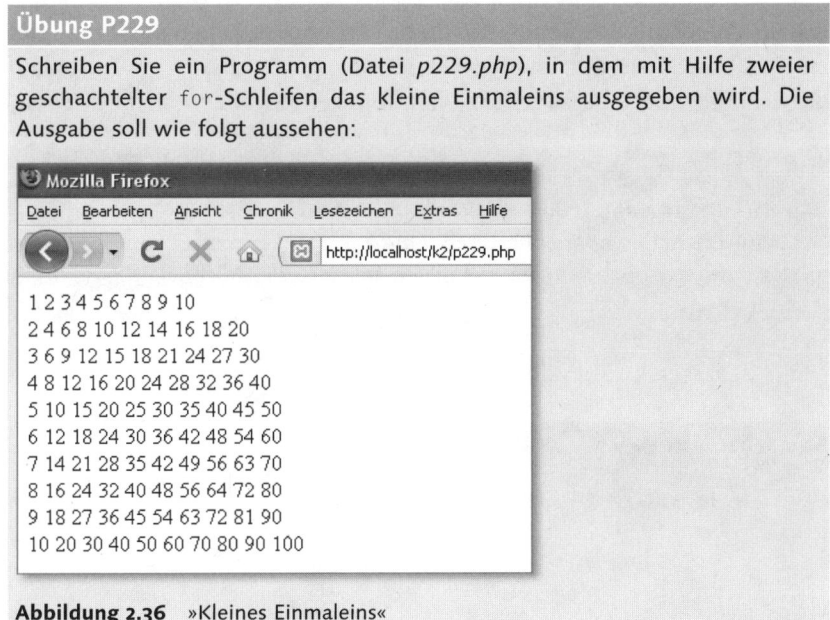

Abbildung 2.36 »Kleines Einmaleins«

2.6.4 Schleifen und Tabellen

Schleifen werden häufig im Zusammenhang mit HTML-Tabellen eingesetzt. Das erweiterte Beispiel aus Datei *p226.php* kann innerhalb einer Tabellenstruktur zum Beispiel wie folgt angegeben werden:

Schleife mit HTML-Tabellen

```
<html>
<body>
<table border="1">
<?php
    for ($i=8; $i<=13; $i++)
    {
        echo "<tr>";
        echo "<td>Zeile</td>";
        echo "<td align='right'>$i</td>";
        echo "</tr>";
    }
?>
</table>
</body>
</html>
```

Listing 2.23   Datei p230.php

Tabellenanfang und Tabellenende werden hier im HTML-Bereich ange-geben. Die veränderlichen Bestandteile (Anzahl der Zeilen und Inhalt der zweiten Spalte) werden im PHP-Bereich angegeben. Bei jedem Durchlauf der Schleife wird eine Tabellenzeile mit jeweils zwei Zellen ausgegeben.

[»]

Hinweis

Die Ausrichtung der Zellen (`align='right'`) muss innerhalb der Zeichen-kette (die zwischen doppelten Hochkommata steht) in einfachen Hochkom-mata angegeben werden, da ansonsten in PHP die Zeichenkette zu früh beendet würde.

Die Ausgabe ist in Abbildung 2.37 dargestellt.

Abbildung 2.37   Schleife und Tabelle

Das erweiterte Beispiel aus Datei *p228.php* mit einer geschachtelten Schleife innerhalb einer Tabellenstruktur:

```
<html>
<body>
<table border>
<?php
    for ($z=8; $z<=15; $z=$z+1)
    {
        echo "<tr>";
        for ($s=1; $s<=5; $s=$s+1)
        {
            echo "<td align='right'>$z/$s</td>";
        }
        echo "</tr>";
    }
?>
</table>
</body>
</html>
```

Listing 2.24   Datei p231.php

Tabellenbeginn und Tabellenende werden hier wiederum im HTML-Bereich angegeben. Die äußere Schleife sorgt für das Erzeugen der Tabellenzeilen, die innere Schleife für das Erzeugen und Füllen der Zellen.

Abbildung 2.38 zeigt die Ausgabe.

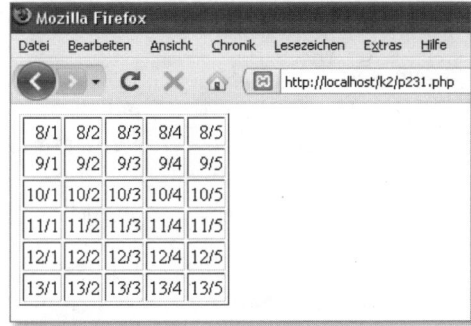

Abbildung 2.38   Geschachtelte Schleife und Tabelle

Übung P232   [*/*]

Erweitern Sie das Programm aus Übung P229. Betten Sie das »kleine Einmaleins« in eine Tabelle ein (*p232.php*). Die Ausgabe soll wie folgt aussehen:

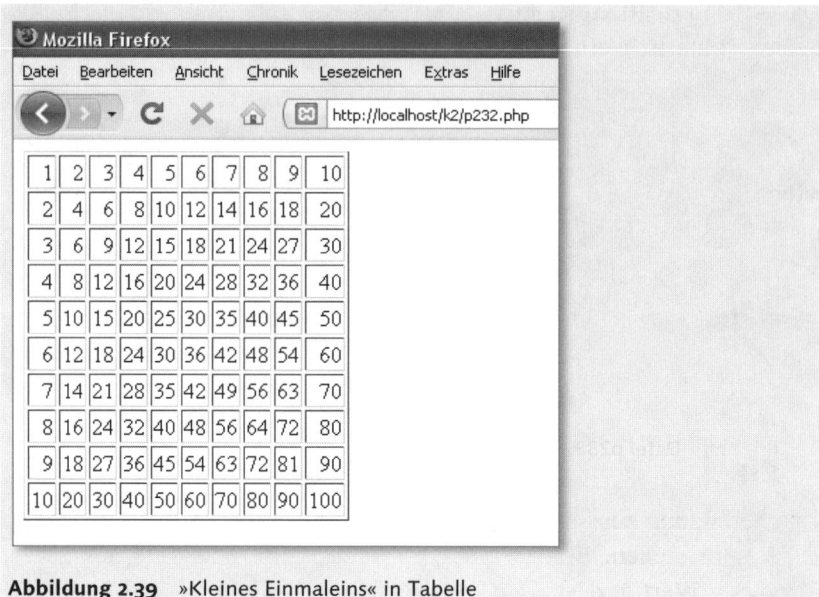

Abbildung 2.39 »Kleines Einmaleins« in Tabelle

2.6.5 while-Schleife

while   Die `while`-Schleife wird dazu benutzt, eine unbestimmte Anzahl an Wiederholungen zu erzeugen. Das Ende der Wiederholungen wird bei einem der Schleifendurchläufe erreicht. `while`-Schleifen werden häufig bei Datenbankabfragen eingesetzt (siehe Abschnitt 4.2).

Im nachfolgenden Beispiel wird gewürfelt. Die gewürfelten Zahlen werden addiert. Dies wird solange wiederholt, wie die Summe der gewürfelten Zahlen kleiner als 25 ist.

Zufallsgenerator   Zum Erzeugen der »zufälligen« Würfelergebnisse wird der Zufallsgenerator von PHP verwendet. Er muss zunächst initialisiert werden, damit er tatsächlich »zufällige« Ergebnisse produziert. Innerhalb der Schleife wird jeweils ein Würfelergebnis erzeugt. Die dazu notwendigen Funktionen `srand()` und `rand()` werden in Abschnitt 6.5 näher erläutert.

Die Anzahl der Würfe ist sowohl dem Entwickler als auch dem Benutzer unbekannt, daher kann keine `for`-Schleife verwendet werden. Das Programm sieht wie folgt aus:

```
<html>
<body>
<?php
    /* Initialisierung */
```

```
    srand((double)microtime()*1000000);
    $summe = 0;

    while ($summe < 25)
    {
        $zufallszahl = rand(1,6);        // Würfel
        $summe = $summe + $zufallszahl;
        echo "Zahl $zufallszahl, Summe $summe<br />";
    }

?>
</body>
</html>
```

Listing 2.25   Datei p233.php

Die Bedingung zur Wiederholung muss, wie bei einer Verzweigung, in Klammern stehen. Bei der ersten Prüfung der Bedingung hat $summe noch den Wert 0, deshalb darf die Schleife durchlaufen werden. Innerhalb der Schleife wird die gewürfelte Zufallszahl zur Variablen $summe addiert. Die gewürfelte Zahl und die aktuelle Zwischensumme werden ausgegeben.

Es wird wiederum überprüft, ob die Summe weiterhin kleiner als 25 ist. Ist dies der Fall, wird die Schleife erneut durchlaufen. Andernfalls wird mit der Anweisung hinter dem Schleifenende fortgefahren. Falls dort keine Anweisung mehr steht, ist das Programm zu Ende. Es wird also so lange (engl. while) eine Zahl addiert, bis die Bedingung für die Wiederholung nicht mehr erfüllt ist.

Die Seite könnte zum Beispiel wie folgt aussehen – natürlich abhängig von den zufällig ermittelten Werten:

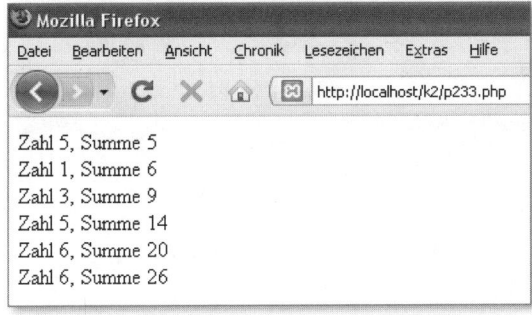

Abbildung 2.40   while-Schleife mit Zufallswerten

[⁄]

Übung P234

Erstellen Sie ein kleines Computerspiel. Zwei Spieler würfeln gegeneinander (Zufallsgenerator); die Würfe jedes Spielers sollen addiert werden. Sobald einer der beiden Spieler oder beide Spieler in einer Spielrunde den Wert 25 erreicht oder überschritten haben, ist das Spiel zu Ende (Datei *p234.php*). Der Name des Gewinners soll anschließend ausgegeben werden. Die Ausgabe könnte wie folgt aussehen:

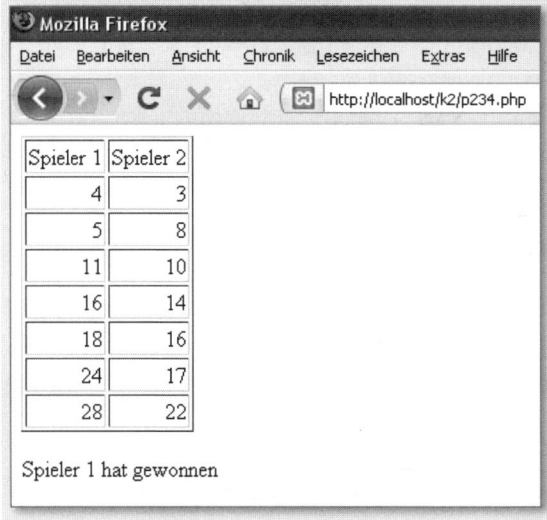

Abbildung 2.41   Übung P234, Spiel

2.6.6   Schleifenabbruch mit break

break   Mit Hilfe der Anweisung break, die bereits aus der switch-case-Verzweigung bekannt ist, kann eine Schleife vorzeitig beendet werden. Damit wird eine zusätzliche Möglichkeit für eine Schleifensteuerung geschaffen, um ein Programm besser lesbar zu machen.

[»]

Hinweis

Eine break-Anweisung, die nicht in einem switch-Block steht, aber innerhalb einer Schleife, wird immer gemeinsam mit einer Bedingung auftreten, da der vorzeitige Abbruch einer Schleife nur in einem »Sonderfall« erfolgen sollte.

Im folgenden Beispiel wird wiederum gewürfelt, solange die Summe kleiner als 25 ist. Es soll allerdings nun höchstens sechsmal gewürfelt (Sonderfall) und dann abgebrochen werden.

```
<html>
<body>
<?php
    srand((double)microtime()*1000000);
    $summe = 0;
    $zaehler = 0;

    while ($summe < 25)
    {
        $zufallszahl = rand(1,6);
        $summe = $summe + $zufallszahl;
        $zaehler = $zaehler + 1;
        echo "Nr. $zaehler, Zahl $zufallszahl,";
        echo " Summe $summe<br />";
        if ($zaehler >= 6) break;          // Sonderfall
    }
?>
</body>
</html>
```

Listing 2.26　Datei p235.php

Es wird ein zusätzlicher Zähler (Variable $zaehler) verwendet. Diese Variable wird zunächst auf 0 gesetzt. Innerhalb der Schleife wird ihr Wert stets um 1 erhöht. Sie zählt also die Anzahl der Schleifendurchläufe. Falls dabei die Zahl 6 erreicht beziehungsweise überschritten wird, bricht die Schleife unmittelbar ab. Dies geschieht auch dann, wenn die Summe noch kleiner als 25 ist.

Die Seite hat zum Beispiel folgendes Aussehen, das natürlich von den zufällig ermittelten Werten abhängt:

Abbildung 2.42　Beispiel zu break

[»]

Der Vergleich `if ($zaehler == 6)` hätte auch zu einem Abbruch geführt, allerdings nur bei einer Erhöhung um 1. Würde man zum Beispiel den Zähler stets um 2 erhöhen, könnte der Wert 6 nicht exakt erreicht werden. Die Schleife würde über die vorgesehene Abbruchstelle hinausgehen. Daher arbeitet man in diesen Fällen gewöhnlich mit Bereichsangaben (>= oder <=).

2.6.7 Weitere Schleifenanweisungen

Im Zusammenhang mit Schleifen existieren in der Sprache PHP noch die folgenden Anweisungen. Sie sind als Alternativen zu sehen und bieten in bestimmten Fällen Vorteile.

do-while

do-while   Die `do-while`-Schleife verhält sich wie eine `while`-Schleife, zusätzlich aber gilt: Die Schleife wird mindestens einmal durchlaufen, da die Bedingung für die Wiederholung erst am Ende geprüft wird. Die Syntax lautet:

```
do
{
[Anweisungen]
}
while(Bedingung);
```

foreach

foreach   Die `foreach`-Schleife wird im Zusammenhang mit assoziativen Feldern verwendet. Sie ermöglicht die Bearbeitung aller Elemente eines solchen Feldes mit einer Schleife (siehe Abschnitt 2.7).

Die Syntax lautet:

```
foreach([Feldausdruck])
{
[Anweisungen]
}
```

continue

continue   Die Anweisung `continue` wird verwendet, um aufgrund einer Bedingung den Rest einer Schleife zu überspringen und unmittelbar mit dem nächsten Schleifendurchlauf fortzusetzen.

2.7   Felder

Um eine größere Menge zusammengehöriger Daten zu speichern, kann man entweder viele einzelne Variablen (jeweils mit einem eigenen Namen) oder ein Feld von Variablen mit einem einheitlichen Namen nutzen. Felder sind dabei zu bevorzugen, da sie eine schnellere und komfortablere Verarbeitung bieten. PHP unterstützt zwei Typen von Feldern:

▶ numerisch indizierte Felder: Die einzelnen Variablen in einem numerisch indizierten Feld werden über eine laufende Nummer innerhalb des Feldes angesprochen.

Numerisch indizierte Felder

▶ assoziative Felder (auch Hash-Tabelle genannt): Die einzelnen Variablen in einem assoziativen Feld werden über eine eindeutige Bezeichnung innerhalb des Feldes angesprochen.

Assoziative Felder

Die genannten Feldtypen werden in diesem Abschnitt angesprochen. Eine ausführliche Beschreibung zu Feldern finden Sie in Abschnitt 6.3.

Felder können eine oder mehrere Dimensionen haben:

▶ Ein eindimensionales Feld kann man sich als eine Liste oder als einen mathematischen Vektor vorstellen. Es könnte sich zum Beispiel um eine Preisliste oder die Namensliste der Mitglieder einer Gruppe handeln.

Feldmodell

▶ Ein zweidimensionales Feld kann man sich als eine Tabelle oder als eine mathematische Matrix vorstellen. Dies könnte zum Beispiel der Inhalt einer Datenbanktabelle mit verschiedenen Feldern und Datensätzen sein. Zweidimensionale Felder existieren in drei Varianten: rein numerisch indiziert, rein assoziativ oder gemischt (numerisch indiziert/assoziativ).

▶ Es können auch Felder mit mehr als zwei Dimensionen zum Einsatz kommen. Eine geeignete Modellvorstellung wird mit wachsender Dimensionszahl allerdings immer schwerer.

2.7.1   Numerisch indizierte Felder

Nehmen wir an, es sei eine Woche lang jeden Tag an einem bestimmten Ort eine Temperatur gemessen worden. Es stehen somit sieben Temperaturwerte zur weiteren Betrachtung und Untersuchung zur Verfügung. Diese Werte werden zunächst in einem numerisch indizierten Feld gespeichert und ausgegeben.

```
<html>
<body>
<?php
    $tp = array(17.5, 19.2, 21.8, 21.6, 17.5);
    $tp[5] = 20.2;
    $tp[6] = 16.6;
    for($i=0; $i<=6; $i = $i+1)
    {
        echo "Temperatur $i: $tp[$i]<br />";
    }
?>
</body>
</html>
```

Listing 2.27 Datei p236.php

In diesem Programm werden zwei häufig eingesetzte Techniken zur Erzeugung beziehungsweise Vergrößerung von Feldern gezeigt.

array() ▸ Mit Hilfe der Funktion `array()` wird die Variable `$tp` zu einem Feld (engl.: `array`) mit fünf Elementen. Diese Elemente sind automatisch durchnummeriert worden, beginnend bei 0.

▸ Felder können auch einfach durch die Zuweisung einzelner Elemente erzeugt oder vergrößert werden. Dies ist hier mit den beiden Zuweisungen `$tp[5] = 20.2;` und `$tp[6] = 16.6;` geschehen. Dabei ist die bisherige Nummerierung zu beachten, andernfalls könnten vorhandene Elemente überschrieben werden.

Feldindex ▸ Ein einzelnes Feldelement wird angesprochen, indem man nach dem Namen des Feldes in eckigen Klammern die laufende Nummer des Elements angibt. Diese wird auch Index genannt.

Insgesamt hat das Feld nun sieben Elemente. Die Struktur ist in Tabelle 2.7 erkennbar:

Name des Elements	Nummer (= Index) des Elements	Wert des Elements
$tp[0]	0	17.5
$tp[1]	1	19.2
$tp[2]	2	21.8
$tp[3]	3	21.6
$tp[4]	4	17.5
$tp[5]	5	20.2
$tp[6]	6	16.6

Tabelle 2.7 Numerisch indiziertes Feld

Diese Elemente werden anschließend mit Hilfe einer `for`-Schleife untereinander ausgegeben. Dabei nimmt die Schleifenvariable `$i` nacheinander die verwendeten Indexwerte an (0 bis 6).

Abbildung 2.43 zeigt die Ausgabe.

Abbildung 2.43 Numerisch indiziertes Feld

Übung P237 [✐]

Es sollen Vorname und Alter von sechs Personen in zwei Feldern gespeichert werden. Das erste Feld soll die Vornamen enthalten, das zweite Feld die zugehörigen Altersangaben. Die Elemente der beiden Felder sollen paarweise in der nachfolgenden Form als Tabelle auf dem Bildschirm ausgegeben werden (Datei *p237.php*):

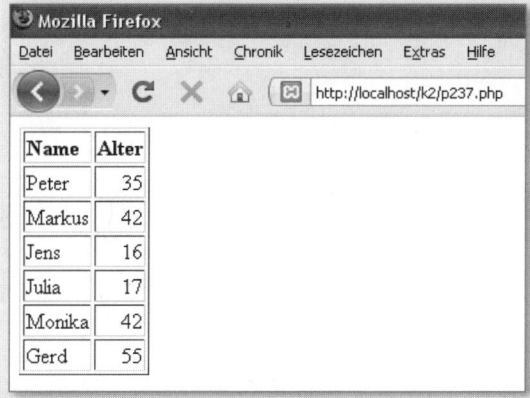

Abbildung 2.44 Ergebnis von Übung P237

2.7.2 Assoziative Felder

Die Temperaturwerte aus dem vorherigen Abschnitt sollen nun in einem assoziativen Feld angeordnet werden. Die Elemente eines solchen Feldes werden nicht über eine laufende Nummer, sondern über eine Schlüsselbezeichnung (engl. *key*) identifiziert. Dadurch wird es möglich, den Feldelementen eindeutige Begriffe zuzuordnen und die Suche nach bestimmten Feldelementen zu vereinfachen.

Zunächst sollen die Werte wiederum gespeichert und ausgegeben werden.

```php
<html>
<body>
<?php
    $tp = array("Montag"=>17.5, "Dienstag"=>19.2,
                "Mittwoch"=>21.8);
    $tp["Donnerstag"] = 21.6;
    $tp["Freitag"] = 17.5;
    $tp["Samstag"] = 20.2;
    $tp["Sonntag"] = 16.6;

    // Ein bestimmtes Element
    echo "<p>" . $tp["Montag"] . "</p>";

    // Tabellenkopf
    echo "<table border='1'>";
    echo "<tr><td><b>Wochentag</b></td>";
    echo "<td><b>Temperatur</b></td></tr>";

    // Alle Keys und Values aus dem Feld
    foreach($tp as $name=>$wert)
    {
        echo "<tr><td>$name</td>"
            . "<td align='right'>$wert</td></tr>";
    }
    echo "</table>";

    // Nur alle Values aus dem Feld, zum Summieren
    $summe = 0;
    foreach($tp as $wert)
    {
        $summe = $summe + $wert;
    }
    echo "<p>Summe: $summe</p>";
?>
```

```
</body>
</html>
```

Listing 2.28   Datei p238.php

Die Ausgabe des Programms zeigt Abbildung 2.45.

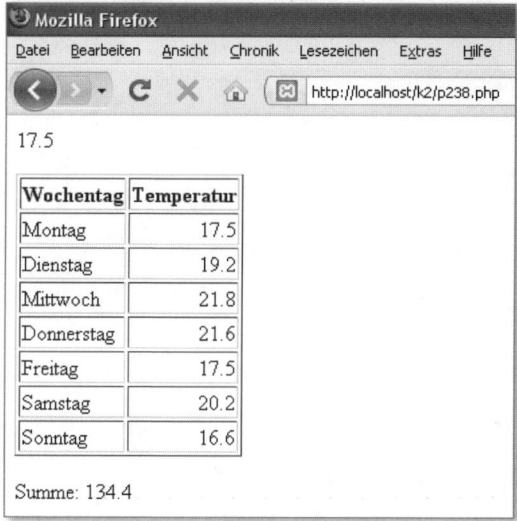

Abbildung 2.45   Assoziatives Feld

Die Verwendung assoziativer Felder erscheint zunächst etwas unübersichtlich. Nachdem man sich aber mit der Vorgehensweise vertraut gemacht hat, können assoziative Felder je nach Problemstellung einige Vorteile mit sich bringen.

Auch hier werden gleich zwei Techniken zur Erzeugung eines Feldes gezeigt.

▶ Mit Hilfe der Funktion `array()` wird die Variable `$tp` zu einem Feld mit drei Elementen. Diese Elemente haben eindeutige Schlüsselbezeichnungen (Keys) und zugehörige Werte (Values). Diese Paare werden einander mit dem Operator => zugeordnet. Der Key muss dabei zwischen doppelte Hochkommata geschrieben werden.

Key, Value

▶ Felder können auch einfach durch die Zuweisung einzelner Elemente erzeugt oder vergrößert werden. Dies ist hier mit den Zuweisungen in der Form `$tp["Samstag"] = 20.2;` usw. geschehen.

Insgesamt hat das Feld nun sieben Elemente. Die Struktur ist in Tabelle 2.8 erkennbar:

Name des Elements	Schlüsselbezeichnung (Key) des Elements	Wert (Value) des Elements
`$tp["Montag"]`	Montag	17.5
`$tp["Dienstag"]`	Dienstag	19.2
`$tp["Mittwoch"]`	Mittwoch	21.8
`$tp["Donnerstag"]`	Donnerstag	21.6
`$tp["Freitag"]`	Freitag	17.5
`$tp["Samstag"]`	Samstag	20.2
`$tp["Sonntag"]`	Sonntag	16.6

Tabelle 2.8 Assoziatives Feld

Eine Möglichkeit, ein einzelnes Element eines assoziativen Feldes auszugeben, ist: `echo "<p>" . $tp["Montag"] . "</p>";`

[»]

Hinweis

Da der Name des Keys zwischen doppelte Hochkommata geschrieben werden muss, ist die Ausgabe innerhalb einer Zeichenkette nicht möglich. Eine der folgenden Vorgehensweisen hätte also nicht zum Erfolg geführt:

▸ Es werden überall doppelte Hochkommata gesetzt. Dadurch wird die Zeichenkette zu früh beendet. Beispiel: `echo "<p>$tp["Montag"]</p>";`

▸ Es werden statt doppelter Hochkommata bei den Keys einfache Hochkommata gesetzt. Dies ist ein Fehler bei der Benutzung des assoziativen Feldes und führt dazu, dass der Index nicht erkannt wird. Beispiel: `echo "<p>$tp['Montag']</p>";`

▸ Es werden bei der `echo`-Anweisung einfache Hochkommata gesetzt. Diese Form ist erlaubt, sie liefert aber nur den Namen des Feldelements, nicht jedoch seinen Wert. Beispiel: `echo '<p>$tp["Montag"]</p>';`

foreach, as   Die `foreach`-Schleife bietet eine Möglichkeit, alle Elemente eines assoziativen Feldes auszugeben.

▸ In der ersten Schleife sorgt die Anweisung `foreach($tp as $name =>$wert)` dafür, dass bei jedem Schleifendurchlauf jeweils ein einzelnes Key-Value-Paar in den Variablen `$name` und `$wert` bereitgestellt wird. Beide Variablen werden ausgegeben.

▸ In der zweiten Schleife sorgt die Anweisung `foreach($tp as $wert)` dafür, dass bei jedem Schleifendurchlauf jeweils nur der Value jedes Elements in der Variablen `$wert` bereitgestellt wird. Dieser Wert wird zum Summieren aller Feldelemente genutzt.

Hinweis [»]

Falls man einem bestimmten Key bei der Erzeugung des Feldes oder später einen neuen Wert zuordnet, so wird nicht etwa ein neues Element hinzugefügt, sondern der erste Wert überschrieben. Die folgende Anweisung erzeugt also nur die beiden Feldelemente mit den Keys Montag und Dienstag und den Values 19.2 und 21.8:

```
$tp = array("Montag"=>17.5, "Dienstag"=>19.2,
    "Montag"=>21.8);
```

Übung P239 [✐]

Es sollen Vorname und Alter von sechs Personen untersucht werden. Diese sechs Angaben werden in einem assoziativen Feld gespeichert. Die Vornamen sollen die Keys, die Altersangaben die Values darstellen. Key und Value der Elemente des Feldes sollen paarweise in der nachfolgenden Form als Tabelle auf dem Bildschirm ausgegeben werden (Datei *p239.php*):

Abbildung 2.46   Ergebnis von Übung P239

2.8   Funktionen

Es gibt in PHP zahlreiche vordefinierte Funktionen, die vom Entwickler eingesetzt werden können. Sie werden unter anderem in den Kapiteln 6 und 7 beschrieben. Darüber hinaus hat der Entwickler die Möglichkeit, eigene Funktionen zu schreiben, sogenannte benutzerdefinierte Funktionen. Diese haben folgende Vorteile:

▸   Gleiche oder ähnliche Vorgänge müssen nur einmal beschrieben werden und können beliebig oft ausgeführt werden.

Modularisierung ▸ Programme können modularisiert werden. Dies bedeutet, dass sie in kleinere Bestandteile zerlegt werden können, die übersichtlicher sind und einfacher gewartet werden können.

Eine besondere Variante von Funktionen, die sogenannten rekursiven Funktionen, werden in einem anschaulichen Beispiel in Abschnitt 6.2.11 erläutert.

Der Name einer Funktion darf nicht mit einem reservierten Wort identisch sein, also zum Beispiel mit einem Befehl aus der Sprache PHP. Eine Liste reservierter Wörter finden Sie in Anhang C.

2.8.1 Ein erstes Beispiel

Ein Beispiel für eine einfache benutzerdefinierte Funktion:

```
<html>
<head>
<?php
    function trennstrich()
    {
        echo "<br />";
        for ($i=1; $i<=40; $i=$i+1)
            echo "-";
        echo "<br />";
    }
?>
</head>
<body>
<?php
    trennstrich();
    echo "Dies ist ein Programm,";
    trennstrich();
    echo "in dem mehrmals";
    trennstrich();
    echo "eine Funktion verwendet wird,";
    trennstrich();
    echo "die zu Beginn definiert wurde";
    trennstrich();
?>
</body>
</html>
```

Listing 2.29 Datei p240.php

function () Eigene Funktionen werden mit Hilfe von function ... () { ... } definiert. Der Name der Funktion folgt nach dem Schlüsselwort function, und in runden Klammern folgen die Parameter, sofern welche vorhanden sind. Anschließend folgt in geschweiften Klammern der eigentliche Funktionsrumpf. Häufig erfolgt die Definition einer Funktion im Kopf eines HTML-Dokuments, wie hier bei der Funktion `trennstrich()`.

Die Aufgabe der Funktion `trennstrich()` ist die Darstellung eines Zeilenumbruchs, von 40 Bindestrichen und eines weiteren Zeilenumbruchs. Jedes Mal, wenn sie vom eigentlichen Programm im Rumpf des Dokuments (mit `trennstrich()`) aufgerufen wird, führt sie die genannte Aufgabe aus.

Die Seite sieht wie in Abbildung 2.47 dargestellt aus.

Abbildung 2.47 Funktion »trennstrich()«

Übung P241   [📎]

Erstellen Sie eine Funktion `vermerk()`, die einen Entwicklervermerk erzeugt: Jedes Mal, wenn die Funktion aufgerufen wird, erscheint Ihr Name in einer Tabellenzelle mit Rahmen, wie im Folgenden dargestellt. Testen Sie Ihre Funktion mit einem geeigneten Programm, in dem die Funktion mehrmals aufgerufen wird (Datei *p241.php*). Die Ausgabe könnte wie folgt aussehen:

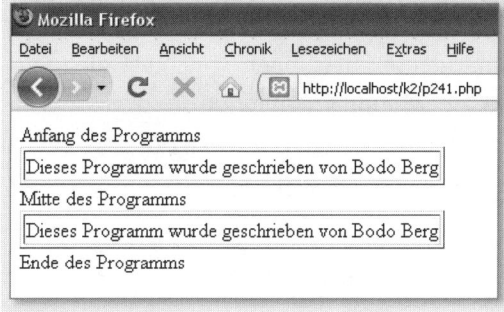

Abbildung 2.48 Ergebnis von Übung P241

2.8.2 Definition, Aufruf und Funktionstypen

Aufruf Der Aufruf einer eigenen oder einer vordefinierten Funktion erfolgt

- ▶ entweder aus dem Rumpf des Dokuments heraus (im oben angegebenen Beispiel mit `trennstrich()`) oder
- ▶ aus anderen Funktionen heraus.

Definition Dabei ist der Ort der Funktionsdefinition wichtig. Man kann nur Funktionen aufrufen, die dem Programm bekannt sind. Sie müssen also

- ▶ entweder zu den vordefinierten Funktionen gehören oder
- ▶ im Dokument definiert worden sein (wie im oben angegebenen Beispiel) oder
- ▶ aus eigenen, externen Dateien stammen (siehe Abschnitt 2.8.3).

Eine Funktion

- ▶ ohne Parameter führt bei jedem Aufruf immer genau die gleiche Aufgabe aus (wie im oben angegebenen Beispiel).
- ▶ mit einem oder mehreren Parametern führt bei jedem Aufruf in Abhängigkeit von den Parametern ähnliche Aufgaben aus.
- ▶ mit einem Rückgabewert führt gleiche oder ähnliche Aufgaben aus und liefert ein Ergebnis an die aufrufende Stelle zurück.

Für den Namen einer Funktion gelten die gleichen Regeln wie für den Namen einer Variablen. Der einzige Unterschied besteht darin, dass Namen von Funktionen nicht mit dem Zeichen $ (Dollar) beginnen dürfen. Die Regeln wurden bereits in Abschnitt 2.3.1 genannt.

2.8.3 Externe Dateien

Falls der Entwickler bestimmte nützliche Funktionen geschrieben hat, die er in mehreren Programmen verwenden möchte, so können diese Funktionen auch in externen Dateien untergebracht werden. Diese externen Dateien lassen sich mit den Anweisungen `require` beziehungsweise `include` in die jeweiligen Programme einbinden.

include, require Die Anweisungen `include` und `require` haben die gleiche Wirkung – mit einer Ausnahme. Falls eine einzubindende Datei nicht gefunden wird, dann

- ▶ beendet `require` das Programm mit einem Fehler,
- ▶ gibt `include` lediglich eine Warnung aus und das Programm läuft weiter.

Es gibt auch noch die Anweisungen `include_once` und `require_once`. Diese binden ebenfalls externe Dateien ein, wobei darauf geachtet wird, dass eine einmal eingebundene Datei nicht ein zweites Mal eingebunden wird. In einem größeren Projekt, das aus mehreren, größeren Dateien besteht, ist nicht für jeden Fall zu überschauen, ob eine Datei bereits eingebunden wurde.

2.8.4 Funktionen mit einem Parameter

Eine Funktion mit einem Parameter führt bei jedem Aufruf in Abhängigkeit vom Parameterwert ähnliche Aufgaben aus. Das vorherige Beispiel wurde jetzt ein wenig erweitert. Die Funktion erzeugt nun unterschiedlich lange Trennstriche, wie nachfolgend zu erkennen ist.

Parameter

```php
<html>
<head>
<?php
    function trennstrich($anzahl)
    {
        echo "<br />";
        for ($i=1; $i<=$anzahl; $i=$i+1)
            echo "-";
        echo "<br />";
    }
?>
</head>
<body>
<?php
    trennstrich(30);
    echo "In diesem Programm,";
    trennstrich(40);
    echo "sind die Trennstriche";
    $x = 20;
    trennstrich($x);
    echo "unterschiedlich lang";
    trennstrich($x * 3);
?>
</body>
</html>
```

Listing 2.30 Datei p242.php

Die Funktion `trennstrich()` wird insgesamt vier Mal aufgerufen, jedes Mal mit einem anderen Wert in den Klammern hinter dem Funktionsnamen. Dies ist der Parameter; er kann eine Zahl, eine Variable oder das Ergebnis einer Berechnung sein.

Der Parameter wird an die Funktion übergeben. Dort wird dieser Wert in der Variablen `$anzahl` gespeichert. Der Wert von `$anzahl` steuert die Ausführung der `for`-Schleife mit dem Ergebnis, dass die Trennstriche unterschiedlich lang sind. Es wird also bei jedem Aufruf beinahe die gleiche Aktion durchgeführt, in Abhängigkeit vom Wert des Parameters.

Abbildung 2.49 zeigt die Ausgabe.

Abbildung 2.49 Ergebnis der Funktion »trennstrich()« mit Parameter

[✎] **Übung P243**

Erweitern Sie die Funktion `vermerk()` aus Übung P241. Sie soll von verschiedenen Entwicklern genutzt werden können. Der Name des Entwicklers wird als Parameter an die Funktion übergeben. Jedes Mal, wenn die Funktion aufgerufen wird, erscheint der betreffende Name in einer Tabellenzelle mit Rahmen und fester Größe, wie nachfolgend dargestellt (Datei *p243.php*).

Testen Sie Ihre Funktion mit einem geeigneten Programm, in dem die Funktion mehrmals mit verschiedenen Namen aufgerufen wird.

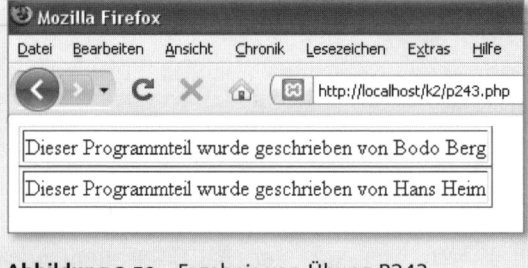

Abbildung 2.50 Ergebnis von Übung P243

Übung P244

Erstellen Sie eine Funktion `quadrat()`, die das Quadrat einer Zahl berechnet und ausgibt. Die betreffende Zahl wird als Parameter an die Funktion übergeben. Testen Sie Ihre Funktion mit einem geeigneten Programm, in dem die Funktion mehrmals mit verschiedenen Zahlen aufgerufen wird (Datei *p244.php*). Nachfolgend ein Beispiel:

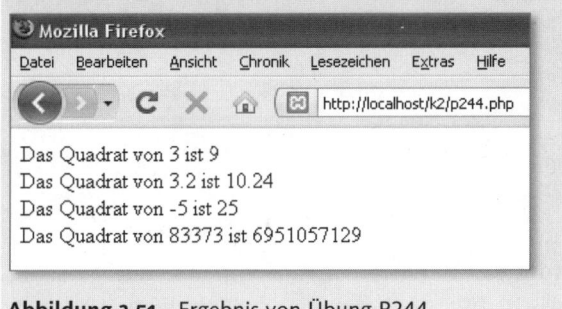

Abbildung 2.51 Ergebnis von Übung P244

2.8.5 Funktionen mit mehreren Parametern

Falls einer Funktion mehrere Parameter übergeben werden, sind die Anzahl, der Datentyp (Zahl oder Zeichenkette) und die Reihenfolge der Parameter wichtig. Der erste Wert wird an den ersten Parameter, der zweite Wert an den zweiten Parameter übergeben usw. Es folgt ein Beispiel für eine eigene Funktion mit mehreren Parametern.

Mehrere Parameter

```
<html>
<head>
<?php
    function flexloop($von, $bis, $schritt)
    {
        echo "Eine Schleife von $von bis $bis mit"
           ." der Schrittweite $schritt<br />";
        for ($i = $von; $i <= $bis; $i = $i + $schritt)
            echo "$i ";
    }
?>
</head>
<body>
<?php
    echo "<p>Nummer 1:<br />";
    flexloop(5,27,3);

    echo "<p>Nummer 2:<br />";
    flexloop(-10,10,4);
```

```
echo "<p>Nummer 3:<br />";
$x = 100;
$y = 200;
$z = 10;
flexloop($x,$y,$z);

echo "<p>Nummer 4:<br />";
flexloop($x,$y,($y-$x)/8);
?>
</body>
</html>
```

Listing 2.31 Datei p245.php

Beim Aufruf der Funktion `flexloop()` müssen jeweils drei Parameter übergeben werden, und zwar durch Kommata voneinander getrennt. Diese werden in der vorliegenden Reihenfolge den Variablen `$von`, `$bis` und `$schritt` zugeordnet.

Die Variablen werden zur Steuerung der `for`-Schleife in der Funktion verwendet. Es wird also bei jedem Aufruf eine ähnliche Aktion durchgeführt, beeinflusst durch den Wert der Parameter. Die Ausgabe sieht folgendermaßen aus:

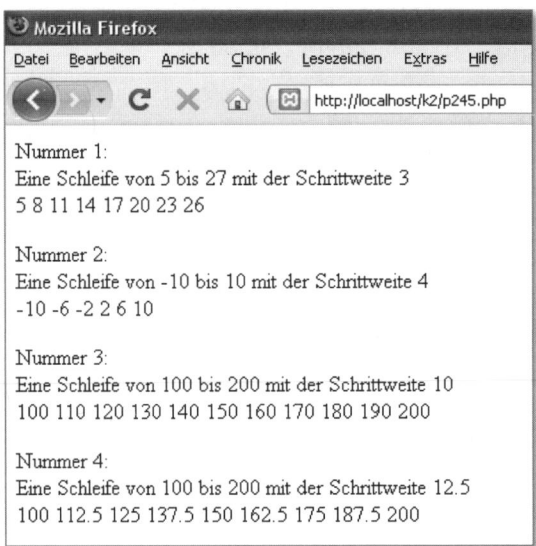

Abbildung 2.52 Funktion mit mehreren Parametern

Übung P246 [✐]

Schreiben Sie ein Programm (Datei *p246.php*), in dem eine Funktion `mittel()` definiert und benutzt wird, die den arithmetischen Mittelwert von drei Zahlen berechnet und ausgibt. Die drei Zahlen werden der Funktion jeweils als Parameter übergeben. Testen Sie die Funktion mit mehreren verschiedenen Aufrufen innerhalb des Programms.

Hinweis: Der arithmetische Mittelwert von drei Zahlen wird berechnet, indem man die Summe der drei Zahlen durch drei teilt. Die Ausgabe könnte wie folgt aussehen:

Abbildung 2.53   Ergebnis von Übung P246

Übung P247 [✐]

Erweitern Sie die Funktion `vermerk()` aus Übung P243. Sie soll von verschiedenen Entwicklern genutzt werden können. Vorname, Nachname und Abteilung werden als Parameter an die Funktion übergeben. Jedes Mal, wenn die Funktion aufgerufen wird, erscheint eine Ausgabezeile mit diesen Informationen und der E-Mail-Adresse.

Die E-Mail-Adresse setzt sich wie folgt zusammen: `vorname.nachname@abteilung.phpdevel.de`. Testen Sie Ihre Funktion mit einem geeigneten Programm, in dem die Funktion mehrmals mit verschiedenen Informationen aufgerufen wird (Datei *p247.php*). Eine mögliche Ausgabe sieht so aus:

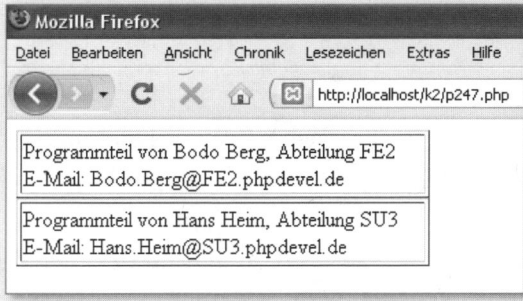

Abbildung 2.54   Ergebnis von Übung P247

2.8.6   Rückgabewert einer Funktion

Rückgabewert Funktionen mit Rückgabewert dienen dazu, ein Ergebnis zu ermitteln und dieses an die aufrufende Stelle zurückzuliefern. Der zurückgelieferte Wert muss entweder in einer Variablen gespeichert oder direkt ausgegeben werden, andernfalls geht er verloren. Es folgt ein Beispiel für eine Funktion mit einem Rückgabewert.

```
<html>
<head>
<?php
    function add($z1, $z2)
    {
        $summe = $z1 + $z2;
        return $summe;
    }
?>
</head>
<body>
<?php
    $c = add(3,4);       // aufrufende Stelle
    echo "Summe: $c<br />";

    $x = 5;
    $c= add($x,12);      // aufrufende Stelle
    echo "Summe: $c<br />";

    // aufrufende Stelle innerhalb der Ausgabe
    echo "Summe: " . add(13,2) . "<br />";

    // Ausgabe in Zeichenkette, falsch!
    echo "Summe: add(13,2)";
?>
</body>
</html>
```

Listing 2.32   Datei p248.php

Die Funktion add() besitzt die beiden Parameter $z1 und $z2. Innerhalb der Funktion werden diese Parameter addiert und in der Variablen $summe gespeichert.

return Mit Hilfe der Anweisung return wird der Wert an die aufrufende Stelle zurückgeliefert und kann dort weiterverarbeitet werden. In den ersten beiden Fällen wird der Wert in der Variablen $c gespeichert, im dritten Fall wird er ohne Zwischenspeicherung direkt ausgegeben.

Die Ausgabe sieht wie in Abbildung 2.55 dargestellt aus.

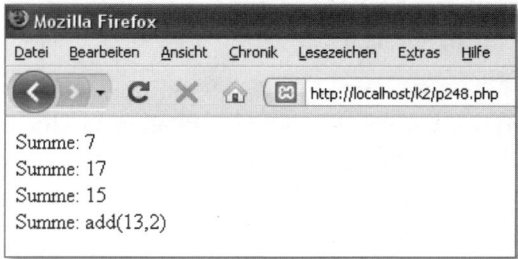

Abbildung 2.55   Funktion mit Rückgabewert

Hinweise   [«]

▶ Eine direkte Ausgabe eines Funktionsergebnisses darf nicht innerhalb einer Zeichenkette stehen. Die letzte Zeile der Ausgabe zeigt, dass dann nur der Name der Funktion und ihre Parameter genannt werden, die Funktion aber nicht aufgerufen wird.

▶ Mit Hilfe der Anweisung return kann eine Funktion auch vorzeitig verlassen werden. Dies gilt unabhängig davon, ob sie einen Wert zurückliefert oder nicht.

▶ Mit Hilfe der Anweisung return kann nicht nur eine einzelne Variable, sondern auch ein Feld aus einer Funktion zurückgeliefert werden. Ein Beispiel: Der Aufruf $x = feldfunc(); sorgt dafür, dass $x zu einem Feld mit mehreren Elementen wird. Dies setzt voraus, dass in der Funktion feldfunc() eine Anweisung wie zum Beispiel return $p existiert und $p ein (numerisch indiziertes oder assoziatives) Feld mit mehreren Elementen ist.

Übung P249   [✐]

Schreiben Sie ein Programm (Datei *p249.php*), in dem eine Funktion bigger() definiert und aufgerufen wird. Diese Funktion ermittelt die größere zweier übergebener Zahlen und liefert diese Zahl zurück. Testen Sie die Funktion mit mehreren verschiedenen Aufrufen innerhalb des Programms und geben Sie das Ergebnis zur Kontrolle aus.

Ein Aufruf der Funktion könnte lauten:

$c = bigger(3,4);

Die Ausgabe des Programms wäre in diesem Fall:

Maximum: 4

2.8.7 Kopie und Referenz

Bei der Übergabe von Parametern an eine Funktion muss man sich noch folgende Frage stellen: Was passiert, wenn ich in der Funktion einen der soeben übergebenen Parameter verändere?

PHP bietet hier mehrere Möglichkeiten an:

call-by-value
▸ Übergabe der Parameter als Kopie (*call-by-value*): Eine Veränderung der Kopien hat keine Rückwirkung auf das Original. Diese Methode wird zum Beispiel angewendet, wenn die Daten nur in eine Richtung fließen, also nur nur Werte an die Funktion übergeben werden. Sie wurde bei den bisherigen Programmen für Funktionen angewendet.

call-by-reference
▸ Übergabe der Parameter als Referenz auf das Original (*call-by-reference*): Eine Veränderung hat Rückwirkung auf das Original. Diese Methode wird angewendet, wenn die Funktionen mehr als einen Wert ermitteln und liefern soll. Über einen Rückgabewert (siehe Abschnitt 2.8.6) könnte nur ein einziger Wert zurückgeliefert werden.

▸ Übergabe von Referenzen auf die Originalparameter (*call-time pass-by-reference*): Eine Veränderung hat Rückwirkung auf das Original. Bei dieser Möglichkeit kann der Entwickler von Fall zu Fall entscheiden, ob er beim Aufruf einer Funktion den Wert oder eine Referenz übergibt. Diese Möglichkeit wird allerdings nicht mehr empfohlen und kann dazu führen, dass bei ihrer Verwendung eine Warnung ausgegeben wird.

Alle drei Methoden sollen zum Vergleich an einem Beispiel dargestellt werden. Der Funktion rtauschen() beziehungsweise vtauschen() werden zwei Parameter übergeben. Innerhalb der Funktionen sollen die beiden übergebenen Parameter miteinander vertauscht werden.

In Abhängigkeit von den verschiedenen angewendeten Methoden wird dieses Tauschen Rückwirkungen auf die Originalvariablen im Hauptprogramm haben. Die Werte werden jeweils vor und nach dem Tauschen angezeigt.

```
<html>
<head>
<?php
    function vtauschen($a, $b)
    {
        $temp = $a;
        $a = $b;
```

```
        $b = $temp;
    }

    function rtauschen(&$a, &$b)
    {
        $temp = $a;
        $a = $b;
        $b = $temp;
    }
?>
</head>
<body>
<?php
    $x = 12;    $y = 18;
    echo "<p>Methode 1, vorher: $x, $y<br />";
    vtauschen($x,$y);
    echo "Methode 1, nachher: $x, $y</p>";

    $x = 12;    $y = 18;
    echo "<p>Methode 2, vorher: $x, $y<br />";
    rtauschen($x,$y);
    echo "Methode 2, nachher: $x, $y</p>";

    $x = 12;    $y = 18;
    echo "<p>Methode 3, vorher: $x, $y<br />";
    vtauschen(&$x,&$y);
    echo "Methode 3, nachher: $x, $y</p>";
?>
</body>
</html>
```

Listing 2.33 Datei p250.php

Methode 1: Der Wert der Variablen $x wird beim Aufruf der Funktion vtauschen() an die Variable $a übergeben. Der Wert der Variablen $y wird an die Variable $b übergeben. Innerhalb der Funktion vtauschen() werden $a und $b getauscht. Da aber nur die Kopien getauscht werden, hat dies auf die Originale $x und $y keine Auswirkungen.

Methode 2: Den Unterschied sieht man im Funktionskopf function rtauschen(&$a, &$b). Die Variable $x wird beim Aufruf der Funktion rtauschen() an eine Referenz (Zeichen &) übergeben – dies ist $a. Die Variable $y wird ebenfalls an eine Referenz übergeben – dies ist $b. Innerhalb der Funktion werden die Referenzen vertauscht. Dadurch werden auch die Originale $x und $y vertauscht.

Referenz &

Methode 3: Den Unterschied sieht man beim Aufruf der Funktion vtauschen(&$x, &$y);. Beim Aufruf der Funktion vtauschen() wird eine Referenz auf die Variable $x an die Variable $a übergeben. Außerdem wird eine Referenz auf die Variable $y beim Aufruf an die Variable $b übergeben. Innerhalb der Funktion werden $a und $b vertauscht. Dadurch werden auch die Originale $x und $y vertauscht.

Die Ausgabe der Seite, jeweils mit den Werten vor und nach der Vertauschung, sieht wie folgt aus:

Abbildung 2.56 Kopie und Referenz

Felder übergeben Das folgende Programm zeigt, dass bei Feldern die gleichen Möglichkeiten zur Verfügung stehen. Wird also nur das Original des Feldes an eine Kopie übergeben (Methode 1), so wird durch eine Veränderung der Kopie des Feldes das Originalfeld nicht verändert. Bei einer Übergabe per Referenz (Methode 2 und 3) zeigt sich das gleiche Verhalten wie oben beschrieben.

```
<html>
<head>
<?php
   function vtauschen($f)
   {
      $temp = $f[0];
      $f[0] = $f[1];
      $f[1] = $temp;
   }

   function rtauschen(&$f)
   {
      $temp = $f[0];
      $f[0] = $f[1];
      $f[1] = $temp;
```

```
    }
?>
</head>
<body>
<?php
    $f[0] = 12;    $f[1] = 18;
    echo "<p>Methode 1, vorher: $f[0], $f[1]<br />";
    vtauschen($f);
    echo "Methode 1, nachher: $f[0], $f[1]</p>";

    $f[0] = 12;    $f[1] = 18;
    echo "<p>Methode 2, vorher: $f[0], $f[1]<br />";
    rtauschen($f);
    echo "Methode 2, nachher: $f[0], $f[1]</p>";

    $f[0] = 12;    $f[1] = 18;
    echo "<p>Methode 3, vorher: $f[0], $f[1]<br />";
    vtauschen(&$f);
    echo "Methode 3, nachher: $f[0], $f[1]</p>";
?>
</body>
</html>
```

Listing 2.34 Datei p251.php

Übung P252 [/]

Schreiben Sie ein PHP-Programm (Datei *p252.php*) mit einer Funktion
rechne(). Dieser Funktion werden zwei Zahlen übergeben. Sie soll zwei
Ergebnisse über die Parameterliste zurückliefern: zum einen die Summe der
beiden übergebenen Zahlen, zum anderen das Produkt der beiden übergebenen Zahlen.

Alle beteiligten Zahlen sollen im Hauptteil des Programms, also außerhalb
der Funktion, ausgegeben werden. Verwenden Sie zur Übergabe die zweite
Methode (*call-by-reference*). Nach einem Funktionsaufruf mit den Parametern 5 und 7 und der anschließenden Ausgabe erscheint Folgendes:

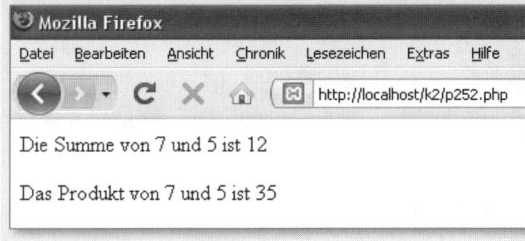

Abbildung 2.57 Ergebnis von Übung P252

2.8.8 Gültigkeitsbereich von Variablen

Variablen werden auch nach ihrem Gültigkeitsbereich unterschieden. Dies ist der Bereich, in dem die betreffende Variable mit ihrem Wert bekannt ist. Man unterscheidet:

Lokal
- Lokale Variablen: Diese werden innerhalb einer Funktion definiert und stehen nur innerhalb dieser Funktion zur Verfügung.

Global
- Globale Variablen: Diese werden außerhalb einer Funktion definiert und stehen nur außerhalb derselben zur Verfügung. Dies ist ein Unterschied zu vielen anderen Programmiersprachen.

Superglobal
- Superglobale Variablen: Bei diesen Variablen handelt es sich um PHP-Systemvariablen. Sie stehen sowohl innerhalb als auch außerhalb von Funktionen zur Verfügung. Zu ihnen zählt das assoziative Feld `$_POST`, das die Namen und Werte von Formularfeldern zur Verfügung stellt.

Hier einige Regeln im Zusammenhang mit dem Gültigkeitsbereich von Variablen:

- Die Benutzung lokaler Variablen bietet den Vorteil, dass Variablen nicht so leicht aus Versehen an weit voneinander entfernten Stellen verändert werden können.

- Ein Parameter, der als Kopie an eine Funktion übergeben wird, ist dort lokal.

- Lokale Variablen gleichen Namens in unterschiedlichen Funktionen oder globale Variablen gleichen Namens haben nichts miteinander zu tun.

- Falls man eine globale Variable innerhalb einer Funktion benutzen möchte, so muss sie dort entweder mit dem Schlüsselwort `global` bekannt gemacht oder als Parameter übergeben werden.

[»]

Hinweis

Die Variablen der Funktionen eines Programms sollten immer »so lokal wie möglich« sein:

- Zum einen wird die Modularisierung des Programms verbessert, das heißt die Zerlegung eines Programms in übersichtliche Programmteile mit klar definierten Schnittstellen zwischen den Teilen.

- Zum anderen wird die Wiederverwendbarkeit der Funktionen für andere Programme erleichtert.

Ein Beispiel mit lokalen und globalen Variablen und dem Schlüsselwort Schlüsselwort »global« `global`:

```
<html>
<head>
<?php
    function summiere()
    {
        echo "Variable z: $z<br />";
        global $x;
        $y = 35;
        $z = $x + $y;
        echo "Variable z: $z<br />";
    }
?>
</head>
<body>
<?php
        $x = 6;
        $y = 52;
        $z = $x + $y;
        summiere();
        echo "Variable z: $z";
?>
</body>
</html>
```

Listing 2.35 Datei p253.php

In diesem Programm existieren insgesamt fünf unterschiedliche Variablen:

▶ Die beiden Variablen $y und $z in der Funktion `summiere()` sind nur dort lokal bekannt.

▶ Zum Zeitpunkt des ersten Ausgabebefehls in der Funktion existiert $z noch nicht. Daher kann für $z kein Wert ausgegeben werden.

▶ Anschließend bekommen $y und $z innerhalb der Funktionen einen Wert. $z kann nun ausgegeben werden.

▶ Nach Verlassen der Funktion `summiere()` sind beide Werte nicht mehr verfügbar.

▶ Im Hauptprogramm gibt es insgesamt drei Variablen: $x, $y und $z. Das Schlüsselwort `global` sorgt dafür, dass $x auch in der Funktion `summiere()` mit seinem Wert bekannt ist.

▶ $y und $z sind nur außerhalb von Funktionen bekannt. Sie haben hier auch andere Werte als beispielsweise innerhalb der Funktion `summiere()`.

Die Ausgabe des Programms sieht aus, wie nachfolgend dargestellt. Je nach Voreinstellung des Webservers für die Anzeige von Fehlern, Warnungen und Hinweisen bezüglich der PHP-Programmierung erscheint eine *Notice*. Zum Thema Voreinstellungen siehe auch Abschnitt 7.5.

Abbildung 2.58 Lokale und globale Variablen

2.8.9 Variable Parameterlisten

Der Einsatz von Funktionen mit variablen Parameterlisten erhöht die Flexibilität von Funktionen, allerdings auch den Programmieraufwand.

Variable Parameteranzahl

Bisher musste die Anzahl der Parameter bei einem Funktionsaufruf genau der Anzahl der Parameter entsprechen, die bei der Definition der Funktion vorgegeben wurden. Mit Hilfe der folgenden Funktionen ist dies nicht mehr zwingend notwendig:

func_num_args()
► Die Funktion `func_num_args()` liefert die Anzahl der übergebenen Parameter.

func_get_arg()
► Die Funktion `func_get_arg()` liefert einen bestimmten Parameter aus der Parameterliste.

func_get_args()
► Die Funktion `func_get_args()` (mit einem s am Ende) liefert ein numerisch indiziertes Feld mit allen übergebenen Parametern.

Das nachfolgende Programm verdeutlicht den Einsatz von `func_num_args()` und `func_get_arg()`.

```
<html>
<body>
<?php
   function addiere()
   {
      $anz = func_num_args();
      echo "<p>Anzahl der Werte: $anz<br />";
      echo "Werte: ";
```

```
        $sum = 0;
        for($i=0; $i<$anz; $i++)
        {
            $sum = $sum + func_get_arg($i);
            echo func_get_arg($i) . " ";
        }
        echo "<br />Summe der Werte: $sum</p>";
    }

    addiere(2,3,6);
    addiere(13,26);
    addiere(65,-3,88,31,12.5,7);
?>
</body>
</html>
```

Listing 2.36 Datei p255.php

Die Funktion addiere() wird insgesamt dreimal aufgerufen, jedes Mal mit einer anderen Anzahl an Parametern. Diese Anzahl wird mit Hilfe von func_num_args() ermittelt. Sie wird zur Steuerung einer for-Schleife verwendet.

Innerhalb der for-Schleife werden alle gelieferten Parameter mit Hilfe von func_get_arg() ausgegeben und addiert. Nach Beendigung der Schleife wird die Summe der Werte wie in Abbildung 2.59 ausgegeben.

Abbildung 2.59 Variable Parameterlisten mit »func_get_arg()«

Eine alternative Lösung mit Hilfe der Funktion func_get_args() bietet das nachfolgende Programm. Die Ausgabe sieht genauso aus.

```
<html>
<body>
<?php
   function addiere()
   {
       $param = func_get_args();
       $anz = func_num_args();
       echo "<p>Anzahl der Werte: $anz<br />";
       echo "Werte: ";

       $sum = 0;
       for($i=0; $i<$anz; $i++)
       {
           $sum = $sum + $param[$i];
           echo "$param[$i] ";
       }
       echo "<br />Summe der Werte: $sum</p>";
   }

   addiere(2,3,6);
   addiere(13,26);
   addiere(65,-3,88,31,12.5,7);
?>
</body>
</html>
```

Listing 2.37   Datei p256.php

Mit Hilfe der Anweisung $param = func_get_args(); werden alle Parameter im Feld $param gespeichert. Die Funktion func_num_args() ermittelt wiederum die Anzahl der Parameter. Innerhalb der for-Schleife werden alle gelieferten Parameter aus dem Feld $param ausgegeben und addiert.

Eine ähnliche Möglichkeit wird durch Parameter mit Voreinstellung (Default-Werte) geboten. Näheres dazu folgt in Abschnitt 5.5.

2.8.10   include-Anweisung

Externe Funktionsbibliotheken

Benutzerdefinierte Funktionen, die von mehreren Programmen genutzt werden sollen, können in externe Dateien ausgelagert werden. Mit Hilfe der include-Anweisung wird der Inhalt dieser Dateien in dasjenige Programm eingebunden, das sie benötigt. Dabei ist zu beachten, dass der

Programmcode in den externen Dateien in vollständige, gültige PHP-Markierungen eingeschlossen sein muss.

[«]

> **Hinweis**
>
> Es ist zu empfehlen, einer solchen Datei die Endung *.inc.php* zu geben. Zum einen ist sie damit als eine Datei erkennbar, die externe Funktionen beinhaltet. Zum anderen wird sie besser vor einem unberechtigten Aufruf geschützt:
>
> ▶ Abhängig von den Einstellungen des Webservers werden Dateien mit bestimmten Endungen einfach auf dem Bildschirm ausgegeben, sodass der Quellcode eingesehen werden kann.
>
> ▶ Dateien mit der Endung *php* werden vom Webserver als PHP-Code angesehen, intern gelesen und ausgeführt, sodass der Quellcode nicht sichtbar wird.

Im folgenden Beispiel wird zunächst innerhalb der Datei *p257math.inc.php* eine Funktion `maxi()` definiert. Diese ermittelt aus den beiden übergebenen Parametern das Maximum, speichert diesen Wert in die Variable `$erg` und liefert ihn mit Hilfe der `return`-Anweisung zurück.

Die `return`-Anweisung steht im vorliegenden Fall innerhalb des `if`-Blocks beziehungsweise innerhalb des `else`-Blocks. Damit wird die Bearbeitung der Funktion unmittelbar unterbrochen und der Programmablauf kehrt zur Aufrufstelle zurück.

```php
<?php
    function maxi($x, $y)
    {
        if ($x > $y)
        {
            $erg = $x;
            return $erg;
        }
        else
        {
            $erg = $y;
            return $erg;
        }
    }
?>
```

Listing 2.38 Datei p257math.inc.php

Die Funktion wird vom nachfolgenden Programm aufgerufen. Dort wird zunächst die Datei *p257math.inc.php* mit Hilfe der `include`-Anweisung eingebunden. Damit sind alle Funktionen aus der Datei *p257math. inc.php* im aktuellen Programm bekannt und können verwendet werden.

```
<html>
<body>
<?php
    include "p257math.inc.php";
    $a = 2;
    $b = 6;
    $c = maxi($a, $b);
    echo "Das Maximum von $a und $b ist $c";
?>
</body>
</html>
```

Listing 2.39   Datei p257.php

Die Ausgabe des Programms:

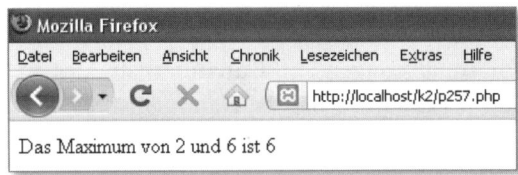

Abbildung 2.60   Nutzung einer include-Datei

[/]   **Übung P258**

Erstellen Sie eine kleine Funktionsbibliothek mit zwei Funktionen (Datei *p258stat.inc.php*). Beide Funktionen sollen mit variablen Parameterlisten arbeiten.

▶ Die erste Funktion mit dem Namen mittelwert() soll den arithmetischen Mittelwert einer beliebigen Menge von Zahlen berechnen und per Rückgabewert zurückliefern. Es muss also die Summe dieser Zahlen durch die Anzahl geteilt werden.

▶ Die zweite Funktion mit dem Namen maximum() soll die größte Zahl aus einer beliebigen Menge von Zahlen berechnen und per Rückgabewert zurückliefern. Dazu ist die nachfolgend beschriebene Vorgehensweise notwendig.

Zunächst wird die erste übergebene Zahl einer lokalen Variablen (zum Beispiel $mx) der Funktion zugewiesen. Anschließend werden alle anderen übergebenen Zahlen mit $mx verglichen. Sollte eine der Zahlen größer als $mx sein, so hat man ein neues Maximum gefunden, und dieser Wert wird $mx zugewiesen. Am Ende der Funktion wird $mx zurückgeliefert.

Testen Sie Ihre Bibliothek durch einige Aufrufe der beiden Funktionen mit unterschiedlich vielen Zahlen (Datei *p258.php*). Diese Bibliothek können Sie später erweitern und auch für andere Programme nutzen.

2.9 Beispiele

In diesem Abschnitt finden Sie einige umfangreichere Beispiele, in denen Sie Ihre Kenntnisse aus dem Programmierkurs anwenden können. Sie beinhalten keine neuen Programmierelemente, sondern dienen zur Darstellung des Zusammenspiels der verschiedenen Elemente.

Zur übersichtlichen und einheitlichen Darstellung von Zahlen (zum Beispiel in einigen Tabellen dieses Abschnitts) wird zunächst die Formatierung von Zahlen eingeführt.

2.9.1 Formatierung von Zahlen

Die formatierte Ausgabe von Zahlen geschieht mit Hilfe der Funktion number_format(). Ein Beispiel hierzu:

```
<html>
<body>
<?php
   echo "<p><b>Zahlenformatierung:</b></p>";
   $d = 12.3 * 3098.55397 * 445.2;
   echo "<p>Variable d: $d</p>";
   echo "<p>Mit Tausenderteilung (englisch), ohne
      Dezimalstellen:<br />"
      . number_format($d) . "</p>";
   echo "<p>Mit Tausenderteilung, auf drei Dezimalstellen
      gerundet (englisch):<br />"
      . number_format($d,3) . "</p>";
   echo "<p>Mit Tausenderteilung, auf drei Dezimalstellen
      gerundet (deutsch):<br />"
      . number_format($d,3,",",".") . "</p>";
?>
</body>
</html>
```

Listing 2.40 Datei p259.php

number_format()

91

Die Funktion `number_format()` kann mit einem, zwei oder vier Parametern aufgerufen werden:

▸ Falls sie mit einem Parameter aufgerufen wird, wird die Zahl mit Komma als Tausendertrennzeichen ausgegeben, und zwar ohne Nachkommastellen.

▸ Falls sie mit zwei Parametern aufgerufen wird, wird die Zahl mit Komma als Tausendertrennzeichen ausgegeben, und zwar mit der Anzahl an Nachkommastellen, die im zweiten Parameter angegeben ist.

▸ Falls sie mit vier Parametern aufgerufen wird, wird die Zahl mit dem vierten Parameter als Tausendertrennzeichen, der gewünschten Anzahl an Nachkommastellen und dem dritten Parameter als Dezimaltrennung ausgegeben.

Abbildung 2.61 zeigt die Bildschirmausgabe.

Abbildung 2.61 Formatierung von Zahlen

2.9.2 Geldanlage

Ein Benutzer besucht die Website einer Bank, die verschiedene Möglichkeiten zur Geldanlage bietet. Eine dieser Möglichkeiten ist die Anlage eines bestimmten Betrags über eine festgelegte Laufzeit. Je länger das Geld angelegt wird, desto höher ist der Zinssatz. Der Benutzer gibt den angelegten Betrag sowie die Laufzeit ein und erhält als Antwort eine Tabelle, in der die Entwicklung seiner Geldanlage von Jahr zu Jahr dargestellt wird.

Der Zinssatz in Abhängigkeit von der Laufzeit:

```
<= 3 Jahre    3%
<= 5 Jahre    4%
<=10 Jahre    5%
>10 Jahre     6%
```

Das zugehörige Eingabeformular:

```
<html>
<body>
<h2>Geldanlage</h2>
<p>Geben Sie bitte die folgenden Werte ein:</p>
<form action="p260.php" method="post">
    <p><input name="grundbetrag" />
        Grundbetrag (in &euro;)</p>
    <p><input name="laufzeit" /> Laufzeit (in Jahren)</p>
    <p><input type="submit" />
    <input type="reset" /></p>
</form>
</body>
</html>
```

Listing 2.41   Datei p260.htm

Das Formular sieht wie folgt aus (mit Beispieldaten):

Abbildung 2.62   Eingabeformular »Geldanlage«

Im PHP-Auswertungsprogramm werden zunächst die Eingabewerte zur besseren Kontrolle wieder ausgegeben. Anschließend wird mit Hilfe einer mehrfachen Verzweigung der Zinssatz aus der Laufzeit bestimmt und ausgegeben.

Danach wird eine Schleife durchlaufen. Für jedes Jahr der Geldanlage gibt es einen Durchlauf der Schleife. Bei jedem Durchlauf wird der bis dahin entstandene Gesamtbetrag berechnet, formatiert und ausgegeben. Das Programm dazu sieht so aus:

```
<html>
<body>
<h2>Geldanlage</h2>

<?php
$betrag = $_POST["grundbetrag"];
$laufzeit = $_POST["laufzeit"];
echo "<p>Grundbetrag: $betrag &euro;<br />";
echo "Laufzeit: $laufzeit Jahre<br />";

/* Zinssatz in Abhängigkeit von der Laufzeit */
if ($laufzeit <= 3)
    $zinssatz = 3;
else if ($laufzeit <= 5)
    $zinssatz = 4;
else if ($laufzeit <= 10)
    $zinssatz = 5;
else
    $zinssatz = 6;
echo "Zinssatz: $zinssatz %</p>";
?>

<table border="1">
<tr>
  <td align="right"><b>nach Jahr</b></td>
  <td align="right"><b>Betrag</b></td>
</tr>

<?php
/* Anlageberechnung und Ausgabe */
for($i=1; $i<=$laufzeit; $i++)
{
    echo "<tr>";
    echo "<td align='right'>$i</td>";
    $betrag = $betrag + $betrag * $zinssatz / 100;
    $ausgabe = number_format($betrag,2,",",".");
    echo "<td align='right'>$ausgabe &euro;</td>";
    echo "</tr>";
}
?>
```

```
</table>
</body>
</html>
```

Listing 2.42 Datei p260.php

Die Ausgabe des oben angegebenen Beispiels ist in Abbildung 2.63 dargestellt.

Abbildung 2.63 Ausgabe »Geldanlage«

2.9.3   Steuertabelle

Es soll eine (stark vereinfachte) Berechnung und Ausgabe von Steuersätzen, Steuerbeträgen und Nettoeinkommen vorgenommen werden. Der Steuersatz wird aus dem Bruttoeinkommen nach Tabelle 2.9 berechnet:

Bruttoeinkommen	Steuersatz
<= 12000	12 %
<= 20000	15 %
<= 30000	20 %
> 30000	25 %

Tabelle 2.9 Einkommen und Steuersätze

Der Benutzer kann folgende Daten eingeben:

▶ Startwert: erster Wert, für den die genannten Beträge berechnet werden

▶ Endwert: letzter Wert, für den die genannten Beträge berechnet werden

▶ Intervall: Abstand der einzelnen Werte voneinander

Der Programmcode des Eingabeformulars:

```html
<html>
<body>
<h2>Steuertabelle</h2>
<p>Geben Sie bitte die folgenden Werte ein:</p>
<form action="p261.php" method="post">
  <p><input name="start" /> Startwert (in &euro;)</p>
  <p><input name="ende" /> Endwert (in &euro;)</p>
  <p><input name="intervall" /> Intervall (in &euro;)</p>
  <p><input type="submit" />
  <input type="reset" /></p>
</form>
</body>
</html>
```

Listing 2.43 Datei p261.htm

Das Formular sieht wie folgt aus:

Abbildung 2.64 Eingabeformular »Steuertabelle«

Im PHP-Auswertungsprogramm wird eine Schleife durchlaufen. Für jeden Wert des Bruttoeinkommens gibt es einen Durchlauf. Innerhalb der Schleife wird zunächst mit einer mehrfachen Verzweigung aus dem Bruttoeinkommen der Steuersatz bestimmt. In Abhängigkeit vom Steuersatz werden der Steuerbetrag und das Nettoeinkommen berechnet. Alle vier Informationen werden formatiert und ausgegeben. Die Ausgabe geschieht in einer Tabelle mit vier Spalten:

▶ Bruttoeinkommen in Euro

▶ Steuersatz in Prozent

▶ Steuerbetrag in Euro

▶ Nettoeinkommen in Euro

Das Programm:

```
<html>
<body>
<h2>Steuertabelle</h2>

<table border="1">
<tr>
  <td align="center"><b>Gehalt</b></td>
  <td align="center"><b>Steuersatz</b></td>
  <td align="center"><b>Steuerbetrag</b></td>
  <td align="center"><b>Netto</b></td>
</tr>

<?php
for($brutto = $_POST["start"];
    $brutto <= $_POST["ende"];
    $brutto = $brutto + $_POST["intervall"])
{
   /* Berechnung des Steuersatzes */
   if($brutto <= 12000)
      $satz = 12;
   else if($brutto <= 20000)
      $satz = 15;
   else if($brutto <= 30000)
      $satz = 20;
   else
      $satz = 25;

   $steuerbetrag = $brutto * $satz / 100;
   $netto = $brutto - $steuerbetrag;
   echo "<tr>";
   echo "<td align='right'>"
      . number_format($brutto,2,",",".")
      . " &euro;</td>";
```

```
echo "<td align='right'>"
  . number_format($satz,1,",",".")
  . " %</td>";
echo "<td align='right'>"
  . number_format($steuerbetrag,2,",",".")
  . " &euro;</td>";
echo "<td align='right'>"
  . number_format($netto,2,",",".")
  . " &euro;</td>";
echo "</tr>";
}
?>


</table>
</body>
</html>
```

Listing 2.44 Datei p261.php

Die Ausgabe des oben angegebenen Beispiels sehen Sie in Abbildung 2.65.

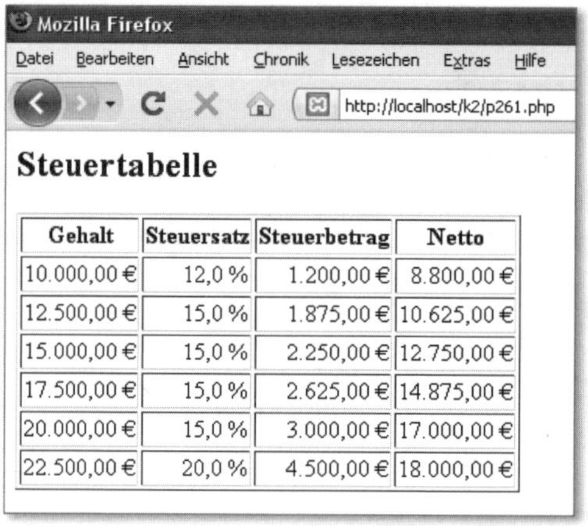

Abbildung 2.65 Ausgabe »Steuertabelle«

2.9.4 Bestimmung des Ostersonntags

Ostersonntag In diesem Abschnitt soll eine Funktion ostersonntag() zur Bestimmung des Termins des Ostersonntags in einem vorgegebenen Jahr entwickelt werden. Auf Basis des Ostersonntags können alle beweglichen Feiertage eines Bundeslandes berechnet werden. Eine Liste der (beweglichen und festen) Feiertage wird häufig im Zusammenhang mit Terminplanungs-programmen benötigt (siehe das Beispiel in Abschnitt 6.4).

Die Funktion `ostersonntag()` soll in der Funktionsbibliothek *p262 datum. inc.php* bereitgestellt werden. Sie soll mit Hilfe eines Formulars (Datei *p262.htm*) und eines PHP-Programms (Datei *p262.php*) getestet werden.

Im Formular werden vom Benutzer in zwei Eingabefeldern zwei Jahreszahlen angegeben. Das Programm liefert eine Tabelle, in der zu jedem Jahr im angegebenen Jahresbereich der jeweilige Termin des Ostersonntags ausgegeben wird.

Falls der Benutzer zum Beispiel die folgende Eingabe vornimmt, ...

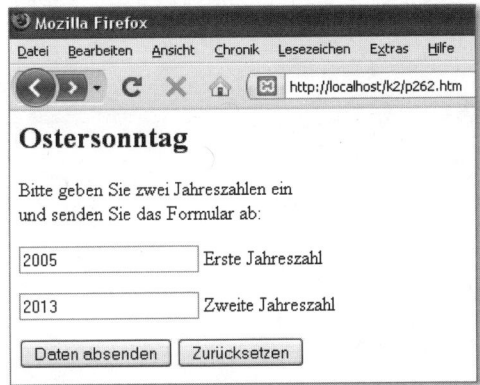

Abbildung 2.66   Eingabe »Jahresbereich«

... wird die folgende Tabelle geliefert:

Abbildung 2.67   Ausgabe der Ostersonntage im Bereich 2005 – 2013

Ostern ist stets am ersten Sonntag nach dem ersten Vollmond des Frühlings. So hat es das erste Kirchenkonzil im Jahr 325 n. Chr. festgelegt, und dies gilt bis heute. Im Jahr 1800 entwickelte der deutsche Mathematiker Carl Friedrich Gauß (1777 – 1855) eine Formel zur Berechnung des Ostersonntags. Sie ist so genau, dass erst im Jahre 8202 ein Fehler auftritt.

Seine Formel: Ostern fällt im Jahre J auf den (e+D+1)-ten Tag nach dem 21. März, wobei gilt:

▶ d = ((15 + J/100 - J/400 - (8 * J/100 + 13) / 25) mod 30 + 19 * (J mod 19)) mod 30.

   ▶ Falls d = 29, so ist D = 28.

   ▶ Falls d = 28 und J mod 17 >= 11, so ist D = 27.

   ▶ Falls d weder 28 noch 29: so ist D = d.

▶ e = (2 * (J mod 4) + 4 * (J mod 7) + 6 * D + (6 + J/100 - J/400 - 2) mod 7) mod 7.

Zur Umsetzung in ein Programm muss man Folgendes wissen:

▶ mod entspricht dem Operator Modulo (%) aus PHP. Dies ist also der ganzzahlige Rest einer Division.

▶ Alle vorkommenden Divisionen (zum Beispiel J/100) sind Ganzzahldivisionen, die Stellen hinter dem Komma werden abgeschnitten. Zum Abschneiden kann man die mathematische Funktion floor() benutzen. Der Ausdruck 1952/100 ergibt den Wert 19.52 (mit Nachkommastellen). Der Ausdruck floor(1952/100) ergibt den Wert 19 (ohne Nachkommastellen, also eine Ganzzahldivision).

Die Funktion ostersonntag() in der Bibliothek ergibt sich wie folgt:

```php
<?php
function ostersonntag($j, &$t, &$m)
{
    // Berechnung von klein d
    $d = ((15 + floor($j/100) - floor($j/400)
        - floor((8 * floor($j/100) + 13) / 25)) % 30
        + 19 * ($j % 19)) % 30;

    // Berechnung von groß D
    if ($d==29)
        $D = 28;
    else if ($d == 28 && $j%17 >= 11)
        $D = 27;
```

```
else
   $D = $d;

// Berechnung von klein e
$e = (2 * ($j%4) + 4 * ($j%7) + 6 * $D
   + (6 + floor($j/100) - floor($j/400) - 2) % 7) % 7;

// Berechnung von Tag und Monat
// Rückgabe der Werte per Referenz
$m = "03";
$t = 21 + $e + $D + 1;
if ($t > 31)
{
   $m = "04";
   $t = $t - 31;
}
if($t < 10)
   $t = "0" . $t;
}
?>
```

Listing 2.45 Datei p262datum.inc.php

Das Jahr wird über den Parameter $j an die Funktion geliefert. $t und $m sind zwei Referenzen für die beiden Variablen für den Tag und den Monat. Diese beiden Werte stehen nach Aufruf der Funktion an der Aufrufstelle zur Verfügung. Innerhalb der Funktion wird das Ergebnis in einzelnen Schritten bestimmt:

► Der Wert von $d wird gemäß der oben angegebenen Formel errechnet.

► Der Wert von $D ergibt sich mit Hilfe einer mehrfachen Verzweigung aus $d.

► Der Wert von $e wird gemäß der oben angegebenen Formel errechnet.

► Falls der errechnete Tag nicht mehr im Monat März liegt, müssen Tag und Monat auf den entsprechenden Tag im Monat April umgerechnet werden. Beispiel: Aus dem 36.03. wird der 05.04.

► Die Zahlen werden in Text umgewandelt, mit führenden Nullen bei den einstelligen Zahlen.

Das Eingabeformular für den Benutzer:

```
<html>
<body>
<h2>Ostersonntag</h2>
<p>Bitte geben Sie zwei Jahreszahlen ein<br />
und senden Sie das Formular ab:</p>
<form action="p262.php" method="post">
  <p><input name="anfang" /> Erste Jahreszahl</p>
  <p><input name="ende" /> Zweite Jahreszahl</p>
  <p><input type="submit" />
  <input type="reset"></p>
</form>
</body>
</html>
```

Listing 2.46 Datei p262.htm

Die beiden Jahreszahlen werden in den Feldern anfang und ende eingegeben. Das PHP-Programm zur Erzeugung der Tabelle:

```
<html>
<body>
<h2>Ostersonntag</h2>
<?php
    // Einbinden der Funktionsbibliothek
    include "p262datum.inc.php";

    // Größere Jahreszahl zuerst? Tauschen!
    $anfang = $_POST["anfang"];
    $ende = $_POST["ende"];
    if ($anfang > $ende)
    {
        $temp = $anfang;
        $anfang = $ende;
        $ende = $temp;
    }

    echo "<table border='1'>";
    echo "<tr><td><b>Jahr</b></td>"
        . "<td><b>Datum</b></td></tr>";

    // Schleife über alle Jahreszahlen
    for ($jahr=$anfang; $jahr<=$ende; $jahr++)
    {
        ostersonntag($jahr, $tag, $monat);
```

```
      echo "<tr><td>$jahr</td>"
          . "<td>$tag.$monat.$jahr</td></tr>";
    }
    echo "</table>";
?>
</body>
</html>
```

Listing 2.47 Datei p262.php

Die Funktionsbibliothek wird eingebunden; somit steht die Funktion
ostersonntag() zur Verfügung. Falls der Benutzer die beiden Jahreszahlen in der falschen Reihenfolge eingegeben hat, werden sie getauscht. In
einer Schleife wird die Funktion ostersonntag() für jeden Wert von
anfang bis ende aufgerufen. In den beiden Variablen $tag und $monat sind
per Referenz nach jedem Aufruf die Werte für den Tag und den Monat
des betreffenden Jahres gespeichert. Diese beiden Werte werden ausgegeben.

3 Daten senden und auswerten

Dieses Kapitel zeigt Ihnen, auf welch vielfältige und komfortable Weise Sie dem Programmbenutzer ermöglichen können, Informationen an den Webserver zu übermitteln. Zudem wird die Auswertung dieser Informationen verdeutlicht, und es wird gezeigt, wie Sie Ihre Programme im Internet veröffentlichen können.

Innerhalb des Programmierkurses wurden bereits einfache Formulare angesprochen. Durch Eingabe von Daten in ein Eingabefeld und das anschließende Absenden des Formulars wurden die Daten an den Webserver übermittelt.

Neben dem dabei verwendeten einzeiligen Texteingabefeld gibt es eine Reihe weiterer Formularelemente, die eine sichere und fehlerfreie Benutzung beziehungsweise Übermittlung der Daten stark vereinfachen.

Sie lassen sich in drei große Gruppen unterteilen:

- Textelemente
- Auswahlelemente
- Aktionselemente

3.1 Textelemente

Zu den Textelementen gehören die bereits bekannten, einzeiligen Texteingabefelder, die mehrzeiligen Texteingabefelder, die Passworteingabefelder sowie die versteckten Elemente.

Alle Textelemente können mit Werten vorbelegt werden. Dies kann die Benutzung vereinfachen, falls in einem Feld ein bestimmter Wert besonders häufig vorkommt. Beim Zurücksetzen eines Formulars wird dieser Wert eingesetzt.

3.1.1 Einzeilige Texteingabefelder

Ein einzeiliges Texteingabefeld (`<input type="text" />` oder einfach `<input />`) dient zur Übermittlung kleinerer Textinformationen (zum

`<input type="text" />`

Beispiel des Namens oder der Adresse) oder einzelner Zahlenwerte. Es kann über die folgenden Eigenschaften verfügen:

▶ name: zur eindeutigen Kennzeichnung bei der Auswertung in einem PHP-Programm

size ▶ size: zur Darstellung in einer bestimmten Breite innerhalb des Eingabeformulars

▶ maxlength: zur Begrenzung der Menge der Zeichen, die eingegeben werden können

value ▶ value: zur Vorbelegung des Eingabefeldes

▶ readonly: zum Verhindern der Eingabe; im Zusammenhang mit PHP selten benötigt

Ein Beispiel mit unterschiedlichen einzeiligen Texteingabefeldern:

```
<html>
<body>
<h2>Einzeilige Texteingabefelder</h2>
<form action = "p301.php" method = "post">
    <p><input name="eins" size="40" /> Feld Eins</p>
    <p><input name="zwei" size="10"
        maxlength="5" /> Feld Zwei</p>
    <p><input name="drei" value="Inhalt Drei" /> Feld Drei</p>
    <p><input name="vier" value="Inhalt Vier"
        readonly="readonly" /> Feld Vier</p>
    <p><input type = "submit" />
    <input type = "reset" />
</form>
</body>
</html>
```

Listing 3.1 Datei p301.htm

Erläuterung:

▶ Das Feld Eins dient zur Eingabe eines längeren Textes; die Größe beträgt 40.

▶ Das Feld Zwei dient zur Eingabe von maximal fünf Zeichen und wurde daher auch in der Darstellungsgröße auf den Wert 10 beschränkt.

▶ Das Feld Drei wurde mit dem Text Inhalt Drei vorbelegt. Falls der Benutzer keine Änderungen vornimmt, wird dieser Text als Wert gesendet.

▶ Das Feld Vier wurde mit dem Text Inhalt Vier vorbelegt. Der Benutzer kann keine Änderungen vornehmen, dieser Text wird als Wert gesendet.

Das Formular:

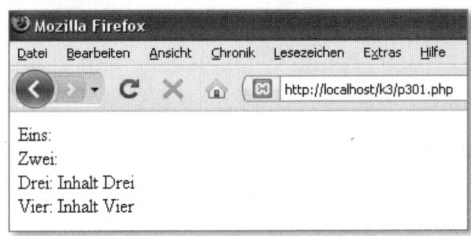

Abbildung 3.1   Verschiedene Texteingabefelder

Das PHP-Auswertungsprogramm:

```
<html>
<body>
<?php
    echo "Eins: " . $_POST["eins"] . "<br />";
    echo "Zwei: " . $_POST["zwei"] . "<br />";
    echo "Drei: " . $_POST["drei"] . "<br />";
    echo "Vier: " . $_POST["vier"];
?>
</body>
</html>
```

Listing 3.2   Datei p301.php

Die Auswertung (ohne eigene Einträge) ergibt:

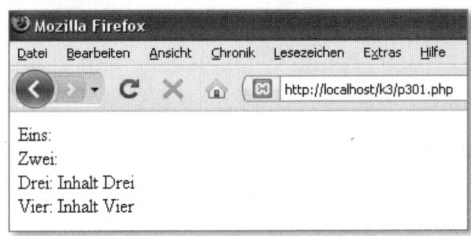

Abbildung 3.2   Auswertung der verschiedenen Texteingabefelder

3.1.2 Mehrzeilige Texteingabefelder

<textarea>

Ein mehrzeiliges Texteingabefeld (`<textarea>` … `</textarea>`) dient zur Übermittlung umfangreicher Textinformationen (zum Beispiel Kommentare oder Diskussionsbeiträge). Es sollte über die folgenden Eigenschaften verfügen:

name

▶ `name`: zur eindeutigen Kennzeichnung bei der Auswertung in einem PHP-Programm

cols

▶ `cols`: Zur Festlegung einer bestimmten Breite innerhalb des Eingabeformulars

rows

▶ `rows`: zur Festlegung einer bestimmten Höhe innerhalb des Eingabeformulars

Es kann mit einem Text vorbelegt werden. Außerdem ist die Eigenschaft `readonly` verfügbar.

Ein Beispiel mit unterschiedlichen mehrzeiligen Texteingabefeldern:

```
<html>
<body>
<h2>Mehrzeilige Texteingabefelder</h2>
<form action = "p302.php" method = "post">
    <p><textarea name="eins" cols="10" rows="3"></textarea>
        Feld Eins</p>
    <p><textarea name="zwei" cols="30" rows="5">
        Hier steht schon etwas</textarea> Feld Zwei</p>
    <p><input type = "submit" />
    <input type = "reset" /></p>
</form>
</body>
</html>
```

Listing 3.3 Datei p302.htm

Im Unterschied zum `input`-Element handelt es sich bei `textarea` um einen Container mit Anfangs- und Endmarkierung. Daher findet sich der Wert des Formularelements (und eine eventuell vorhandene Vorbelegung) zwischen den beiden Markierungen und nicht als Eigenschaft des Elements.

Das Formular sehen Sie in Abbildung 3.3.

Abbildung 3.3   Zwei Textareas

Das PHP-Auswertungsprogramm:

```
<html>
<body>
<?php
    echo "Eins: " . $_POST["eins"] . "<br />";
    echo "Zwei: " . $_POST["zwei"];
?>
</body>
</html>
```

Listing 3.4   Datei p302.php

Die Auswertung (ohne eigene Einträge) ergibt:

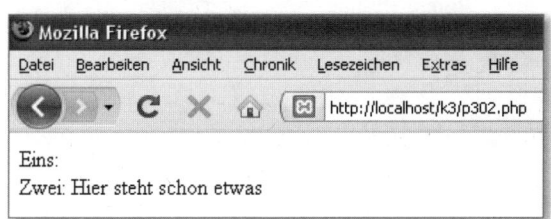

Abbildung 3.4   Auswertung der Textareas

3.1.3 Passworteingabefeld, verstecktes Element

<input type=
"password" />

Ein Passworteingabefeld (`<input type="password" />`) ist ein spezialisiertes, einzeiliges Texteingabefeld. Es verfügt zusätzlich über die Eigenschaft, den eingegebenen Text unlesbar darzustellen. Wie der Name schon sagt, dient es meist zur Eingabe und Übertragung eines Passworts (oder anderer geheim zu haltender Informationen).

Zum Webserver übertragen wird der vom Benutzer eingegebene Originaltext. Ein Abhören der Leitung würde daher das Passwort offenbaren. Falls diese Möglichkeit erschwert werden soll, kann das Passwort (und auch andere Informationen) verschlüsselt übertragen werden (mehr dazu in Abschnitt 6.1.7).

<input type
="hidden" />

Ein verstecktes Element (`<input type="hidden" />`) erscheint nicht auf dem Bildschirm und kann vom Benutzer nicht bearbeitet werden. Es dient zur versteckten Übertragung zusätzlicher Daten an den Webserver.

Ein Beispiel: Ein Benutzer meldet sich auf einer Website mit seinem Namen an. Der Name wird aus dem Anmeldeformular an ein erstes PHP-Programm übertragen. Von diesem PHP-Programm aus soll ein zweites PHP-Programm aufgerufen werden, das ebenfalls den Namen des Benutzers benötigt. Mit Hilfe eines versteckten Elements kann dieser Name vom ersten PHP-Programm zum zweiten PHP-Programm übertragen werden, ohne dass eine weitere Eingabe notwendig ist.

Das vorgestellte Beispiel soll zusammen mit einer Passworteingabe umgesetzt werden. Zunächst das Anmeldeformular:

```
<html>
<body>
<h2>Anmeldung</h2>
<form action = "p303a.php" method = "post">
    <p><input name="ben" maxlength="10" />
        Benutzername (max. 10 Zeichen)</p>
    <p><input type="password" name="pw" maxlength="6" />
        Passwort (max. 6 Zeichen)</p>
    <p><input type = "submit" />
    <input type = "reset" /></p>
</form>
</body>
</html>
```

Listing 3.5 Datei p303.htm

Der Benutzername darf maximal 10 Zeichen umfassen und wird mit dem Formularelement ben gesendet. Das Passwort darf maximal 6 Zeichen umfassen und wird mit dem Formularelement pw gesendet.

Das Formular (mit Beispieleintrag):

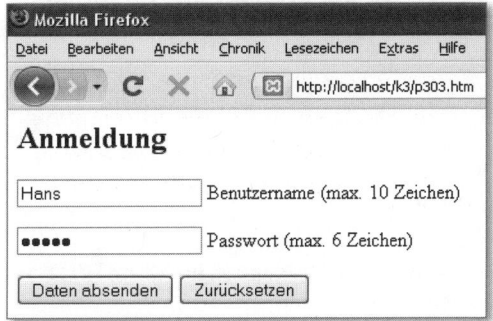

Abbildung 3.5 Passworteingabe

Das erste PHP-Programm:

```
<html>
<body>
<h2>Seite 1</h2>
<form action = "p303b.php" method = "post">
<?php
   echo "<p>Name: " . $_POST["ben"] . "</p>";
   echo "<input type='hidden' name='benzwei'
         value='" . $_POST["ben"] . "' />";
   if($_POST["pw"]=="bingo")
     echo "<p>Zugang erlaubt</p>";
   else
     echo "<p>Zugang eigentlich nicht erlaubt ...</p>";
?>
   <input type="submit" />
</form>
</body>
</html>
```

Listing 3.6 Datei p303a.php

Hier wird zum einen der Name des Benutzers sichtbar auf den Bildschirm geschrieben. Zum anderen wird er als Wert des versteckten Elements eingetragen. Dieses trägt den Namen benzwei und befindet sich innerhalb eines weiteren Formulars. Das übertragene Passwort wird ebenfalls untersucht. Die Ausgabe der Seite 1 ist in Abbildung 3.6 dargestellt.

Versteckte Übertragung

Abbildung 3.6   Nach der erfolgreichen Anmeldung

Das Absenden dieses Formulars überträgt den Namen und den Wert des versteckten Elements zum nächsten PHP-Programm:

```
<html>
<body>
<h2>Seite 2</h2>
<?php
   echo "Name: " . $_POST["benzwei"];
?>
</body>
</html>
```

Listing 3.7   Datei p303b.php

Hier steht der Benutzername ebenfalls zur Verfügung, ohne dass der Benutzer ihn noch einmal eintragen muss. Die Ausgabe der Seite 2 sieht daher wie folgt aus:

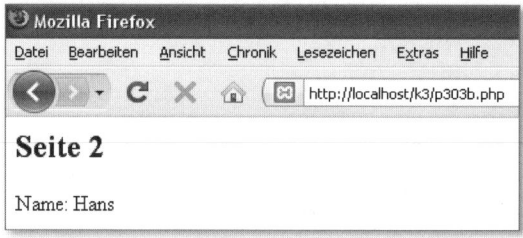

Abbildung 3.7   Nach der Weitergabe des Benutzernamens

[»]   **Hinweis**

Falls allerdings im Browser der HTML-Quelltext des ersten PHP-Programms betrachtet wird, so ist das `hidden`-Element inklusive seines Werts lesbar.

Somit ist diese Methode nur sehr bedingt geeignet, um geheim zu haltende Daten zu übertragen. Man kann nie sicher sein, ob ein angemeldeter Benutzer nicht zwischendurch seinen Arbeitsplatz verlässt und damit anderen Personen die Möglichkeit eröffnet, den HTML-Quelltext zu betrachten.

3.2 Auswahlelemente

Auswahlelemente erleichtern dem Benutzer die Bedienung. Dadurch verringern sie gleichzeitig die Möglichkeit, Fehler bei der Eingabe zu machen. Falls möglich, sind sie den Textfeldern vorzuziehen, da der Mehraufwand im PHP-Programm für das Abfangen der fehlerhaften Eingaben in keinem Verhältnis zum Mehraufwand der HTML-Codierung der Auswahlfelder steht. Bei den Auswahlelementen unterscheidet man:

▶ einfache Auswahlelemente wie Radiobutton-Gruppen oder das einfache Auswahlmenü, bei denen der Benutzer genau einen Eintrag auswählen kann,

▶ mehrfache Auswahlelemente wie Kontrollkästchen oder das mehrfache Auswahlmenü, bei denen der Benutzer mehrere Einträge auswählen kann.

Einfache Auswahlelemente sollten vorbelegt werden. Auf diese Weise kann verhindert werden, dass ein Formularelement ohne Wert übertragen wird. Dies verringert gleichzeitig den Aufwand im PHP-Programm.

3.2.1 Radiobutton-Gruppe

Eine Auswahl kann zum Beispiel über eine Gruppe von Optionsschaltfeldern, auch Radiobuttons genannt (`<input type="radio" />`), getroffen werden.

`<input type="radio" />`

```
<html>
<body>
<p>Bitte treffen Sie jeweils eine Auswahl<br />
und senden Sie das Formular ab:</p>
<form action = "p304.php" method = "post">
    <h3>Reiseziel</h3>
    <p><input type="radio" name="rziel" value="Gomera"
    checked="checked" /> Wandern auf Gomera<br />
    <input type="radio" name="rziel" value="Lanzarote" />
    Sonnen auf Lanzarote<br />
    <input type="radio" name="rziel"
    value="Fuerteventura" /> Surfen auf Fuerteventura</p>
```

```
<h3>Hoteltyp</h3>
<p><input type="radio" name="htyp" value="Drei"
 checked="checked" /> Drei-Sterne-Hotel<br />
<input type="radio" name="htyp" value="Vier" />
 Vier-Sterne-Hotel</p>

<p><input type = "submit" />
<input type = "reset" /></p>
</form>
</body>
</html>
```

Listing 3.8 Datei p304.htm

Radiobutton-Gruppen
In diesem Formular werden zwei Gruppen von Radiobuttons dargestellt. Die Elemente einer Gruppe haben den gleichen Namen, dadurch wird eine logische Zusammengehörigkeit hergestellt. Optisch werden die beiden Gruppen durch Überschriften voneinander getrennt.

checked
Innerhalb der ersten Gruppe kann der Betrachter ein Reiseziel auswählen, innerhalb der zweiten Gruppe einen Hoteltyp. In beiden Gruppen ist ein Element vorbelegt: dafür sorgt die Eigenschaft checked mit dem Wert checked. Nach Absenden des Formulars erhält der Benutzer eine Antwort vom Webserver mit der Anzahl der Angebote für die von ihm gewählten Kriterien. Das Formular:

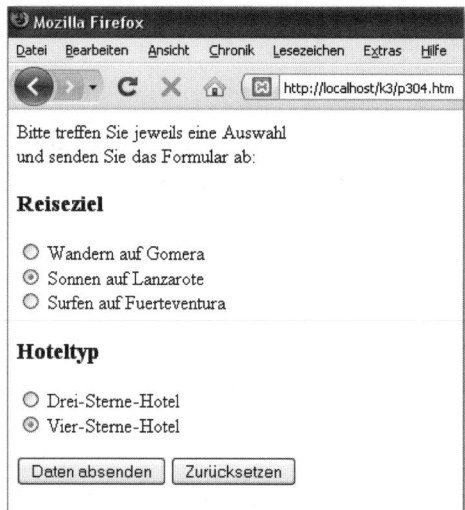

Abbildung 3.8 Radiobuttons

Die Antwort wird durch das folgende Programm geliefert:

```php
<html>
<body>
<?php
    echo "Sie möchten also nach " . $_POST["rziel"];
    echo " in ein " . $_POST["htyp"] . "-Sterne-Hotel<br />";
    if ($_POST["rziel"] == "Gomera")
    {
        if ($_POST["htyp"] == "Drei") $ang = 7;
        else $ang = 1;
    }
    else if ($_POST["rziel"] == "Lanzarote")
    {
        if ($_POST["htyp"] == "Drei") $ang = 12;
        else $ang = 2;
    }
    else
    {
        if ($_POST["htyp"] == "Drei") $ang = 5;
        else $ang = 4;
    }
    echo "Dazu haben wir $ang Angebote";
?>
</body>
</html>
```

Listing 3.9 Datei p304.php

Der gemeinsame Name (Eigenschaft name) der ersten Optionsgruppe ist rziel. Nach Absenden des Formulars steht dadurch die Variable $_POST["rziel"] mit dem Wert (value) des vom Benutzer ausgewählten Eintrags im PHP-Programm zur Verfügung. Falls er zum Beispiel Wandern auf Gomera auswählt, wird $_POST["rziel"] der Wert Gomera zugewiesen.

Der gemeinsame Name der zweiten Optionsgruppe ist htyp. Falls der Benutzer beispielsweise Drei-Sterne-Hotel auswählt, wird der Variablen $_POST ["htyp"] der Wert Drei zugewiesen.

Aus den Informationen in den Variablen wird im PHP-Programm mit Hilfe einer geschachtelten Verzweigung die Anzahl der vorliegenden Angebote ermittelt und in der Variablen $ang gespeichert. Der Wert dieser Variablen wird dem Betrachter zusammen mit einer Bestätigung seiner Eingabedaten zurückgesandt.

Die Antwort sieht wie folgt aus:

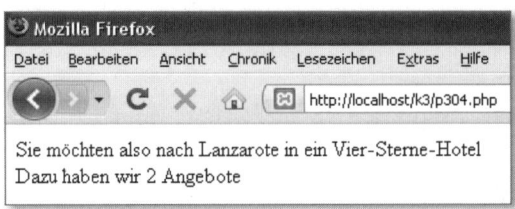

Abbildung 3.9 Nach Auswertung der Radiobuttons

3.2.2 Einfaches Auswahlmenü

Einfache Auswahlmenüs (`select`-Menüs) erfüllen den gleichen Zweck wie Gruppen von Radiobuttons. Besonders bei zahlreichen Auswahlmöglichkeiten zeichnen sie sich durch ihren geringeren Platzbedarf innerhalb eines Formulars aus. Zum Vergleich soll daher nun das oben genannte Beispiel mit Hilfe von Auswahlmenüs dargestellt werden.

Es kann in beiden Fällen das gleiche PHP-Programm angefordert werden.

```
<html>
<body>
<p>Bitte treffen Sie jeweils eine Auswahl<br />
und senden Sie das Formular ab:</p>
<form action = "p304.php" method = "post">
   <p><select name="rziel">
      <option value="Gomera">
        Wandern auf Gomera </option>
      <option value="Lanzarote" selected="selected">
        Sonnen auf Lanzarote </option>
      <option value="Fuerteventura">
        Surfen auf Fuerteventura </option>
   </select> Reiseziel</p>

   <p><select name="htyp">
      <option value="Drei" selected="selected">
        Drei-Sterne-Hotel </option>
      <option value="Vier">
        Vier-Sterne-Hotel </option>
   </select> Hotel-Typ</p>

   <p><input type = "submit" />
      <input type = "reset" /></p>
</form>
```

```
</body>
</html>
```

Listing 3.10   Datei p305.htm

Zu den Unterschieden: Im Dokument erscheinen zwei aufklappbare   select, selected
Menüs (`<select> </select>`), in denen jeweils schon eine Auswahlmög-
lichkeit voreingestellt ist (Eigenschaft `selected` mit dem Wert `selected`).
Die Namen der beiden Auswahlmenüs sind `rziel` und `htyp`, der Wert
(Eigenschaft `value`) wird über die jeweils vom Benutzer ausgewählte
Option eingestellt. Das PHP-Programm (*p304.php*) verarbeitet diese
Informationen genau so wie bei den Radiobuttons.

Hinweis	**[«]**

Falls im Formular die Eigenschaft `value` weggelassen wird, wird als Wert der   option
dargestellte Text der ausgewählten Option (zwischen `<option>` und `</option>`)
übermittelt.

Das Formular sieht im Startzustand wie in Abbildung 3.10 aus.

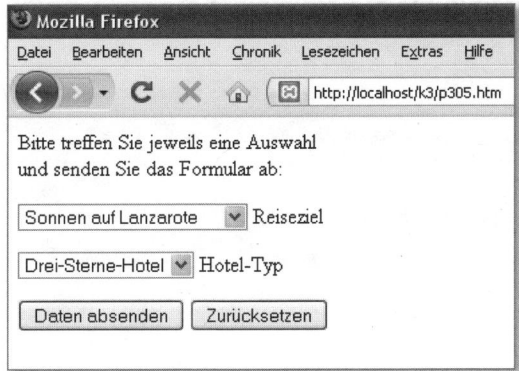

Abbildung 3.10   Zwei select-Menüs

3.2.3   Kontrollkästchen

Mit Hilfe eines Kontrollkästchens (`<input type="checkbox" />`) kann der   `<input type=`
Benutzer eine einfache Ja/Nein-Auswahl treffen. Soll ein Kontrollkäst-   `"checkbox" />`
chen bereits vorbelegt sein, so wird die Eigenschaft `checked` mit dem
Wert `checked` hinzugefügt.

Falls mehrere Kontrollkästchen zusammen verwendet werden, hat der
Benutzer die Möglichkeit, keinen, einen oder mehrere Einträge aus einer
zusammengehörigen Gruppe auszuwählen. Ein Beispiel:

```
<html>
<body>
<p>Wünschen Sie in Ihrem Zimmer:</p>
<form action = "p306.php" method = "post">
    <p><input type="checkbox" name="cb"
        value="Bad" checked="checked" /> Bad</p>
    <p><input type="checkbox" name="cm"
        value="Meeresblick" /> Meeresblick</p>
    <p><input type="checkbox" name="cz"
        value="Zimmertresor" /> Zimmertresor</p>
    <p><input type = "submit" />
    <input type = "reset" /></p>
</form>
</body>
</html>
```

Listing 3.11   Datei p306.htm

In diesem Formular kann der Betrachter zwischen drei voneinander unabhängigen Eigenschaften seines Hotelzimmers auswählen. Nach Absenden des Formulars bekommt er eine Antwort vom Webserver mit einer Bestätigung seiner Auswahl.

Abbildung 3.11 zeigt das Formular.

Abbildung 3.11   Kontrollkästchen

Die Antwort liefert das folgende Programm:

```
<html>
<body>
<?php
    echo "<p>Danke für Ihre Anfrage, wir reservieren:</p>";
```

```
    if (isset($_POST["cb"]))
        echo "Zimmer mit " . $_POST["cb"]
            . ", Aufpreis 10 &euro;/Tag<br />";
    if (isset($_POST["cm"]))
        echo "Zimmer mit " . $_POST["cm"]
            . ", Aufpreis 15 &euro;/Tag<br />";
    if (isset($_POST["cz"]))
        echo "Zimmer mit " . $_POST["cz"]
            . ", Aufpreis 5 &euro;/Tag";
?>
</body>
</html>
```

Listing 3.12 Datei p306.php

Die Namen der drei Kontrollkästchen werden wiederum zu Variablen des PHP-Programms. Sie haben hier eine doppelte Funktion.

▶ Zum einen wird mit Hilfe der Funktion `isset()` überprüft, ob das   Existenz, isset()
jeweilige Kontrollkästchen vom Benutzer ausgewählt wurde. Falls ja,
existiert die betreffende Variable beziehungsweise das betreffende
Element des assoziativen Feldes für das PHP-Programm. Das Ergebnis
der Abfrage `if (isset($_POST["checkboxname"]))` ist wahr, und die
darauf folgende Anweisung wird ausgeführt.

▶ Zum anderen beinhaltet die Variable einen Wert (Eigenschaft `value`).
Dieser Wert kann im Programm zum Beispiel zur Ausgabe genutzt
werden, wie im oben gezeigten Programm geschehen.

Falls alle drei Kontrollkästchen angekreuzt wurden, sieht die Antwort
wie folgt aus:

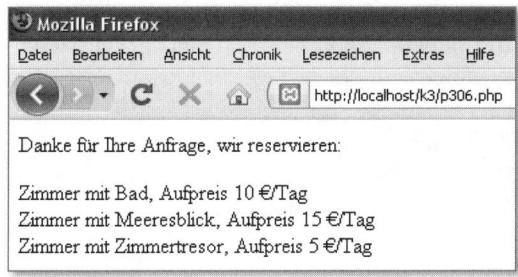

Abbildung 3.12 Auswertung der Kontrollkästchen

3.2.4   Mehrfaches Auswahlmenü

select mul-
tiple="multiple"
Den gleichen Zweck wie Gruppen von Kontrollkästchen erfüllen mehrfache Auswahlmenüs (`<select multiple="multiple"> ... </select>`). Auch hier gilt: Besonders bei zahlreichen Auswahlmöglichkeiten zeichnen sie sich durch ihren geringeren Platzbedarf innerhalb eines Formulars aus. Zum Vergleich soll das oben gezeigte Beispiel nun mit Hilfe eines mehrfachen Auswahlmenüs dargestellt werden.

```
<html>
<body>
<p>Wünschen Sie in Ihrem Zimmer:</p>
<form action = "p307.php" method = "post">
    <p><select multiple="multiple" name="zusatz[]">
        <option value="Bad, Aufpreis 10 &euro;/Tag">
         Bad</option>
        <option value="Meeresblick, Aufpreis 15 &euro;/Tag"
         selected="selected"> Meeresblick</option>
        <option value="Zimmertresor, Aufpreis 5 &euro;/Tag"
         selected="selected"> Zimmertresor</option>
    </select></p>

    <p><input type = "submit" />
    <input type = "reset" /></p>
</form>
</body>
</html>
```

Listing 3.13   Datei p307.htm

Formular-
elementfeld
Bei einem mehrfachen Auswahlmenü kann der Benutzer mit Hilfe der Taste ⌜Strg⌟ (getrennte Einträge) beziehungsweise ⌜⇧⌟ (benachbarte Einträge) seine Wahl treffen. Damit eine Auswertung durch PHP möglich ist, muss das Formularelement mit `name="zusatz[]"` als Feld gekennzeichnet werden. Das Formular:

Abbildung 3.13   Select-Menü für eine Mehrfachauswahl

Die Antwort dazu sieht wie folgt aus:

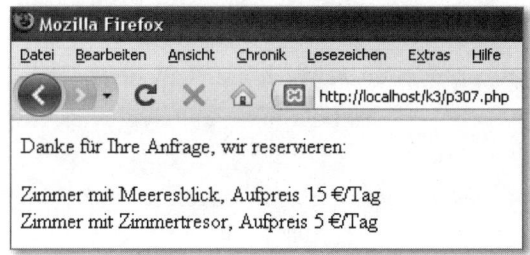

Abbildung 3.14 Auswertung des Select-Menüs für eine Mehrfachauswahl

Die Auswertung durch ein PHP-Programm:

```
<html>
<body>
<?php
   echo "<p>Danke für Ihre Anfrage, wir reservieren:</p>";
   echo "<p>";
   for($i=0; $i<sizeof($_POST["zusatz"]); $i++)
   {
      if (isset($_POST["zusatz"][$i]))
         echo "Zimmer mit "
            . $_POST["zusatz"][$i] . "<br />";
   }
   echo "</p>";
?>
</body>
</html>
```

Listing 3.14 Datei p307.php

Auch hier wird die Funktion `isset()` verwendet, um die Existenz einer Variablen zu prüfen. Bei `$_POST` handelt es sich bekanntlich um ein assoziatives Feld. Die Daten des Formularelements `zusatz` werden außerdem in einem numerisch indizierten Feld geliefert. Daher ist das Feldelement `$_POST["zusatz"]` wiederum ein Feld.

Jedes Element dieses Feldes ist nur über die Angabe von zwei Indizes erreichbar: Zunächst muss der Name des assoziativen Feldelements angegeben werden (`zusatz`), anschließend der Index des numerisch indizierten Feldes (0, 1, 2, …).

Falls einer oder mehrere Einträge ausgewählt wurden, so existiert für PHP das Feldelement $_POST["zusatz"]. Dessen aktuelle Größe kann mit der Funktion sizeof() ermittelt werden.

▶ Falls genau ein Eintrag ausgewählt wurde, so existiert für PHP nur das Feldelement $_POST["zusatz"][0]. Es beinhaltet den Wert des ausgewählten Eintrags.

▶ Falls mehrere Einträge ausgewählt wurden, so existieren für PHP die Feldelemente $_POST["zusatz"][0], $_POST["zusatz"][1] usw. – entsprechend der Anzahl der ausgewählten Einträge. Sie beinhalten der Reihe nach die Werte der ausgewählten Einträge.

3.3 Aktionselemente

Zu den Aktionselementen gehören die bereits bekannten Buttons zum Absenden und Zurücksetzen sowie der allgemeine Button.

3.3.1 Absenden und Zurücksetzen

Submit-Button

Diese Elemente wurden bereits in den bisherigen Formularen verwendet. Der Button zum Absenden (engl. submit) dient zum Übermitteln von Namen und Werten der Formularelemente sowie zum Aufruf des zugehörigen PHP-Auswertungsprogramms.

Reset-Button

Der Button zum Zurücksetzen (engl. reset) dient zum Herstellen des Ursprungszustandes des Formulars, falls beispielsweise fehlerhafte Einträge gemacht wurden. Sofern ein Formularelement vorbelegt war, wird diese Vorbelegung wieder hergestellt.

Die Beschriftung der beiden Buttons unterscheidet sich je nach Browser und Sprache des Benutzers. Alle Browser weisen für die verschiedenen Sprachen jeweils Vorbelegungen für die Beschriftungen auf. Dies hat den Vorteil, dass sich die Beschriftungen an die Umgebung des Benutzers anpassen.

Button-Beschriftung

Falls Sie jedoch Ihre Buttons abhängig von Ihrem Programm und einheitlich für jeden Benutzer beschriften wollen, können Sie der Eigenschaft value einen Wert zuweisen. Dies könnte zum Beispiel die Beschriftung ANMELDUNG, LOGIN, DATEN SENDEN oder Ähnliches sein, um dem Benutzer zu verdeutlichen, welche Aktion er auslösen kann.

Die Buttons können auch einen Namen erhalten. Diese Technik wird verwendet, falls Sie das Formular und das PHP-Programm innerhalb einer Datei unterbringen möchten. Weitere Informationen hierzu finden Sie in Abschnitt 3.4.3.

Weitere Möglichkeiten ergeben sich durch den Einsatz der Skriptsprache JavaScript zur Prüfung der Formularinhalte. Dabei werden die Daten auf dem Rechner des Benutzers auf Fehler hin überprüft, bevor sie über das Internet versendet werden. Diese Aktion sollte spätestens bei der Betätigung des Absende-Buttons ausgelöst werden.

Formular kontrollieren

Der Benutzer wird dabei durch möglichst genaue Meldungen auf seine fehlerhaften oder unvollständigen Einträge aufmerksam gemacht. Dadurch wird er beim Ausfüllen unterstützt. Außerdem wird die Übertragung der Daten über das Internet (und damit unnötiger Netzverkehr) verhindert, solange diese für das auswertende PHP-Programm noch nicht vollständig sind.

Ein Beispiel soll den Einsatz von JavaScript verdeutlichen. Im Beispiel werden beschriftete Buttons zum Absenden und Zurücksetzen verwendet.

```html
<html>
<head>
<script type="text/javascript">
function fcheck()
{
   if (document.anm.ben.value.length < 4)
   {
      alert("Der Benutzername muss 4-10 Zeichen haben!");
      return(false);
   }
   else if (document.anm.pw.value.length < 4)
   {
      alert("Das Passwort muss 4-6 Zeichen haben!");
      return(false);
   }
   return true;
}
</script>
</head>
<body>
<h2>Anmeldung</h2>
<form name="anm" action="p308.php" method="post"
   onSubmit="return fcheck();">
   <p><input name="ben" maxlength="10" />
      Benutzername (4-10 Zeichen)</p>
```

```
<p><input name="pw" type="password"
   maxlength="6" /> Passwort (4-6 Zeichen)</p>
<p><input type="submit" value="Login" />
<input type="reset" value="Einträge löschen" /></p>
</form>
</body>
</html>
```

Listing 3.15   Datei p308.htm

Im Formular sollen ein Benutzername (mindestens 4 Zeichen, höchstens 10 Zeichen) und ein Passwort (mindestens 4 Zeichen, höchstens 6 Zeichen) eingetragen werden. Die maximale Länge wird durch die Eigenschaft maxlength kontrolliert, die minimale Länge durch eine JavaScript-Funktion.

Eventhandler Das Formular hat einen Namen (anm). Dieser Name wird von der Java-Script-Funktion zur Identifikation benötigt. Außerdem benutzt das Formular einen sogenannten Eventhandler (onSubmit). Falls der Benutzer das Ereignis (engl. *event*) *Absenden* (engl. *submit*) auslöst, wird zunächst die JavaScript-Funktion fcheck() aufgerufen.

Das Formular:

Abbildung 3.15   Formular mit Kontrolle der Eingabewerte

document ... Die Funktion fcheck() wurde im Kopf des Dokuments definiert. Inner-
value halb der Funktion wird überprüft, ob der vom Benutzer eingetragene Wert (engl. value) des Formularelements ben (document.anm.ben) eine Länge von weniger als vier Zeichen hat. Falls ja, erscheint eine entsprechende Meldung auf dem Bildschirm. Anschließend gibt die Funktion den Wert false (logisch falsch) an die aufrufende Stelle zurück. Die

Überprüfung des Passworts geschieht analog. Die beiden möglichen Fehlermeldungen sehen so aus:

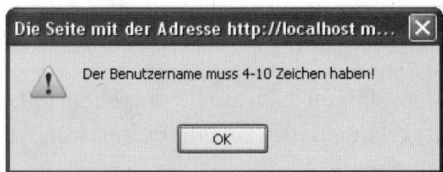

Abbildung 3.16 JavaScript-Kontrolle der Länge des Benutzernamens

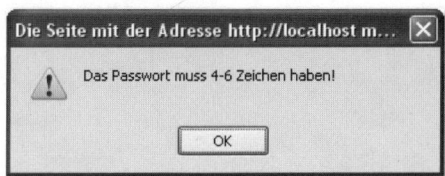

Abbildung 3.17 JavaScript-Kontrolle der Länge des Passworts

Falls eine der beiden Überprüfungen den Wert `false` als Wert der Funktion `fcheck()` zurückliefert, sorgt der Ausdruck `return fcheck()` dafür, dass das Formular nicht abgesendet wird. Es werden also keine unvollständigen Daten über das Netz übertragen. Falls die Einträge lang genug waren, wird die Funktion `fcheck()` bis zum Ende bearbeitet und liefert `true` zurück. Dies sorgt dafür, dass das Formular mit seinen Einträgen gesendet wird.

Daten nur vollständig senden

Das PHP-Auswertungsprogramm gibt hier zur Kontrolle den eingetragenen Benutzernamen aus:

```
<html>
<body>
<?php
   echo "Name: " . $_POST["ben"];
?>
</body>
</html>
```

Listing 3.16 Datei p308.php

3.3.2 Allgemeine Buttons

Allgemeine Buttons (`<input type="button" />`) werden meist zum Auslösen von JavaScript-Code verwendet. Im Zusammenhang mit PHP erlauben sie es beispielsweise, das gleiche Formular mit unterschiedlichen Daten abzusenden.

Im nachfolgenden Beispiel können sich Benutzer auf einer Website anmelden. Dabei wird unterschieden zwischen

▶ registrierten Benutzern, die ihren Namen nicht mehr angeben müssen, aber ein Passwort. Damit gelangen sie zu einem geschützten Bereich mit speziellen Informationen.

▶ nicht registrierten Benutzern, die weder Name noch Passwort angeben müssen. Damit gelangen die Benutzer lediglich zu einem allgemein zugänglichen Bereich.

Das Formular:

```
<html>
<head>
<script type="text/javascript">
function login(jsben)
{
    document.anm.ben.value = jsben;
    document.anm.submit();
}

function gast()
{
    document.anm.ben.value = "";
    document.anm.submit();
}
</script>
</head>

<body>
<h2>Anmeldung</h2>
<form name="anm" action="p309.php"
      method="post" onSubmit="gast();">
<p><input type="hidden" name="ben" /></p>

<table border="1">
<tr>
    <td><b>Name</b></td>
    <td><b>Passwort</b></td>
    <td><b>Reg. Benutzer</b></td>
</tr>
```

```
<tr>
   <td>Peter</td>
   <td><input name="pw1" type="password"
       size="12" /></td>
   <td><input type="button" value="Login"
       onClick="login('Peter');" /></td>
</tr>

<tr>
   <td>Julia</td>
   <td><input name="pw2" type="password"
       size="12" /></td>
   <td><input type="button" value="Login"
       onClick="login('Julia');" /></td>
</tr>

<tr>
   <td>Dirk</td>
   <td><input name="pw3" type="password"
       size="12" /></td>
   <td><input type="button" value="Login"
       onClick="login('Dirk');" /></td>
</tr>

</table>
<p><input type="submit" value="Login als Gast" />
<input type="reset" /></p>
</form>
</body>
</html>
```

Listing 3.17   Datei p309.htm

Innerhalb einer Tabelle sind die registrierten Benutzer eingetragen.   submit()
Jedem steht ein eigenes Eingabefeld für sein Passwort und ein eigener
Anmelde-Button zur Verfügung. Der Name muss nicht mehr eingetragen werden. Bei Betätigung des eigenen Anmelde-Buttons wird die
JavaScript-Funktion login() aufgerufen. An diese Funktion wird der
Name des Benutzers übermittelt. Mit document.anm.ben.value=… wird
innerhalb der Funktion der Name als Wert des versteckten Formularelements ben zugewiesen. Anschließend wird das Formular abgesendet
(document.anm.submit()).

Unterhalb der Tabelle gibt es einen »gewöhnlichen« Absende-Button zur Anmeldung als Gast. Bei Betätigung des Absende-Buttons wird die Java-Script-Funktion `gast()` aufgerufen. Innerhalb der Funktion wird der Wert des versteckten Formularelements `ben` auf eine leere Zeichenkette gesetzt. Anschließend wird das Formular abgesendet.

Das Formular:

Abbildung 3.18 Anmelden über verschiedene Buttons

Das PHP-Auswertungsprogramm:

```
<html>
<body>
<?php
if ($_POST["ben"] == "Peter")
{
    if ($_POST["pw1"] == "Hamburg")
        echo "Spezielle Informationen für
            Peter<br />und<br />";
    else
        echo "Falsches Passwort für Peter<br />nur<br />";
}
else if ($_POST["ben"] == "Julia")
{
    if ($_POST["pw2"] == "Berlin")
        echo "Spezielle Informationen für
            Julia<br />und<br />";
    else
        echo "Falsches Passwort für Julia<br />nur<br />";
}
```

```
else if ($_POST["ben"] == "Dirk")
{
   if ($_POST["pw3"] == "Dresden")
      echo "Spezielle Informationen für Dirk<br />und<br />";
   else
      echo "Falsches Passwort für Dirk<br />nur<br />";
}

echo "Allgemeine Informationen für beliebige Benutzer";
?>
</body>
</html>
```

Listing 3.18 Datei p309.php

Falls es sich um einen der drei registrierten Benutzer handelt, so ist der Wert der Variablen `$_POST["ben"]` mit dem betreffenden Namen belegt. Im entsprechenden Zweig der mehrfachen Verzweigung wird das zugehörige Passwort überprüft. Bei Eingabe des richtigen Passworts stehen dem Benutzer zusätzlich individuelle Informationen zur Verfügung:

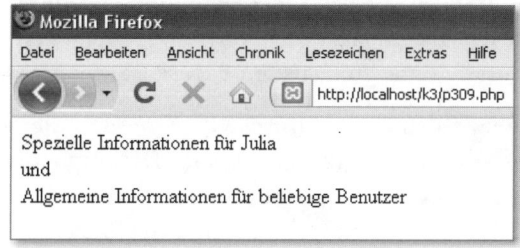

Abbildung 3.19 Log-in als registrierter Benutzer

Falls man sich als Gast angemeldet hat, so ist der Wert der Variablen `$_POST["ben"]` mit einer leeren Zeichenkette belegt. Keiner der Fälle innerhalb der Verzweigung trifft zu. Es werden nur die allgemeinen Informationen ausgegeben.

Abbildung 3.20 Log-in als Gast

3.4 Weitere Möglichkeiten

In diesem Abschnitt sollen, über die reinen Formularelemente hinaus, weitere Möglichkeiten zum Senden und Empfangen von Daten vorgestellt werden. Es werden zusätzlich Einsatzmöglichkeiten für die Skriptsprache JavaScript und die Formatierungen mit Hilfe von Cascading Style Sheets (CSS) gezeigt.

3.4.1 Auswertung in anderem Frame

Frame, target

In vielen Fällen werden zum Aufbau von Websites Frames verwendet. Die besondere Problematik für PHP kann darin bestehen, die eingegebenen Formulardaten in einem der übrigen Frames auszuwerten. Dazu wird die Formulareigenschaft `target` verwendet – ähnlich wie bei Hyperlinks, deren Ziel in einem anderen Frame liegt.

Im Unterschied zu den bisherigen Programmen hat man dadurch die Möglichkeit, die eingegebenen Daten und das von PHP ausgewertete Ergebnis gleichzeitig zu sehen.

Im nachfolgenden Beispiel wird ein Frameset mit zwei Frames definiert. Der obere Frame beinhaltet das Eingabeformular mit zwei Eingabefeldern für zwei Zahlen, der untere Frame zunächst eine leere Datei.

Nach dem Eintragen von zwei Zahlen und dem Absenden werden diese Zahlen von einem PHP-Auswertungsprogramm addiert. Das Ergebnis erscheint dann im unteren Frame. Sowohl Eingabe als auch Ausgabe sind sichtbar. Es können unmittelbar weitere Berechnungen ausgeführt werden.

Zunächst die Frame-Steuerdatei:

```
<html>
<frameset rows="*,2*">
  <frame src="p311ein.htm" name="eingabe" />
  <frame src="p311aus.htm" name="ausgabe" />
</frameset>
</html>
```

Listing 3.19 Datei p311.htm

Der obere Frame erhält den Namen `eingabe`, der untere Frame den Namen `ausgabe`. Diese Angaben werden für die Zielangabe des Formulars benötigt.

Das Eingabeformular für den oberen Frame:

```
<html>
<body>
<form action="p311aus.php" method="post" target="ausgabe">
  <p><input name="z1" /> Zahl 1</p>
  <p><input name="z2" /> Zahl 2</p>
  <p><input type="submit" value="Addieren" /></p>
</form>
</body>
</html>
```

Listing 3.20   Datei p311ein.htm

Durch die Angabe `target="ausgabe"` wird dafür gesorgt, dass das Ergebnis der Auswertung im unteren Frame erscheint.

Das PHP-Auswertungsprogramm:

```
<html>
<body>
<?php
   $erg = $_POST["z1"] + $_POST["z2"];
   echo "Summe aus Zahl 1 und Zahl 2: $erg";
?>
</body>
</html>
```

Listing 3.21   Datei p311aus.php

Der Frame mit Formular und Antwort:

Abbildung 3.21   Auswertung in einem anderen Frame

[»]

Eine Darstellung mit neuer Registerkarte, falls bei der Eigenschaft `target` zum Beispiel `aus` statt `ausgabe` steht:

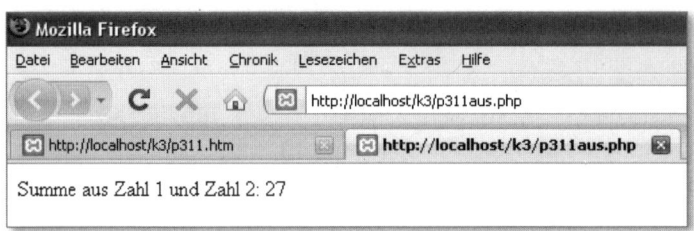

Abbildung 3.22   Auswertung in neuer Registerkarte

3.4.2   Felder von Formularelementen

Beim mehrfachen Auswahlmenü wurde bereits mit einem Feld als Name für ein Formularelement gearbeitet. Dies ermöglichte die Auswertung mehrerer Einträge.

Formular-
elementfeld   Felder können generell zur Auswertung größerer Mengen von Formularelementen eingesetzt werden. Dies lohnt sich vor allem, falls die Formularelemente ähnlich sind und eine ähnliche Auswertung verlangen. Bei der Bearbeitung großer Datenmengen (zum Beispiel innerhalb einer Datenbank) stößt man häufig auf dieses Problem.

Im folgenden Beispiel geht es um das Ausfüllen einer Anwesenheitsliste. Zunächst wird eine Liste derjenigen Personen auf dem Bildschirm ausgegeben, die zu einem bestimmten Termin erscheinen sollen. Diese Liste wird hier aus einem Feld erzeugt, in der Praxis könnte sie aus einer Datenbank stammen.

In der Liste kann angekreuzt werden, wer tatsächlich anwesend war. Anschließend wird das Ergebnis zum Webserver zurückgesandt; die tatsächliche Anwesenheit wird in der Datenbank gespeichert (hier wird sie nur zur Kontrolle ausgegeben).

Zunächst die in beiden Programmteilen eingebundene Datenquelle:

```php
<?php
   /* Ergebnis einer Datenbankabfrage */
   $person = array("287"=>"P. Mertens",
                   "836"=>"A. Schuster",
                   "886"=>"T. Steger",
                   "527"=>"U. Baumann",
                   "952"=>"U. Petersen",
                   "663"=>"S. Maier");
?>
```

Listing 3.22 Datei p312.inc.php

Die Datenquelle kann mittels einer Datenbankabfrage ermittelt und in einem assoziativen Feld gespeichert werden. Im vorliegenden Fall wird das Feld künstlich generiert.

Es folgt das Eingabeformular:

```php
<html>
<body>
<h2>Kontrolle der Anwesenheit</h2>
<form action="p312b.php" method="post">
<?php
   include "p312.inc.php";
   echo "<table border='1'>";
   echo "<tr><td><b>ID</b></td><td><b>Name</b></td>";
   echo "<td><b>Anwesend</b></td></tr>";

   /* Bearbeitung des ganzen Feldes */
   foreach($person as $id=>$name)
   {
      echo "<tr>";
      echo "<td>$id</td>";
      echo "<td>$name</td>";
      echo "<td><input type='checkbox' name='pe[$id]'></td>";
      echo "</tr>";
   }
   echo "</table>";
?>
<p><input type="submit" value="Anwesenheit speichern" /></p>
</form>
</body>
</html>
```

Listing 3.23 Datei p312a.php

Es wird eine Tabelle mit den Identifikationsnummern (ID) und den Namen der Personen ausgegeben. Hinter jedem Namen erscheint ein Kontrollkästchen, in dem angekreuzt werden kann, ob die betreffende Person anwesend war. Die Namen dieser Kontrollkästchen sind Elemente des Feldes pe, zum Beispiel pe[287], pe[836].

Das Formular sehen Sie in Abbildung 3.23.

Abbildung 3.23 Formular mit Feld von Formularelementen

Das PHP-Auswertungsprogramm:

```
<html>
<body>
<h2>Kontrolle der Anwesenheit</h2>
<?php
    include "p312.inc.php";
    echo "<table border='1'>";
    echo "<tr><td><b>ID</b></td><td><b>Name</b></td>
        <td><b>Aktion</b></td></tr>";

    /* Bearbeitung des ganzen Feldes */
    foreach($person as $id=>$name)
    {
        echo "<tr><td>$id</td><td>$name</td>";
        if (isset($_POST["pe"][$id]))
            echo "<td>wurde gespeichert</td></tr>";
        else
            echo "<td> </td></tr>";
```

```
    }
    echo "</table>";
?>
</body>
</html>
```

Listing 3.24 Datei p312b.php

Zunächst wird wiederum die Datenquelle eingebunden. Bei jedem Element des Feldes wird geprüft, ob das zugehörige Element des Feldes $_POST["pe"] existiert, also ob das betreffende Kontrollkästchen angekreuzt wurde. Falls ja, wird diese Information gespeichert (hier nur ausgegeben).

Die Ausgabe:

Abbildung 3.24 Auswertung eines Feldes von Formularelementen

3.4.3   Formular und Programm in einer Datei

Bisher wurden das Formular und das PHP-Programm in getrennten Dateien gespeichert. Zunächst wird dem Benutzer das Formular präsentiert. Er füllt es aus und sendet es ab. Anschließend wird ihm durch ein PHP-Programm in einer anderen Datei eine Antwort geliefert.

In vielen Fällen erweist es sich als günstiger, sowohl das Formular als auch das bearbeitende PHP-Programm innerhalb der gleichen Datei unterzubringen. Ein Programm kann sich auf diese Weise selbst Daten zusenden.

Alles in
einer Datei Dieses Verfahren kommt zum Beispiel bei einer Eingabemaske für eine Datenbank zum Einsatz. Der Benutzer trägt einen Datensatz ein, sendet ihn an die Datenbank und erhält als Antwort eine Bestätigung des Eintrags sowie das gleiche Formular zurück. Er kann sofort den nächsten Datensatz eingeben. Falls er mit der Eingabe mehrerer Datensätze fertig ist, kann er zu einer anderen Datei wechseln.

Dazu muss nur als Ziel des Formulars der Name der gleichen Datei eingetragen werden. Das Gleiche erreicht man, falls das Attribut action weggelassen wird. Im folgenden Beispiel soll diese nützliche Technik demonstriert werden:

```
<html>
<body>
<form action = "p313.php" method = "post">
<?php
    if (isset($_POST["gesendet"]))
    {
        echo "<p><font color='#ff0000'>
        Sie haben folgenden Namen eingegeben: "
        . $_POST["vn"] . " " . $_POST["nn"]
        . "</font></p><hr />";
    }
?>
<p>Bitte geben Sie einen Namen ein<br />
und senden Sie das Formular ab:</p>
    <p><input name = "nn" /> Nachname</p>
    <p><input name = "vn" /> Vorname</p>
    <p><input type = "submit" name = "gesendet" />
    <input type = "reset" /></p>
</form>
</body>
</html>
```

Listing 3.25 Datei p313.php

isset() Zu Beginn des Programms wird mit Hilfe der Abfrage if (isset ($_POST["gesendet"])) festgestellt, ob es sich um den ersten Aufruf handelt (die Variable $_POST["gesendet"] existiert nicht) oder um den Aufruf nach einer Eingabe (die Variable $_POST["gesendet"] existiert).

Bei einem Aufruf nach einer Eingabe existiert die Variable, denn mit den Daten aus den Eingabefeldern wurde auch der Name des Absende-Buttons gesendet. Als Folge dieser Namensvergabe existiert ab dem zweiten Aufruf des Programms die Variable $_POST["gesendet"]. Daher bekommt der Benutzer die Meldung: Sie haben folgenden Namen eingegeben: … als Bestätigung seiner Eingabe.

[«]

> **Hinweis**
>
> Während der Testphase möchten Sie deutlich sehen, wie sich der erste Aufruf und weitere Aufrufe voneinander unterscheiden. Ein Aktualisieren der Datei im Browser führt nicht zu einem neuen ersten Aufruf, sondern zur Wiederholung des letzten Aufrufs. Wechseln Sie daher zu einer anderen Seite und anschließend wieder zurück zur Seite *p313.php*, oder betätigen Sie hinter der URL in der Adresszeile des Browsers die Taste ⏎. Dies erzeugt einen neuen ersten Aufruf.

Beim ersten Aufruf ergibt sich die folgende Ausgabe:

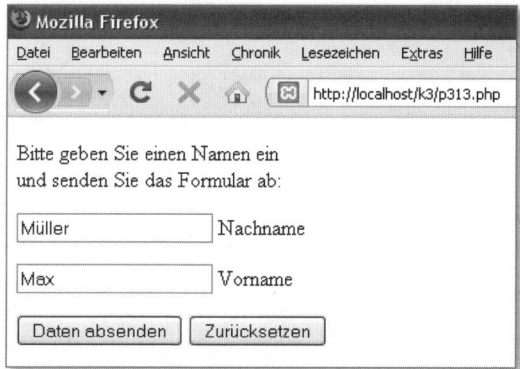

Abbildung 3.25 Erster Aufruf

Bei einem weiteren Aufruf ergibt sich die folgende Ausgabe:

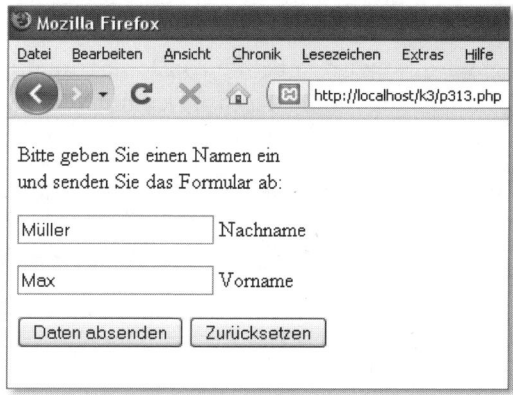

Abbildung 3.26 Zweiter Aufruf

3.4.4 Submit über Hyperlink, CSS

Häufig passen die etwas einfach gestalteten Absende-Buttons nicht zum restlichen Aussehen einer professionell aufbereiteten Website. Die Umleitung der Absendefunktion über einen Hyperlink gibt dem Entwickler die Möglichkeit, den Hyperlinktext in Schriftart, Größe, Farbe usw. individuell zu gestalten. Durch die Formatierung des Textes mit Hilfe von Cascading Style Sheets (CSS) ergeben sich weitere Möglichkeiten.

Nachfolgend ein Beispiel hierzu:

```
<html>
<head>
  <link rel="stylesheet" type="text/css" href="p314.css">
</head>
<body>
<form name="zahlen" action="p314.php" method="post">
  <p><input name="z1" /> Zahl 1</p>
  <p><input name="z2" /> Zahl 2</p>
</form>
<a href="javascript:document.zahlen.submit();">Addieren</a>
</body>
</html>
```

Listing 3.26 Datei p314.htm

Im Kopf des Dokuments ist ein Verweis zu einer externen CSS-Datei mit Formatierungsangaben notiert. Diese Formatierungsangaben werden auf das gesamte Dokument angewendet.

Kein Submit-Button Das Formular besitzt keinen Absende-Button. Stattdessen gibt es im Dokument (nicht notwendigerweise innerhalb des Formulars) einen Hyperlink. Falls dieser betätigt wird, so wird mit Hilfe von JavaScript die submit-Funktion für das Formular aufgerufen. Dazu ist es notwendig, dem Formular einen Namen (hier: zahlen) zu geben.

CSS-Definition Es folgt die Definition der Formatvorlagen in einer externen CSS-Datei:

```
body {font-family:Verdana; font-size:10pt;
      color:#636363; background-color:#c3c3c3}
a:link        {color:#636363}
a:visited     {color:#636363}
a:hover       {color:#636363; background-color:#a3a3a3}
```

Listing 3.27 Datei p314.css

Zunächst werden einige Formate für das Dokument insgesamt festgelegt:

▶ Schriftart: `Verdana`

▶ Schriftgröße: `10 Punkt`

▶ Textfarbe: `#636363` (Dunkelgrau)

▶ Hintergrundfarbe: `#c3c3c3` (Hellgrau)

Die Hyperlinks werden speziell formatiert:

▶ Farbe für normale Hyperlinks: `#636363` (Dunkelgrau, wie normaler Text)

▶ Farbe für bereits besuchte Hyperlinks: `#636363`

▶ Farbe für Hyperlinks, die vom Mauszeiger überstrichen werden (Hover-Effekt): `#a3a3a3` (Mittelgrau)

Das formatierte Formular:

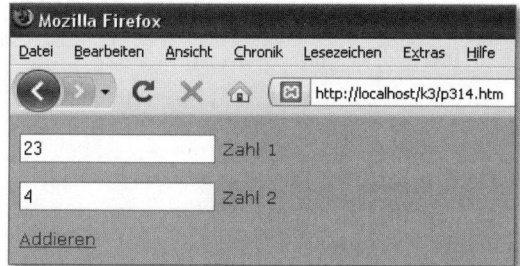

Abbildung 3.27 Formular mit CSS und JavaScript

Das PHP-Auswertungsprogramm verwendet die gleiche CSS-Datei, so dass der Website ein einheitliches Aussehen verliehen wird. Die Ausgabe erfolgt somit wiederum Dunkelgrau auf Hellgrau. Auch der Hyperlink *Zurück zum Eingabeformular* entspricht in seinem Verhalten (Hover-Effekt) und seinem Aussehen dem Absende-Hyperlink.

```
<html>
<head>
  <link rel="stylesheet" type="text/css" href="p314.css">
</head>
<body>
<?php
   $erg = $_POST["z1"] + $_POST["z2"];
   echo "<p>Summe aus Zahl 1 und Zahl 2: $erg</p>";
?>
<a href="p314.htm">Zurück zum Eingabeformular</a>
```

```
</body>
</html>
```

Listing 3.28 Datei p314.php

Das Ergebnis sehen Sie in Abbildung 3.28.

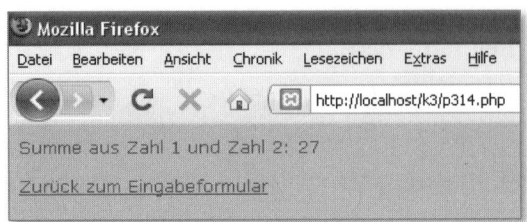

Abbildung 3.28 Ergebnis mit CSS

3.4.5 Daten an Formularziel anhängen

? ... & ... &   Zusätzlich zur Übermittlung von Inhalten aus den Formularelementen können weitere Daten an das PHP-Auswertungsprogramm direkt mit der URL gesendet werden. Sie werden dazu an die URL angehängt. Dies geschieht in der Form:

dateiname.php?variable1=wert1&variable2=wert2

[»]

$_GET

> **Hinweis**
>
> Beachten Sie hierbei bitte, dass diese Daten – unabhängig von der Sendemethode des Formulars – im Feld $_GET und nicht im Feld $_POST zur Verfügung stehen. Alle Variablen, die mit der URL gesendet werden, wandelt der Browser in Elemente des Feldes $_GET um.

Ein Beispiel: Ein Benutzer meldet sich auf einer Website mit seinem Namen und seiner Benutzergruppe an. Name und Benutzergruppe werden aus dem Anmeldeformular an ein erstes PHP-Programm übertragen.

Von diesem PHP-Programm aus soll ein zweites PHP-Programm aufgerufen werden, das ebenfalls beide Informationen benötigt. Mit Hilfe der URL können diese Informationen vom ersten PHP-Programm zum zweiten PHP-Programm übertragen werden, ohne dass eine weitere Eingabe notwendig ist (ähnlich wie mit einem versteckten Element).

Das Anmeldeformular:

```
<html>
<body>
```

```
<h2>Anmeldung</h2>
<form action="p315a.php" method="post">
    <p><input name="ben" size="13" /> Benutzername</p>
    <p><select name="gr">
        <option>Einkauf</option>
        <option>Vertrieb</option>
        <option>Marketing</option>
        <option>Management</option>
    </select> Gruppe</p>
    <p><input type="password" name="pw" size="13" />
        Passwort</p>
    <p><input type="submit" value="Login" /></p>
</form>
</body>
</html>
```

Listing 3.29 Datei p315.htm

Das Formular:

Abbildung 3.29 Anmeldeformular

Das erste PHP-Auswertungsprogramm:

```
<html>
<body>
<h2>Seite 1</h2>
<?php
   echo "<form action='p315b.php?benzwei=" . $_POST["ben"]
     . "&grzwei=" . $_POST["gr"] . "' method='post'>";
   echo "<p>Name: " . $_POST["ben"] . "<br />";
   echo "Gruppe: " . $_POST["gr"] . "</p>";
?>
<p><input type="submit" value="Weiter" /></p>
```

```
</form>
</body>
</html>
```

Listing 3.30   Datei p315a.php

Die URL des Formularziels wird im PHP-Programmteil dynamisch aus den Eingabedaten zusammengesetzt. Es werden die Informationen benzwei (mit dem Wert des eingegebenen Benutzernamens in $_POST["ben"]) und grzwei (mit dem Wert der ausgewählten Gruppe in $_POST["gr"]) mit Hilfe der Zeichen ? und & angehängt.

Weitere Daten könnten mit &variable=wert angehängt werden. Diese Daten werden beim Absenden, zusammen mit weiteren eventuell vorhandenen Formularinhalten, an das zweite PHP-Programm übermittelt.

Die erste Ausgabeseite sieht so aus:

Abbildung 3.30   Seite 1 der Ausgabe

Das zweite PHP-Auswertungsprogramm:

```
<html>
<body>
<h2>Seite 2</h2>
<?php
   echo "<p>Name: " . $_GET["benzwei"] . "<br />";
   echo "Gruppe: " . $_GET["grzwei"] . "</p>";
?>
</body>
</html>
```

Listing 3.31   Datei p315b.php

Per URL gesendete Daten stehen im Feld $_GET (statt $_POST) zur Verfügung. Die zweite Ausgabeseite sieht so aus:

Abbildung 3.31 Weitergabe über die URL

Zur Verdeutlichung folgt noch einmal die vollständige Adresszeile:

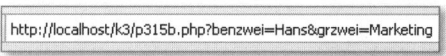

Abbildung 3.32 Vollständige Adresszeile

3.4.6 Daten an Hyperlinkziel anhängen

Daten können auch an die URL eines Hyperlinkziels angehängt werden. In Verbindung mit den zusätzlichen Gestaltungsmöglichkeiten für Texthyperlinks ergeben sich weitere Alternativen.

Hyperlink mit Daten

Das Beispiel aus dem letzten Abschnitt, diesmal mit Hyperlinks:

```
<html>
<head>
  <link rel="stylesheet" type="text/css" href="p314.css">
</head>
<body>
<h2>Anmeldung</h2>
<form name="login" action="p316a.php" method="post">
    <p><input name="ben" size="13" /> Benutzername</p>
    <p><select name="gr">
       <option>Einkauf</option>
       <option>Vertrieb</option>
       <option>Marketing</option>
       <option>Management</option>
    </select> Gruppe</p>
    <p><input type="password" name="pw"
       size="13" /> Passwort</p>
</form>
```

```
<a href="javascript:document.login.submit();">Anmelden</a>
</body>
</html>
```

Listing 3.32 Datei p316.htm

Das Formular:

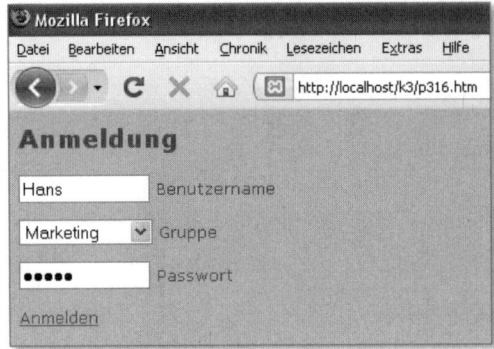

Abbildung 3.33 Anmeldeformular

Es wurde die bereits bekannte CSS-Datei zur Formatierung eingebunden. Das Formular besitzt keinen Absende-Button. Stattdessen gibt es im Dokument den Hyperlink *Anmelden*. Falls dieser betätigt wird, so wird mit Hilfe von JavaScript das Formular gesendet. Dazu ist es notwendig, dem Formular einen Namen zu geben (hier: login).

Das erste PHP-Auswertungsprogramm:

```
<html>
<head>
  <link rel="stylesheet" type="text/css" href="p314.css">
</head>
<body>
<h2>Seite 1</h2>
<?php
    echo "<p>Name: " . $_POST["ben"] . "<br />";
    echo "Gruppe: " . $_POST["gr"] . "</p>";
    echo "<p><a href='p316b.php?benzwei=" . $_POST["ben"]
      . "&grzwei=" . $_POST["gr"] . "'>Weiter</a></p>";
?>
</body>
</html>
```

Listing 3.33 Datei p316a.php

Die URL des Hyperlinkziels wird im PHP-Programmteil dynamisch aus den Eingabedaten zusammengesetzt. Auch hier werden die Informationen benzwei und grzwei angehängt. Diese Daten werden beim Betätigen des Hyperlinks an das zweite PHP-Programm übermittelt. Die erste Ausgabeseite sieht so aus:

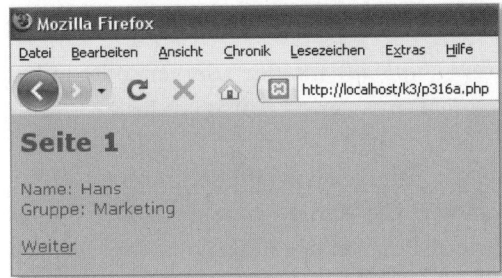

Abbildung 3.34 Seite 1 der Ausgabe

Das zweite PHP-Auswertungsprogramm:

```
<html>
<head>
  <link rel="stylesheet" type="text/css" href="p314.css">
</head>
<body>
<h2>Seite 2</h2>
<?php
    echo "<p>Name: " . $_GET["benzwei"] . "<br />";
    echo "Gruppe: " . $_GET["grzwei"] . "</p>";
?>
</body>
</html>
```

Listing 3.34 Datei p316b.php

Die zweite Ausgabeseite sieht so aus:

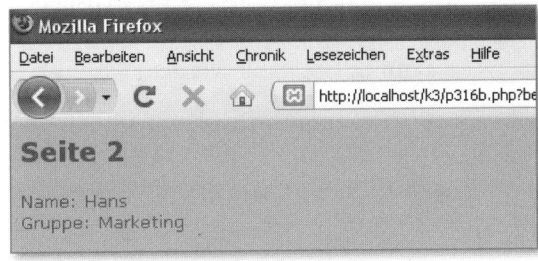

Abbildung 3.35 Weitergabe über Hyperlink

Zur Verdeutlichung die vollständige Adresszeile:

```
http://localhost/k3/p316b.php?benzwei=Hans&grzwei=Marketing
```

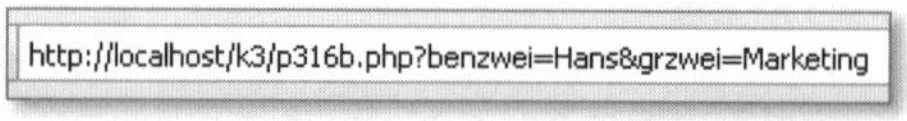

Abbildung 3.36 Vollständige Adresszeile

3.4.7 Dateien auf den Server hochladen

Upload
Beim Hochladen von Dateien (engl. *upload*) auf einen Server sollte unbedingt mit Hilfe eines passenden PHP-Auswertungsprogramms eine Kontrolle stattfinden, ob die geladene Datei dem gewünschten Typ entspricht und eine bestimmte Maximalgröße nicht überschreitet. Diese Kontrolle sollte zwar nach dem HTML-Standard bereits vom Formular aus stattfinden können, allerdings ist dies in der Praxis nicht der Fall.

Nachfolgend ein Beispiel:

```
<html>
<body>
<form enctype="multipart/form-data"
      action="p317.php" method="post">
  <p>Datei: <input name="upfile" type="file" size="25" /></p>
  <p><input type="submit" value="Senden" /></p>
</form>
</body>
</html>
```

Listing 3.35 Datei p317.htm

Erläuterung:

enctype
▶ Das Attribut `enctype` der Markierung `form` dient als Codierungsangabe für die Formulardaten. Beim Hochladen von Dateien ist hier die Angabe `multipart/form-data` notwendig.

\<input type=
"file" />
▶ Mit Hilfe von `<input type="file" />` wird ein Textfeld eingeblendet zur Eingabe eines Dateinamens und eines Buttons zum Durchsuchen der eigenen Daten nach der Datei, die hochgeladen werden soll. Der hier angegebene Name `upfile` kann frei gewählt werden.

Das Formular, nachdem bereits eine Datei zum Hochladen über den Button ausgewählt wurde, sieht so aus:

Abbildung 3.37   Datei hochladen

Nach dem Senden wird die Datei zunächst unter einem temporären Namen in einem Serververzeichnis abgelegt. Mit Hilfe einiger vorgegebener Variablen kann man sich Informationen über die Datei beschaffen, um zu entscheiden, ob die Datei endgültig an der gewünschten Stelle gespeichert werden soll.

Es folgt ein PHP-Auswertungsprogramm mit einigen Kontrollausgaben:

```
<html>
<body>
<?php
   /* Kontrolldaten */
   echo "<p>Zur Kontrolle:<br />";
   echo "Originaldateiname: "
      . $_FILES["upfile"]["name"] . "<br />";
   echo "Dateigröße: "
      . $_FILES["upfile"]["size"] . "<br />";
   echo "Dateityp: "
      . $_FILES["upfile"]["type"] . "<br />";

   /* Dateiendung extrahieren */
   $dname = explode(".",$_FILES["upfile"]["name"]);
   $dnamesize = count($dname);
   $upfile_ext = $dname[$dnamesize-1];
   echo "Dateiendung:" . $upfile_ext . "<br />";

   /* Temporärer Dateiname auf dem Server */
   echo "Temporärer Dateiname: "
      . $_FILES["upfile"]["tmp_name"] . "</p>";

   /* Temporäre Datei dauerhaft an gewünschten
      Ort kopieren, falls sie vorhanden ist und
      die richtige Endung besitzt */
   if($_FILES["upfile"]["size"]>0 && $upfile_ext=="gif")
```

```
        {
            copy($_FILES["upfile"]["tmp_name"],"p317.gif");
            echo "<p>Datei wurde kopiert in p317.gif<br />";
            echo "<img src='p317.gif' /></p>";
        }
        else
        {
            echo "<p>Kopierfehler: Datei nicht vorhanden
                    oder keine GIF-Datei</p>";
        }
    ?>
    </body>
    </html>
```

Listing 3.36 Datei p317.php

Erläuterung:

_name,
_size,
_type

▶ Nach dem Senden werden automatisch Elemente für das Feld $_FILES erzeugt. Falls man (wie im vorliegenden Beispiel) das Formularelement upfile genannt hat, so liefert

  ▶ $_FILES["upfile"]["name"] den Originaldateinamen,

  ▶ $_FILES["upfile"]["size"] die Dateigröße,

  ▶ $_FILES["upfile"]["type"] den Dateityp und

  ▶ $_FILES["upfile"]["tmp_name"] den temporären Dateinamen auf dem Server.

▶ Mit Hilfe der Funktionen explode() (siehe auch Abschnitt 6.1.2) und count() wird außerdem noch die Dateiendung extrahiert.

▶ Der temporäre Dateiname wird später zum Kopieren benötigt.

▶ Im vorliegenden Beispiel wird die Datei endgültig an die gewünschte Stelle kopiert (mit der Funktion copy()), falls sie mehr als 0 Byte groß ist und die Dateiendung gif hat. An dieser Stelle könnte auch eine Kontrolle hinsichtlich der maximalen Dateigröße stattfinden.

Die Auswertung (mit Kontrollausgaben) zeigt Abbildung 3.38.

Nach dem Hochladen steht die Datei damit unter dem Namen *p317.gif* im gleichen Verzeichnis wie die PHP-Datei zur Verfügung und kann dargestellt werden. Falls die temporäre Datei nicht herüberkopiert worden wäre, stünde sie nach der Sitzung nicht mehr zur Verfügung.

Abbildung 3.38 Auswertung nach dem Hochladen

3.5 Beispiele

In diesem Abschnitt finden Sie zwei Anwendungsbeispiele für das Senden und Auswerten von Daten.

3.5.1 Grundrechenarten

Es wird ein Formular erstellt, in dem zwei Zahlen in zwei Eingabefelder eingetragen werden können. Diese beiden Zahlen können wahlweise addiert, voneinander subtrahiert, miteinander multipliziert oder durcheinander dividiert werden. Mit Hilfe von vier Optionsfeldern kann der Benutzer auswählen, welche dieser vier Grundrechenarten ausgeführt werden soll (Datei *p318.htm*).

Nach dem Absenden des Formulars wird das Ergebnis von einem PHP-Programm (Datei *p318.php*) berechnet und ausgegeben. Innerhalb des Programms sollen vier verschiedene Funktionen die vier möglichen Rechenoperationen ausführen. Diese Funktionen werden bei Bedarf vom Hauptprogramm aufgerufen, erhalten als Parameter die beiden Eingabewerte und liefern als Rückgabewert das Ergebnis der Rechenoperationen. Dieses Ergebnis wird im Hauptprogramm ausgegeben.

Das Eingabeformular:

```
<html>
<body>
<p>Bitte geben Sie zwei Werte ein, wählen Sie die<br />
Rechenoperation aus und senden Sie das Formular ab:</p>
```

```
<form action = "p318.php" method = "post">
   <p><input name="w1" /> Wert 1<p>
   <p><input name="w2" /> Wert 2<p>
   <p><input type="radio" name="oper" value="+"
       checked="checked" /> Addition</p>
   <p><input type="radio" name="oper"
       value="-" /> Subtraktion</p>
   <p><input type="radio" name="oper"
       value="*" /> Multiplikation</p>
   <p><input type="radio" name="oper"
       value="/" /> Division</p>
   <p><input type = "submit" />
   <input type = "reset" /></p>
</form>
</body>
</html>
```

Listing 3.37   Datei p318.htm

Das Formular:

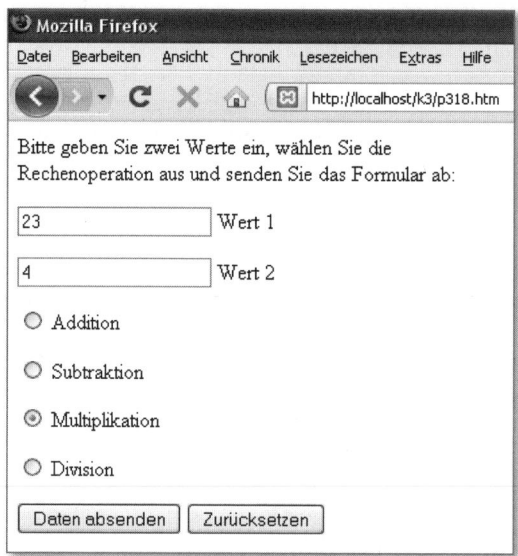

Abbildung 3.39   Eingabeformular für Grundrechenarten

Die beiden Werte werden in den beiden Eingabefeldern w1 und w2 eingegeben. Die Rechenoperation wird durch die Auswahl in der Radiobutton-Gruppe $oper bestimmt.

```
<html>
<head>
<?php
    function add($x, $y)
    {
        $s = $x + $y;
        return $s;
    }
    function sub($x, $y)
    {
        $s = $x - $y;
        return $s;
    }
    function mult($x, $y)
    {
        $s = $x * $y;
        return $s;
    }
    function divi($x, $y)
    {
        $s = $x / $y;
        return $s;
    }
?>
</head>
<body>
<?php
    if ($_POST["oper"] == "+")
        $erg = add($_POST["w1"],$_POST["w2"]);
    else if ($_POST["oper"] == "-")
        $erg = sub($_POST["w1"],$_POST["w2"]);
    else if ($_POST["oper"] == "*")
        $erg = mult($_POST["w1"],$_POST["w2"]);
    else
        $erg = divi($_POST["w1"],$_POST["w2"]);
    echo $_POST["w1"] . " " . $_POST["oper"]
    . " " . $_POST["w2"] . " = $erg";
?>
</body>
</html>
```

Listing 3.38 Datei p318.php

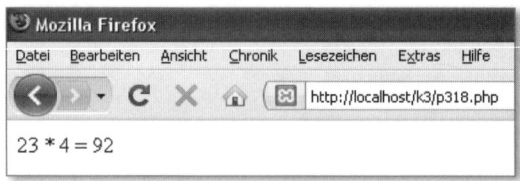

Abbildung 3.40   Datei p318.php

Zunächst werden die vier Funktionen `add()`, `sub()`, `mult()` und `divi()` für die vier Rechenoperationen definiert. Alle Operationen erwarten jeweils zwei Parameter und liefern einen Rückgabewert. Im Hauptprogramm wird abhängig vom übermittelten Operatorzeichen mit Hilfe einer mehrfachen Verzweigung die jeweilige Funktion aufgerufen. Der Rückgabewert wird in `$erg` gespeichert und ausgegeben.

Das Ergebnis des obigen Beispiels:

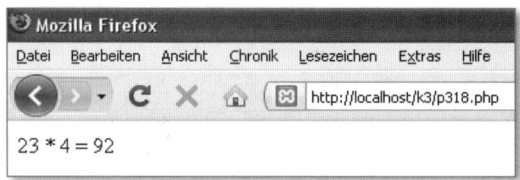

Abbildung 3.41   Ergebnis der Berechnung

3.5.2   Pizzabestellung

Es wird ein Formular für eine Pizzabestellung erzeugt (Datei *p319.htm*). Es enthält zwei Eingabefelder für Text, eine Gruppe mit zwei Radiobuttons, ein einfaches Auswahlmenü mit fünf Einträgen sowie zwei Kontrollkästchen.

▸ In den beiden Eingabefeldern kann der Benutzer seinen Namen beziehungsweise seine Adresse eintragen.

▸ Mit Hilfe der beiden Radiobuttons kann er zwischen den Anreden *Herr* und *Frau* auswählen.

▸ Das Menü ermöglicht ihm die Auswahl zwischen fünf Sorten Pizza (mit unterschiedlichen Preisen).

▸ Die beiden Kontrollkästchen kann der Benutzer ankreuzen, falls er zusätzlich *Thunfisch* beziehungsweise *Extra Käse* auf seiner Pizza haben möchte. Dadurch erhöht sich der Preis dementsprechend.

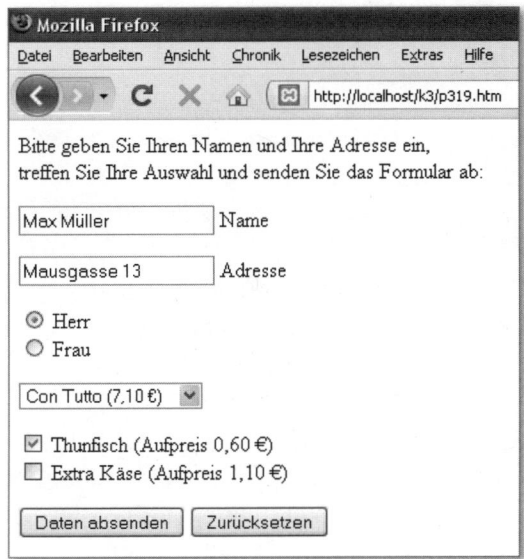

Abbildung 3.42   Eingabe der Pizzabestellung

Das Eingabeformular:

```
<html>
<body>
<p>Bitte geben Sie Ihren Namen und Ihre Adresse
   ein,<br />treffen Sie Ihre Auswahl und senden Sie
   das Formular ab:</p>
<form action = "p319.php" method = "post">
   <p><input name="bst" /> Name</p>
   <p><input name="adr" /> Adresse</p>
   <p><input type="radio" name="anr" value="Herr"
      checked="checked" /> Herr <br />
   <input type="radio" name="anr" value="Frau" /> Frau</p>
   <p><select name="ptyp">
      <option value="Napoli" selected="selected">
      Napoli (5,70 &euro;)</option>
      <option value="Italia">
      Italia (6,30 &euro;)</option>
      <option value="Con Tutto">
      Con Tutto (7,10 &euro;)</option>
      <option value="4 Stagioni">
      4 Stagioni (6,60 &euro;)</option>
      <option value="Mozzarella">
      Mozzarella (7,80 &euro;)</option>
   </select></p>
```

```
<p><input type="checkbox" name="cth"
    value="Thunfisch" /> Thunfisch
    (Aufpreis 0,60 &euro;)<br />
  <input type="checkbox" name="cek"
   value="Extra Käse" /> Extra Käse
   (Aufpreis 1,10 &euro;)</p>
  <p><input type = "submit" />
  <input type = "reset" /></p>
</form>
</body>
</html>
```

Listing 3.39   Datei p319.htm

Name und Adresse werden in den beiden Feldern bst und adr eingegeben. Die Anrede wird über die Radiobutton-Gruppe anr ausgewählt. Das einfache Auswahlmenü ptyp ermöglicht in Verbindung mit den beiden Kontrollkästchen cth und cek die Wahl der gewünschten Pizza.

Das PHP-Auswertungsprogramm:

```
<html>
<body>
<?php
  /* Auswahl der Pizza */
  if ($_POST["ptyp"] == "Napoli")
    $preis = 5.7;
  else if ($_POST["ptyp"] == "Italia")
    $preis = 6.3;
  else if ($_POST["ptyp"] == "Con Tutto")
    $preis = 7.1;
  else if ($_POST["ptyp"] == "4 Stagioni")
    $preis = 6.6;
  else
    $preis = 7.8;

  /* Anrede */
  if ($_POST["anr"] == "Herr")
    echo "<p>Sehr geehrter Herr "
        . $_POST["bst"] . "<br />";
  else
    echo "<p>Sehr geehrte Frau "
        . $_POST["bst"] . "<br />";

  /* Ausgabe */
  echo "Vielen Dank für Ihre Bestellung</p>";
  echo "<p>Wir liefern Ihre Pizza " . $_POST["ptyp"];
```

```
    /* Zusätze */
    if (isset($_POST["cth"]))
    {
        echo " mit " . $_POST["cth"];
        $preis = $preis + 0.6;
    }
    if (isset($_POST["cek"]))
    {
        echo " mit " . $_POST["cek"];
        $preis = $preis + 1.1;
    }

    echo "<br />in 20 Minuten an die folgende Adresse:<br />";
    echo $_POST["adr"] . "</p>";
    echo "<p>Der Preis beträgt $preis &euro;</p>";
    echo "<p>Ihr Pizza-Team</p>";
?>
</body>
</html>
```

Listing 3.40   Datei p319.php

Zunächst wird in einer mehrfachen Verzweigung aus dem Typ der Pizza der Grundpreis ermittelt. Es folgt die Ausgabe der Anrede, abhängig von der Auswahl in der Radiobutton-Gruppe. Die gewählte Pizza wird bestätigt. Falls einer der Zusätze gewählt wurde, wird dies ebenfalls bestätigt. Außerdem erhöht sich der Preis. Der Gesamtpreis wird zusammen mit den Abschlussinformationen ausgegeben.

Das Ergebnis des obigen Beispiels:

Abbildung 3.43   Auswertung der Pizzabestellung

3.6 PHP-Programme publizieren

Bisher haben wir uns mit der Sprache PHP sowie dem Senden und Auswerten von Daten beschäftigt. Alle Beispiele wurden in den Verzeichnissen des lokal installierten Webservers gespeichert und getestet. Nun möchten Sie Ihre PHP-Programme im Internet zur Benutzung zur Verfügung stellen (publizieren).

Programme ins Internet stellen

Zunächst benötigen Sie eine eigene Website bei einem Provider. Die meisten Provider bieten mehrere Pakete mit unterschiedlichem Leistungsumfang an. Beim Basispaket verfügt man noch nicht über die Möglichkeit, PHP-Programme zu veröffentlichen, dies ist aber bereits bei unwesentlich teureren Paketen möglich. Am besten wählt man direkt ein Paket aus, das auch eine MySQL-Datenbank zur dynamischen Generierung datenbankbasierter Seiten beinhaltet.

FTP-Server

Nachdem man sich für eines der Pakete entschieden hat, stellt der Provider die Zugangsdaten für sein Konfigurationsmenü und für seinen FTP-Zugang zur Verfügung. Der FTP-Zugang wird benötigt, um die Dateien ins Internet hochzuladen. Die FTP-Zugangsdaten umfassen: Name des FTP-Servers (Host Name), Benutzerkennung (User ID) und Passwort.

WS_FTP

Es gibt eine ganze Reihe von Programmen, mit denen man seine Dateien auf einen FTP-Server laden kann. Dies kann beispielsweise eine Webseite zum Upload sein, die der Provider zur Verfügung stellt, oder auch einer der bekannten Browser.

Als Beispiel soll hier das leicht zu bedienende und frei verfügbare Programm WS_FTP Limited Edition (WS_FTP LE) der Firma Ipswitch dienen (Installation und Konfiguration siehe Anhang B, »Installationen«). Nachfolgend werden die wichtigsten Elemente und typischen Vorgänge bei der Bedienung dieses Programms erläutert.

3.6.1 Verbindung herstellen

Nach dem Start des Programms beziehungsweise nach Betätigung des Buttons CONNECT (links unten) erscheint ein Fenster, in dem die gewünschte FTP-Verbindung gewählt werden kann.

Connect-Vorgang

Während des Installationsvorgangs wurden bereits die lokalen Verzeichnisinformationen und die Daten des eigenen FTP-Zugangs konfiguriert und gespeichert. Dieser Zugang wird ausgewählt, und die Verbindung wird aufgenommen. Anschließend erscheinen im Hauptfenster links die

Dateien und Verzeichnisse des eigenen Rechners (*Local System*) und rechts die Dateien und Verzeichnisse der Website im Internet (*Remote Site*).

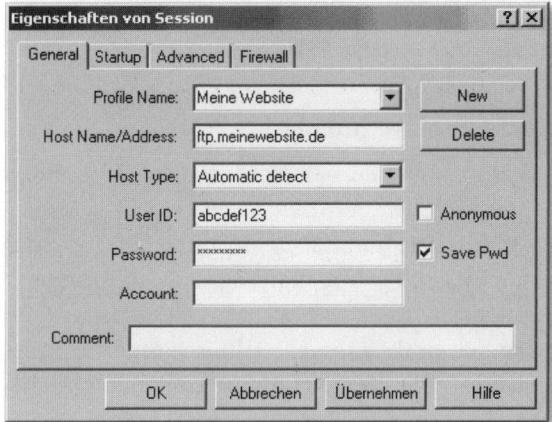

Abbildung 3.44 Auswahl der FTP-Verbindung

Während des Installationsvorgangs wurden bereits die lokalen Verzeichnisinformationen und die Daten des eigenen FTP-Zugangs konfiguriert und gespeichert. Dieser Zugang wird ausgewählt, und die Verbindung wird aufgenommen. Anschließend erscheinen im Hauptfenster links die Dateien und Verzeichnisse des eigenen Rechners (*Local System*) und rechts die Dateien und Verzeichnisse der Website im Internet (*Remote Site*).

Connect-Vorgang

Abbildung 3.45 Nach dem Herstellen der Verbindung

Zur Darstellung in diesem Bild und den folgenden Bildern wird vom Unterverzeichnis *beispiel* ausgegangen. Die Erläuterungen gelten sinngemäß für beliebige Verzeichnisse auf beiden Sites. Das Unterverzeichnis *beispiel* liegt unterhalb des Basisverzeichnisses des lokalen Webservers beziehungsweise unterhalb des Basisverzeichnisses der Website im Internet.

[»]

Hinweis

Struktur und Inhalt der Website im Internet sollten eine Kopie eines entsprechenden Verzeichnisses auf dem lokalen Rechner sein, damit man leichter den Überblick behält.

3.6.2 Dateien und Verzeichnisse hochladen

Dateien hochladen

Zum Hochladen auf die Website im Internet werden die betreffenden Dateien beziehungsweise Verzeichnisse auf dem eigenen Rechner markiert (hier die beiden Dateien *test.htm* und *test.php*). Durch Betätigen des Buttons --> (Pfeil nach rechts) wird der Vorgang gestartet. Falls ein oder mehrere Verzeichnisse markiert wurden, so werden diese nach einer Rückfrage inklusive aller Dateien und Unterverzeichnisse innerhalb dieser Verzeichnisse hochgeladen. Die Verzeichnisstruktur bleibt dabei erhalten.

Anschließend stehen die Dateien im Internet zur Verfügung und können beispielsweise über die folgende Adresse abgerufen werden:

http://www.meinewebsite.de/beispiel/test.htm

Abbildung 3.46 Auswählen der Dateien zum Hochladen

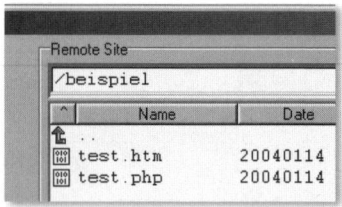

Abbildung 3.47 Testdateien nach dem Hochladen – im Internet

3.6.3   Arbeiten mit Verzeichnissen

Ein Unterverzeichnis auf der Website im Internet kann über den Button   MkDir
MᴋDɪʀ erzeugt werden. Es erscheint ein Fenster, in dem der Name des
Unterverzeichnisses eingegeben wird (zum Beispiel *unter*):

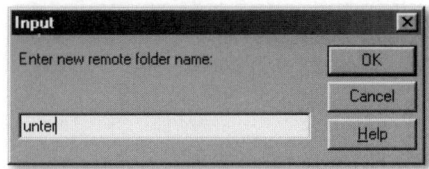

Abbildung 3.48   Eingabe zur Erzeugung eines Unterverzeichnisses

Anschließend steht das Unterverzeichnis im Internet zur Verfügung.

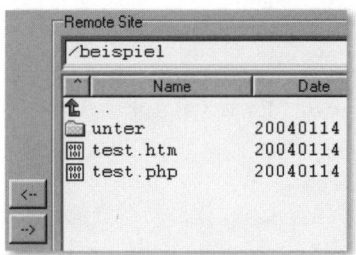

Abbildung 3.49   Nach dem Erzeugen eines Unterverzeichnisses

Ein Doppelklick auf den Namen des Unterverzeichnisses führt zum
Wechsel in dieses Verzeichnis. Parallel sollte man auf dem lokalen Webserver in das gleichnamige Unterverzeichnis wechseln, damit ein Datei-
transfer an die richtige Stelle der Verzeichnisstruktur erfolgen kann. Ein
Doppelklick auf den grünen Pfeil nach oben führt zum Wechsel ins übergeordnete Verzeichnis.

Weitere häufig genutzte Buttons ermöglichen das Umbenennen   Rename, Delete
(Rᴇɴᴀᴍᴇ) beziehungsweise Löschen (Dᴇʟᴇᴛᴇ) markierter Dateien und
Verzeichnisse. Ein gesamtes Verzeichnis kann erst dann gelöscht werden, wenn alle zugehörigen Dateien und Unterverzeichnisse gelöscht
wurden. Dies erscheint zunächst umständlich, erspart aber in der Praxis
viel Ärger aufgrund einer eventuellen Fehlbedienung.

3.6.4   Verschieben von Dateien

Sollte man eine Datei versehentlich ins falsche Verzeichnis hochgeladen
haben, so ist es bei einem größeren Datenumfang sicherlich besser, sie

auf dem Server in das richtige Verzeichnis zu verschieben, anstatt sie zu löschen und erneut hochzuladen.

Move Files Das Verschieben einer Datei in ein anderes Verzeichnis ist über das Kontextmenü möglich. Man markiert die Datei (zum Beispiel *test.htm*), aktiviert mit der rechten Maustaste das Kontextmenü und wählt MOVE FILES. Hier trägt man den relativen Pfad zum gewünschten Verzeichnis ein (zum Beispiel *unter*).

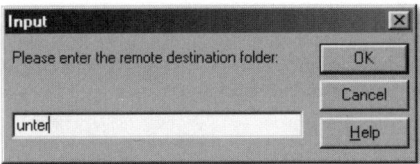

Abbildung 3.50 Eingabe zur Zielangabe einer Verschiebung

Nach der Bestätigung wechselt man in das Zielverzeichnis, in dem die Datei (eventuell erst nach Betätigen des Buttons REFRESH) sichtbar ist:

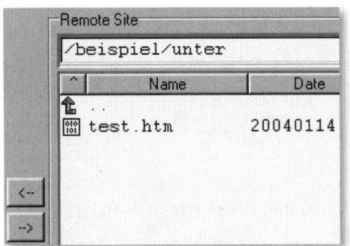

Abbildung 3.51 Anzeige der Datei nach der Verschiebung

Für eine Verschiebung einer Datei in ein übergeordnetes Verzeichnis muss die Angabe .. (doppelter Punkt) lauten.

Close Die Verbindung zum FTP-Server kann über den Button CLOSE (links unten, statt CONNECT) geschlossen werden. Anschließend kann man die Verbindung zu einem anderen FTP-Server aufnehmen (wiederum über CONNECT) oder das Programm beenden.

4   Datenbanken

In diesem Kapitel werden die Grundlagen des Aufbaus und der Struktur von Datenbanken anhand des MySQL-Datenbankservers beschrieben. Sie lernen die Datenbanksprache SQL, die Benutzeroberfläche phpMyAdmin und das Zusammenspiel von PHP-Programmen mit MySQL kennen. Sie erfahren außerdem, wie Sie Ihre Datenbanken ins Internet stellen.

Eine Datenbank dient zur Speicherung größerer Datenmengen und zur übersichtlichen Darstellung bestimmter Daten aus diesen Datenmengen. Innerhalb einer Datenbank befinden sich verschiedene Tabellen. Ein Beispiel sehen Sie in Tabelle 4.1.

Datenbank, Tabelle

Name	Vorname	Personalnummer	Gehalt	Geburtstag
Maier	Hans	6714	3500,00	15.03.62
Schmitz	Peter	81343	3750,00	12.04.58
Mertens	Julia	2297	3621,50	30.12.59

Tabelle 4.1   Beispieldaten für Datenbank

Die Begriffe in der ersten Zeile nennt man die Datenfelder der Tabelle. Anschließend folgen die einzelnen Datensätze der Tabelle; in diesem Falle drei.

Datenfeld, Datensatz

Natürlich legt niemand für drei Datensätze eine Datenbank mit einer Tabelle an, aber die vorliegende Struktur könnte auch für mehrere Tausend Datensätze verwendet werden. Die Datenfelder haben jeweils einen bestimmten Datentyp. Hier sind es Texte, Zahlen und Datumsangaben.

Datentyp

Beim Erzeugen einer Datenbank geht man wie folgt vor:

► Anlegen der Datenbank

► Anlegen von Tabellen durch Angabe der Struktur

► Eingeben der Datensätze in die Tabellen

Die Struktur einer existierenden Datenbank beziehungsweise einer Tabelle kann auch dann noch verändert werden, wenn sich bereits Daten darin befinden. Allerdings ist es empfehlenswert, sich vorher Gedanken

Struktur, Daten

über die Struktur einer Datenbank zu machen, da bei einer nachträglichen Änderung leicht Datenverluste auftreten können.

4.1 MySQL und phpMyAdmin

MySQL
Im Zusammenhang mit der Programmiersprache PHP wird häufig mit MySQL-Datenbanken gearbeitet. MySQL ist die Open-Source-Datenbank mit der größten Verbreitung. Es handelt sich dabei um einen SQL-basierten Datenbankserver. Bei der in diesem Buch empfohlenen XAMPP-Installation ist MySQL bereits enthalten.

SQL
SQL ist die meistverwendete Datenbanksprache der Welt. MySQL bietet SQL-Anweisungen

- zum Erzeugen einer Struktur von Datenbanken und Tabellen,
- zum Bearbeiten der Datensätze (Anlegen, Anzeigen, Ändern, Löschen).

phpMyAdmin
In der PHP-Welt wird zur komfortablen Erzeugung der Struktur von MySQL-Datenbanken und Tabellen häufig die (frei verfügbare) Bedienungsoberfläche phpMyAdmin verwendet. Diese ist ebenfalls Bestandteil der XAMPP-Installation. phpMyAdmin wird auch von den meisten Websiteprovidern zur Verwaltung der MySQL-Datenbanken angeboten und kann zudem für den Transfer der eigenen Datenbanken ins Internet genutzt werden.

Zum Bearbeiten der Datensätze stellt der PHP-Entwickler dem Benutzer eine eigene Oberfläche zur Verfügung. Dabei handelt es sich um Webseiten mit PHP-Programmen, in denen SQL-Befehle ausgeführt werden.

Die Vorgehensweise wird auch in den folgenden Abschnitten berücksichtigt:

- Die wichtigsten Vorgänge zum Erzeugen beziehungsweise Verändern der Struktur einer Datenbank mit phpMyAdmin werden beschrieben.
- Die Vorgehensweise zum Anlegen, Anzeigen, Ändern und Löschen von Datensätzen wird erläutert.

[»]
Hinweis

phpMyAdmin zeigt bei diesen Vorgängen die jeweils intern ausgeführte SQL-Anweisung an. Darüber hinaus erlaubt phpMyAdmin die direkte Eingabe von SQL-Befehlen. Dadurch kann man sich bereits mit der Sprache vertraut machen.

Dieses Wissen wird in Abschnitt 4.2 eingesetzt, um datenbankbasierte Internetseiten mit Hilfe von PHP, MySQL und phpMyAdmin als Oberfläche für den Benutzer zu erstellen.

4.1.1 phpMyAdmin

Die gesamte Bedienung von phpMyAdmin läuft komfortabel über das Browserfenster ab. Mit Hilfe von phpMyAdmin können unter anderem

► Datenbanken angelegt, verwaltet und gelöscht,

► innerhalb der Datenbanken Tabellen angelegt, verwaltet und gelöscht,

► innerhalb der Tabellen Felder und Indizes zur eindeutigen Identifizierung angelegt, verwaltet und gelöscht werden.

In diesem Abschnitt wird nur ein Teil der Möglichkeiten gezeigt, die phpMyAdmin bietet. Ähnlich wie in Kapitel 2, »PHP-Programmierkurs«, wird nicht jede Einzelheit und Komponente erklärt, sondern es werden für viele denkbare Anwendungsfälle jeweils Lösungen angeboten, ohne durch die Vielfalt zu verwirren.

Nach erfolgter XAMPP-Installation kann der MySQL-Datenbankserver über das XAMPP Control Panel gestartet werden. Anschließend kann die Startseite von phpMyAdmin über einen Browser aufgerufen werden. Die einzugebende Adresse lautet *http://localhost/phpmyadmin/index.php*. Es existiert auch ein Hyperlink von der XAMPP-Startseite aus.

phpMyAdmin, Adresse

In Abbildung 4.1 ist die Startansicht von phpMyAdmin dargestellt.

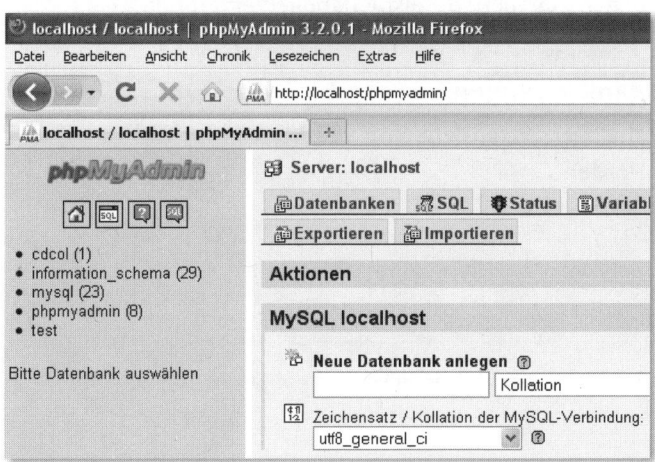

Abbildung 4.1 phpMyAdmin, Startansicht

4.1.2 Beispieldatenbank und -tabelle

Es soll eine Datenbank `firma` mit einer Datenbanktabelle `personen` erzeugt werden. Neben den zur Erzeugung notwendigen Schritten werden weitere Möglichkeiten zur Verwaltung beschrieben. Die Datenbank `firma` beinhaltet die Datenbanktabelle `personen`, siehe Tabelle 4.2.

Feldname	Datentyp
name	varchar(30)
vorname	varchar(25)
personalnummer	int
gehalt	double
geburtstag	date

Tabelle 4.2 Aufbau der Tabelle »personen«

In dieser Datenbanktabelle sollen die Daten zu einzelnen Personen gespeichert werden.

▸ Name und Vorname sind Felder, in denen Zeichenketten bis zur Länge 30 beziehungsweise 25 gespeichert werden können.

▸ Die Personalnummer dient zur eindeutigen Identifizierung der verschiedenen Personen; sie ist eine ganze Zahl (`int`).

▸ Das Gehalt ist eine Zahl, die Nachkommastellen (`double`) haben kann.

▸ Für das Feld `geburtstag` wird ein Feld vom Typ `date` gewählt.

Bei diesem Beispiel werden einige häufig verwendete Datentypen eingesetzt, die für viele Anwendungen bereits ausreichen. Es werden dabei die Daten aus der oben angegebenen Beispieltabelle verwendet.

4.1.3 Datenbank erzeugen

Zunächst muss (in der Startansicht von phpMyAdmin) die Datenbank `firma` angelegt werden.

Abbildung 4.2 Neue Datenbank »firma« anlegen

Es erscheint die Datenbankstrukturansicht mit einigen Bedienungsmöglichkeiten. Dabei ist `firma` die aktive Datenbank. Zu Beginn ist sie natürlich leer.

Abbildung 4.3 Neue Datenbank »firma«

Es erscheint unter anderem die SQL-Anweisung, die die Datenbank erzeugt:

```
create database <datenbankname>
```

Bei den Namen von Datenbanken, Tabellen und Feldern sollten Sie darauf achten, keine deutschen Umlaute, kein scharfes ß sowie weder Leerzeichen noch Sonderzeichen zu verwenden.

Innerhalb von MySQL kann ein umfangreiches und detailliertes System für die Zugriffssicherung eingesetzt werden. Verschiedenen Benutzern können spezifische Rechte eingeräumt beziehungsweise verwehrt werden.

In diesem Buch wird zum Erlernen des ersten Umgangs mit Datenbanken und der Datenbankprogrammierung der Einfachheit halber angenommen, dass die Benutzer sämtliche Zugriffsrechte bei der Benutzung von Datenbanken haben.

4.1.4 Datenbank umbenennen

Falls Sie versehentlich einen falschen Namen für die Datenbank gewählt haben, können Sie den Namen über das Dateisystem ändern. Unter Windows befinden sich im Unterverzeichnis *C:\xampp\mysql\data* weitere Unterverzeichnisse. Die Namen der Unterverzeichnisse entsprechen den Namen der einzelnen Datenbanken.

Eine Änderung des Verzeichnisnamens ist erst möglich, wenn Sie den MySQL-Server über das XAMPP Control Panel beendet haben (siehe Abschnitt B.1). Sie sollten nicht vergessen, den Dienst nach der Änderung dort wieder zu starten.

Datenbank erzeugen

create database

Unterverzeichnis »data«

MySQL-Server beenden

Das Ändern des Verzeichnisnamens ändert auch den Namen der Datenbank. Anschließend ist eine Aktualisierung von phpMyAdmin im Browser erforderlich.

[»]

> **Hinweis**
>
> Neben der Datenbank `firma`, die soeben neu angelegt wurde, sind bereits weitere Datenbanken vorhanden. Die Datenbank `mysql` beinhaltet MySQL-eigene Informationen, unter anderem zu den Benutzerrechten. Sie darf hier nicht verändert werden.

Diese Änderung kann auch durchgeführt werden, falls sich bereits Tabellen und Daten in der Datenbank befinden. PHP-Programme, die eine Verbindung zur betreffenden Datenbank aufnehmen, beinhalten noch den alten Namen und müssten alle im Nachhinein geändert werden. Daher ist es besser, den Namen einer Datenbank möglichst nicht zu ändern.

Abhilfe kann geschaffen werden, indem man die PHP-Programmzeilen zur Verbindungsaufnahme in eine `include`-Datei auslagert. Somit muss der Programmcode nur noch an dieser Stelle geändert werden. Diese Notwendigkeit entsteht, falls ein PHP-MySQL-Projekt auf eine Website hochgeladen wird, deren Provider nur eine Datenbank mit einem festgelegten Namen zur Verfügung stellt.

4.1.5 Datenbank löschen

Eine Datenbank, die nicht mehr benötigt wird, kann entweder über das Dateisystem (Verzeichnis löschen) oder über den Hyperlink *Löschen* auf der rechten Seite der Datenbankstrukturansicht gelöscht werden. Es erscheint eine Rückfrage. Klicken Sie hier auf OK, so wird die Datenbank gelöscht.

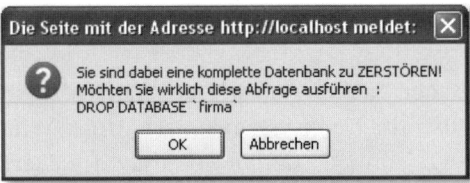

Abbildung 4.4 Bestätigung zum Löschen einer Datenbank

drop database   Innerhalb der Rückfrage erscheint die SQL-Anweisung, die intern zum Löschen der Datenbank führt:

```
drop database <datenbankname>
```

4.1.6 Tabelle erzeugen

Nachdem die Datenbank angelegt worden ist, ist es möglich, eine neue Tabelle zu erzeugen. Hier die Tabelle `personen` mit fünf Feldern.

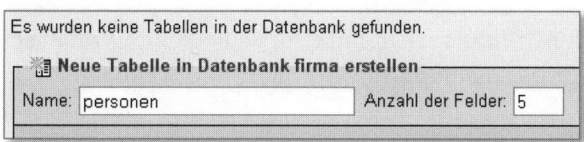

Es wurden keine Tabellen in der Datenbank gefunden.

┌─ 🗐 **Neue Tabelle in Datenbank firma erstellen** ──────
│ Name: personen   Anzahl der Felder: 5

Abbildung 4.5 Anlegen einer Tabelle

Die Namen und Datentypen der fünf Felder werden eingetragen.

Tabelle erzeugen

🗐 **Server: localhost** ▸ 🗐 **Datenbank: firma** ▸ 🎚 **Tabelle: personen**

Feld	Typ ⊘	Länge/Set[1]
name	VARCHAR	30
vorname	VARCHAR	25
personalnummer	INT	
gehalt	DOUBLE	
geburtstag	DATE	

Abbildung 4.6 Namen und Eigenschaften der Tabellenfelder

Null
☑
☑
☐
☑
☑

Abbildung 4.7 Eigenschaft »Null« der Tabellenfelder

Die Datentypen wurden bereits weiter oben beschrieben. In der Spalte *Null* (etwas weiter rechts) wird festgelegt, ob dieses Feld bei der Erzeugung eines Datensatzes eventuell leer bleiben darf. *Null* bedeutet weder

null, not null

167

die Zahl 0 noch eine leere Zeichenkette, sondern lediglich *kein Eintrag*. Hier wurde bestimmt, dass außer dem (dritten) Feld `personalnummer`, das zur eindeutigen Identifizierung dienen soll, alle Felder leer bleiben können.

create table　Es erscheint die Tabellenstrukturansicht mit einigen Bedienungsmöglichkeiten. Es wird eine Erfolgsmeldung mit der intern verwendeten SQL-Anweisung dargestellt:

```
create table <tabellenname>
(
    <feldname1> <feldtyp1> <feldeigenschaften1>,
    <feldname2> <feldtyp2> <feldeigenschaften2>,
    ...
)
```

Die Struktur der Tabelle ist erzeugt, wie im unteren Teil der Seite erkennbar.

Feld	Typ	Kollation	Attribute	Null
name	varchar(30)	latin1_swedish_ci		Ja
vorname	varchar(25)	latin1_swedish_ci		Ja
personalnummer	int(11)			Nein
gehalt	double			Ja
geburtstag	date			Ja

Abbildung 4.8　Struktur der Tabelle »personen«

4.1.7　Tabellenstruktur verändern

Struktur ändern　Sollte man feststellen, dass eine Tabelle mit einer nicht ausreichenden oder falschen Struktur erzeugt wurde, so kann man diese Struktur noch ändern. Name, Datentyp sowie weitere Attribute eines Datenfeldes können verändert werden, ebenso kann auch ein Datenfeld komplett gelöscht werden. Dazu dienen die Hyperlinks zum Ändern, Löschen usw. neben den einzelnen Feldnamen in der Tabellenstrukturansicht.

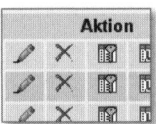

Abbildung 4.9　Hyperlinks zum Ändern, Löschen usw.

Es können auch Datenfelder hinzugefügt werden. Dazu dient der Bereich *Felder hinzufügen* unterhalb der Tabellenstrukturansicht. Hier muss angegeben werden, an welcher Stelle das neue Feld eingefügt werden soll.

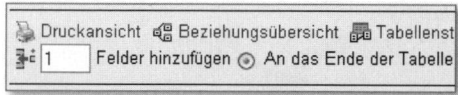

Abbildung 4.10 Felder hinzufügen

Änderungen sollten möglichst vor der Eingabe der ersten Daten geschehen, da je nach Art der Änderung ein Datenverlust auftreten kann. Man wird darauf gesondert hingewiesen.

Für das oben angegebene Beispiel sollen einige Änderungen vorgenommen werden. Sie werden anschließend wieder rückgängig gemacht, damit mit der Tabelle personen weitergearbeitet werden kann.

Beispiel 1

Der Feldname gehalt soll in den Feldnamen lohn geändert werden:

In der Zeile des Feldes gehalt wird der Hyperlink zum Ändern betätigt.

Feldnamen ändern

Abbildung 4.11 Symbol mit Hyperlink zum Ändern eines Feldes

Es erscheint ein Eingabeformular. Hier wird der Name auf lohn geändert.

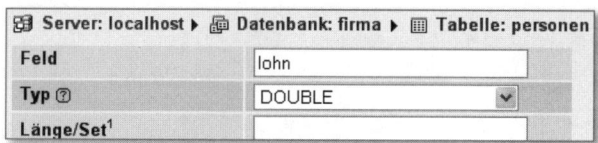

Abbildung 4.12 Ändern des Namens

Nach dem Speichern erscheinen die intern verwendete SQL-Anweisung

alter table … change

```
alter table <tabellenname> change <feldname_alt>
    <feldname_neu> <feldeigenschaften_neu>
```

und die geänderte Tabellenstrukturansicht.

Feld	Typ	Kollation	Attribute	Null
name	varchar(30)	latin1_swedish_ci		Ja
vorname	varchar(25)	latin1_swedish_ci		Ja
personalnummer	int(11)			Nein
lohn	double			Ja
geburtstag	date			Ja

Abbildung 4.13 Ansicht nach der Änderung des Namens

Beispiel 2

Feldtyp ändern

Der Typ des Feldes `lohn` soll von `double` auf `int` geändert werden:

In der Zeile des Feldes `lohn` wird der Hyperlink *Ändern* betätigt. Es erscheint ein Eingabeformular. Hier wird der Typ auf `int` geändert.

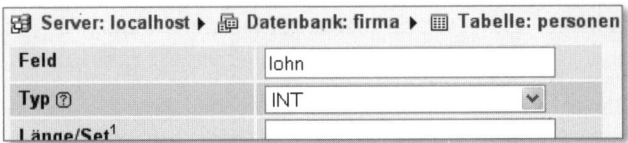

Abbildung 4.14 Ändern des Datentyps

Nach dem Speichern erscheinen die intern verwendete SQL-Anweisung

```
alter table <tabellenname> change <feldname> <feldname>
    <feldeigenschaften_neu>
```

und die geänderte Tabellenstrukturansicht.

Feld	Typ	Kollation	Attribute	Null
name	varchar(30)	latin1_swedish_ci		Ja
vorname	varchar(25)	latin1_swedish_ci		Ja
personalnummer	int(11)			Nein
lohn	int(11)			Ja
geburtstag	date			Ja

Abbildung 4.15 Ansicht nach der Änderung des Datentyps

Beispiel 3

Feld löschen

Das Feld `lohn` soll gelöscht werden:

In der Zeile des Feldes `lohn` wird der Hyperlink zum Löschen betätigt.

Abbildung 4.16 Symbol mit Hyperlink zum Löschen eines Feldes

Es erscheint eine Rückfrage. Nach ihrer Bestätigung wird das Feld gelöscht.

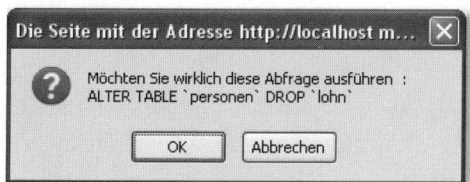

Abbildung 4.17 Bestätigung zur Löschung eines Feldes

Nach dem Löschen erscheinen die intern verwendete SQL-Anweisung und die geänderte Tabellenstrukturansicht.

alter table ... drop

Feld	Typ	Kollation	Attribute	Null
name	varchar(30)	latin1_swedish_ci		Ja
vorname	varchar(25)	latin1_swedish_ci		Ja
personalnummer	int(11)			Nein
geburtstag	date			Ja

Abbildung 4.18 Ansicht nach dem Löschen eines Feldes

Beispiel 4

Das Feld `gehalt` soll neu erzeugt werden:

Feld erzeugen

Unterhalb der Tabellenstrukturansicht gibt es die Möglichkeit, neue Felder an beliebiger Position hinzuzufügen. Das neue Feld soll an der ursprünglichen Stelle erzeugt werden (hinter dem Feld `personalnummer`).

Abbildung 4.19 Erzeugen eines neuen Feldes

Es erscheint ein Eingabeformular. Hier werden der Name, der Typ und die Eigenschaften des neuen Feldes eingetragen. Dabei sollte man in der Zeile *Null* wieder das Kontrollkästchen markieren.

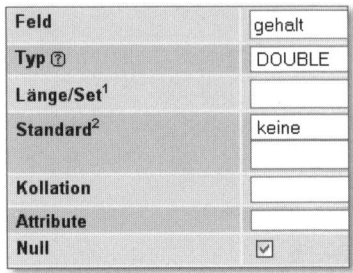

Feld	gehalt
Typ ⑦	DOUBLE
Länge/Set[1]	
Standard[2]	keine
Kollation	
Attribute	
Null	☑

Abbildung 4.20 Eigenschaften des neuen Feldes

alter table … add Nach dem Speichern erscheinen die intern verwendete SQL-Anweisung

```
alter table <tabellenname> add <feldname> <feldtyp>
    <feldeigenschaften> after <feldname_vorgänger>
```

und die geänderte (und in diesem Falle wieder die ursprüngliche) Tabellenstrukturansicht.

4.1.8 Index erzeugen

Für viele Vorgänge innerhalb von Tabellen ist eine eindeutige Identifizierung der einzelnen Datensätze hilfreich und notwendig. Dies wird mit Hilfe eines sogenannten eindeutigen Index (unique index) realisiert. Dieser Index kann unmittelbar beim Erzeugen einer neuen Tabelle angelegt werden.

unique index Er kann aber auch einer vorhandenen Tabelle, die bereits Daten beinhaltet, hinzugefügt werden. Es empfiehlt sich allerdings, sich bereits vor der Erzeugung der Tabelle zu überlegen, welches Feld eindeutige Daten beinhaltet, und die Tabelle mit einem eindeutigen Index zu erzeugen. Das nachträgliche Hinzufügen eines Index gelingt nur, falls in diesem Feld kein Eintrag mehrfach vorhanden ist.

Im vorliegenden Beispiel soll das Feld personalnummer eindeutig sein, das heißt, keine Personalnummer darf doppelt vorhanden sein. Damit die Eindeutigkeit von *MySQL* kontrolliert wird, wird das Feld personalnummer mit einem eindeutigen Index versehen.

Betätigen Sie dazu in der Tabellenstrukturansicht in der Zeile des Feldes personalnummer den Hyperlink mit dem Symbol für *unique*.

Abbildung 4.21 Symbol mit Hyperlink zum Erzeugen eines eindeutigen Index

Im folgenden Fenster erscheint eine Erfolgsmeldung mit der intern verwendeten SQL-Anweisung:

```
alter table <tabellenname> add unique (<feldname>)
```

Unterhalb der Tabellenstrukturansicht der Datenfelder ist der Index erkennbar, nachdem Sie den Hyperlink *Details* betätigt haben.

Indizes: ⑦					
Aktion	**Name**	**Typ**	**Unique**	**Packed**	**Feld**
✐ ✕	personalnummer	BTREE	Ja	Nein	personalnummer

Abbildung 4.22 Anzeige des eindeutigen Index

Anschließend können in diese Tabelle nur noch Einträge aufgenommen werden, die einen Eintrag im Feld `personalnummer` haben, der nicht bereits in einem anderen Datensatz existiert, da ansonsten die Eindeutigkeit verletzt wäre. Alle Datensätze können anhand des Wertes im Feld `personalnummer` eindeutig voneinander unterschieden werden. Dies ist besonders beim Ändern und Löschen von Datensätzen wichtig.

4.1.9 Index löschen

Sollte man versehentlich das falsche Feld für einen eindeutigen Index gewählt haben, so lässt sich der Index über den Hyperlink zum Löschen wieder entfernen. Es erscheint eine Rückfrage. Nach ihrer Bestätigung würde der Index gelöscht.

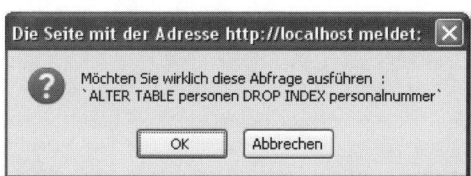

Abbildung 4.23 Bestätigung, um den Index zu löschen

173

alter table ...
drop index

Innerhalb der Rückfrage erscheint die SQL-Anweisung, die intern zum Löschen des Index führt:

```
alter table <tabellenname> drop index <indexname>
```

4.1.10 Tabellennamen ändern

Operationen

Oberhalb der Tabellenstrukturansicht findet sich der Hyperlink *Operationen*. Hier werden unter anderem Möglichkeiten zum Umbenennen, Kopieren und Verschieben einer Tabelle zur Verfügung gestellt. Nach dem Eintrag des neuen Tabellennamens erscheint die entsprechende Erfolgsmeldung.

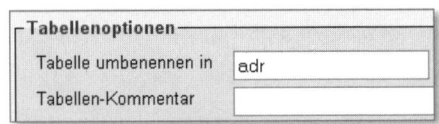

Abbildung 4.24 Tabelle umbenennen

Zur weiteren Bearbeitung des Beispiels sollte die Tabelle auf dem gleichen Wege wieder in `personen` umbenannt werden.

4.1.11 Tabelle optimieren

Beim Löschen von Datensätzen werden die betroffenen Datensätze nur als *gelöscht* markiert, aber nicht physikalisch gelöscht. Die Tabelle und damit auch die Datenbank werden durch neue Einträge ständig größer. Hier kann eine Optimierung der Tabelle Abhilfe schaffen. Dadurch werden alle Datensätze, die als *gelöscht* markiert sind, auch physikalisch gelöscht. Die Datenbank kann somit merklich verkleinert werden.

Datensätze
physikalisch
löschen

Hierzu muss man zunächst von der Tabellenstrukturansicht auf eine andere Ansicht wechseln. Im linken phpMyAdmin-Frame ist der Hyperlink `firma` zu betätigen.

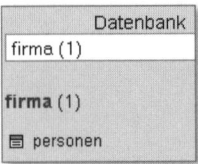

Abbildung 4.25 Wechseln zur Datenbankstrukturansicht

Es erscheint die Datenbankstrukturansicht mit Informationen über die gesamte Datenbank. Hier wird das Kontrollkästchen neben der Tabelle personen ausgewählt. Nach Auswahl des Menüpunktes OPTIMIERE TABELLE im Auswahlmenü rechts wird die Aktion unmittelbar ausgeführt. Es erscheint das folgende Fenster mit der intern verwendeten SQL-Anweisung:

optimize table

```
optimize table <tabellenname>
```

Dieser Menüpunkt kann für alle Tabellen einer Datenbank gleichzeitig ausgeführt werden, falls vorher alle markiert wurden. Zur Tabellenstrukturansicht der Tabelle personen gelangt man wieder über den Hyperlink *personen* im linken phpMyAdmin-Frame.

4.1.12 Tabelle löschen

Eine Tabelle, die nicht mehr benötigt wird, kann über das Dateisystem gelöscht werden. Im Verzeichnis der betreffenden Datenbank (unter Windows: *C:\xampp\mysql\data\firma*) finden sich drei Dateien mit dem Namen der Tabelle. Für die Tabelle personen sind dies: personen.frm, personen.myd und personen.myi.

Eine andere Möglichkeit bietet der Hyperlink *Löschen* auf der rechten Seite der Tabellenstrukturansicht. Es erscheint eine Rückfrage. Nach einer Bestätigung würde die Tabelle gelöscht.

Tabelle löschen

Innerhalb der Rückfrage erscheint die SQL-Anweisung, die intern zum Löschen der Tabelle führt:

drop table

```
drop table <tabellenname>
```

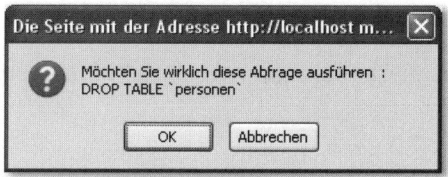

Abbildung 4.26 Bestätigung zum Löschen einer Tabelle

4.1.13 Datensätze eintragen

Oberhalb der Tabellenstrukturansicht haben Sie über den Hyperlink *Einfügen* die Möglichkeit, Datensätze einzutragen.

Daten eintragen

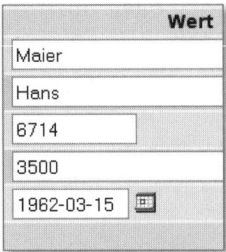

Abbildung 4.27   Eingabe eines Datensatzes

Beim Eintragen ist zu beachten:

▶ Bei Zahlen mit Nachkommastellen wird der Punkt anstelle des Kommas verwendet.

▶ Bei Datumsangaben gilt das amerikanische Eingabeformat `JJJJ-MM-TT`.

insert into ...
values

Nach Betätigung des Buttons OK erscheint das folgende Fenster mit der intern verwendeten SQL-Anweisung:

```
insert into <tabellenname> (<feldname1>, <feldname2>,
    …) values (<feldinhalt1>, <feldinhalt2>, …)
```

Bei der SQL-Anweisung ist Folgendes zu beachten:

▶ Die Reihenfolge der Feldinhalte in den Klammern hinter `values` muss der Reihenfolge der Feldnamen entsprechen.

▶ Zeichenketten und Datumsangaben müssen in einfache Hochkommata (Apostrophe) gesetzt werden.

▶ Die Datumsangabe muss im amerikanischen Format (`JJJJ-MM-TT`) erfolgen.

▶ Bei Zahlen mit Nachkommastellen ist ein Punkt statt eines Kommas zu verwenden.

null, not null

▶ Felder, die die Eigenschaft `not null` haben, müssen besetzt werden. Die anderen Felder können leer bleiben; dies ist aber nicht zu empfehlen.

▶ Beim Erzeugen neuer Daten wird eine Aktionsabfrage durchgeführt, ebenso wie auch beim Ändern oder Löschen von Daten. Beim Ansehen von Daten wird eine Auswahlabfrage ausgeführt.

4.1.14 Datensatzauswahl

Die SQL-Anweisung `select` dient zur Durchführung einer Datenbankabfrage. Es findet eine Auswahl von Datensätzen, die angezeigt werden sollen, statt.

Man kann alle Datensätze der Tabelle `personen` betrachten, indem man den Hyperlink `Anzeigen` oberhalb der Tabellenstrukturansicht betätigt. Eine weitere Möglichkeit: Man betätigt im linken phpMyAdmin-Frame den Schrift-Hyperlink *personen*.

Abfrage

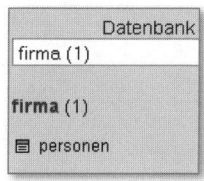

Abbildung 4.28 Hyperlink »personen«

Es erscheint die intern verwendete SQL-Anweisung:

select ... from

```
select * from <tabellenname>
```

Hier wurde ausgewählt: Zeige alle Felder (*) der Tabelle `personen` an, ohne Einschränkung.

Der Zusatz `limit 0,30` dient nur dazu, die Anzeige innerhalb von phpMyAdmin auf die ersten 30 Datensätze zu begrenzen. Normalerweise wird eine `select`-Anweisung ohne Limitierung durchgeführt, da man alle Datensätze sehen möchte, die der Auswahl entsprechen.

limit

Bevor später einige Beispiele zur `select`-Anweisung besprochen werden, sollten die restlichen Datensätze der Beispieltabelle eingegeben werden. Dies geschieht über den Hyperlink *Neue Zeile einfügen*.

Nach dem Eintragen aller drei Datensätze ergibt die Datenansicht:

name	vorname	personalnummer	gehalt	geburtstag
Maier	Hans	6714	3500	1962-03-15
Schmitz	Peter	81343	3750	1958-04-12
Mertens	Julia	2297	3621.5	1959-12-30

Abbildung 4.29 Tabelle »personen« mit drei Datensätzen

[✔]

Eine zweite Datenbank mit einer eigenen Tabelle soll erstellt werden. Die Datenbank soll Hardwareinformationen beinhalten und daher den Namen `hardware` haben. Die Tabelle soll Informationen zu Festplatten beinhalten und daher den Namen `fp` haben. Es soll insgesamt fünf Datensätze geben.

Das gewünschte Ergebnis wird nachfolgend in phpMyAdmin dargestellt. Zunächst der linke Frame.

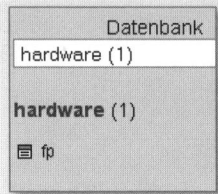

Abbildung 4.30   Ansicht linke Seite

Die Tabellenstrukturansicht für Übung P401:

Feld	Typ	Kollation	Attribute	Null
hersteller	varchar(25)	latin1_swedish_ci		Ja
typ	varchar(25)	latin1_swedish_ci		Ja
gb	int(11)			Ja
preis	double			Ja
artnummer	varchar(15)	latin1_swedish_ci		Nein
prod	date			Ja

Abbildung 4.31   Tabellenstruktur

Die Felder `hersteller`, `typ` und `artnummer` sind Zeichenketten. Das Feld `gb` gibt die Kapazität der Festplatte und das Feld `prod` das erste Produktionsdatum der betreffenden Festplatte an. Das Feld `artnummer` für die Artikelnummer soll eindeutig sein. Der Index soll wie folgt aussehen:

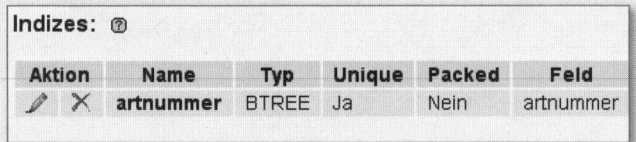

Indizes: ⑦

Aktion	Name	Typ	Unique	Packed	Feld
✎ ✕	**artnummer**	BTREE	Ja	Nein	artnummer

Abbildung 4.32   Index für die Tabelle »fp«

Die Datenansicht für Übung P401 sieht so aus:

hersteller	typ	gb	preis	artnummer	prod
Quantum	Fireball CX	40	112	HDA-208	2008-10-01
Quantum	Fireball Plus	80	128	HDA-163	2008-03-15
Fujitsu	MPE 3136	160	149	HDA-171	2008-09-01
Seagate	310232A	60	122	HDA-144	2008-11-15
IBM Corporation	DJNA 372200	240	230	HDA-140	2008-06-15

Abbildung 4.33   Daten der Tabelle »fp«

Beispiele für Datensatzauswahl

Die Beispiele zur `select`-Anweisung sollen ebenfalls mit Hilfe von phpMyAdmin gebildet werden. Über den Hyperlink *Suche* der Tabellenstrukturansicht gelangt man zu einem Eingabeformular. Nach Betätigung des Hyperlinks *Optionen* sieht man das vollständige Formular. Dieses wird zunächst allgemein beschrieben.

Unten links kann man auswählen, welche Felder man sehen möchte, zum Beispiel nur das Feld `personalnummer`.

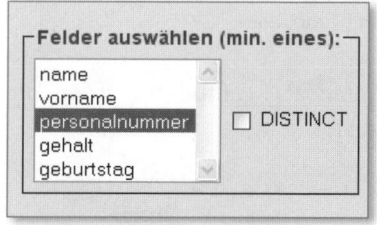

Abbildung 4.34   Feldauswahl

Im oberen Teil stehen die Eingabefelder, mit deren Hilfe eine Suchbedingung formuliert werden kann.

Feld	Typ	Kollation	Operator		Wert
name	varchar(30)	latin1_swedish_ci	LIKE	⌄	
vorname	varchar(25)	latin1_swedish_ci	LIKE	⌄	
personalnummer	int(11)		=	⌄	
gehalt	double		=	⌄	
geburtstag	date		=	⌄	

Suche über Beispielwerte ("query by example") (Platzhalter: "%")

Abbildung 4.35   Eingabefelder für Suchbedingung

Unten rechts wird ausgewählt, nach welchem Feld sortiert wird und wie die Ausgabe sortiert sein soll, zum Beispiel nach name aufsteigend.

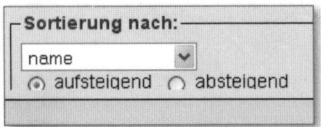

Abbildung 4.36 Sortierung

Beispiel 1

Felder auswählen   Es sollen nur die Inhalte der Felder name und vorname ausgewählt werden. Dazu werden unten links nur diese beiden Felder ausgewählt, die restlichen Teile werden nicht bearbeitet.

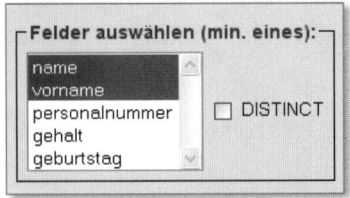

Abbildung 4.37 Auswahl der Felder »name« und »vorname«

Es erscheint die Information, dass drei Datensätze gefunden wurden, die der Auswahl genügen. Außerdem sieht man die intern verwendete SQL-Anweisung:

```
select <feldname1>, <feldname2> ... from <tabellenname>
```

Das Ergebnis der Abfrage erscheint im unteren Teil der Anzeige.

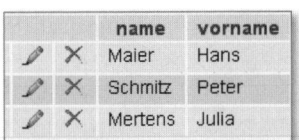

Abbildung 4.38 Ergebnis der Auswahl

Beispiel 2

Es sollen nur diejenigen Datensätze ausgewählt werden, bei denen das Gehalt genau 3000 € beträgt. Zunächst die Felder:

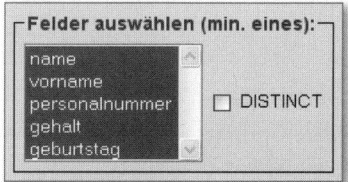

Abbildung 4.39 Auswahl aller Felder

Anschließend die Suchkondition:

Feld	Typ	Kollation	Operator	
name	varchar(30)	latin1_swedish_ci	LIKE ⌄	
vorname	varchar(25)	latin1_swedish_ci	LIKE ⌄	
personalnummer	int(11)		= ⌄	
gehalt	double		= ⌄	3000
geburtstag	date		= ⌄	

Abbildung 4.40 Suchbedingung

Es erscheint die Information, dass kein Datensatz gefunden wurde, der der Auswahl genügt. Es gibt also kein Abfrageergebnis. Nur die intern verwendete SQL-Anweisung wird dargestellt:

select ... from ... where

```
select <alle_feldnamen> from <tabellenname>
   where gehalt = 3000
```

Falls alle Felder ausgewählt werden, wird der Stern (*) eingetragen.

Beispiel 3

Es sollen nur diejenigen Datensätze ausgewählt werden, bei denen der Name »Schmitz« lautet. Es werden wieder alle Felder ausgewählt. Die Suchbedingung:

Feld	Typ	Kollation	Operator	
name	varchar(30)	latin1_swedish_ci	LIKE ⌄	Schmitz
vorname	varchar(25)	latin1_swedish_ci	LIKE ⌄	
personalnummer	int(11)		= ⌄	
gehalt	double		= ⌄	
geburtstag	date		= ⌄	

Abbildung 4.41 Suchbedingung

Die intern verwendete SQL-Anweisung lautet:

```
select <alle_feldnamen> from <tabellenname>
    where name like 'Schmitz'
```

Da es sich um ein Feld mit einer Zeichenkette handelt, ist auf die einfachen Hochkommata beim Wert des Feldes zu achten. Zum Vergleichsoperator like siehe auch Abschnitt 4.1.16. Das Ergebnis ist ein einzelner Datensatz.

name	vorname	personalnummer	gehalt	geburtstag
Schmitz	Peter	81343	3750	1958-04-12

Abbildung 4.42 Ergebnis der Auswahl

Beachten Sie in Ihrem phpMyAdmin die Einrahmung des Feldes name, auf das sich die Suchbedingung bezogen hat (in Abbildung 4.42 aus drucktechnischen Gründen leider nicht erkennbar).

4.1.15 Vergleichsoperatoren, logische Operatoren

Vergleichs-operatoren Bei der Auswahl durch where innerhalb der select-Anweisung (und später auch in anderen Anweisungen) können, ähnlich wie bei der Programmierung mit PHP, Vergleichsoperatoren angewendet werden, siehe Tabelle 4.3.

Operator	Bedeutung
=	gleich
<>	ungleich
>	größer als
>=	größer als oder gleich
<	kleiner als
<=	kleiner als oder gleich

Tabelle 4.3 Vergleichsoperatoren in SQL

Logische Operatoren Es können auch mehrere Auswahlbedingungen logisch miteinander verknüpft werden, und zwar mit Hilfe der folgenden logischen Operatoren, siehe Tabelle 4.4.

Operator	Bedeutung
not	Der Wahrheitswert einer Bedingung wird umgekehrt.
and	Alle Bedingungen müssen zutreffen.
or	Mindestens eine der Bedingungen muss zutreffen.

Tabelle 4.4 Logische Operatoren in SQL

Es folgt ein Beispiel für die Anwendung von Vergleichsoperatoren und logischen Operatoren. Die nachfolgende Auswahl ergibt alle Datensätze, bei denen im Feld `gehalt` ein Wert zwischen `3000` und `3500` steht:

```
select * from personen where gehalt >= 3000 and
    gehalt <= 3500
```

Der Eintrag dieser SQL-Anweisung im Formular *SQL* sieht so aus:

Abbildung 4.43 Eintrag der SQL-Anweisung

4.1.16 Vergleichsoperator »like«

Der Operator `like` ist sehr nützlich beim Suchen nach Zeichenketten oder Teilen von Zeichenketten. Dabei können auch Platzhalter (Wildcards) eingesetzt werden. Ein `%` (Prozentzeichen) steht für eine beliebige Anzahl unbekannter Zeichen, und ein `_` (Unterstrich) steht für genau ein unbekanntes Zeichen. Die untersuchte Zeichenkette muss dabei weiterhin in einfache Hochkommata gesetzt werden.

like % _

Es folgen einige Beispiele mit Auswahlen aus der Tabelle `fp` in der Datenbank `hardware` (siehe Übungsaufgabe P401).

Beispiel 1

Es sollen alle Felder und alle Datensätze der Tabelle angezeigt werden, deren Eintrag im Feld `typ` mit `f` oder `F` beginnt. Im Formular *Suche* wird Folgendes eingetragen:

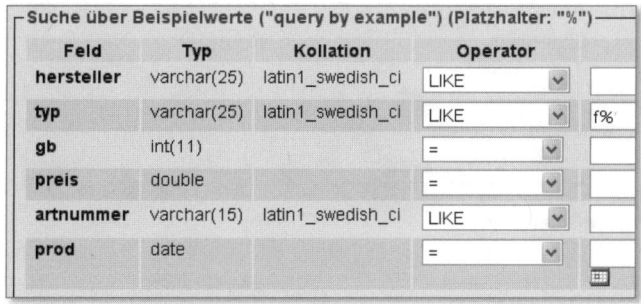

Abbildung 4.44 Suchbedingung

Alternativ kann im Formular *SQL* die folgende Anweisung eingetragen werden:

```
select * from fp where typ like 'f%'
```

Das Ergebnis ist in beiden Fällen:

hersteller	typ	gb	preis	artnummer	prod
Quantum	Fireball CX	40	112	HDA-208	2008-10-01
Quantum	Fireball Plus	80	128	HDA-163	2008-03-15

Abbildung 4.45 Ergebnis der Auswahl

Beispiel 2

Es sollen alle Felder und alle Datensätze der Tabelle angezeigt werden, deren Eintrag im Feld typ mit a oder A endet. Im Formular *Suche* wird Folgendes eingetragen:

Suche über Beispielwerte ("query by example") (Platzhalter: "%")				
Feld	**Typ**	**Kollation**	**Operator**	
hersteller	varchar(25)	latin1_swedish_ci	LIKE ▾	
typ	varchar(25)	latin1_swedish_ci	LIKE ▾	%a
gb	int(11)		= ▾	
preis	double		= ▾	
artnummer	varchar(15)	latin1_swedish_ci	LIKE ▾	
prod	date		= ▾	

Abbildung 4.46 Suchbedingung

Die SQL-Anweisung hierzu:

```
select * from fp where typ like '%a'
```

Das Ergebnis:

hersteller	typ	gb	preis	artnummer	prod
Seagate	310232A	60	122	HDA-144	2008-11-15

Abbildung 4.47 Ergebnis der Auswahl

Beispiel 3

Es sollen alle Felder und alle Datensätze der Tabelle angezeigt werden, deren Eintrag im Feld typ ein a oder A an beliebiger Stelle beinhaltet.

Im Formular *Suche* wird Folgendes eingetragen:

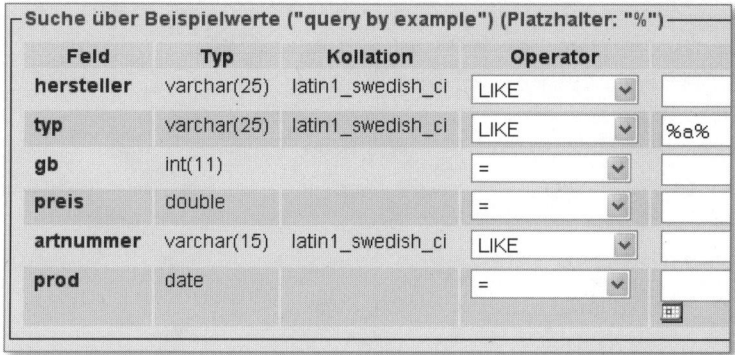

Feld	Typ	Kollation	Operator	
hersteller	varchar(25)	latin1_swedish_ci	LIKE	
typ	varchar(25)	latin1_swedish_ci	LIKE	%a%
gb	int(11)		=	
preis	double		=	
artnummer	varchar(15)	latin1_swedish_ci	LIKE	
prod	date		=	

Suche über Beispielwerte ("query by example") (Platzhalter: "%")

Abbildung 4.48 Suchbedingung

Die SQL-Anweisung hierzu:

```
select * from fp where typ like '%a%'
```

Das Ergebnis:

hersteller	typ	gb	preis	artnummer	prod
Quantum	Fireball CX	40	112	HDA-208	2008-10-01
Quantum	Fireball Plus	80	128	HDA-163	2008-03-15
Seagate	310232A	60	122	HDA-144	2008-11-15
IBM Corporation	DJNA 372200	240	230	HDA-140	2008-06-15

Abbildung 4.49 Ergebnis der Auswahl

Beispiel 4

Es sollen alle Felder und alle Datensätze der Tabelle angezeigt werden, deren Eintrag im Feld typ mit D[beliebiges Zeichen]NA beginnt. Dies gilt, wie bisher, unabhängig von Groß- und Kleinschreibung. Angezeigt werden also zum Beispiel DJNA..., DTNA..., aber nicht DTTA...

Im Formular *Suche* wird Folgendes eingetragen:

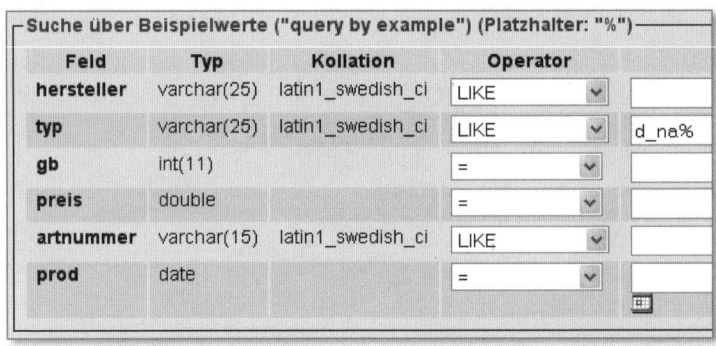

Abbildung 4.50 Suchbedingung

Die SQL-Anweisung hierzu:

```
select * from fp where typ like 'd_na%'
```

Das Ergebnis:

hersteller	typ	gb	preis	artnummer	prod
IBM Corporation	DJNA 372200	240	230	HDA-140	2008-06-15

Abbildung 4.51 Ergebnis der Auswahl

4.1.17 Sortierung

Sortierung   Zusätzlich lässt sich die Reihenfolge der Ausgabe mit Hilfe von order by beeinflussen. Die folgende SQL-Anweisung sortiert die Ausgabe der Datensätze der Tabelle personen nach dem Gehalt, beginnend mit dem höchsten Gehalt:

select ... order by   `select * from personen order by gehalt desc;`

asc, desc   Der Zusatz desc steht für descending (= absteigend). Im Normalfall wird aufsteigend sortiert, der Zusatz asc für ascending (= aufsteigend) muss deshalb nicht gesondert angegeben werden.

Im Formular *Suche* werden für das oben angegebene Beispiel nur das Sortierfeld und die absteigende Sortierung ausgewählt.

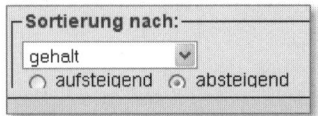

Abbildung 4.52 Einstellung der Sortierung

Das Ergebnis:

name	vorname	personalnummer	gehalt	geburtstag
Schmitz	Peter	81343	3750	1958-04-12
Mertens	Julia	2297	3621.5	1959-12-30
Maier	Hans	6714	3500	1962-03-15

Abbildung 4.53 Ergebnis der Sortierung

Hinweis [«]

Ein Klick auf einen der Feldnamen erzeugt ebenfalls eine einfache Sortierung, wechselweise aufsteigend oder absteigend. Beachten Sie bitte das rote Dreieck neben dem Feldnamen, das Ihnen die Sortierrichtung anzeigt.

Übung P402 [⫮]

Führen Sie zu der Hardware-Datenbank, die mit der vorherigen Übung erzeugt wurde, verschiedene Abfragen durch. Es sollen alle Festplatten angezeigt werden, welche die folgenden Kriterien erfüllen:

▸ Hersteller ist Quantum, mit allen Angaben

▸ Kapazität mehr als 100 GB, nur mit den Angaben Hersteller, Typ, GB

▸ Preis unter 140 €, nur mit den Angaben Hersteller, Preis, Artikelnummer, nach Preis aufsteigend sortiert

▸ Kapazität mehr als 100 GB, Preis unter 180 €, mit allen Angaben, nach GB absteigend sortiert

▸ Typbezeichnung beginnt mit »Fire«, mit allen Angaben

▸ in der Typbezeichnung kommt »CX« vor, mit allen Angaben

▸ wurde nach dem 01.07.08 erstmalig produziert, mit allen Angaben

▸ wurde im ersten Halbjahr 2008 erstmalig produziert, mit allen Angaben

Die Lösung finden Sie auf der CD in der Datei *p402_sqlcode.txt*.

4.1.18 Datensätze ändern

Die SQL-Anweisung `update` dient zur Änderung eines oder mehrerer Feldinhalte in einem oder mehreren Datensätzen. Sie ähnelt im Aufbau der `select`-Anweisung. Sie sollten unbedingt darauf achten, die Auswahlkriterien sorgfältig auszuwählen, da ansonsten eventuell nicht nur die gewünschten Datensätze verändert werden.

Datensätze ändern

Einzelne Datensätze können in phpMyAdmin ähnlich wie Tabelleneigenschaften geändert werden. In der Datenansicht (hier die Tabelle `fp` in der

Datenbank `hardware`) findet sich links neben dem Datensatz der Hyperlink mit dem Symbol zum Ändern. Er führt zu folgendem Formular:

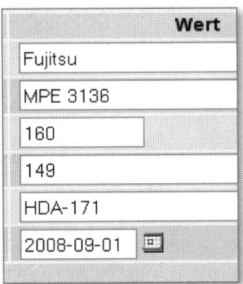

Abbildung 4.54 Ändern eines Datensatzes

update ...... set   Nach Änderung des Preises auf 140 und nach dem Absenden des Formulars erscheint die intern verwendete SQL-Anweisung:

```
update <tabellenname> set <feldname> = <wert>
    where <indizierter_feldname> = <eindeutiger_wert>
```

Da für das Feld `artnummer` ein eindeutiger Index definiert wurde, wird dieses Feld zur Identifikation des zu ändernden Datensatzes verwendet. Ohne den `where`-Zusatz hätte die Anweisung `update` (ähnlich wie die Anweisung `select`) die gesamte Tabelle betroffen. Bei allen Datensätzen wäre der Preis auf 140 gesetzt worden.

Es folgen einige Beispiele für Datensatzänderungen.

Beispiel 1

Es soll eine absolute Änderung an einer Gruppe von Datensätzen durchgeführt werden. Bei allen Datensätzen, deren Eintrag im Feld `hersteller` 'IBM Corporation' lautet, wird der Preis auf den Wert 150 gesetzt. Die SQL-Anweisung lautet:

```
update fp set preis = 150
        where hersteller = 'IBM Corporation'
```

Nach der Eingabe im Formular *SQL* erscheint die Information, dass in diesem Falle nur ein Datensatz von der Aktion betroffen war, da nur eine Festplatte der Firma IBM Corporation in der Tabelle vorhanden ist.

Die Datenansicht zeigt, dass die Änderung durchgeführt wurde:

hersteller	typ	gb	preis	artnummer
Quantum	Fireball CX	40	112	HDA-208
Quantum	Fireball Plus	80	128	HDA-163
Fujitsu	MPE 3136	160	140	HDA-171
Seagate	310232A	60	122	HDA-144
IBM Corporation	DJNA 372200	240	150	HDA-140

Abbildung 4.55 Ergebnis der Änderung

Beispiel 2

Es soll eine relative Änderung an einer Gruppe von Datensätzen durchgeführt werden. Bei allen Datensätzen, deren Eintrag im Feld hersteller 'Quantum' lautet, soll der Preis um zehn Prozent erhöht werden. Die SQL-Anweisung lautet:

```
update fp set preis = preis * 1.1
    where hersteller = 'Quantum'
```

Nach der Eingabe im Formular *SQL* erscheint die Information, dass zwei Datensätze von der Aktion betroffen waren.

Die aktualisierte Datenansicht mit den Änderungen:

hersteller	typ	gb	preis
Quantum	Fireball CX	40	123.2
Quantum	Fireball Plus	80	140.8
Fujitsu	MPE 3136	160	140
Seagate	310232A	60	122
IBM Corporation	DJNA 372200	240	150

Abbildung 4.56 Ergebnis nach relativer Änderung

Beispiel 3

Es sollen mehrere Änderungen gleichzeitig durchgeführt werden. Bei allen Datensätzen, deren Eintrag im Feld hersteller 'IBM Corporation' lautet, soll der Preis um zehn Prozent heruntergesetzt und der Herstellername auf IBM Corp. geändert werden. Die SQL-Anweisung lautet:

```
update fp set hersteller = 'IBM Corp.',
    preis = preis * 0.9
    where hersteller = 'IBM Corporation'
```

Nach der Eingabe erscheint die Information, dass ein Datensatz von der Aktion betroffen war.

Die aktualisierte Datenansicht mit den Änderungen:

hersteller	typ	gb	preis
Quantum	Fireball CX	40	123.2
Quantum	Fireball Plus	80	140.8
Fujitsu	MPE 3136	160	140
Seagate	310232A	60	122
IBM Corp.	DJNA 372200	240	135

Abbildung 4.57 Ergebnis nach mehrfacher Änderung

4.1.19 Datensätze löschen

Datensätze
löschen

Die SQL-Anweisung `delete` dient zum Löschen eines oder mehrerer Datensätze. Sie ähnelt vom Aufbau her der `select`-Anweisung und sollte sehr umsichtig eingesetzt werden, da andernfalls eventuell nicht nur die gewünschten Datensätze gelöscht werden.

Es wird ein zusätzlicher Datensatz mit den Daten »Western Digital«, »WD-102AA«, 300, 320, »HDA-178« und »2008-12-03« eingefügt:

hersteller	typ	gb	preis	artnummer	prod
Quantum	Fireball CX	40	123.2	HDA-208	2008-10-01
Quantum	Fireball Plus	80	140.8	HDA-163	2008-03-15
Fujitsu	MPE 3136	160	140	HDA-171	2008-09-01
Seagate	310232A	60	122	HDA-144	2008-11-15
IBM Corp.	DJNA 372200	240	135	HDA-140	2008-06-15
Western Digital	WD-102AA	300	320	HDA-178	2008-12-03

Abbildung 4.58 Tabelle nach dem Hinzufügen

Datensätze können über den Hyperlink mit dem Symbol zum Löschen links neben dem Datensatz gelöscht werden. Es erscheint eine Rückfrage:

Abbildung 4.59 SQL-Befehl zum Löschen eines Datensatzes

delete from ...
where

Dieser Datensatz wird eindeutig über die Artikelnummer identifiziert. Die intern verwendete SQL-Anweisung lautet:

```
delete from fp where artnummer = 'HDA-178'
```

Da für das Feld `artnummer` ein eindeutiger Index definiert wurde, wird dieses Feld zur Identifikation des zu löschenden Datensatzes verwendet. Ohne den `where`-Zusatz hätte die Anweisung `delete` (ähnlich wie die Anweisungen `select` und `update`) die gesamte Tabelle betroffen; alle Datensätze wären dann gelöscht worden.

Übung P403   [🖉]

Führen Sie in der Hardware-Datenbank folgende Änderungen beziehungsweise Löschungen durch:

▶ Alle Festplatten des Herstellers Seagate sollen um 25 Euro teurer werden.

▶ Der Hersteller Fujitsu hat seine Festplatte MPE 3136 durch die Festplatte
   MPE 3139 ersetzt, die eine Kapazität von 140 GB hat. Führen Sie die not-
   wendige Änderung durch.

▶ Alle Festplatten des Herstellers Quantum sollen um acht Prozent teurer
   werden.

▶ Der Hersteller IBM hat seine Produktion eingestellt. Entfernen Sie die
   betreffenden Festplatten aus Ihrem Angebot.

Die Lösung finden Sie auf der CD in der Datei *p403_sqlcode.txt*.

4.1.20 Verwendete SQL-Anweisungen

Im vorliegenden Abschnitt wird eine Reihe von SQL-Anweisungen für MySQL-Datenbanken eingesetzt. Zur besseren Übersicht schließt sich Tabelle 4.5 mit den verwendeten Anweisungen und einer kurzen Erläuterung derselben an. Weitergehende Ausführungen finden Sie im MySQL-Manual.

Funktionsname	Erläuterung
alter table	ändert die Struktur einer Tabelle
create table	erzeugt eine Tabelle
delete	löscht einen Datensatz
drop database	löscht eine Datenbank
drop table	löscht eine Tabelle
insert	legt einen neuen Datensatz an
optimize table	optimiert eine Tabelle (Freigabe von nicht mehr genutztem Speicherplatz)
select	wählt Datensätze aus
update	ändert Datensätze

Tabelle 4.5 SQL-Anweisungen

4.2   PHP und MySQL

Dynamische
Schnittstelle

In diesem Abschnitt erfahren Sie, wie die dynamische Schnittstelle zwischen dem Betrachter einer Internetseite und den Inhalten einer MySQL-Datenbank erzeugt wird.

4.2.1   Verbindung aufnehmen, Datensätze anzeigen

Dem Benutzer kann mit Hilfe von PHP-Programmen eine komfortable Schnittstelle zum Erzeugen, Anzeigen, Ändern und Löschen von Datensätzen aus einer MySQL-Datenbank zur Verfügung gestellt werden. Die Datenbank und der Strukturentwurf werden vorher vom Entwickler mit phpMyAdmin erzeugt.

Zunächst ein Programm zur Anzeige aller Datensätze aus der Datenbank firma, Tabelle personen:

```
<html>
<body>
<?php
    /* Verbindung aufnehmen */
    mysql_connect("","root");

    /* Datenbank auswählen */
    mysql_select_db("firma");

    /* SQL-Abfrage ausführen */
    $res = mysql_query("select * from personen");

    /* Anzahl Datensätze ermitteln und ausgeben */
    $num = mysql_num_rows($res);
    echo "$num Datensätze gefunden<br />";

    /* Datensätze aus Ergebnis ermitteln, */
    /* in Array speichern und ausgeben     */
    while ($dsatz = mysql_fetch_assoc($res))
    {
        echo $dsatz["name"] . ", "
            . $dsatz["vorname"] . ", "
            . $dsatz["personalnummer"] . ", "
            . $dsatz["gehalt"] . ", "
            . $dsatz["geburtstag"] . "<br />";
    }
?>
```

```
</body>
</html>
```

Listing 4.1 Datei p401.php

Programm und Erläuterung erscheinen zunächst etwas umfangreich. Sie
werden allerdings feststellen, dass die meisten Programmschritte typisch
für Datenbankprogramme sind. Sie kommen in vielen PHP-Programmen,
die auf Datenbanken zugreifen, vor.

[«]

> **Hinweis**
>
> Sollte Ihnen die Originaldatenbank inkl. Tabelle nicht zur Verfügung stehen,
> so können Sie zur Erzeugung auch einfach das PHP-Programm *k4/
> create_firma.php* nutzen.

Abbildung 4.60 zeigt die Ausgabe des Programms *p401.php*.

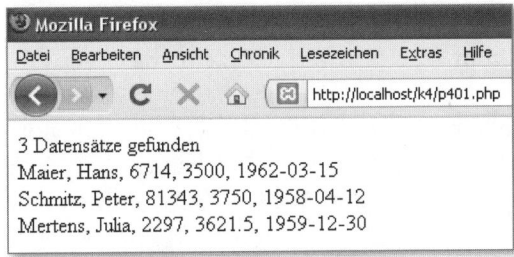

Abbildung 4.60 Ausgabe aller Datensätze

Erläuterung des Programms:

▶ Die Funktion `mysql_connect()` öffnet eine Verbindung zum MySQL-
Datenbankserver. In den Klammern können bis zu drei Parameter stehen: `Hostname`, `Benutzername` und `Kennwort`. In diesem Abschnitt soll
der Einfachheit halber die Standard-Einstellung von XAMPP nicht
geändert werden. Der Hostname ist `localhost` (wie der Webserver),
der Standardbenutzer ist `root` – ohne Kennwort.

`mysql_connect()`

▶ Die Funktion `mysql_select_db()` wählt die Datenbank aus, mit der
gearbeitet werden soll.

`mysql_select_db()`

▶ Die Funktion `mysql_query()` führt eine Abfrage mit der SQL-Anweisung `select` in der aktuellen Datenbank aus. Die Abfrage soll alle
Datensätze der betroffenen Tabelle liefern. Der Aufbau der Abfrage
entspricht der betreffenden SQL-Anweisung, allerdings sollte kein
Semikolon ans Ende gesetzt werden.

`mysql_query()`

Ergebniskennung ▸ Falls die Abfrage erfolgreich war, liefert die Funktion eine Ergebniskennung zurück (hier in der Variablen $res). Die Ergebniskennung wird anschließend benötigt, um die einzelnen Komponenten des Ergebnisses zu ermitteln. Sollten mehrere Abfragen erfolgen, so sollte für jedes Ergebnis eine eigene Variable zur Speicherung der Ergebniskennung verwendet werden.

mysql_num_ rows() ▸ Die Funktion `mysql_num_rows()` wird aufgerufen, wenn die Anzahl der Datensätze, die ermittelt wurden, ausgegeben werden soll. Als Parameter wird die Ergebniskennung ($res) übergeben, deren Datensatzanzahl man ermitteln möchte.

mysql_fetch_ assoc() ▸ Die Funktion `mysql_fetch_assoc()` wird verwendet, um einen Datensatz des Ergebnisses zu ermitteln und in einem assoziativen Feld (hier $dsatz) zu speichern. Dabei stellt der Datenbank-Feldname den Schlüssel des Feldes dar. Die Funktion führt dazu, dass ein sogenannter Datensatzzeiger auf den nächsten Datensatz des Ergebnisses gesetzt wird.

▸ Die Zuweisung des Feldes an $dsatz wird gleichzeitig dazu verwendet, eine `while`-Schleife zu steuern. Die Schleife dient dazu, alle Datensätze des Ergebnisses auszugeben. Falls das Ergebnis aus mindestens einem Datensatz besteht, ist die Zuweisung $dsatz = `mysql_fetch_assoc` ($res) ein wahrer Ausdruck. Daher wird die `while`-Schleife durchlaufen.

▸ Beachten Sie: Es handelt sich nicht um einen Vergleich, sondern um eine Zuweisung! Es werden also zwei Anweisungen in einem ausgeführt: zuerst die Zuweisung des Feldes, anschließend die `while`-Anweisung.

Datensatzzeiger ▸ Der Datensatzzeiger wird durch den wiederholten Funktionsaufruf irgendwann am Ende anlangen. Die Funktion liefert dann keinen weiteren Datensatz mehr. Damit wird die Zuweisung $dsatz = `mysql_fetch_assoc($res)` ein unwahrer Ausdruck und die `while`-Schleife beendet.

▸ Innerhalb der Schleife wird jeweils der Inhalt eines Elements des Feldes $dsatz ermittelt und ausgegeben. Die Namen der Schlüssel müssen denen der Datenbank-Feldnamen entsprechen.

Verbindung schließen ▸ Die Verbindung zur Datenbank wird nach Ablauf des PHP-Programms automatisch unterbrochen.

Im weiteren Verlauf des Abschnitts werden noch Möglichkeiten zur übersichtlicheren Ausgabe der Daten erläutert, wie zum Beispiel die Ausgabe in Form einer HTML-Tabelle.

4.2.2 Datensätze auswählen

In einem PHP-Programm können alle Möglichkeiten zur weiteren Auswahl von Datensätzen durch SQL-Anweisungen angewendet werden. Die Einschränkung mit where, Vergleichsoperatoren, logische Operatoren, der like-Operator, Sortierungen mit order by usw. führen zu den bereits bekannten Ergebnissen.

Daten auswählen

Beispiel 1

Ein Beispiel mit ausgewählten Feldern, where-Klausel, Vergleichsoperator, logischem Operator und sortierter Ausgabe:

```
<html>
<body>
<?php
   mysql_connect("","root");
   mysql_select_db("firma");

   $sqlab  = "select name, gehalt from personen";
   $sqlab .= " where gehalt >= 3000 and gehalt <= 3700";
   $sqlab .= " order by gehalt desc";

   $res = mysql_query($sqlab);
   $num = mysql_num_rows($res);
   echo "$num Datensätze gefunden<br />";

   while ($dsatz = mysql_fetch_assoc($res))
   {
      echo $dsatz["name"] . ", "
         . $dsatz["gehalt"] . "<br />";
   }
?>
</body>
</html>
```

Listing 4.2 Datei p402.php

Die Ausgabe des Programms sieht so aus:

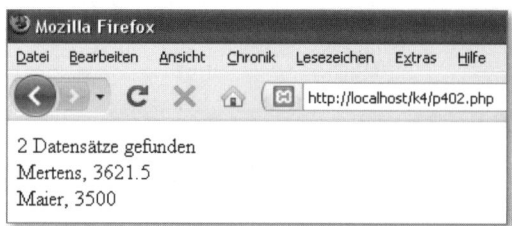

Abbildung 4.61 Auswahl einzelner Felder und Datensätze

Es werden alle Personen angezeigt, deren Gehalt zwischen 3.000 € und 3.700 € liegt, sortiert nach absteigendem Gehalt. Die Abfrage besteht aus einer längeren SQL-Anweisung. Aus Gründen der Übersichtlichkeit wurde sie in mehreren Schritten in einer PHP-Variablen ($sqlab) gespeichert. Dabei ist besonders auf die Leerzeichen zwischen den einzelnen Angaben zu achten (hier vor `where` und vor `order by`).

[»]

SQL-Anweisung
speichern

> **Hinweis**
>
> Ein weiterer Vorteil der Speicherung der SQL-Anweisung in einer Zeichen-kette besteht darin, diese Zeichenkette zunächst zu Kontrollzwecken auf dem Bildschirm ausgeben zu können (`echo $sqlab;`), bevor man sie später ausführen lässt.
>
> SQL-Anweisungen können aufgrund ihrer Länge und der beinhalteten Son-derzeichen, vor allem im Zusammenhang mit dem Einbau von PHP-Variab-len oder PHP-Feldelementen, schnell unübersichtlich werden. Sie stellen sich daher häufig als die Quelle eines länger gesuchten Fehlers heraus.

Die Funktion `mysql_query()` wird mit der Variablen `$sqlab` als Parame-ter aufgerufen:

```
$res = mysql_query($sqlab);
```

Innerhalb der Schleife werden nur noch die Inhalte der Felder `name` und `gehalt` aus dem Datensatz extrahiert. Die anderen Felder stehen über die Variable `$res` nicht zur Verfügung, da die SQL-Anweisung sie nicht bein-haltet.

Beispiel 2

Ein Beispiel mit dem `like`-Operator:

```
<html>
<body>
<?php
```

```
    mysql_connect("","root");
    mysql_select_db("firma");

    $sqlab  = "select name, vorname from personen";
    $sqlab .= " where name like 'M%' order by name";

    $res = mysql_query($sqlab);
    $num = mysql_num_rows($res);
    echo "$num Datensätze gefunden<br />";

    while ($dsatz = mysql_fetch_assoc($res))
    {
        echo $dsatz["name"] . ", "
            . $dsatz["vorname"] . "<br />";
    }
?>
</body>
</html>
```

Listing 4.3 Datei p403.php

Es werden alle Personen angezeigt, deren Name mit dem Buchstaben M beginnt. Dabei ist besonders auf die einfachen Hochkommata (bei `name like 'M%'`) zu achten, da es sich bei dem Namen um eine Zeichenkette handelt.

Die Ausgabe des Programms:

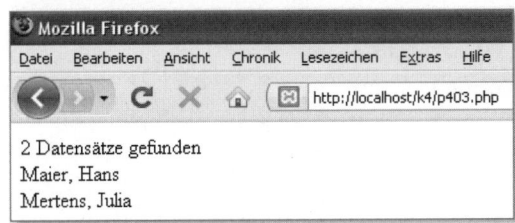

Abbildung 4.62 Auswahl mit »like« und Platzhalter

Übung P404   [📋]

Schreiben Sie ein PHP-Programm zur Anzeige aller Datensätze aus der Tabelle `fp` der Datenbank `hardware` (Datei *p404.php*).

Sollte Ihnen die Originaldatenbank inkl. Tabelle nicht zur Verfügung stehen, so können Sie zur Erzeugung auch das PHP-Programm *k4/create_hardware.php* nutzen.

Das Programm *p404.php* soll folgende Ausgabe haben, basierend auf den ursprünglichen Daten:

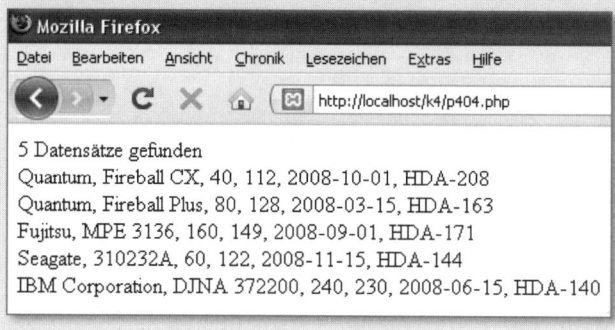

Abbildung 4.63 Ergebnis zu Übung P404

[⫽] **Übung P405**

Zeigen Sie mit einem PHP-Programm aus der oben angegebenen Tabelle nur noch bestimmte Datensätze (Datei *p405.php*) an. Es sollen alle Festplatten mit allen Angaben angezeigt werden, die eine Kapazität von mehr als 60 GB haben und weniger als 150 € kosten, und zwar nach Kapazität absteigend sortiert.

Das Programm soll folgende Ausgabe haben, basierend auf den ursprünglichen Daten:

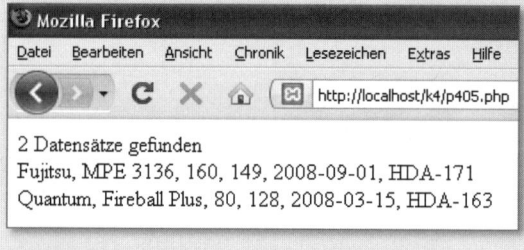

Abbildung 4.64 Ergebnis zu Übung P405

[⫽] **Übung P406**

Zeigen Sie mit einem PHP-Programm aus der oben angegebenen Tabelle nur noch bestimmte Informationen an (Datei *p406.php*). Es sollen alle Festplatten mit den Angaben zu Hersteller, Typ, Artikelnummer und erstem Produktionsdatum angezeigt werden, die im ersten Halbjahr 2008 erstmalig produziert wurden, und zwar sortiert nach Datum.

Das Programm soll folgende Ausgabe haben, basierend auf den ursprünglichen Daten:

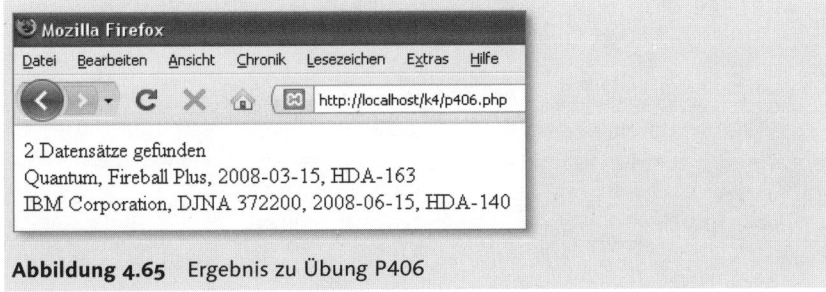

Abbildung 4.65 Ergebnis zu Übung P406

4.2.3 Ausgabe in eine HTML-Tabelle

Eine Ausgabe wird in Tabellenform wesentlich übersichtlicher. Dazu müssen nur die HTML-Markierungen zur Erzeugung einer Tabelle an geeigneter Stelle in das PHP-Programm integriert werden. Es folgt ein Beispiel zur Anzeige aller Datensätze aus der Datenbank firma, Tabelle personen, in Tabellenform mit Überschrift:

Tabellenausgabe

```php
<html>
<body>
<?php
    mysql_connect("","root");
    mysql_select_db("firma");

    $res = mysql_query("select * from personen");
    $num = mysql_num_rows($res);

    // Tabellenbeginn
    echo "<table border='1'>";

    // Überschrift
    echo "<tr> <td>Lfd. Nr.</td> <td>Name</td>";
    echo "<td>Vorname</td> <td>Personalnummer</td>";
    echo "<td>Gehalt</td> <td>Geburtstag</td> </tr>";

    $lf = 1;
    while ($dsatz = mysql_fetch_assoc($res))
    {
        echo "<tr>";
        echo "<td>$lf</td>";
        echo "<td>" . $dsatz["name"] . "</td>";
        echo "<td>" . $dsatz["vorname"] . "</td>";
        echo "<td>" . $dsatz["personalnummer"] . "</td>";
        echo "<td>" . $dsatz["gehalt"] . "</td>";
        echo "<td>" . $dsatz["geburtstag"] . "</td>";
```

```
        echo "</tr>";
        $lf = $lf + 1;
    }

    // Tabellenende
    echo "</table>";
?>
</body>
</html>
```

Listing 4.4 Datei p407.php

table, tr, td

Zunächst wird das Abfrageergebnis ermittelt. Es folgen der Tabellenbeginn (`<table border="1">`) und eine Zeile mit einer Überschrift (`<tr>` bis `</tr>`). Innerhalb der Schleife wird zusätzlich zu den Feldinhalten eine laufende Nummer ermittelt. Diese wird gemeinsam mit den Feldinhalten Zeile für Zeile ausgegeben. Die Tabelle wird nach der Schleife geschlossen (`</table>`).

Die Ausgabe sieht wie folgt aus:

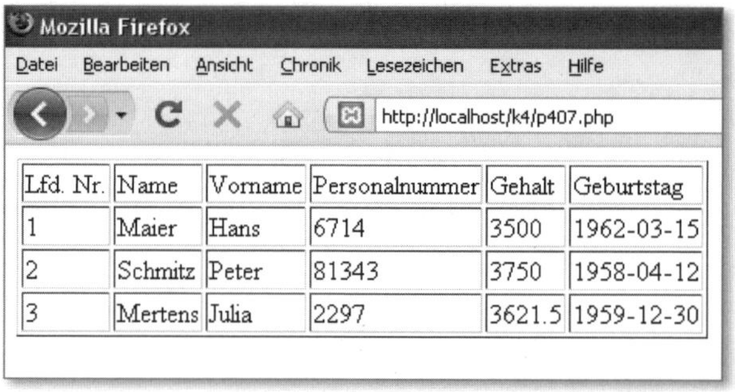
Mozilla Firefox
Datei Bearbeiten Ansicht Chronik Lesezeichen Extras Hilfe
http://localhost/k4/p407.php
Lfd. Nr. Name Vorname Personalnummer Gehalt Geburtstag
1 Maier Hans 6714 3500 1962-03-15
2 Schmitz Peter 81343 3750 1958-04-12
3 Mertens Julia 2297 3621.5 1959-12-30

Abbildung 4.66 Ausgabe in einer HTML-Tabelle

4.2.4 Auswahl von Daten über ein Suchformular

Suchformular

Ein Benutzer möchte natürlich nicht immer die gleichen Daten aus einer Datenbank sehen, sondern selbst eine Auswahl treffen. Dies wird ihm durch die Eingabe von Werten in Formulare ermöglicht.

Die nachfolgenden Schritte beschreiben eine typische Internetdatenbankanwendung:

- Der Benutzer gibt eine Anfrage (zum Beispiel eine Suchanfrage) ein, indem er Daten in ein Formular einträgt und diese Daten an den Webserver sendet.

▶ Beim Webserver werden die Daten von einem PHP-Programm ausgewertet und mit Hilfe einer SQL-Anweisung an den Datenbankserver
gesendet.

▶ Der Datenbankserver ermittelt eine Antwort zu der SQL-Anweisung
und sendet diese an den Webserver zurück.

▶ Das PHP-Programm verarbeitet die Antwort und sendet dem Benutzer
eine Antwort.

Für den Benutzer ist nicht sichtbar, welche Programme, Sprachen beziehungsweise Dienste im Hintergrund für ihn tätig sind. Er kann ohne
Kenntnisse des Formularaufbaus, des PHP-Programms und der Datenbank seine Anfrage stellen und das Ergebnis lesen.

Beispiel 1

Im folgenden Beispiel hat der Benutzer die Möglichkeit, zwei Zahlen einzugeben. Diese dienen bei einer Abfrage als Untergrenze beziehungsweise Obergrenze für das Feld gehalt. Der Anwender kann also bei jeder
Abfrage festlegen, welcher Gehaltsgruppe die angezeigten Personen
angehören sollen. Zunächst das Formular:

```
<html>
<body>
<p>Anzeige der Personen mit einem Gehalt zwischen:</p>
<form action = "p408.php" method = "post">
   <p><input name = "ug" /> Untergrenze</p>
   <p>und</p>
   <p><input name = "og" /> Obergrenze</p>
   <p><input type = "submit" />
   <input type = "reset" /></p>
</form>
</body>
</html>
```

Listing 4.5 Datei p408.htm

Innerhalb des Formulars werden die beiden Werte in den Eingabefeldern ug und og aufgenommen.

Das Eingabeformular sehen Sie in Abbildung 4.67.

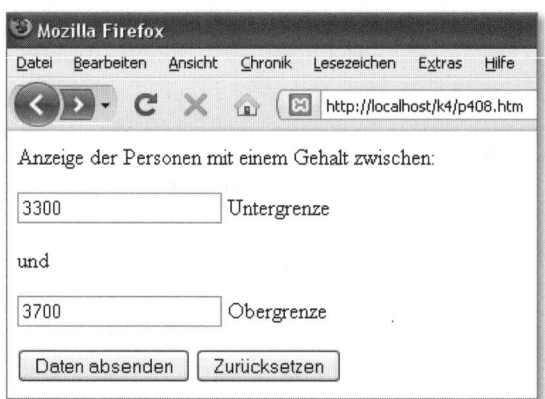

Abbildung 4.67 Eingabeformular für den Gehaltsbereich

Die Inhalte der beiden Eingabefelder stehen dem PHP-Programm nach dem Absenden zur Verfügung. Das Programm sieht folgendermaßen aus:

```
<html>
<body>
<?php
    mysql_connect("","root");
    mysql_select_db("firma");

    $sqlab = "select name, gehalt from personen";
    $sqlab .= " where gehalt >= " . $_POST["ug"]
            . " and gehalt <= " . $_POST["og"];
    $sqlab .= " order by gehalt";

    $res = mysql_query($sqlab);
    $num = mysql_num_rows($res);
    if ($num==0) echo "Keine passenden Datensätze gefunden";

    while ($dsatz = mysql_fetch_assoc($res))
    {
       echo $dsatz["name"] . ", "
          . $dsatz["gehalt"] . "<br />";
    }
?>
</body>
</html>
```

Listing 4.6 Datei p408.php

Innerhalb der SQL-Anweisung finden sich nach der `where`-Klausel die Feldelemente `$_POST["ug"]` und `$_POST["og"]`, um die ausgegebene Datenmenge einzuschränken. Die Feldelemente beinhalten die beiden Eingabewerte des Benutzers.

Die Ausgabe zum oben angegebenen Beispiel sieht so aus:

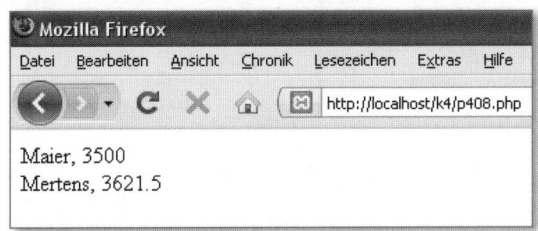

Abbildung 4.68   Ausgabe mit Beispieleingaben

Falls ein Bereich angegeben wurde, in dem sich kein Datensatz befindet, hat die Variable `$num` den Wert `0` und es wird die Meldung `Keine passenden Datensätze gefunden` ausgegeben. Dies empfiehlt sich statt eines leeren Ausgabebildschirms, um dem Benutzer zu zeigen, dass seine Anfrage bearbeitet wurde und korrekt war.

Beispiel 2

Bei der Abfrage von Zeichenkettenfeldern muss besonders auf die einfachen Hochkommata geachtet werden. Der Operator `like` und die Platzhalter `%` sowie `_` können in gewohnter Weise verwendet werden. Mit Hilfe des Formulars aus dem folgenden Beispiel kann der Benutzer nach allen Personen suchen, deren Namen mit den eingegebenen Anfangsbuchstaben beginnen. Hier zunächst das Formular:

like % _

```
<html>
<body>
<p>Anzeige der Personen mit folgendem Namensanfang:</p>
<form action = "p409.php" method = "post">
   <p><input name = "anfang" /></p>
   <p><input type = "submit" />
   <input type = "reset" /></p>
</form>
</body>
</html>
```

Listing 4.7   Datei p409.htm

Innerhalb des Formulars werden die Anfangsbuchstaben im Eingabefeld anf aufgenommen.

Das Eingabeformular ist in Abbildung 4.69 dargestellt.

Abbildung 4.69 Eingabe der Anfangsbuchstaben

Das PHP-Programm sieht wie folgt aus:

```
<html>
<body>
<?php
    mysql_connect("","root");
    mysql_select_db("firma");

    $sqlab = "select name, vorname from personen";
    $sqlab .= " where name like '" . $_POST["anfang"] . "%'";

    $res = mysql_query($sqlab);
    $num = mysql_num_rows($res);
    if ($num==0) echo "Keine passenden Datensätze gefunden";

    while ($dsatz = mysql_fetch_assoc($res))
    {
       echo $dsatz["name"] . ", "
           . $dsatz["vorname"] . "<br />";
    }
?>
</body>
</html>
```

Listing 4.8 Datei p409.php

Innerhalb der SQL-Anweisung wird das Feldelement $_POST["anfang"] durch den aktuellen Inhalt des Eingabefeldes ersetzt. Das Prozentzeichen steht für beliebig viele nachfolgende Buchstaben.

Es ist besonders auf die einfachen Hochkommata zu achten. Das öffnende einfache Hochkomma steht in der ersten Zeichenkette hinter dem Operator `like`, das schließende einfache Hochkomma steht in der zweiten Zeichenkette hinter dem Prozentzeichen.

Die Ausgabe für das oben angegebene Beispiel sieht so aus:

Abbildung 4.70 Ausgabe zur Beispieleingabe

Beispiel 3

Eine Abfrage kann dem Benutzer durch die Verwendung von weiteren Formularelementen (Radiobutton-Gruppen, Kontrollkästchen, Auswahlmenüs usw.) erleichtert werden. Diese Formularelemente wurden bereits vorgestellt.

Mit Hilfe des folgenden Beispiels können Personen aus bestimmten Gehaltsgruppen angezeigt werden. Jede der Gehaltsgruppen ist mit einem Radiobutton verknüpft. Zunächst das Formular:

```
<html>
<body>
<p>Anzeige der Personen aus der gewählten Gehaltsgruppe:</p>
<form action = "p410.php" method = "post">
   <p><input type="radio" name="geh" value="1"
      checked="checked" /> bis 3000 &euro; einschl.<br />
   <input type="radio" name="geh" value="2" />
    ab 3000 &euro; ausschl. bis 3500 &euro; einschl.<br />
   <input type="radio" name="geh" value="3" />
    ab 3500 &euro; ausschl. bis 5000 &euro; einschl.<br />
   <input type="radio" name="geh" value="4" />
    ab 5000 &euro; ausschl.</p>
   <p><input type="submit" />
   <input type="reset" /></p>
</form>
</body>
</html>
```

Listing 4.9 Datei p410.htm

Radiobuttons Die verwendeten Radiobuttons haben alle den gleichen Namen (geh), dadurch bilden sie eine Gruppe. Der vom Benutzer ausgewählte Button ist mit einem der Werte 1, 2, 3 oder 4 verbunden. Dieser Wert wird dem PHP-Programm beim Absenden übermittelt.

Das Formular mit Auswahl eines Bereichs sieht so aus:

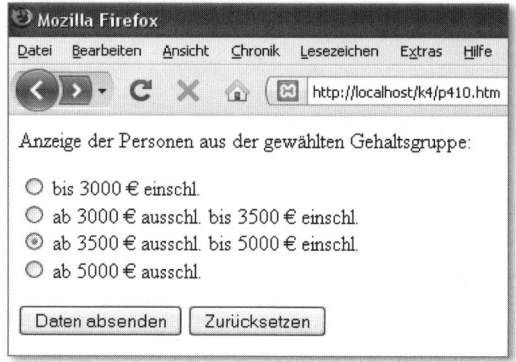

Abbildung 4.71 Eingabeformular mit Radiobuttons

Das PHP-Programm lautet:

```
<html>
<body>
<?php
    mysql_connect("","root");
    mysql_select_db("firma");
    $sqlab = "select name, gehalt from personen where ";

    switch($_POST["geh"])
    {
        case 1:
            $sqlab .= "gehalt <= 3000";
            break;
        case 2:
            $sqlab .= "gehalt > 3000 and gehalt <= 3500";
            break;
        case 3:
            $sqlab .= "gehalt > 3500 and gehalt <= 5000";
            break;
        case 4:
            $sqlab .= "gehalt > 5000";
    }

    $res = mysql_query($sqlab);
```

```
$num = mysql_num_rows($res);
if ($num==0) echo "Keine passenden Datensätze gefunden";

while ($dsatz = mysql_fetch_assoc($res))
{
    echo $dsatz["name"] . ", "
        . $dsatz["gehalt"] . "<br />";
}
?>
</body>
</html>
```

Listing 4.10 Datei p410.php

Das übermittelte Feldelement $_POST["geh"] wird mit Hilfe einer switch-case-Verzweigung untersucht. Je nach Wert des Feldelements wird eine von mehreren möglichen SQL-Anweisungen gebildet. Diese wird ausgeführt und liefert die gewünschten Daten.

switch, case

Die Ausgabe zur oben angegebenen Option:

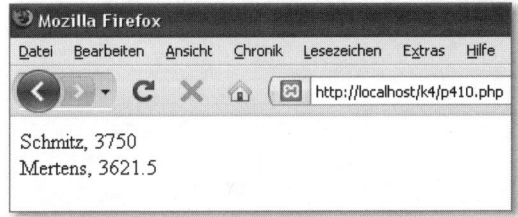

Abbildung 4.72 Ausgabe zur Beispieleingabe

Übung P411 [✐]

Zeigen Sie mit einem PHP-Programm aus der Tabelle fp der Datenbank hardware Festplatten aus bestimmten Preisgruppen an. Die Preisgruppen soll der Benutzer über Radiobuttons auswählen können (Dateien *p411.htm* und *p411.php*). Es gelten die folgenden Preisgruppen:

▶ bis 120 € einschließlich

▶ ab 120 € ausschließlich und bis 140 € einschließlich

▶ ab 140 € ausschließlich

Es sollen nur die Angaben zu Hersteller, Typ und Preis geliefert werden. Mit Hilfe eines Kontrollkästchens soll der Benutzer entscheiden können, ob er eine Sortierung der Ausgabe nach dem Preis wünscht.

Das Formular soll wie folgt aussehen:

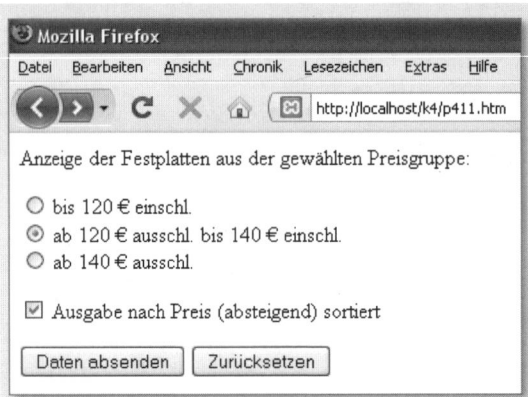

Abbildung 4.73   Formular zu Übung P411

Die Ausgabe zur oben angegebenen Beispieleingabe:

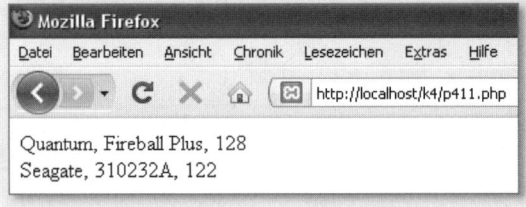

Abbildung 4.74   Ergebnis zu Übung P411

[⚡]   **Übung P412**

Zeigen Sie mit einem PHP-Programm aus der oben angegebenen Tabelle nur noch Festplatten eines Herstellers an (Dateien *p412.htm* und *p412.php*). Der Benutzer soll den gewünschten Hersteller (Fujitsu, Quantum oder Seagate) in einem Select-Menü auswählen. Die Daten sollen in Form einer HTML-Tabelle mit einer Überschrift angezeigt werden.

Das Formular soll wie folgt aussehen:

Abbildung 4.75   Formular zu Übung P412

Die Ausgabe zur Beispielauswahl:

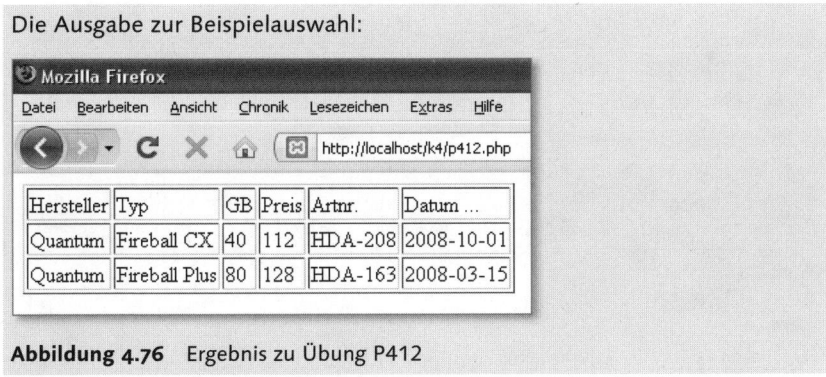

Abbildung 4.76 Ergebnis zu Übung P412

4.2.5 Datensätze erzeugen

Bestimmten Benutzern kann es gestattet werden, weitere Datensätze zu erzeugen. Die Berechtigung dazu kann über den Benutzernamen und das Kennwort beim Aufbau der Datenbankverbindung oder über eine zusätzliche Passworteingabe festgelegt werden.

Es soll der Einfachheit halber angenommen werden, dass jeder Benutzer Datensätze hinzufügen (und in den nachfolgenden Abschnitten auch ändern und löschen) kann. Es folgt ein Beispiel für eine Eingabeseite, die sich selbst aufruft (siehe auch Abschnitt 3.4.3). Das Formular und der PHP-Programmcode werden in einer Datei zusammengefasst:

Datensätze hinzufügen

```
<html>
<head>
<?php
   if (isset($_POST["gesendet"]))
   {
      mysql_connect("","root");
      mysql_select_db("firma");

      $sqlab = "insert personen"
         . "(name, vorname, personalnummer,"
         . " gehalt, geburtstag) values "
         . "('" . $_POST["na"] . "', "
         . "'" . $_POST["vn"] . "', "
         . $_POST["pn"] . ", "
         . $_POST["ge"] . ", "
         . "'" . $_POST["gt"] . "')";
```

```
        mysql_query($sqlab);

        $num = mysql_affected_rows();
        if ($num>0)
        {
            echo "<p><font color='#00aa00'>";
            echo "Es wurde 1 Datensatz hinzugefügt";
            echo "</font></p>";
        }
        else
        {
            echo "<p><font color='#ff0000'>";
            echo "Es ist ein Fehler aufgetreten, ";
            echo "es wurde kein Datensatz hinzugefügt";
            echo "</font></p>";
        }
    }
?>
</head>
<body>
<p>Geben Sie bitte einen vollständigen Datensatz ein<br />
und senden Sie das Formular ab:</p>
<form action = "p413.php" method = "post">
    <p><input name="na" /> Name</p>
    <p><input name="vn" /> Vorname</p>
    <p><input name="pn" />
        Personalnummer (eine ganze Zahl)</p>
    <p><input name="ge" /> Gehalt
        (Nachkommastellen mit Punkt)</p>
    <p><input name="gt" /> Geburtsdatum
        (in der Form JJJJ-MM-TT)</p>
    <p><input type="submit" name="gesendet" />
    <input type="reset" /></p>
</form>

<p>Alle Datensätze <a href="p407.php">anzeigen</a></p>
</body>
</html>
```

Listing 4.11 Datei p413.php

Innerhalb des Programms wird zunächst festgestellt, ob es sich um den ersten Aufruf handelt oder um eine weitere Eingabe. Dazu wird dem Absende-Button ein Name gegeben (hier: `gesendet`). Als Folge hiervon existiert ab dem zweiten Aufruf des Programms das Feldelement `$_POST["gesendet"]`. Mit der Abfrage `if(isset($_POST["gesendet"]))` wird zu Beginn festgestellt, ob das Feldelement existiert.

Beim ersten Aufruf der Datei trifft dies noch nicht zu. Daher wird der PHP-Teil der Datei nicht weiter ausgeführt. Bei einem späteren Aufruf der Datei existiert das Feldelement, daher wird der PHP-Teil der Datei weiter ausgeführt.

Die SQL-Anweisung `insert` dient zur Erzeugung von Datensätzen, sie wird (wie die `select`-Anweisung) mit Hilfe von `mysql_query()` gesendet. Die Angaben hinter `values` entsprechen den Namen der Formularelemente. Auf die Hochkommata für Zeichenketten oder Datumsangaben muss besonders geachtet werden.

insert ... into

Die Funktion `mysql_affected_rows()` kann bei Aktionsabfragen eingesetzt werden. Unter den Begriff Aktionsabfragen fallen alle Abfragen zum Erzeugen (wie hier), Ändern und Löschen von Datensätzen. Die Funktion ermittelt die Anzahl der von der Aktion betroffenen (engl. *affected*) Datensätze.

mysql_affected_
rows()

In diesem Falle muss lediglich geprüft werden, ob diese Anzahl größer als 0 war. Ist dies der Fall, so war die Aktion erfolgreich, und der Benutzer wird über den Erfolg informiert. Ein unvollständiger oder falsch eingetragener Datensatz führt dazu, dass er nicht hinzugefügt wird. Falls ein Datensatz mit einer Personalnummer eingegeben wird, die bereits vorhanden ist, führt dies ebenfalls zu einem Fehler. Im Fehlerfall wird der Benutzer hierüber informiert.

Innerhalb des Formulars sind fünf Eingabefelder für die Inhalte der fünf Datenbankfelder vorhanden. Ihre Namen werden im PHP-Programm verwendet. Nach dem Formular folgt ein Hyperlink auf das PHP-Programm, das zur Auflistung aller Datensätze führt. Auf diese Weise kann man sich bei Bedarf schnell über die eingetragenen Werte informieren.

Hier das Formular beim ersten Aufruf und mit einem zu speichernden Datensatz:

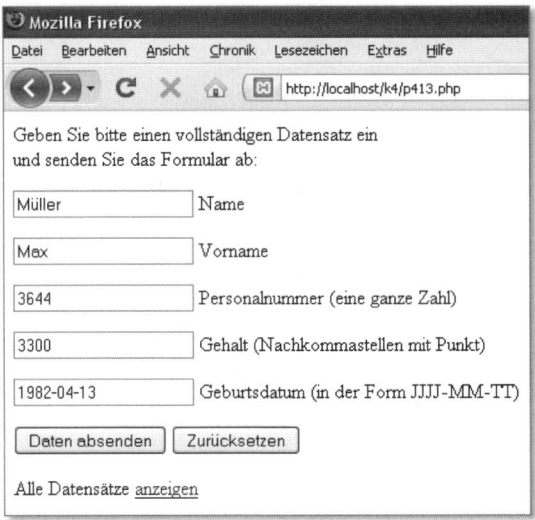

Abbildung 4.77 Erster Aufruf

Nach dem Absenden und erfolgreichen Eintragen sieht der obere Teil der Seite wie folgt aus:

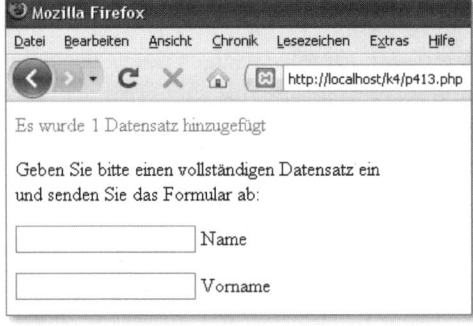

Abbildung 4.78 Nach dem Eintragen

[»] **Hinweis**

Während der Testphase möchten Sie deutlich sehen, wie sich der erste Aufruf und weitere Aufrufe voneinander unterscheiden. Ein Aktualisieren der Datei im Browser führt nicht zu einem neuen ersten Aufruf, sondern zur Wiederholung des letzten Aufrufs. Dabei wird versucht, den gleichen Datensatz noch einmal einzutragen!

Wechseln Sie daher zu einer anderen Seite und anschließend wieder zurück zur Seite *p413.php*, oder betätigen Sie hinter der URL in der Adresszeile des Browsers die Taste ⏎ . Dies erzeugt einen neuen ersten Aufruf.

Übung P414 [*⟋*]

Ermöglichen Sie mit einem PHP-Programm das Hinzufügen von Datensätzen zu der Tabelle `fp` der Datenbank `hardware` (Datei *p414.php*).

Das Formular soll wie folgt aussehen:

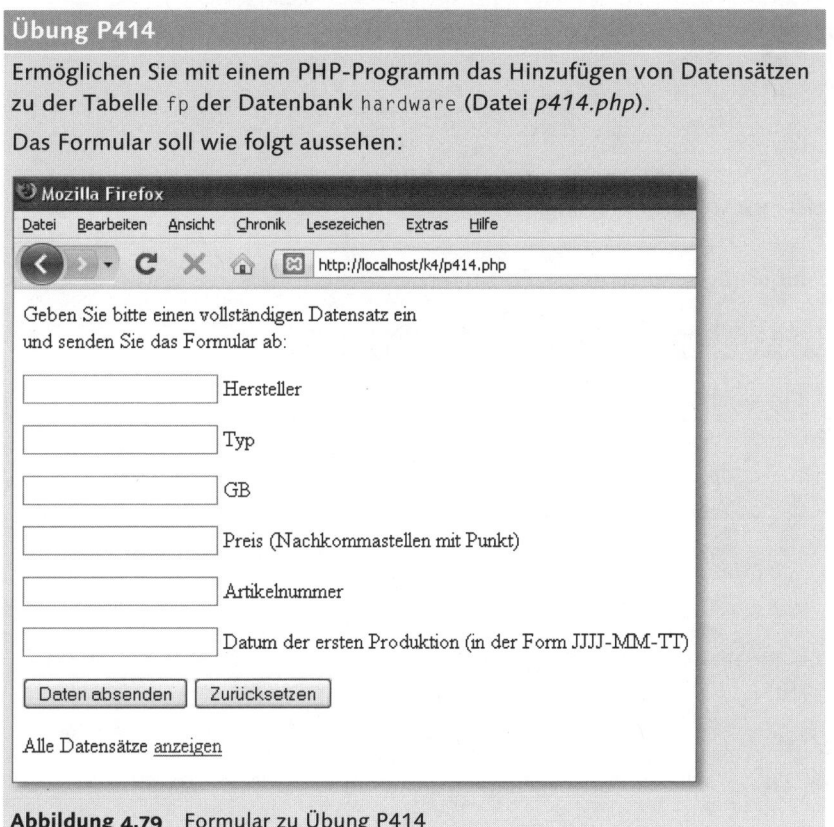

Abbildung 4.79 Formular zu Übung P414

4.2.6 Ändern mehrerer Datensätze

Beim Ändern von Datensätzen sollten Sie genau überlegen, welche Änderungen Sie bei welchen Datensätzen vornehmen wollen. Handelt es sich um eine Änderung bei genau einem Datensatz, der eventuell einen falschen Eintrag hat, oder soll eine Gruppe von Datensätzen durch eine Änderung aktualisiert werden? Beide Vorgänge sollen anhand von Beispielen gezeigt werden.

Datensätze ändern

Nehmen wir an, dass auf Grund eines günstigen Geschäftsverlaufs die Gehälter aller Mitarbeiter um fünf Prozent erhöht werden sollen. Die folgende HTML-Datei stellt zwei Möglichkeiten zur Verfügung:

▶ Die Erhöhung soll durchgeführt werden (Aufruf des PHP-Programms über einen Hyperlink).

▶ Alle Datensätze sollen zur Kontrolle angezeigt werden.

```html
<html>
<body>
<p>Alle Gehälter um 5% <a href="p415.php">erhöhen</a></p>
<p>Alle Datensätze <a href="p407.php">anzeigen</a></p>
</body>
</html>
```

Listing 4.12 Datei p415.htm

Abbildung 4.80 zeigt das Formular.

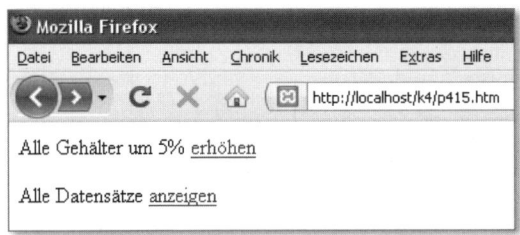

Abbildung 4.80 Änderung aller Datensätze

Beim Aufruf des PHP-Programms wird die Änderung jedes Mal (!) durchgeführt:

```php
<html>
<body>
<?php
    mysql_connect("","root");
    mysql_select_db("firma");

    $sqlab = "update personen set gehalt = gehalt * 1.05";
    mysql_query($sqlab);

    $num = mysql_affected_rows();
    echo "<p>Es wurden $num Datensätze geändert</p>";
?>
<p>Alle Datensätze <a href="p407.php">anzeigen</a></p>
</body>
</html>
```

Listing 4.13 Datei p415.php

Der Inhalt des Feldes `gehalt` wird mit Hilfe der SQL-Anweisung `update`
bei allen Datensätzen verändert. Der alte Wert wird mit dem Faktor 1.05
multipliziert. Das Ergebnis wird als neuer Wert in die Datenbank
geschrieben.

update ... set

4.2.7 Ändern eines bestimmten Datensatzes

Um einen einzelnen Datensatz zu ändern, muss dieser zuvor identifiziert
werden. Dies ist mit einem eindeutigen Index innerhalb einer Tabelle
möglich. Es empfiehlt sich folgende Vorgehensweise für eine komfortable Benutzerführung bei einer Änderung:

Datensatz
auswählen
und ändern

▶ Dem Benutzer werden alle Datensätze angezeigt.

▶ Er wählt denjenigen Datensatz aus, den er ändern möchte.

▶ Der gewählte Datensatz wird in einem Formular angezeigt.

▶ Der Benutzer gibt die Änderungen ein und führt sie aus.

In der Tabelle `personen` liegt der eindeutige Index auf dem Feld
`personalnummer`. Die beschriebene Vorgehensweise wird in einem Beispiel in folgenden Dateien realisiert:

▶ Datei *p416a.php* zur Anzeige aller Datensätze und Auswahl

▶ Datei *p416b.php* zur Anzeige eines Datensatzes und zur Eingabe der
Änderungen

▶ Datei *p416c.php* zur Durchführung der Änderungen

Anzeige und Auswahl

Zunächst die Anzeige aller Datensätze in Tabellenform, mit Radiobuttons
zur Auswahl eines bestimmten Datensatzes:

Abbildung 4.81 Auswahlformular

Der Programmcode lautet:

```
<html>
<body>
<p>Wählen Sie aus, welcher Datensatz geändert werden soll:</
p>
<form action = "p416b.php" method = "post">
<?php
    mysql_connect("","root");
    mysql_select_db("firma");

    $res = mysql_query("select * from personen");
    $num = mysql_num_rows($res);

    // Tabellenbeginn
    echo "<table border='1'>";

    // Überschrift
    echo "<tr> <td>Auswahl</td> <td>Name</td>";
    echo "<td>Vorname</td> <td>P-Nr</td>";
    echo "<td>Gehalt</td> <td>Geburtstag</td> </tr>";

    while ($dsatz = mysql_fetch_assoc($res))
    {
        echo "<tr>";
        echo "<td><input type='radio' name='auswahl'";
        echo " value='"
            . $dsatz["personalnummer"] . "' /></td>";
        echo "<td>" . $dsatz["name"] . "</td>";
        echo "<td>" . $dsatz["vorname"] . "</td>";
        echo "<td>" . $dsatz["personalnummer"] . "</td>";
        echo "<td>" . $dsatz["gehalt"] . "</td>";
        echo "<td>" . $dsatz["geburtstag"] . "</td>";
        echo "</tr>";
    }

    // Tabellenende
    echo "</table>";
?>
<p><input type="submit" value="Datensatz anzeigen" /></p>
</form>
</body>
</html>
```

Listing 4.14 Datei p416a.php

Zusätzlich zur bisherigen Tabelle gibt es eine Spalte mit Radiobuttons. Diese Radiobuttons bilden eine Optionsgruppe, da sie alle den gleichen Namen (auswahl) haben. Als Wert der Radiobuttons wird die jeweilige Personalnummer verwendet. Der Benutzer wählt über den Radiobutton einen Datensatz aus. Die Personalnummer des ausgewählten Datensatzes wird beim Absenden an die Datei *p416b.php* übermittelt.

Anzeigen eines Datensatzes

Der ausgewählte Datensatz wird mit allen Daten innerhalb eines Formulars angezeigt. Es folgt der Programmcode:

```
<html>
<body>
<?php
if (isset($_POST["auswahl"]))
{
   mysql_connect("","root");
   mysql_select_db("firma");

   $sqlab = "select * from personen where
      personalnummer = " . $_POST["auswahl"];
   $res = mysql_query($sqlab);
   $dsatz = mysql_fetch_assoc($res);

   echo "<p>Führen Sie die Änderungen durch,<br />";
   echo "betätigen Sie anschließend den Button</p>";
   echo "<form action = 'p416c.php' method = 'post'>";

   echo "<p><input name='nn' value='" . $dsatz["name"]
      . "' /> Nachname</p>";
   echo "<p><input name='vn' value='" . $dsatz["vorname"]
      . "' /> Vorname</p>";
   echo "<p><input name='pn' value='" . $_POST["auswahl"]
      . "' /> Personalnummer</p>";
   echo "<p><input name='ge' value='" . $dsatz["gehalt"]
      . "' /> Gehalt</p>";
   echo "<p><input name='gt' value='" . $dsatz["geburtstag"]
      . "' /> Geburtstag</p>";
   echo "<input type='hidden' name='oripn' value='"
      . $_POST["auswahl"] . "' />";
   echo "<p><input type='submit'
      value='Änderungen in Datenbank speichern' />";
   echo " <input type='reset' /></p>";
   echo "</form>";
}
```

```
else
   echo "<p>Es wurde kein Datensatz ausgewählt</p>";
?>
</body>
</html>
```

Listing 4.15   Datei p416b.php

Wenn ein Datensatz ausgewählt wurde, erfolgt die Auswahl mit Hilfe des übermittelten Feldelements `$_POST["auswahl"]`. Das Ergebnis umfasst genau einen Datensatz. Die aktuellen Inhalte der Felder aus diesem Datensatz werden innerhalb der Eingabefelder des Formulars angezeigt. Dabei ist besonders auf die einfachen Hochkommata zu achten.

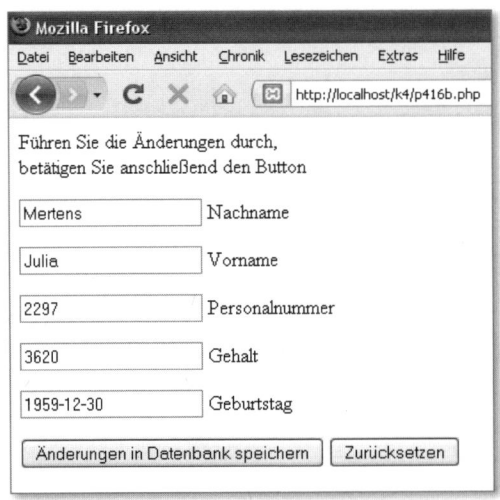

Abbildung 4.82   Anzeige des Datensatzes (mit Änderung)

Der Benutzer kann die Inhalte teilweise oder insgesamt ändern, darunter auch die Personalnummer. Beim Absenden werden die geänderten Inhalte der Eingabefelder an die Datei *p416c.php* übermittelt.

Gleichzeitig wird der Inhalt eines weiteren, versteckten Formularfeldes (`oripn`) mit der Originalpersonalnummer übermittelt, die zur eindeutigen Identifizierung benötigt wird. Falls der Benutzer die Personalnummer geändert hat, stünde diese Originalinformation andernfalls nicht mehr zur Verfügung.

Durchführen der Änderung

Nachfolgend wird die Änderung durchgeführt und bestätigt:

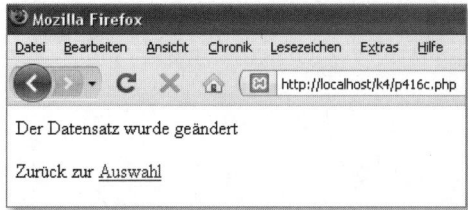

Abbildung 4.83 Bestätigung der Änderung

Der Programmcode sieht wie folgt aus:

```
<html>
<body>
<?php
   mysql_connect("","root");
   mysql_select_db("firma");

   $sqlab = "update personen set"
      . " name = '" . $_POST["nn"] . "',"
      . " vorname = '" . $_POST["vn"] . "',"
      . " personalnummer = " . $_POST["pn"] . ","
      . " gehalt = " . $_POST["ge"] . ","
      . " geburtstag = '" . $_POST["gt"] . "'"
      . " where personalnummer = " . $_POST["oripn"];
   mysql_query($sqlab);

   $num = mysql_affected_rows();
   if ($num>0)
      echo "<p>Der Datensatz wurde geändert</p>";
   else
      echo "<p>Der Datensatz wurde nicht geändert</p>";
?>
<p>Zurück zur <a href="p416a.php">Auswahl</a></p>
</body>
</html>
```

Listing 4.16 Datei p416c.php

Die SQL-Anweisung update führt die Änderung mit den neuen Inhalten durch. Die Identifizierung des zu ändernden Datensatzes geschieht anhand der Originalpersonalnummer. Falls die Änderung nicht durchgeführt werden konnte (zum Beispiel aufgrund einer bereits vorhandenen Personalnummer), wird dies gemeldet.

update ... set

Über den Hyperlink kann der Benutzer zurück zum Anfang gehen, um weitere Datensätze zu ändern.

4.2.8 Datensätze löschen

Datensatz
auswählen
und löschen

Beim Löschen von Datensätzen sollten Sie noch genauer als beim Ändern aufpassen, welche Datensätze betroffen sind. Zum Löschen eines einzelnen Datensatzes muss (wie beim Ändern) der betreffende Datensatz zuvor über den eindeutigen Index ermittelt werden.

Es empfiehlt sich folgende Vorgehensweise für eine sichere Benutzerführung bei einer Löschung:

▶ Dem Benutzer werden alle Datensätze angezeigt.

▶ Er wählt denjenigen Datensatz aus, den er löschen möchte.

▶ Er führt die Löschung durch.

Die beschriebene Vorgehensweise wird an einem Beispiel in folgenden Dateien realisiert:

▶ Datei *p417a.php* zur Anzeige aller Datensätze und zur Auswahl

▶ Datei *p417b.php* zur Durchführung der Änderungen

Die Datei *p417a.php* wird hier nicht gesondert aufgeführt, da sie sich nur an den folgenden drei Stellen von der Datei *p416a.php* unterscheidet:

▶ Im Text oberhalb der Tabelle wird das Wort *geändert* durch das Wort *gelöscht* ersetzt.

▶ Die Aufschrift des Submit-Buttons wird von DATENSATZ ANZEIGEN auf DATENSATZ LÖSCHEN geändert.

▶ Bei dem aufgerufenen PHP-Programm handelt es sich um die Datei *p417b.php* anstelle der Datei *p416b.php*.

Abbildung 4.84 Auswahlformular

Nachfolgend wird die Änderung durchgeführt und bestätigt. Der Programmcode des Löschvorgangs sieht wie folgt aus:

```
<html>
<body>
<?php
if (isset($_POST["auswahl"]))
{
   mysql_connect("","root");
   mysql_select_db("firma");

   $sqlab = "delete from personen where"
      . " personalnummer = " . $_POST["auswahl"];

   mysql_query($sqlab);

   $num = mysql_affected_rows();
   if ($num>0)
      echo "<p>Der Datensatz wurde gelöscht</p>";
   else
      echo "<p>Der Datensatz wurde nicht gelöscht</p>";
}
else
   echo "<p>Es wurde kein Datensatz ausgewählt</p>";
?>
<p>Zurück zur <a href="p417a.php">Auswahl</a></p>
</body>
</html>
```

Listing 4.17   Datei p417b.php

Das Feldelement $_POST["auswahl"] beinhaltet die Personalnummer   delete … from
des ausgewählten Eintrags. Der mit delete zu löschende Datensatz kann
damit eindeutig identifiziert werden.

Abbildung 4.85   Bestätigung der Löschung

Falls kein Datensatz ausgewählt wurde, existiert das Feldelement `$_POST["auswahl"]` nicht, und es wird eine entsprechende Meldung angezeigt.

[*]

Übung P418

Ermöglichen Sie (ähnlich wie in den Dateien *p416a.php*, *p416b.php* und *p416c.php*) mit Hilfe eines PHP-Programms das Ändern von Datensätzen in der Tabelle `fp` der Datenbank `hardware` (Dateien *p418a.php* bis *p418c.php*).

[*]

Übung P419

Ermöglichen Sie (ähnlich wie in den Dateien *p417a.php* und *p417b.php*) mit Hilfe eines PHP-Programms das Löschen von Datensätzen in der Tabelle `fp` der Datenbank `hardware` (Dateien *p419a.php* und *p419b.php*).

4.2.9 Benutzeroberfläche mit JavaScript und CSS

GUI, JavaScript, CSS

Die in diesem Abschnitt vorgestellten SQL-Anweisungen zum Anzeigen, Erzeugen, Ändern und Löschen von Datensätzen sollen in einem Programm zu einer komfortabel zu bedienenden Benutzeroberfläche für eine Tabelle vereinigt werden. Es werden Hyperlinks mit JavaScript-Code zum Erzeugen dynamischer Abfragen sowie CSS-Formatierungen zur optischen Verbesserung eingesetzt. Zunächst die Darstellung:

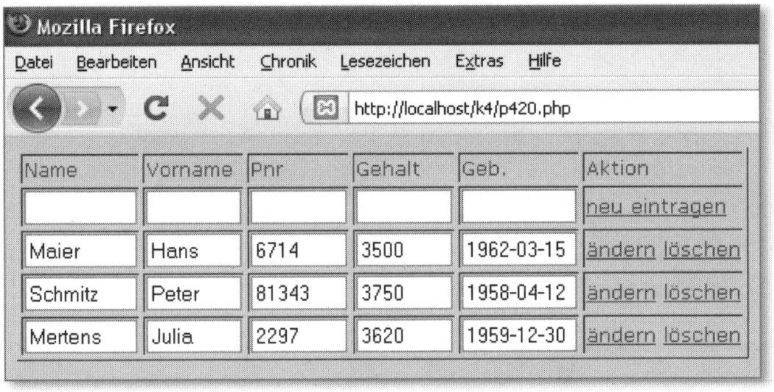

Abbildung 4.86 Benutzeroberfläche mit JavaScript und CSS

Die einzelnen Elemente der Darstellung:

▶ In der ersten Zeile finden sich wie gewohnt die Feldnamen.

Neu eintragen

▶ In der zweiten Zeile stehen fünf leere Eingabefelder zum Eintragen der Daten eines neuen Datensatzes bereit. Nach dem Eintragen kann der Hyperlink *neu eintragen* betätigt werden. Dieser führt zu einer insert-Anweisung zum Erzeugen des neuen Datensatzes und zur erneuten Anzeige aller Datensätze.

▶ In den darauffolgenden Zeilen stehen die Daten aller Datensätze in   **Ändern**
Eingabefeldern zum Ändern bereit. Nach dem Ändern der Daten eines bestimmten Datensatzes kann der zugehörige Hyperlink *ändern* betätigt werden. Dieser führt zu einer update-Anweisung zum Ändern des Datensatzes und zur erneuten Anzeige aller Datensätze.

▶ Falls innerhalb einer Zeile der zugehörige Hyperlink *löschen* betätigt   **Löschen**
wird, erscheint eine Rückfrage, ob der betreffende Datensatz tatsächlich gelöscht werden soll (siehe Bild unten). Wird die Rückfrage bestätigt, führt dies zu einer delete-Anweisung zum Löschen des Datensatzes und zur erneuten Anzeige aller Datensätze.

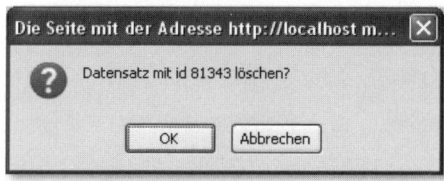

Abbildung 4.87 Bestätigung zur Löschung eines Datensatzes

Dieses Programm (*p420.php*) ist etwas umfangreicher. Es soll daher in Teilen dargestellt und erläutert werden.

Innerhalb des Dokuments wird eine CSS-Formatierungsdatei benötigt: **CSS-Formatierung**

```
body,td {font-family:Verdana; font-size:10pt;
        color:#636363; background-color:#d3d3d3}
a:link      {color:#636363}
a:visited   {color:#636363}
a:hover     {color:#636363; background-color:#a3a3a3}
```

Listing 4.18 Datei p420.css

Für den Inhalt des Dokuments und für den Inhalt der Tabellenzellen werden Schriftart, Schriftgröße, Schriftfarbe und Hintergrundfarbe bestimmt. Anschließend wird das Verhalten der Hyperlinks eingestellt.

Es folgt der erste Teil des PHP-Programms – der Kopf des Dokuments mit CSS und JavaScript:

```
<html>
<head>
  <link rel="stylesheet" type="text/css" href="p420.css">
```

```
<script type="text/javascript">
function send(ak,id)
{
    if(ak==0)
        document.f.ak.value = "in";
    else if(ak==1)
        document.f.ak.value = "up";
    else if(ak==2)
    {
        if (confirm("Datensatz mit id " + id + " löschen?"))
            document.f.ak.value = "de";
        else
            return;
    }
    document.f.id.value = id;
    document.f.submit();
}
</script>
</head>
```

Listing 4.19 Datei p420.php (Teil 1)

Zunächst wird die externe CSS-Formatierungsdatei *p420.css* eingebunden.

JavaScript Es folgt die JavaScript-Funktion send(), die zwei Parameter erwartet und über einen der drei Hyperlinks im Dokument aufgerufen wird. Sie dient zum Absenden der Daten, zur Übermittlung der gewünschten Aktion sowie zur Identifizierung des betroffenen Datensatzes.

Der Parameter ak kann einen der drei folgenden Werte annehmen:

► Wert 0: Ein neuer Datensatz soll eingetragen werden.

► Wert 1: Ein Datensatz soll geändert werden.

► Wert 2: Ein Datensatz soll gelöscht werden.

Der betreffende Wert führt zu einer Zuweisung eines Wertes (in, up oder de) an das versteckte Formularfeld ak.

confirm() Falls ein Datensatz gelöscht werden soll, wird als Rückfrage die vordefinierte JavaScript-Funktion confirm() aufgerufen. Falls diese Rückfrage mit OK bestätigt wird, liefert die Funktion confirm() den Wert true zurück. Falls bei dieser Rückfrage der Button ABBRECHEN betätigt wird, liefert die Funktion confirm() den Wert false zurück. Die Funktion send() wird daraufhin abgebrochen, und das Formular wird nicht gesendet.

Der Parameter id dient zur Identifikation des Datensatzes, falls dieser geändert oder gelöscht werden soll. Sein Wert wird dem versteckten Formularfeld id zugewiesen. Anschließend wird das Formular gesendet.

Es folgt der zweite Teil – das Auslösen einer Aktion:

```php
<body>
<?php
   mysql_connect("","root");
   mysql_select_db("firma");

   /* Aktion ausführen */
   if(isset($_POST["ak"]))
   {
      /* neu eintragen */
      if($_POST["ak"]=="in")
      {
         $sqlab = "insert personen"
            . "(name, vorname, personalnummer,"
            . " gehalt, geburtstag) values ('"
            . $_POST["na"][0] . "', '"
            . $_POST["vo"][0] . "', '"
            . $_POST["pn"][0] . "', '"
            . $_POST["gh"][0] . "', '"
            . $_POST["gb"][0] . "')";
         mysql_query($sqlab);
      }

      /* ändern */
      else if($_POST["ak"]=="up")
      {
         $id = $_POST["id"];
         $sqlab = "update personen set "
            . "name = '" . $_POST["na"][$id] . "', "
            . "vorname = '" . $_POST["vo"][$id] . "', "
            . "personalnummer = '" . $_POST["pn"][$id] . "', "
            . "gehalt = '" . $_POST["gh"][$id] . "', "
            . "geburtstag = '" . $_POST["gb"][$id] . "'"
            . " where personalnummer = $id";
         mysql_query($sqlab);
      }

      /* löschen */
      else if($_POST["ak"]=="de")
      {
         $sqlab = "delete from personen
```

```
            where personalnummer = " . $_POST["id"];
        mysql_query($sqlab);
    }
}
```

Listing 4.20   Datei p420.php (Teil 2)

Nach der Aufnahme der Verbindung und der Wahl der Datenbank wird untersucht, ob das Feldelement $_POST["ak"] existiert. Dies ist beim ersten Aufruf des Dokuments noch nicht der Fall, daher wird der folgende Block übergangen. Falls das Dokument erneut aufgerufen wird, weil eine der drei genannten Aktionen ausgelöst wurde, so existiert das Feldelement $_POST["ak"] und kann untersucht werden:

Neu eintragen ▶ Falls neu eingetragen werden soll (if($_POST["ak"] == "in")), wird die SQL-Anweisung insert zusammengesetzt. Dabei werden die Werte der Formularelemente aus der zweiten Zeile (direkt unter der Überschrift) genommen. Diese haben die Namen na[0], vo[0] usw., sie werden also als Elemente eines zweidimensionalen Feldes an das PHP-Programm übermittelt.

Ändern ▶ Falls ein Datensatz geändert werden soll (if($_POST["ak"] == "up")), wird die SQL-Anweisung update benutzt. Dabei werden die Werte der Formularelemente aus der betreffenden Zeile genommen. Bei einem Datensatz, dessen Personalnummer 4711 ist, haben diese Formularelemente die Namen na[4711], vo[4711] usw. Sie sind für PHP ebenso Elemente des zweidimensionalen Feldes. Der Datensatz wird über den Wert des Feldelements $_POST["id"] identifiziert, der in dem versteckten Formularelement übermittelt wurde.

Löschen ▶ Falls ein Datensatz gelöscht werden soll (if($_POST["ak"] == "de")), so wird die SQL-Anweisung delete verwendet. Der Datensatz wird ebenso über den Wert des Feldelements $_POST["id"] identifiziert.

Es folgt der dritte Teil – der Beginn der Anzeige:

```
/* Formular-Beginn */
echo "<form name='f' action='p420.php' method='post'>";
echo "<input name='ak' type='hidden' />";
echo "<input name='id' type='hidden' />";

/* Tabellen-Beginn */
echo "\n\n<table border>"
    . "<tr>"
    . "<td>Name</td>"
    . "<td>Vorname</td>"
```

```
        . "<td>Pnr</td>"
        . "<td>Gehalt</td>"
        . "<td>Geb.</td>"
        . "<td>Aktion</td>"
        . "</tr>";

/* Neuer Eintrag */
echo "\n\n<tr>"
        . "<td><input name='na[0]' size='8' /></td>"
        . "<td><input name='vo[0]' size='6' /></td>"
        . "<td><input name='pn[0]' size='6' /></td>"
        . "<td><input name='gh[0]' size='6' /></td>"
        . "<td><input name='gb[0]' size='8' /></td>"
        . "<td><a href='javascript:send(0,0);'>
            neu eintragen</a></td>"
        . "</tr>";
```

Listing 4.21 Datei p420.php (Teil 3)

Das Formular ruft sich selbst auf. Es beinhaltet die beiden versteckten Formularelemente `ak` und `id`, die von der genannten JavaScript-Funktion ihre Werte erhalten. Es folgt die Tabellenüberschrift.

Die erste Zeile mit den Eingabefeldern für einen neuen Datensatz wird zusammengesetzt. Die Felder erhalten die Namen `na[0]`, `vo[0]` usw. Die Inhalte werden für die SQL-Anweisung `insert` benötigt.

Der Hyperlink *neu eintragen* löst den Aufruf der JavaScript-Funktion `send()` aus. Der erste Parameter ist `0`. Dies setzt den Wert des versteckten Formularelements `ak` auf `in`. Der zweite Parameter ist für diesen Aufruf unwichtig, muss aber besetzt werden, da die Funktion zwei Parameter erwartet.

Vor den HTML-Markierungen `table` und `tr` steht jeweils zweimal `\n`. Dieses Sonderzeichen wird am Ende des Abschnitts erläutert

Es folgt der vierte Teil: die Ausgabe der Datensätze:

```
/* Anzeigen */
$res = mysql_query("select * from personen");

/* Alle vorhandenen Datensätze */
while ($dsatz = mysql_fetch_assoc($res))
{
    $id = $dsatz["personalnummer"];
    echo "\n\n<tr>"
```

```
            . "<td><input name='na[$id]' value='"
            . $dsatz["name"] . "' size='8' /></td>"
            . "<td><input name='vo[$id]' value='"
            . $dsatz["vorname"] . "' size='6' /></td>"
            . "<td><input name='pn[$id]' value='"
            . $dsatz["personalnummer"] . "' size='6' /></td>"
            . "<td><input name='gh[$id]' value='"
            . $dsatz["gehalt"] . "' size='6' /></td>"
            . "<td><input name='gb[$id]' value='"
            . $dsatz["geburtstag"] . "' size='8' /></td>"
            . "<td><a href='javascript:send(1,$id);'>ändern</a>"
            . " <a href='javascript:send(2,$id);'>"
            . " löschen</a></td>"
            . "</tr>";
    }
    echo "</table>";
    echo "</form>";
?>
</body>
</html>
```

Listing 4.22   Datei p420.php (Teil 4)

Nachdem die Aktion ausgeführt worden ist, sollen alle aktuellen, vorhandenen Datensätze angezeigt werden. Dies betrifft auch die neuen beziehungsweise geänderten Datensätze, nicht aber die gelöschten. Dazu dient die SQL-Anweisung select.

Innerhalb der Schleife, bei der jeweils ein Datensatz ausgegeben wird, erhält die Variable $id den Wert der Personalnummer des aktuellen Datensatzes. Diese Variable wird zur Indizierung der verschiedenen Felder von Formularelementen und für den Aufruf der JavaScript-Funktionen benötigt.

In der darauffolgenden Ausgabe der input-Elemente werden bei einem Datensatz, dessen Personalnummer 4711 ist, diese Formularelemente na[4711], vo[4711] usw. genannt. Sie sind damit für PHP Elemente eines numerisch indizierten Feldes. Die aktuellen Werte jedes Datensatzes werden als Inhalt der input-Elemente eingetragen.

Auf jeden Datensatz folgen zwei Hyperlinks. Sie rufen jeweils die JavaScript-Funktion send() auf. Der erste Parameter hat den Wert 1 (für ändern) beziehungsweise 2 (für löschen). Der zweite Parameter hat den Wert der Personalnummer, im obigen Beispiel also 4711. Jeder Hyperlink *ändern* beziehungsweise *löschen* ist also individuell und dient zur Übermittlung eigener Daten.

Zwei Hinweise   [«]

Sie können kontrollieren, ob die richtigen Ziele für die Hyperlinks *ändern* und *löschen* eingetragen wurden, indem Sie sie mit dem Mauszeiger überstreichen. Das Ziel wird dann in der Statuszeile des Browsers angezeigt.

Das Sonderzeichen \n führt zu einem Zeilenumbruch im HTML-Code. Zwei \n hintereinander erzeugen somit einen Zeilenumbruch und eine Leerzeile. Dies kann Ihnen zur besseren Orientierung dienen, falls Sie bei einer Fehlersuche den von PHP generierten HTML-Code im Quelltext der Seite kontrollieren möchten. Sie gelangen (zum Beispiel im Mozilla Firefox 3) über das Menü ANSICHT • SEITENQUELLTEXT zu dieser Anzeige. Ein Beispiel:

```
<body>
<form name='f' action='p420.php' method='post

<table border><tr><td>Name</td><td>Vorname</t

<tr><td><input name='na[0]' size='8' /></td><
/></td><td><input name='gh[0]' size='6' /></t
href='javascript:send(0,0);'>neu eintragen</a

<tr><td><input name='na[6714]' value='Maier'
<td><input name='pn[6714]' value='6714' size=
name='gb[6714]' value='1962-03-15' size='8' /
href='javascript:send(2,6714);'>löschen</a></
```

Abbildung 4.88   HTML-Seitenquelltext von p420.php (Auszug)

4.2.10   Ein Datenbankbrowser

In diesem Abschnitt wird ein Projekt, das aus zwei Programmen besteht, vorgestellt und beschrieben, mit dessen Hilfe die Strukturen und Inhalte aller aktuell vorhandenen Datenbanken unter MySQL übersichtlich dargestellt werden können.

Alle Datenbanken und Tabellen

▶ Sie können dieses Programm von der CD kopieren (Dateien *p421.php* und *p422.php*) und als Übersichtstool während der Bearbeitung und Programmierung der eigenen Datenbanken nutzen.

▶ Außerdem werden viele MySQL-Funktionen und SQL-Befehle hier nicht nur an einem kleinen Beispiel gezeigt, sondern im Zusammenspiel innerhalb eines größeren Projekts.

Innerhalb des ersten Programms werden die Strukturen der Datenbanken ermittelt und ausgegeben. Im zweiten Programm werden bei Bedarf die Inhalte der ausgewählten Tabelle dargestellt.

Alle Daten

Struktur aller Datenbanken

Die Ausgabe der Struktur aller Datenbanken ist umfangreich. Hier wird beispielhaft lediglich ein Ausschnitt gezeigt, nämlich die Struktur der Datenbank firma.

Datenbank 2: firma 1 Tabelle							
Tabelle 2 / 1 : personen 5 Felder, 3 Datensätze	ansehen	Name:	Typ:	Null:	Key:	Default:	Extra:
Feld 2 / 1 / 1 :		name	varchar(30)	YES			
Feld 2 / 1 / 2 :		vorname	varchar(25)	YES			
Feld 2 / 1 / 3 :		personalnummer	int(11)	YES	UNI		
Feld 2 / 1 / 4 :		gehalt	double	YES			
Feld 2 / 1 / 5 :		geburtstag	date	YES			

Abbildung 4.89   Datenbank »firma«

Die einzelnen Teile des ersten Programms sind zur besseren Übersicht nummeriert und werden anschließend erläutert:

```
<html>
<body>
<?php
    /* 1: Verbindung aufnehmen */
    $con = mysql_connect("","root");

    /* 2: Liste der Datenbanken */
    $dbresult = mysql_query("show databases");

    /* 3: Anzahl der Datenbanken, Überschrift */
    $numdbs = mysql_num_rows($dbresult);
    echo "<h3 align='center'>MySQL, Informationen über
        Struktur und Inhalt aller $numdbs vorhandenen
        Datenbanken</h3>";

    /* 4: Schleife über alle Datenbanken */
    $d = 0;
    while($dbdsatz = mysql_fetch_array($dbresult))
    {
        /* 5: Nummer und Name der Datenbank */
        $d++;
        $dbname = $dbdsatz[0];

        /* 6: Datenbank auswählen */
        mysql_select_db($dbname);
```

```
/* 7: Liste der Tabellen der akt. Datenbank */
$tabresult = mysql_query("show tables from $dbname");

/* 8: Anzahl der Tabellen */
$numtabs = mysql_num_rows($tabresult);
if ($numtabs==1) $tabtext = "Tabelle";
else             $tabtext = "Tabellen";

/* 9: Tabelle beginnen, Überschrift */
echo "<table border='1' width='100%'><tr>"
   . "<td colspan='8' bgcolor='#c3c3c3'>"
   . "<b>Datenbank $d: $dbname</b><br />"
   . "$numtabs $tabtext</td></tr>";

/* 10: Schleife über alle Tabellen */
$t = 0;
while($tabdsatz = mysql_fetch_array($tabresult))
{
   /* 11: Nummer und Name der Tabelle */
   $t++;
   $tabname = $tabdsatz[0];

   /* 12: Liste der Felder der akt. Tabelle */
   $fdresult =
      mysql_query("show columns from $tabname");

   /* 13: Anzahl der Felder */
   $numfds = mysql_num_rows($fdresult);
   if ($numfds==1) $fdtext = "Feld";
   else            $fdtext = "Felder";

   /* 14: Anzahl der Datensätze */
   $dataresult = mysql_query("select * from $tabname");

   if (!$dataresult) $numdata = -1;
   else $numdata = mysql_num_rows($dataresult);

   if ($numdata==1) $datatext = "Datensatz";
   else             $datatext = "Datensätze";

   /* 15: Anzeigebutton */
   if ($numdata==0)      $ft = " ";
   elseif ($numdata==-1) $ft = "Anzeige-<br />problem";
   else
   {
      $ft = "<form action='p422.php' method='post'>"
```

```
            .  "<input type='hidden' name='dbname'
               value='$dbname' />"
            .  "<input type='hidden' name='tabname'
               value='$tabname' />"
            .  "<input type='submit' value='ansehen' />"
            .  "</form>";
      }

      /* 16: Tabelle der Felder, Überschrift */
      echo "<tr>"
        . "<td width='24%' bgcolor='#c3c3c3'>
             Tabelle $d / $t : $tabname<br />"
        . "$numfds $fdtext, $numdata $datatext</td>"
        . "<td width='16%' align='center'
             bgcolor='#c3c3c3'>$ft</td>"
        . "<td width='16%' bgcolor='#c3c3c3'>Name:</td>"
        . "<td width='16%' bgcolor='#c3c3c3'>Typ:</td>"
        . "<td width='7%' bgcolor='#c3c3c3'>Null:</td>"
        . "<td width='7%' bgcolor='#c3c3c3'>Key:</td>"
        . "<td width='7%' bgcolor='#c3c3c3'>Default:</td>"
        . "<td width='7%' bgcolor='#c3c3c3'>Extra:</td>"
        . "</tr>";

      /* 17: Schleife über alle Felder */
      $f = 0;
      while($fddsatz = mysql_fetch_array($fdresult))
      {
         /* 18: Nummer des Felds, Feldname,
               -typ, - länge und -flags */
         $f++;
         $fdname    = $fddsatz[0];
         $fdtype    = $fddsatz[1];
         $fdnull    = $fddsatz[2];
         $fdkey     = $fddsatz[3];
         $fddefault = $fddsatz[4];
         $fdextra   = $fddsatz[5];

         if (!$fdkey)     $fdkey = " ";
         if (!$fddefault) $fddefault = " ";
         if (!$fdextra)   $fdextra = " ";

         /* 19: Ausgabe der Feldinformationen */
         echo "<tr>"
           . "<td colspan='2'>Feld $d / $t / $f :</td>"
           . "<td>$fdname</td>"
           . "<td>$fdtype</td>"
```

```
                  . "<td>$fdnull</td>"
                  . "<td>$fdkey</td>"
                  . "<td>$fddefault</td>"
                  . "<td>$fdextra</td>"
                  . "</tr>";
          }
      }

      /* 20: Tabelle beenden */
      echo "</table><p> </p>";
    }
?>
</body>
</html>
```

Listing 4.23 Datei p421.php

1. Die Verbindung zur Datenbank wird aufgenommen, Ergebnis ist eine Verbindungskennung.

2. Mit Hilfe der SQL-Anweisung `show databases` wird eine Abfrage gestartet, deren Ergebnis eine Liste der verfügbaren Datenbanken auf dem Datenbankserver ist. **show databases**

3. Mit Hilfe der Funktion `mysql_num_rows()` wird die Anzahl der verfügbaren Datenbanken auf dem Server in `$numdbs` gespeichert. Es wird eine Überschrift mit dieser Anzahl ausgegeben.

4. Das Abfrageergebnis für die Datenbanken wird in einer Schleife durchlaufen.

5. Der Inhalt des ersten Feldes jedes Ergebnisdatensatzes ist der Name der Datenbank. Dieser wird in `$dbname` gespeichert.

6. Mit der Funktion `mysql_select_db()` wird die aktuelle Datenbank ausgewählt.

7. Mit Hilfe der Funktion `mysql_query()` und der SQL-Anweisung `show tables` wird eine Liste der Tabellen, die sich innerhalb der aktuellen Datenbank befinden, in `$tabresult` gespeichert. **show tables**

8. Mit Hilfe der Funktion `mysql_num_rows()` wird die Anzahl der Tabellen, die sich innerhalb der aktuellen Datenbank befinden, in `$numtabs` gespeichert.

9. Die Ausgabe der Struktur der aktuellen Datenbank in Form einer HTML-Tabelle wird begonnen. Es werden der Name der Datenbank und die Anzahl der Tabellen ausgegeben.

10. Das Abfrageergebnis für die Tabellen wird in einer Schleife durchlaufen.

11. Der Inhalt des ersten Feldes jedes Ergebnisdatensatzes ist der Name der Tabelle. Dieser wird in `$tabname` gespeichert.

show columns

12. Mit Hilfe der Funktion `mysql_query()` und der SQL-Anweisung `show columns` wird eine Liste der Felder, die sich innerhalb der aktuellen Datenbank befinden, in `$fdresult` gespeichert.

13. Mit Hilfe der Funktion `mysql_num_rows()` wird die Anzahl der Felder, die sich innerhalb der aktuellen Tabelle befinden, in `$numfds` gespeichert.

14. Mit Hilfe der Funktionen `mysql_query()` und `mysql_num_rows()` wird die Anzahl der Datensätze, die sich innerhalb der aktuellen Tabelle befinden, in `$numdata` gespeichert.

15. Falls es Datensätze innerhalb der Tabelle gibt, soll ein Button dargestellt werden. Zur Anzeige aller Datensätze kann dieser Button betätigt werden, es wird dann das zweite Programm des Projekts aufgerufen (*p422.php*). Beim Aufruf werden der Name der Datenbank und der Name der Tabelle als versteckte Formularelemente an das ausführende Programm übermittelt.

16. Die Ausgabe der Struktur der aktuellen Tabelle wird begonnen. In einer Kopfzeile werden ausgegeben: Nummer der Datenbank sowie Nummer und Name der Tabelle, Anzahl der Felder, Anzahl der Datensätze, eventuell der Anzeige-Button für die Datensätze, der Name der Felder sowie weitere Feldeigenschaften.

17. Das Abfrageergebnis für die Felder wird in einer Schleife durchlaufen.

18. Die Ergebnisdatensätze beinhalten der Reihe nach:
   ▶ Feldname,
   ▶ Felddatentyp,
   ▶ Null-Eigenschaft des Feldes (das Feld darf leer bleiben oder nicht),
   ▶ Schlüssel-Eigenschaft des Feldes (auf dem Feld liegt ein eindeutiger Schlüssel oder ein Primärschlüssel),
   ▶ Default-Wert des Feldes und
   ▶ Extra-Eigenschaften (zum Beispiel `on update current timestamp` oder `auto_increment`).

19. Es werden die laufende Nummer des Feldes und die gesammelten Feldeigenschaften ausgegeben.

20. Nach Beendigung der beiden inneren Schleifen wird die HTML-Tabelle zur Ausgabe einer Datenbank beendet.

Inhalt aller Datenbanken

Falls man im oben angegebenen Programm den Button ANZEIGEN für die Datenbank firma betätigt, ergibt sich das folgende Bild:

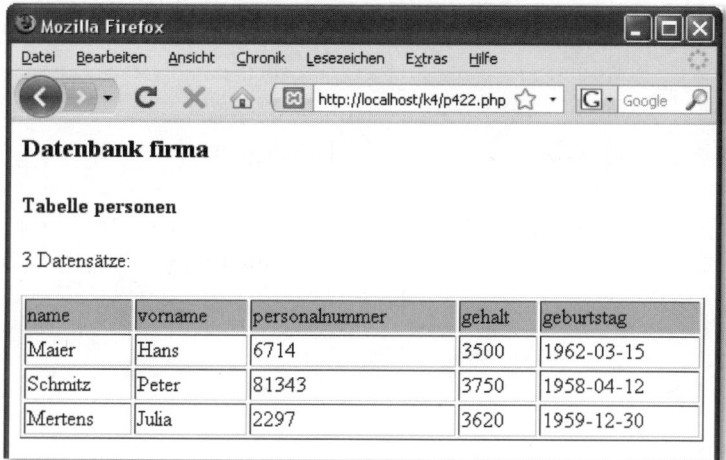

Abbildung 4.90 Anzeige der Inhalte

Das zweite Programm zur Darstellung der Inhalte der ausgewählten Tabelle beinhaltet keine neu hinzugekommenen Funktionen.

```php
<html>
<body>
<?php
    /* Verbindung aufnehmen */
    $con = mysql_connect("","root");

    /* Datenbank auswählen */
    mysql_select_db($_POST["dbname"]);

    /* Datensätze ermitteln */
    $dataresult = mysql_query("select * from "
        . $_POST["tabname"]);

    /* Anzahl der Datensätze ermitteln */
    $numdata = mysql_num_rows($dataresult);

    /* Überschrift ausgeben */
    echo "<h3>Datenbank " . $_POST["dbname"] . "</h3>";
    echo "<h4>Tabelle " . $_POST["tabname"] . "</h4>";
    echo "<p>$numdata Datensätze:</p>";
```

```php
/* Felder ermitteln */
$fdresult = mysql_query("show columns from "
    . $_POST["tabname"]);

/* Anzahl der Felder ermitteln */
$numfds = mysql_num_rows($fdresult);

/* Tabelle beginnen, alle Feldnamen ausgeben */
echo "<table width='100%' border><tr>";
while($fddsatz = mysql_fetch_array($fdresult))
{
    echo "<td bgcolor='#c3c3c3'>$fddsatz[0]</td>";
}
echo "</tr>";

/* Schleife über alle Datensätze */
while($datadsatz = mysql_fetch_array($dataresult))
{
    /* Schleife über alle Felder */
    echo "<tr>";
    for ($f=0; $f<$numfds; $f++)
    {
        /* Feldinhalt ermitteln, ausgeben*/
        $data = $datadsatz[$f];
        if ($data=="")
            $data = " ";
        echo "<td>$data</td>";
    }
    echo "</tr>";
}

    echo "</table>";
?>
</body>
</html>
```

Listing 4.24 Datei p422.php

Beim Aufruf wurden der Name der Datenbank ($dbname) und der Name
der Tabelle ($tabname) als versteckte Formularelemente (hidden) an das
Programm übergeben. Es werden alle Datensätze aus allen Feldern der
Tabelle ausgewählt, die Ergebniskennung ist $dataresult. Die Anzahl
der Felder wird aus der Abfrage mit der SQL-Anweisung show colums
gewonnen.

Während der Ausgabe sollten Sie in beiden Programmen (*p421.php* und *p422.php*) darauf achten, dass leere Einträge in der HTML-Tabelle mit einem expliziten Leerzeichen ( ) abgebildet werden.

4.3 MySQL-Datenbanken publizieren

In Abschnitt 3.6 wurde bereits beschrieben, wie Sie PHP-Programme im Internet zur Benutzung bereitstellen. Sollen diese Programme auf Informationen aus MySQL-Datenbanken zugreifen, so müssen diese Informationen ebenfalls auf der Website bereitgestellt werden. Voraussetzung ist natürlich, dass man beim Provider ein Paket ausgewählt hat, das auch eine MySQL-Datenbank zur dynamischen Generierung datenbankbasierter Seiten beinhaltet.

Auf diese Datenbank hat nur der Entwickler Zugriff. Sie liegt auf einem Datenbankserver bereit. Der Provider stellt dem Entwickler neben den Zugangsdaten zum Konfigurationsmenü der Website und für den FTP-Zugang die Zugangsinformationen zur Datenbank zur Verfügung. Diese umfassen den Namen des Datenbankservers (Host Name), die Benutzerkennung (User ID) und das Passwort.

Häufig besteht nicht die Möglichkeit, eigene Datenbanken auf dem Datenbankserver anzulegen. Es wird nur eine einzelne Datenbank mit einem festgelegten Namen bereitgestellt, in der eigene Tabellen erzeugt werden können. Der Name dieser Datenbank wird ebenfalls vom Provider übermittelt.

Es bestehen zwei Möglichkeiten, um die Struktur sowie Daten von Tabellen auf einen Datenbankserver im Internet zu transferieren:

▶ Man installiert und benutzt phpMyAdmin auf der Website im Internet. Dies sollte in jedem Fall in einem passwortgeschützten Verzeichnis auf der Website geschehen, damit phpMyAdmin nur von befugten Personen ausgeführt werden kann. Außerdem muss phpMyAdmin mit den Datenbankzugangsdaten passend konfiguriert werden.

▶ Man erstellt eigene PHP-Programme, die die SQL-Anweisungen create table und insert verwenden, und führt diese Programme auf der Website im Internet aus. Dies sollte ebenfalls in einem geschützten Verzeichnis erfolgen. Die Programme sollten per Programmcode gesichert werden, damit Tabellen nicht versehentlich überschrieben werden. Falls keine Möglichkeit zum Verzeichnisschutz existiert, sollten die Programme unmittelbar nach der Benutzung wieder gelöscht werden.

Marginalien:

Datenbanken ins Internet

Provider, Zugangsinformationen

phpMyAdmin im Internet

Programme zum Erstellen der Tabellen

Beide Möglichkeiten werden nachfolgend am Beispiel der Tabelle `personen` aus der Datenbank `firma` beschrieben.

Verzeichnisschutz Die Erzeugung eines Verzeichnisschutzes wird über das Konfigurationsmenü des Providers ermöglicht. Man wird selten den direkten Zugang zur Konfigurationsdatei des Webservers im Internet haben.

Die Aufnahme der Verbindung zu einer MySQL-Datenbank im Internet setzt bestimmte Modifikationen in den zugehörigen PHP-Programmen voraus. Diese sollen zunächst erläutert werden.

4.3.1 Verbindung aufnehmen

Die Funktion `mysql_connect()` stellt die Verbindung zu einem Datenbankserver her. Bisher wurde diese Verbindung ohne die Parameter für Datenbankserver (`Host Name`), Benutzerkennung (`User ID`) und Passwort vorgenommen, da der Datenbankserver über *localhost* erreichbar war und keine Einschränkung der Benutzerrechte vorgenommen wurde.

Bei einer Datenbank, die auf dem Datenbankserver eines Providers im Internet liegt, ist dies natürlich anders. Der Datenbankserver ist nur einer von vielen bei dem Provider; jeder Datenbankserver hat seinen eigenen Namen. Jeder Kunde, dem eine Datenbank bei diesem Provider zur Verfügung steht, besitzt einen eigenen Benutzernamen und ein eigenes Passwort.

mysql_connect() Der Aufruf der Funktion zur Verbindungsaufnahme lautet dann zum Beispiel:

```
mysql_connect("dbxyz.meinprovider.de","meinname",
              "meinpasswort")
```

Der Name der Datenbank ist meist vorbestimmt und kann nicht frei gewählt werden. Die Anweisung zur Auswahl einer Datenbank lautet zum Beispiel:

```
mysql_select_db("db987654")
```

Damit nun nicht alle PHP-Programme, die auf die Datenbank zugreifen, für den Einsatz im Internet geändert werden müssen, empfiehlt sich folgende Vorgehensweise:

▶ Die beiden Anweisungen zur Verbindungsaufnahme und zur Auswahl einer Datenbank werden in eine `include`-Datei ausgelagert, zum Beispiel in *connect.inc.php*.

► Es werden zwei Versionen der Datei erstellt: eine für den Einsatz während der Entwicklung, eine andere für den Einsatz im Internet. Am besten legt man die Letztgenannte in ein geschütztes Verzeichnis. Dadurch werden die Kundendaten und Passwörter zusätzlich abgesichert.

► In den PHP-Programmen wird die include-Datei zu Beginn, das heißt vor dem ersten Datenbankzugriff, eingebunden.

Ein Beispiel für ein Programm, das sowohl lokal als auch im Internet die Felder name und vorname für alle Datensätze der Tabelle personen ausliest:

```
<html>
<body>
<?php
    include "p423connect.inc.php";
    $res = mysql_query("select * from personen");
    while ($dsatz = mysql_fetch_assoc($res))
    {
        echo $dsatz["name"] . ", "
            . $dsatz["vorname"] . "<br />";
    }
?>
</body>
</html>
```

Listing 4.25 Datei p423.php

Die include-Datei auf dem lokalen Rechner:

```
<?php
    mysql_connect("","root");
    mysql_select_db("firma");
?>
```

Listing 4.26 Datei p423connect.inc.php (lokal)

Ein Beispiel für die include-Datei auf dem Server im Internet:

```
<?php
    mysql_connect("dbxyz.meinprovider.de",
                  "meinname", "meinpasswort");
    mysql_select_db("db987654");
?>
```

Listing 4.27 Datei p423connect.inc.php (im Internet)

Es ist lediglich zu beachten, dass die Tabelle personen im Internet in der Datenbank db987654 liegt und lokal in der Datenbank firma. Man könnte es sich sogar noch leichter machen, indem man die lokale Datenbank in db987654 umbenennt.

4.3.2 Export einer Tabelle

Dump erzeugen Bei den oben genannten Möglichkeiten zum Kopieren einer Tabelle auf einen Datenbankserver im Internet muss zunächst die betreffende Tabelle aus phpMyAdmin heraus exportiert werden. Oberhalb der Tabellenstrukturansicht gelangt man über den Hyperlink *Exportieren* zu der Seite, auf der man einen sogenannten *Dump*, das heißt eine Exportversion der Tabelle, erzeugen kann.

An der Grundeinstellung muss nichts verändert werden. Die einzige Tabelle in der Datenbank (personen) ist bereits ausgewählt.

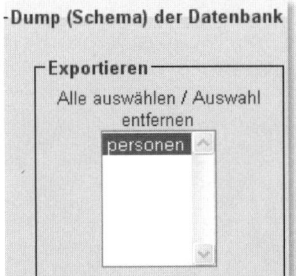

Abbildung 4.91 SQL-Dump

Außerdem ist voreingestellt, dass sowohl Struktur als auch Daten ausgewählt werden. Es erscheint das Ergebnis. Im oberen Teil stehen einige Kommentare, der untere Teil beinhaltet die SQL-Anweisungen.

Dabei handelt es sich um die SQL-Anweisungen

▶ zum Erzeugen der Struktur der Tabelle und

▶ zum Erzeugen der Datensätze der Tabelle.

Diese Anweisungen können

▶ in die Zwischenablage kopiert werden, um sie unmittelbar in phpMyAdmin zu benutzen, oder

▶ in eine Datei kopiert, verändert beziehungsweise angepasst und gespeichert werden, um ein eigenes PHP-Programm zu erstellen.

```
--
-- Datenbank: `firma`
--


-- ------------------------------------------------------


--
-- Tabellenstruktur für Tabelle `personen`
--

CREATE TABLE IF NOT EXISTS `personen` (
  `name` varchar(30) DEFAULT NULL,
  `vorname` varchar(25) DEFAULT NULL,
  `personalnummer` int(11) NOT NULL,
  `gehalt` double DEFAULT NULL,
  `geburtstag` date DEFAULT NULL,
  UNIQUE KEY `personalnummer` (`personalnummer`)
) ENGINE=MyISAM DEFAULT CHARSET=latin1 ROW_FORMAT=DYNAMIC;


--
-- Daten für Tabelle `personen`
--

INSERT INTO `personen` (`name`, `vorname`, `personalnummer`,
              `gehalt`, `geburtstag`) VALUES
('Maier', 'Hans', 6714, 3500, '1962-03-15'),
('Schmitz', 'Peter', 81343, 3750, '1958-04-12'),
('Mertens', 'Julia', 2297, 3620, '1959-12-30');
```

Abbildung 4.92 Ergebnis des Dumps

Häufig wird das Programm phpMyAdmin bereits vom Provider einer Website zur Verfügung gestellt. Falls nicht, sollten Sie es mit Hilfe eines FTP-Clients in ein Verzeichnis auf der Website laden. Dieses Verzeichnis sollten Sie zuvor mittels Passwort schützen, so dass das Programm nur von befugten Personen ausgeführt werden kann.

Zur Konfiguration der Zugangsdaten wird in dem Verzeichnis zusätzlich eine Datei mit dem Namen *config.inc.php* benötigt. Diese hat folgenden Inhalt:

```
<?php
   $i = 0;
   $i++;
   $cfg['Servers'][$i]['auth_type'] = 'config';
   $cfg['Servers'][$i]['host'] = 'xxx';
   $cfg['Servers'][$i]['user'] = 'xxx';
   $cfg['Servers'][$i]['password'] = 'xxx';
?>
```

An Stelle von xxx sollten Name bzw. IP-Adresse des vom Provider genannten Datenbankservers, Benutzername und Passwort stehen.

Sobald phpMyAdmin installiert ist, kann der Export einer Tabelle leicht durchgeführt werden:

▶ Man erzeugt auf dem lokalen Webserver einen Dump der gewünschten Tabelle (siehe den vorherigen Abschnitt).

▶ Den unteren Teil mit den SQL-Anweisungen kopiert man in die Zwischenablage.

▶ Anschließend ruft man in phpMyAdmin auf der Website im Internet die Datenbankstrukturansicht auf und betätigt den Hyperlink SQL.

▶ Im Eingabefenster fügt man den Inhalt der Zwischenablage ein und lässt die Befehle ausführen. Damit ist die Tabelle erstellt.

[»]

drop table

Hinweis
In der Voreinstellung wird der Dump ohne `drop table` erzeugt. Das heißt, die alte Tabelle wird nicht versehentlich überschrieben, sondern es erfolgt eine Fehlermeldung. Somit wird man dazu angehalten, die alte Tabelle bewußt zu löschen.

Dump kopieren

Es ist auch leicht möglich, Veränderungen an der Struktur und an den Daten vorzunehmen, bevor diese übernommen werden sollen. Ein Beispiel: Es kann vorkommen, dass die Tabelle im Internet einen anderen Namen haben soll als auf dem lokalen Server. Dazu erzeugt man den Dump, kopiert ihn über die Zwischenablage in das Textfenster eines Editors, ändert dort den Namen der Tabelle per »Suchen und Ersetzen«, kopiert den Dump wiederum über die Zwischenablage in das SQL-Fenster von phpMyAdmin und führt den Befehl aus.

4.3.3   Tabelle und Daten per Programm erzeugen

create table,
insert

Die im Folgenden beschriebene Methode dient dazu, zu einem beliebigen Zeitpunkt sowohl während der Entwicklung auf der lokalen Website als auch auf der Website im Internet die Struktur und gegebenenfalls die Basisdaten einer Tabelle zu erzeugen.

Das Erstellen eines eigenen PHP-Programms beinhaltet

▶ den Export einer Tabelle, wie weiter oben beschrieben,

▶ das Speichern der Anweisungen in einer PHP-Datei und

▶ das Einbetten der SQL-Anweisungen in MySQL-Funktionen.

Im Folgenden sind die SQL-Anweisungen des Beispiels aus Abschnitt 4.3.2 als PHP-Programm umgeschrieben:

```
<html>
<body>
<?php
    include "p423connect.inc.php";

    $sqlab = "drop table if exists " . $_GET["tname"];
    echo "<p>$sqlab</p>";
    mysql_query($sqlab);

    $sqlab = "create table " . $_GET["tname"]
      . "(name varchar(30),"
      . " vorname varchar(25),"
      . " personalnummer int(11),"
      . " gehalt double,"
      . " geburtstag date,"
      . " unique key personalnummer (personalnummer)"
      . " )";
    echo "<p>$sqlab</p>";
    mysql_query($sqlab);

    $sqlab = "insert ". $_GET["tname"] . " values"
      . " ('Maier', 'Hans', 6714, '3500', '1962-03-15');";
    echo "<p>$sqlab<br />";
    mysql_query($sqlab);

    $sqlab = "insert ". $_GET["tname"] . " values"
      . " ('Schmitz', 'Peter', 81343, '3750', '1958-04-12');";
    echo "$sqlab<br />";
    mysql_query($sqlab);

    $sqlab = "insert ". $_GET["tname"] . " values"
      . " ('Mertens', 'Julia', 2297, '3621.5',"
      . " '1959-12-30');";
    echo "$sqlab<br />";
    mysql_query($sqlab);
?>
</body>
</html>
```

Listing 4.28   Datei p424.php

Das PHP-Programm setzt die richtige connect-Datei voraus, wie es in Abschnitt 4.3.1 beschrieben wird. Auf dem lokalen Webserver sollte diese Datei folgenden Inhalt haben:

```
<?php
    mysql_connect();
    mysql_select_db("firma");
?>
```

Das obige Programm ist per Programmcode gesichert. Falls nur der Name des PHP-Programms aufgerufen wird (*http://localhost/k4/p424.php*), führt keiner der Aufrufe der Funktion `mysql_query()` zum Erfolg, da die Variable `$tname` unbekannt ist. Die Tabelle wird weder gelöscht noch neu erzeugt.

Daten an URL anhängen

Falls dagegen weitere Informationen über die URL gesendet werden (hier *http://localhost/k4/p424.php?tname=personen*), wird der Variablen `$tname` der Wert `personen` zugewiesen. Die Tabelle `personen` wird gelöscht und neu erzeugt.

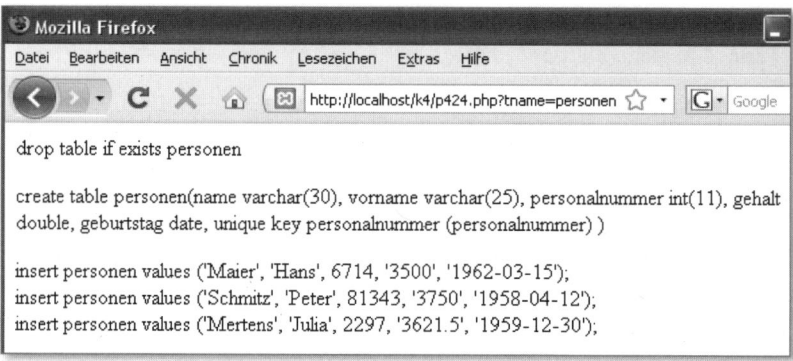

Abbildung 4.93 Erzeugen von Tabelle und Datensätzen

Zur Kontrolle werden alle SQL-Anweisungen ausgegeben. Bei der genannten Methode ist es leicht möglich, der Tabelle einen anderen Namen zu geben. Falls keine Möglichkeit zum Verzeichnisschutz existiert, sollte dennoch dieses Programm unmittelbar nach der Benutzung auf der Website im Internet wieder gelöscht werden.

5   Objektorientierung in PHP

Dieses Kapitel zur objektorientierten Programmierung ist insbesondere für den fortgeschrittenen Programmierer geeignet. Als Einsteiger können Sie es zunächst übergehen. Den Abschluss dieses Kapitels bildet ein umfangreicheres Beispiel zur die Anwendung der Objektorientierung.

5.1   Was ist objektorientierte Programmierung?

Die objektorientierte Programmierung (OOP) bietet zusätzliche Möglichkeiten zum verbesserten Aufbau und zur vereinfachten Wartung und Erweiterung von Programmen. Mit Hilfe der Objektorientierung wird versucht, Objekte aus der realen Welt und ihre Interaktion »originalgetreu« abzubilden.

OOP

Man erschafft sogenannte *Klassen*, in denen die Eigenschaften von Objekten und die Funktionen, die auf diese Objekte angewendet werden können (sogenannte *Methoden*), festgelegt werden. Man hat nun die Möglichkeit, viele verschiedene Objekte dieser Klassen zu erzeugen, den Eigenschaften unterschiedliche Werte zuzuweisen und die Methoden anzuwenden. Die Definitionen aus der Klasse und die zugewiesenen Werte begleiten diese Objekte über ihren gesamten »Lebensweg« hinweg während der Dauer des Programms. Objekte werden auch *Instanzen* (einer Klasse) genannt.

Klassen und Objekte

Ein Beispiel: Es wird die Klasse `Fahrzeug` gebildet, in der Eigenschaften und Methoden verschiedener Fahrzeuge bestimmt werden können. Ein Fahrzeug hat unter anderem die Eigenschaften `Bezeichnung`, `Geschwindigkeit` und `Fahrtrichtung`. Außerdem kann man ein Fahrzeug beschleunigen und lenken. Innerhalb eines Programms können viele unterschiedliche Fahrzeuge erschaffen und eingesetzt werden.

Klassen können ihre Eigenschaften und Methoden zudem vererben. Sie dienen in diesem Zusammenhang als Basisklasse, ihre Erben nennt man *abgeleitete Klassen*. Dadurch lässt sich die Definition ähnlicher Objekte, die über eine Reihe von gemeinsamen Eigenschaften und Methoden verfügen, vereinfachen.

Vererbung

Ein Beispiel: Es werden die Klassen PKW und LKW gebildet. Beide Klassen sind von der Basisklasse Fahrzeug abgeleitet und erben alle ihre Eigenschaften und Methoden. Zusätzlich verfügen sie über eigene Eigenschaften und Methoden, die bei der jeweiligen Klasse besonders wichtig sind. Ein PKW hat zum Beispiel eine bestimmte Anzahl an Insassen; und man kann einsteigen und aussteigen. Ein LKW hat zum Beispiel eine Ladung; man kann ihn beladen beziehungsweise entladen.

[»]

Hinweis

Die in diesem Abschnitt dargestellten Programme sind ein Kompromiss, denn die Vorteile der objektorientierten Programmierung sind erst bei größeren Programmierprojekten erkennbar. Bei einem kleinen Problem fragt man sich womöglich, warum man hierfür ein derart aufwendiges beziehungsweise umständliches Programm schreiben soll. Anhand der hier vorliegenden Programme lassen sich die Prinzipien der objektorientierten Programmierung erschließen, ohne dabei den Überblick zu verlieren.

5.2 Klassen und Objekte

Eigenschaften und Methoden

Als Beispiel wird die Klasse Fahrzeug definiert. Zunächst verfügt ein Objekt dieser Klasse nur über die Eigenschaft geschwindigkeit und die Methoden beschleunigen() und ausgabe(). Die Methode ausgabe() soll den Anwender über den aktuellen Zustand des jeweiligen Fahrzeugs informieren.

Zunächst die Klassendefinition:

```
<html>
<body>
<?php
/* Definition der Klasse Fahrzeug */
class Fahrzeug
{
    private $geschwindigkeit = 0;      /* Eigenschaft */

    function beschleunigen($wert)      /* Methode */
    {
        $this->geschwindigkeit += $wert;
    }

    function ausgabe()                 /* Methode */
    {
```

```
        echo "Geschwindigkeit: $this->geschwindigkeit<br />";
    }
}
```

Listing 5.1 Datei p501.php (Klassendefinition)

Erläuterung:

▶ Die Definition der Klasse wird eingeleitet durch das Schlüsselwort `class`, gefolgt vom Namen der Klasse. Anschließend folgt die eigentliche Definition.

▶ Die `private`-Eigenschaft (Erläuterung siehe Abschnitt 5.2.1) `geschwindigkeit` wird definiert und auf den Wert 0 gesetzt. Eigenschaften können auf diese Weise nur mit konstanten Werten initialisiert werden. Zur Initialisierung sollten Konstruktoren (siehe Abschnitt 5.3) verwendet werden.

▶ Methoden sind Funktionen, die nur innerhalb einer Klasse gelten. Sie werden mit Hilfe des Schlüsselworts `function` definiert. Methoden können ebenso wie Funktionen Parameter besitzen.

▶ Methoden werden für ein bestimmtes Objekt aufgerufen (siehe unten im Hauptprogramm). Innerhalb der Methode ist daher bekannt, um welches Objekt es sich handelt. »Dieses Objekt«, also das »aktuelle Objekt« wird über `$this->` angesprochen. Dabei wird dem Namen der Eigenschaft kein weiteres $ (Dollar-Zeichen) vorangestellt!

▶ Die Methode `beschleunigen()` hat einen Parameter: den Wert für die Änderung der Geschwindigkeit. Innerhalb der Methode wird dieser Wert genutzt, um die Eigenschaft des Objekts zu ändern.

▶ Die Methode `ausgabe()` besitzt keinen Parameter. Sie dient zur Ausgabe der Geschwindigkeit des Objekts.

Bisher beinhaltete das Programm nur eine Klassendefinition, es führte noch nichts aus. Das vollständige Programm folgt noch.

5.2.1 private, protected und public

In PHP 5 wurde das Prinzip der Kapselung eingeführt, das auch aus anderen objektorientierten Sprachen bekannt ist. Die Sichtbarkeit von Eigenschaften und Methoden lässt sich über die Schlüsselwörter `public`, `protected` und `private` festlegen.

private ▶ `private`: Private Eigenschaften und Methoden sind nur innerhalb der Klassendefinition erreichbar. Dies wird häufig auf Eigenschaften, seltener auf Methoden angewandt. Bei einem Zugriff auf eine private Eigenschaft oder Methode außerhalb der eigenen Klassendefinition tritt ein Fehler auf. Man nennt private Eigenschaften oder Methoden auch *gekapselt*.

protected ▶ `protected`: `protected`-Eigenschaften und Methoden sind nur innerhalb der Klasse erreichbar, in der sie erzeugt wurden, und in davon abgeleiteten Klassen (siehe Abschnitt 5.7). Man spricht auch von einem *eingeschränkten Zugriff*.

public ▶ `public`: Diese Eigenschaften und Methoden sind von überall her erreichbar. Man spricht auch von einem *öffentlichen Zugriff*.

Vorteil des Kapselungsprinzips: Gekapselte oder eingeschränkt erreichbare Eigenschaften können nicht »versehentlich« an beliebiger Stelle durch den Benutzer der Klasse verändert werden, sondern nur durch Aktionen, die der Klassenentwickler definiert und somit »erlaubt« hat.

Analog kann man dies auf Methoden anwenden. Bestimmte Methoden sollen nur intern beziehungsweise innerhalb der Klassenhierarchie genutzt werden und nicht »versehentlich« vom Benutzer der Klasse. Daher können auch sie als `private` oder `protected` gekennzeichnet werden.

[»]

Hinweis

Eigenschaften, die mit dem Schlüsselwort `var` (aus PHP 4) deklariert werden, und Methoden, die ohne Schlüsselwort definiert werden, sind automatisch `public`.

5.2.2 Anwendung der Klasse

Im folgenden Hauptprogramm wird die oben genannte Klasse angewendet. Es wird auch ein (nicht erlaubter) Zugriff auf eine private Eigenschaft dargestellt.

```
<html>
<body>
<?php
/* Definition der Klasse Fahrzeug */
class Fahrzeug
{

    /*... Definition siehe oben ... */
```

```
}

/* Objekte der Klasse Fahrzeug erzeugen */
$vespa = new Fahrzeug();
$scania = new Fahrzeug();

/* Erstes Objekt betrachten beziehungsweise verändern */
$vespa->ausgabe();
$vespa->beschleunigen(20);
$vespa->ausgabe();

/* Zweites Objekt betrachten */
$scania->ausgabe();

/* Private Eigenschaft, nicht erreichbar */
echo "Private Eigenschaft: . $scania->geschwindigkeit";
?>
</body>
</html>
```

Listing 5.2 Datei p501.php (Hauptprogramm)

Erläuterung:

▶ Im Hauptprogramm werden zunächst (mit Hilfe des Schlüsselworts `new`
new) zwei Objekte der Klasse Fahrzeug erzeugt, hier mit den Namen
vespa und scania.

▶ Methoden werden für ein bestimmtes Objekt aufgerufen. Man sagt
auch: Eine Methode wird auf ein Objekt angewendet. Eine Methode
(oder eine Eigenschaft) wird über Objektname-> angesprochen.

▶ Die Geschwindigkeit des Objekts vespa wird ausgegeben, einmal vor
und einmal nach der Beschleunigung. Die Geschwindigkeit des
Objekts scania wird nur einmal ausgegeben. Zu Beginn, also nach
ihrer Erzeugung, haben die Objekte die Geschwindigkeit 0, wie in der
Definition angegeben.

▶ Es wird versucht, auf die private Eigenschaft geschwindigkeit des
Objekts scania direkt zuzugreifen, und zwar außerhalb der Klassendefinition. Dies ist nicht erlaubt. Abhängig von der gewählten Fehleranzeige (vgl. Abschnitt 7.5) wird daher eine Fehlermeldung angezeigt.

Die Ausgabe des Programms:

Abbildung 5.1 Erstes Programm mit der Klasse »fahrzeug«

[»]

Hinweis

Theoretisch kann man Eigenschaften von Objekten auch erst im Hauptprogramm erzeugen. Es wäre also möglich, im Hauptprogramm des oben gezeigten Programms die Anweisung $vespa->leistung=15; zu notieren. Damit würde das Objekt $vespa der Klasse Fahrzeug über eine weitere (öffentliche) Eigenschaft verfügen. Dies ist allerdings aus zwei Gründen nicht zu empfehlen:

▶ Es widerspricht dem Gedanken der objektorientierten Programmierung, da die Eigenschaften von Objekten einer Klasse Ergebnis eines Entwurfs sind und zum Zeitpunkt der Definition der Klasse festgelegt sein sollten.

▶ Ein anderes Objekt der gleichen Klasse verfügt nicht über diese Eigenschaft. Somit ähneln sich die Objekte nicht mehr.

5.3 Konstruktor

__construct()

Es gibt eine besondere Methode, die im Zusammenhang mit einer Klasse definiert werden kann: die Konstruktormethode. Sie wird genutzt, um einem Objekt zu Beginn seiner Lebensdauer Anfangswerte zuzuweisen. Seit PHP 5.0 wird für den *Konstruktor* der festgelegte Name __construct() genutzt (mit zwei Unterstrichen vor dem Wort »construct«).

Die Klasse Fahrzeug wird nachfolgend verändert:

▶ Ein Fahrzeug bekommt neben der Eigenschaft geschwindigkeit die Eigenschaft bezeichnung.

▶ Die Klasse beinhaltet eine Konstruktormethode zur Festlegung von Anfangswerten für die beiden Eigenschaften.

Das Programm:

```
<html>
<body>
<?php
/* Definition der Klasse Fahrzeug */
class Fahrzeug
{
    private $geschwindigkeit;
    private $bezeichnung;

    public function __construct($bez, $ge)
    {
        $this->bezeichnung = $bez;
        $this->geschwindigkeit = $ge;
    }

    function beschleunigen($wert)
    {
        $this->geschwindigkeit += $wert;
    }

    function ausgabe()
    {
        echo $this->bezeichnung;
        echo " $this->geschwindigkeit km/h<br />";
    }
}

/* Objekte der Klasse Fahrzeug erzeugen */
$vespa = new Fahrzeug("Vespa Piaggio",25);
$scania = new Fahrzeug("Scania TS 360",62);

/* Objekte betrachten */
$vespa->ausgabe();
$scania->ausgabe();

/* Objekt verändern */
$vespa->beschleunigen(20);
$vespa->ausgabe();

?>
</body>
</html>
```

Listing 5.3 Datei p502.php

Erläuterung:

▶ Der Methodenname __construct() bezeichnet die Konstruktormethode für die jeweilige Klasse. Es werden im vorliegenden Fall der Klasse Fahrzeug zwei Parameter übergeben. Diese beiden Parameter werden genutzt, um die beiden Eigenschaften mit Anfangswerten zu versorgen.

▶ Die Methode ausgabe() dient zur Ausgabe beider Eigenschaften.

▶ Es werden zwei Objekte erzeugt. Dabei werden die Anfangswerte an den Konstruktor übergeben, hier die Werte »Vespa Piaggio« und 25 für das Objekt vespa und »Scania TS 360« und 62 für das Objekt scania.

▶ Anschließend werden die Eigenschaften der Objekte verändert beziehungsweise ausgegeben.

Die Ausgabe des Programms sieht so aus:

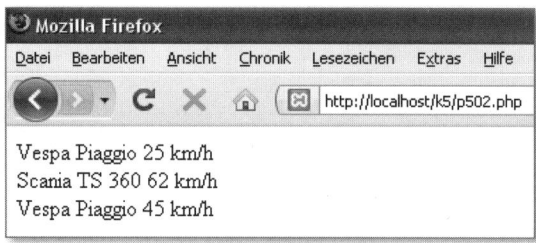

Abbildung 5.2 Klasse mit Konstruktor

Konstruktoren werden häufig eingesetzt. Sie ermöglichen eine bewusstere Erzeugung von Objekten. Im Unterschied zu vielen anderen objektorientierten Sprachen kann in PHP eine Konstruktormethode auch explizit aufgerufen werden. Im obigen Programm wäre also eine nachträgliche »Neuinitialisierung« des Objekts $vespa in folgender Form möglich:

```
$vespa->__construct("Vespa Formosa", 35);
```

Der Nutzen einer solchen Vorgehensweise erschließt sich besonders im Zusammenhang mit der Vererbung (siehe Abschnitt 5.7).

5.4   Destruktor

Seit PHP 5.0 kann der Entwickler einen sogenannten *Destruktor* definieren. Falls der Entwickler keinen eigenen Destruktor definiert, so wird ein Standarddestruktor aufgerufen.

Beim Destruktor handelt es sich sozusagen um das Gegenstück zum Konstruktor. Es ist eine Methode, die automatisch aufgerufen wird, sobald die Existenz eines Objekts endet.

▶ Falls ein Objekt im Hauptprogramm erzeugt wurde, stellt das Ende des Hauptprogramms den Zeitpunkt des Destruktoraufrufs dar.

▶ Falls ein Objekt innerhalb einer Funktion erzeugt wurde, wird der Destruktor am Ende der Funktion aufgerufen.

Die Destruktormethode hat den festgelegten Namen __destruct() (mit zwei Unterstrichen vor dem Wort »destruct«). Der Zweck eines Destruktors besteht im »Aufräumen«. Es können Aktionen angestoßen, Ressourcen freigegeben oder Informationen, die mit dem speziellen Objekt zusammenhängen, festgehalten werden.

__destruct()

Es folgt ein Programm mit einer Klasse, die über einen Konstruktor und einen Destruktor verfügt:

```php
<html>
<body>
<?php
class Fahrzeug
{
    private $geschwindigkeit;

    public function __construct($ge)
    {
        $this->geschwindigkeit = $ge;
    }

    public function beschleunigen($wert)
    {
        $this->geschwindigkeit += $wert;
    }

    public function ausgabe()
    {
        echo "Geschwindigkeit: $this->geschwindigkeit <br />";
    }
```

```
   public function __destruct()
   {
      echo "Destruktor<br />";
   }
}

$vespa = new Fahrzeug(20);
$vespa->ausgabe();
$vespa->beschleunigen(30);
$vespa->ausgabe();

?>
</body>
</html>
```

Listing 5.4   Datei p503.php

Die Ausgabe des Programms sieht wie folgt aus:

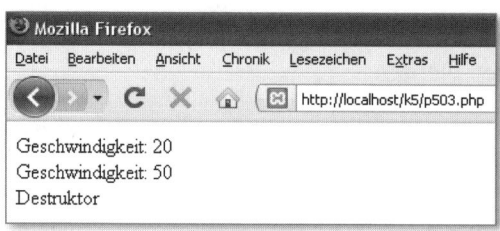

Abbildung 5.3   Klasse mit Destruktor

Erläuterung: Es wurde eine eigene Destruktormethode definiert. Diese liefert im vorliegenden Fall nur eine Ausgabe vom Typ: »Hallo, hier bin ich.« Sie wird am Ende des Hauptprogramms aufgerufen.

[»]   **Hinweis**

Ein Destruktor kann auch explizit aufgerufen werden (hier zum Beispiel mit: $vespa->__destruct();). Dies führt dazu, dass der Speicherplatz des Objekts während des Programmlaufs wieder freigegeben wird und anderweitig genutzt werden kann.

5.5   Optionale Parameter

Sowohl Funktionen als auch Methoden können optionale Parameter beinhalten. Man erweitert die Möglichkeiten von Methoden und somit auch der Konstruktormethode, wenn man optionale Parameter verwendet.

Optionale Parameter sollten immer am Ende der Parameterreihe stehen. Default-Werte
Falls bei einem Methodenaufruf optionale Parameter weggelassen werden, kann dies nur von rechts nach links innerhalb der Parameterreihe
geschehen. Es ist nicht möglich, Parameter am Anfang der Reihe wegzu-
lassen und gleichzeitig Parameter am Ende der Reihe anzugeben.

Es bleibt dem Programmierer der Klassendefinition überlassen, ob und
in welchem Umfang er alternative Aufrufmöglichkeiten für seine Methoden zur Verfügung stellen möchte. Im folgenden Beispiel werden bei der
Konstruktormethode optionale Parameter angewendet. Damit können
Objekte dieser Klasse auf verschiedene Art und Weise erzeugt werden.

| Hinweis | [«] |

Optionale Parameter eröffnen die einzige Möglichkeit, eine Funktion beziehungsweise Methode auf verschiedene Arten aufzurufen. Die Möglichkeit
des Überladens von Methoden, wie aus anderen objektorientierten Sprachen bekannt, existiert in PHP nicht.

Das Programm:

```
<html>
<body>
<?php
/* Definition der Klasse Fahrzeug */
class Fahrzeug
{
    private $geschwindigkeit;
    private $bezeichnung;

    /* Konstruktor mit optionalen Parametern */
    function __construct($bez = "xxx", $ge = 0)
    {
        $this->bezeichnung = $bez;
        $this->geschwindigkeit = $ge;
    }

    function beschleunigen($wert)
    {
        $this->geschwindigkeit += $wert;
    }

    function ausgabe()
    {
        echo "Name: $this->bezeichnung,
```

```
                    Geschwindigkeit: $this->geschwindigkeit
                    km/h<br />";
        }
    }

    /* Objekte der Klasse Fahrzeug erzeugen */
    $vespa = new Fahrzeug("Vespa Piaggio");
    $scania = new Fahrzeug("",62);
    $jeep = new Fahrzeug("Jeep Cherokee",45);
    $hyundai = new Fahrzeug();

    /* Objekte betrachten */
    $vespa->ausgabe();
    $scania->ausgabe();
    $jeep->ausgabe();
    $hyundai->ausgabe();
    ?>
    </body>
    </html>
```

Listing 5.5 Datei p504.php

Erläuterung:

► Die beiden Parameter der Konstruktormethode der Klasse Fahrzeug sind optional, da bei der Definition jeweils bereits ein fester Wert zugewiesen wurde. Für den Parameter $bez wird die Zeichenkette »xxx« als Vorgabewert angegeben, für den Parameter $ge der Wert 0.

► Somit können bei der Erzeugung von Fahrzeugen kein, ein oder zwei Parameter angegeben werden, wie die Beispiele zeigen.

► Bei der Erzeugung des Objekts $vespa wird nur eine Zeichenkette übergeben. Diese wird als erster Parameter der Eigenschaft bezeichnung zugewiesen. Der zweite Parameter wird nicht geliefert, daher wird der Vorgabewert 0 übernommen.

► Bei der Erzeugung des Objekts $scania werden beide Parameter übergeben, obwohl nur der Wert 62 für die Eigenschaft geschwindigkeit zugewiesen werden soll. Falls nur ein Parameter (die Zahl 62) übergeben worden wäre, so wäre dieser (als erster Parameter) der Eigenschaft bezeichnung zugewiesen worden. Daher musste als erster Parameter eigens eine leere Zeichenkette übergeben werden. Die Zahl 62 wurde somit zum zweiten Parameter.

▶ Bei der Erzeugung des Objekts `$jeep` werden beide Parameter mit sinnvollen Werten übergeben.

▶ Bei der Erzeugung des Objekts `$hyundai` wird kein Parameter übergeben. Beide Eigenschaften werden daher auf die Vorgabewerte (Zeichenkette »xxx« beziehungsweise 0) gesetzt.

Die Ausgabe des Programms sieht so aus:

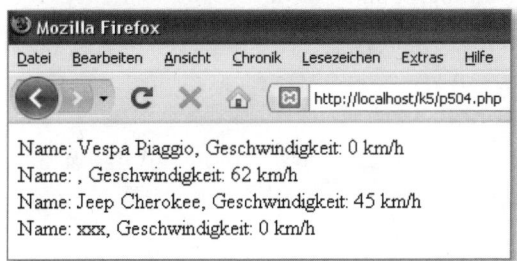

Abbildung 5.4 Konstruktor mit optionalen Parametern

5.6 Handles und Kopien

Seit PHP 5.0 bieten sich mehrere Möglichkeiten, auf ein Objekt zuzugreifen beziehungsweise ein Objekt zu kopieren. Beides kann sich während der Entwicklung eines objektorientierten Programms als sehr nützlich erweisen.

Eine einfache Zuweisung eines Objekts zu einer Variablen erzeugt lediglich ein zweites Handle auf das gleiche Objekt; es wird kein zweites Objekt erzeugt. Eine Änderung des Objekts über das Original-Handle kann auch bei Benutzung des zweiten Handles festgestellt werden. Eine Änderung über das zweite Handle kann umgekehrt auch bei Benutzung des Original-Handles festgestellt werden.

Objekt-Handle

Das Gleiche gilt bei der Übergabe eines Objekts an eine Funktion. Eine Änderung innerhalb der Funktion wirkt sich auf das Originalobjekt aus.

Ein Entwickler kann aber auch eine Kopie, das heißt ein zweites Objekt, anlegen. Dieses hat zunächst die Eigenschaften und Eigenschaftswerte des Originalobjekts. Es existieren anschließend zwei individuelle Objekte. Die Kopie kann ohne Auswirkungen auf das Original verändert werden und umgekehrt.

Kopie

Dieser Kopiervorgang wird auch *Klonen* genannt. Dazu wird das Schlüsselwort `clone` benutzt.

clone

__clone() ▶ Falls in der Klasse des Objekts eine Methode __clone() existiert, so wird diese benutzt (benutzerdefiniertes Klonen). Diese Methode kann nicht direkt aufgerufen werden.

▶ Falls in der Klasse des Objekts keine Methode dieses Namens existiert, so wird eine PHP-Standardmethode aufgerufen und die Eigenschaftswerte werden vollständig übernommen (vordefiniertes Klonen).

In den drei folgenden Programmen sollen diese Zusammenhänge verdeutlicht werden.

5.6.1 Vordefiniertes Klonen

Zunächst ein Programm, in dem ein Objekt, ein Handle auf das gleiche Objekt sowie ein Klon erzeugt werden:

```
<html>
<body>
<?php
class Fahrzeug
{
    private $geschwindigkeit = 0;
    private $farbe = "rot";

    public function beschleunigen($wert)
    {
        $this->geschwindigkeit += $wert;
    }

    public function lackieren($wert)
    {
        $this->farbe = $wert;
    }

    public function ausgabe()
    {
        echo "Geschwindigkeit: $this->geschwindigkeit,
            Farbe: $this->farbe <br />";
    }
}

/* Original-Objekt */
echo "Vor Veränderung:<br />";
$vespa = new Fahrzeug();
$vespa->beschleunigen(20);
$vespa->ausgabe();
```

```
/* Neues Handle zu Original-Objekt */
$honda = $vespa;
$honda->ausgabe();

/* Zweites Objekt, durch Standard-Klonen */
$yamaha = clone $vespa;
$yamaha->ausgabe();
echo "<p> </p>";

/* Original verändern */
echo "Nach Veränderung:<br />";
$vespa->beschleunigen(35);
$vespa->lackieren("gelb");
$vespa->ausgabe();

/* Benutzung des anderen Handles: Änderung */
$honda->ausgabe();

/* Klon: Keine Änderung */
$yamaha->ausgabe();
?>
</body>
</html>
```

Listing 5.6 Datei p505.php

Erläuterung:

▶ Zunächst wird das Objekt $vespa erzeugt und eine Eigenschaft verändert. Der Name $vespa ist eigentlich nur ein Handle für das Objekt, das im Speicher abgelegt ist.

▶ Das zweite Handle $honda auf das gleiche Objekt wird erzeugt. Damit kann man sowohl über $vespa als auch über $honda auf das gleiche Objekt zugreifen.

▶ Das Objekt $yamaha wird als Kopie des Objekts $vespa angelegt. Dabei wird die Standard-Klonmethode aufgerufen, da in der Klasse des Objekts $vespa keine Methode mit diesem Namen existiert. Das Objekt $yamaha hat zunächst die gleichen Eigenschaftswerte wie das Objekt $vespa.

▶ Das Originalobjekt wird verändert. Diese Änderung ist sichtbar, unabhängig davon, ob man über das erste Handle ($vespa) oder über das zweite Handle ($yamaha) zugreift. Das Objekt $yamaha ist unabhängig und verändert sich nicht.

Die Ausgabe:

Abbildung 5.5 Zweites Handle und geklontes Objekt

5.6.2 Benutzerdefiniertes Klonen

Die Klassendefinition wird um eine eigene Methode __clone() erweitert. Ansonsten bleibt das Programm unverändert. Nachfolgend die Klassenmethode __clone():

```
...
class Fahrzeug
{
    ...
    public function __clone()
    {
        $this->geschwindigkeit += 10;
        $this->farbe = "grün";
    }
    ...
}
...
```

Listing 5.7 Datei p506.php (nur Veränderung in der Klassendefinition)

Erläuterung:

$that-> Beim Klonen eines Objekts der Klasse Fahrzeug wird die dargestellte Methode __clone() aufgerufen. Die Eigenschaft geschwindigkeit bekommt einen neuen Wert, der auf dem Wert des Originalobjekts basiert. Die Eigenschaft farbe bekommt einen neuen Wert.

Falls die zweite Anweisung nicht vorhanden wäre, würde die Eigenschaft $farbe für das geklonte Objekt inklusive des alten Wertes übernommen. Es ergeben sich somit drei Möglichkeiten für die Eigenschaftswerte eines geklonten Objekts:

▶ Ein Eigenschaftswert wird vom Originalobjekt übernommen.

▶ Ein Eigenschaftswert basiert auf dem ursprünglichen Wert des Originalobjekts.

▶ Eine Eigenschaft wird mit einem völlig neuen Wert belegt.

Die Ausgabe:

Abbildung 5.6 Anwendung von »__clone()«

5.6.3 Übergabe eines Objekts an eine Funktion

Das Verhalten bei der Übergabe eines Objekts an eine Funktion soll im folgenden Beispiel gezeigt werden. Es wird eine zusätzliche Funktion test() außerhalb der Klasse Fahrzeug definiert. Innerhalb dieser Funktion wird das Objekt verändert. Diese Veränderung hat Auswirkungen auf das Original, denn auch $v ist lediglich ein zweites Handle für $vespa.

```
<html>
<body>
<?php
class Fahrzeug
{
    private $geschwindigkeit = 0;

    public function beschleunigen($wert)
    {
```

```
        $this->geschwindigkeit += $wert;
    }

    public function ausgabe()
    {
        echo "Geschwindigkeit: $this->geschwindigkeit <br />";
    }
}

function test($v)
{
    $v->beschleunigen(15);
}

$vespa = new Fahrzeug;
$vespa->beschleunigen(20);
$vespa->ausgabe();
test($vespa);
$vespa->ausgabe();
?>
</body>
</html>
```

Listing 5.8 Datei p507.php

5.7 Vererbung

Klassenhierarchie   Eine Klasse kann ihre Eigenschaften und Methoden an eine andere Klasse vererben. Dieser Mechanismus wird häufig angewandt, um bereits vorhandene Definitionen zu übernehmen. Man erzeugt dadurch eine Hierarchie von miteinander verwandten Klassen. Diese ermöglichen die Darstellung von Objekten, die teilweise übereinstimmende sowie auch unterschiedliche Merkmale aufweisen.

Im folgenden Beispiel wird eine Klasse PKW definiert, mit deren Hilfe die Eigenschaften und Methoden von Personenkraftwagen dargestellt werden sollen. Bei der Erzeugung bedient man sich der existierenden Klasse Fahrzeug, in der ein Teil der gewünschten Eigenschaften und Methoden bereits vorhanden ist. Bei der Klasse PKW kommen noch einige Merkmale hinzu. Hierbei handelt es sich um eine spezialisierte Klasse – im Gegensatz zu der allgemeinen Klasse Fahrzeug.

Von der Klasse PKW aus gesehen ist die Klasse Fahrzeug eine Basisklasse. Von der Klasse Fahrzeug aus gesehen ist die Klasse PKW eine abgeleitete Klasse. Zunächst die beiden Klassendefinitionen:

Basisklasse, abgeleitete Klasse

```php
/* Definition der Klasse Fahrzeug */
class Fahrzeug
{
    private $geschwindigkeit = 0;

    function beschleunigen($wert)
    {
        $this->geschwindigkeit += $wert;
    }

    function ausgabe()
    {
        echo "Geschwindigkeit: $this->geschwindigkeit<br />";
    }
}

/* Definition der abgeleiteten Klasse PKW */
class PKW extends Fahrzeug
{
    private $insassen = 0;

    function einsteigen($anzahl)
    {
        $this->insassen += $anzahl;
    }

    function aussteigen($anzahl)
    {
        $this->insassen -= $anzahl;
    }

    function ausgabe()        /* überschriebene Methode */
    {
        echo "Insassen: $this->insassen ";
        parent::ausgabe();    /* geerbte Methode */
    }
}
```

Listing 5.9 Datei p508.php (Basisklasse und abgeleitete Klasse)

Erläuterung:

► Die abgeleitete Klasse PKW erbt von der Klasse Fahrzeug und beinhaltet insgesamt fünf Methoden und zwei Eigenschaften:

   ► die von der Klasse Fahrzeug geerbten Methoden ausgabe() und beschleunigen(),

   ► die eigenen Methoden einsteigen() und aussteigen(),

   ► die eigene Ausgabemethode ausgabe(), die unter anderem die geerbte Methode ausgabe() der Basisklasse aufruft,

   ► die von der Klasse Fahrzeug geerbte Eigenschaft geschwindigkeit und

   ► die eigene Eigenschaft insassen. Sie wird zu Beginn auf 0 gesetzt.

extends ► Falls eine Klasse von einer anderen Klasse abgeleitet wird, so folgen nach dem Schlüsselwort class und dem Namen der abgeleiteten Klasse das Schlüsselwort extends (erweitert) und der Name der Basisklasse. Die abgeleitete Klasse erweitert somit die Eigenschaften und Methoden der Basisklasse.

► Eigenschaften und Methoden werden zunächst in der Klasse des Objekts gesucht. Sollten sie dort nicht vorhanden sein, so wird die Suche in der zugehörigen Basisklasse fortgesetzt.

► Eine Methode einer Basisklasse kann in einer abgeleiteten Klasse mit einer gleichnamigen Methode überschrieben werden. Wird eine solche Methode für ein Objekt einer abgeleiteten Klasse aufgerufen, so wird nur der Programmcode der »neuen« Methode verarbeitet, nicht aber der Programmcode der gleichnamigen Methode der Basisklasse.

parent:: ► Falls dieser Programmcode zusätzlich genutzt werden soll, so hilft der Operator :: (doppelter Doppelpunkt). Der Aufruf parent::ausgabe() innerhalb der Methode ausgabe() der Klasse PKW führt dazu, dass für das aktuelle Objekt die gleichnamige Methode der Basisklasse aufgerufen wird. Eine solche »Verkettung« von Aufrufen ist in einer Klassenhierarchie durchaus sinnvoll und erwünscht.

► Man könnte die Basisklasse hier auch mit Fahrzeug::ausgabe() aufrufen. Der Vorteil von parent liegt allerdings darin, dass bei einer späteren Veränderung der Klassenhierarchie der Programmcode nicht geändert werden muss.

Im Hauptprogramm wird ein Objekt der Klasse PKW erzeugt und mehrmals verändert. Der jeweilige Zustand des Objekts wird ausgegeben:

```
/* Objekt der abgeleiteten Klasse Fahrzeug */
$fiat = new PKW();
$fiat->ausgabe();

$fiat->einsteigen(3);
$fiat->beschleunigen(30);
$fiat->ausgabe();

$fiat->beschleunigen(-30);
$fiat->ausgabe();

$fiat->aussteigen(1);
$fiat->ausgabe();
```

Listing 5.10 Datei p508.php (Hauptprogramm)

Erläuterung:

▶ Es wird das Objekt fiat erzeugt.

▶ Es werden die Methoden einsteigen() und aussteigen() aufgerufen. Diese werden unmittelbar in der Klasse PKW gefunden und verändern die Eigenschaft insassen.

▶ Es wird die Methode beschleunigen() aufgerufen. Diese wird nicht unmittelbar in der Klasse PKW gefunden, daher wird in der Basisklasse weitergesucht. Dort wird sie gefunden und dient zur Veränderung der Eigenschaft geschwindigkeit.

▶ Es werden mehrmals die Eigenschaften des Objekts ausgegeben. Die Eigenschaft insassen wird durch die eigene Methode ausgabe() ausgegeben, die Eigenschaft geschwindigkeit durch die geerbte Methode ausgabe().

Die Ausgabe des Programms sehen Sie in Abbildung 5.7.

Abbildung 5.7 Eigenschaften eines Objekts einer abgeleiteten Klasse

5.7.1 Konstruktoren bei Vererbung

Auch Objekte von abgeleiteten Klassen sollten nur mit Hilfe eines Konstruktors erzeugt werden. Im folgenden Programm wird daher die Definition der Klasse PKW verändert. Voraussetzung für eine sinnvolle Initialisierung ist ein passender Konstruktor der Basisklasse. Daher sollte auch hier ein Konstruktor eingesetzt werden.

parent::
__construct()

Der Konstruktor der abgeleiteten Klasse sollte den Konstruktor der Basisklasse explizit aufrufen, damit dieser seinen Anteil an den Initialisierungsdaten erhält. Bei einer späteren Veränderung der Klassenhierarchie stellt der explizite Aufruf des Konstruktors kein Problem dar, da dieser mit parent::__construct() geschieht.

Die Veränderungen im Programm:

```
...
class Fahrzeug
{
    private $geschwindigkeit;
    public function __construct($ge)
    {
        $this->geschwindigkeit = $ge;
    }
...
class PKW extends Fahrzeug
{
    private $insassen;
    public function __construct($ge, $anz)
    {
        $this->insassen = $anz;
        parent::__construct($ge);
    }
...
```

Listing 5.11 Datei p509.php (nur Veränderungen)

Erläuterung:

▶ Hauptprogramm und Ausgabe des Programms bleiben gleich.

▶ Die abgeleitete Klasse PKW beinhaltet einen Konstruktor, der insgesamt zwei Parameter erwartet. Einer der Parameter wird unmittelbar der Eigenschaft insassen zugewiesen. Der andere Parameter wird an den Konstruktor der Basisklasse Fahrzeug weitergeleitet, indem dieser explizit mit parent::__construct() aufgerufen wird.

▶ Bei der Erschaffung eines Objekts der abgeleiteten Klasse PKW müssen also beide Startwerte für die Eigenschaften angegeben werden.

5.8   Dereferenzierung von Objekten

Objekte können als Parameter an Funktionen übergeben werden, ebenso können sie auch als Rückgabewert einer Funktion oder Klassenmethode dienen. Auf das zurückgegebene Objekt kann unmittelbar eine Methode angewendet werden, wie das folgende Beispiel zeigt.

```php
<html>
<body>
<?php
class bruch
{
    private $zaehler;
    private $nenner;

    public function __construct($z,$n)
    {
        $this->zaehler = $z;
        $this->nenner = $n;
    }

    public function aus()
    {
        return $this->zaehler . "/" . $this->nenner;
    }

    public function mult($a)
    {
        $erg = new bruch(1,1);
        $erg->zaehler = $this->zaehler * $a->zaehler;
        $erg->nenner = $this->nenner * $a->nenner;
        return $erg;
    }
}

$x = new bruch(3,7);
$y = new bruch(4,5);

echo $x->aus() . " * " . $y->aus()
    . " = " . $x->mult($y)->aus();
```

```
?>
</body>
</html>
```

Listing 5.12   Datei p510.php

Das Programm arbeitet mit der Klasse bruch. Ein Objekt der Klasse bruch (ein mathematischer Bruch) hat zwei Eigenschaften: Zähler und Nenner. Mit Hilfe eines Konstruktors wird jeder Bruch bei der Erzeugung mit Werten versorgt.

Zusätzlich wird noch eine Methode mult() zur Multiplikation von zwei Brüchen definiert. Dabei wird der Bruch, für den die Methode aufgerufen wird (im Programm $x), mit demjenigen Bruch multipliziert, der als Parameter übermittelt wird (im Programm ist dies $y). Ergebnis ist wiederum ein Bruch, der als Rückgabewert dient (im Programm ist dies $erg). Auf diesen Bruch wird unmittelbar die Methode aus() angewendet: $x->mult($y)->aus()

Die Ausgabe sieht wie folgt aus:

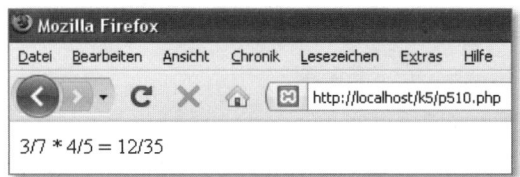

Abbildung 5.8   Direkte Ausgabe des Rückgabewertes einer Methode

5.9   Konstanten, statische Eigenschaften und Methoden

Neben den bisher erwähnten Eigenschaften und Methoden können einer Klasse noch weitere Elemente hinzugefügt werden.

Klassenkonstante   Eine Klassenkonstante ist grundsätzlich öffentlich, die Sichtbarkeit kann nicht mit public, protected oder private spezifiziert werden. Es darf kein Dollar-Zeichen (wie bei einer Variablen) vor dem Namen stehen. Der Wert einer Konstanten kann sich nicht ändern. Eine Konstante ist unabhängig von der Existenz einzelner Objekte der Klasse, sie ist nur einmal vorhanden.

Innerhalb der Klasse kann die Klassenkonstante mit `self::` `Konstantenname` angesprochen werden. Außerhalb der Klasse kann sie nur mit `Klassenname::Konstantenname` angesprochen werden. Einsatzzweck: Sie ist thematisch einer Klasse zugeordnet. Zum Beispiel würde man eine Konstante g (als Größe für die Schwerkraft) einer Klasse zuordnen, die mit physikalischen Werten und Methoden arbeitet.

Statische Eigenschaft

Eine statische Eigenschaft ist ebenfalls unabhängig von der Existenz einzelner Objekte der Klasse. Sie ist nur einmal vorhanden. Allerdings kann sich ihr Wert ändern. Sie kann und sollte unmittelbar zu Beginn initialisiert werden.

Innerhalb der Klasse kann eine statische Eigenschaft mit `self::` `Eigenschaftsname` oder mit `Klassenname::Eigenschaftsname` angesprochen werden. Außerhalb der Klasse kann sie natürlich nur angesprochen werden, falls sie `public` ist, und dann auch nur über `Klassenname::` `Eigenschaftsname`.

Der Wert einer statischen Eigenschaft steht allen Objekten der Klasse gemeinschaftlich zur Verfügung und kann zum Datenaustausch zwischen Objekten dienen, beispielsweise zur Zählung beziehungsweise Nummerierung von Objekten.

Statische Methode

Eine statische Methode ist ebenfalls unabhängig von der Existenz einzelner Objekte der Klasse. Innerhalb der Klasse kann sie mit `self::` `Methodenname` oder `Klassenname::Methodenname` angesprochen werden. Außerhalb der Klasse kann sie natürlich nur angesprochen werden, falls sie `public` ist, und nur über `Klassenname:: Methodenname`.

Thematisch ist eine statische Methode sinnvoll einer Klasse zugeordnet. Zum Beispiel würde man eine Methode `AnziehungBerechnen()` einer Klasse zuordnen, die allgemein mit physikalischen Werten und Methoden arbeitet.

Ein Beispiel:

```
<html>
<body>
<?php
class math
{
    const pi = 3.1415926;
    private $id;

    public static $nummer=0;
```

```php
   public function __construct()
   {
      self::$nummer = self::$nummer + 1;
      $this->id = self::$nummer;
   }

   public static function quadrat($p)
   {
      return $p * $p;
   }

   public function aus()
   {
      echo "Nr.: $this->id, " . self::pi . "<br />";
      echo self::quadrat(3.2) . "<br />";
   }
}

$z = 2.5;
echo math::quadrat($z) . "<p> </p>";

$x = new math();
$x->aus();
echo "Anzahl: " . math::$nummer . "<p> </p>";

$y = new math();
$y->aus();
echo "Anzahl: " . math::$nummer . "<p> </p>";

echo math::pi;
?>
</body>
</html>
```

Listing 5.13 Datei p511.php

Erläuterung:

▶ Innerhalb der Klasse math wird die Klassenkonstante pi mit dem Wert 3.1415926 definiert. Sie wird innerhalb der Klasse mit dem Namen self::pi angesprochen, außerhalb der Klasse mit dem Namen math::pi. Sie ist thematisch mit der Klasse math verbunden und keinem bestimmten Objekt zugeordnet.

▶ Innerhalb der Klasse `math` wird die öffentliche, statische Eigenschaft `$nummer` mit dem Startwert 0 definiert. Sie wird innerhalb der Klasse mit dem Namen `self::$nummer` angesprochen, außerhalb der Klasse mit dem Namen `math::$nummer`. Sie dient zur Nummerierung der einzelnen Objekte. Bei jeder Erzeugung eines Objekts der Klasse wird ihr Wert um 1 erhöht. Dieser Wert wird der objektspezifischen Eigenschaft `$id` zugewiesen. Somit erhält jedes Objekt eine individuelle ID, und zwar in der Reihenfolge der Erzeugung. Außerdem ist stets die Anzahl der existierenden Objekte bekannt.

self::

▶ Innerhalb der Klasse `math` wird die öffentliche, statische Methode `quadrat()` definiert. Sie wird innerhalb der Klasse mit dem Namen `self::quadrat()` angesprochen, außerhalb der Klasse mit dem Namen `math::quadrat()`. Mit ihr lassen sich Zahlen quadrieren. Sie ist thematisch mit der Klasse `math` verbunden und keinem bestimmten Objekt zugeordnet.

Die Ausgabe sieht so aus:

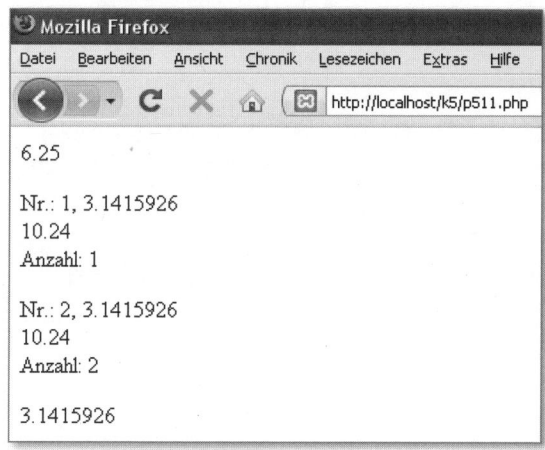

Abbildung 5.9 Konstanten, statische Eigenschaften und Methoden

5.10 Abstrakte Klassen und Methoden

Mit Hilfe des Schlüsselworts `abstract` kann eine Klasse definiert werden, die sozusagen nicht »fertig« ist. Innerhalb dieser Klasse gibt es eine oder mehrere Methoden, die nur aus der Deklaration bestehen, aber keinen Methodenkörper haben.

abstract

Eine abstrakte Klasse

▸ dient nur als gemeinsame Basis für abgeleitete Klassen, damit bereits gemeinsame Eigenschaften gesammelt und festgelegt werden können, und

▸ muss abgeleitet werden, damit die abstrakten Methoden konkret definiert werden können.

Es kann keine Objekte (Instanzen) von abstrakten Klassen geben.

Ein Beispiel:

```
<html>
<body>
<?php
abstract class test_daddy
{
    protected $x;

    function __construct($p)
    {
        $this->x = $p;
    }

    abstract function aus();
}

class test_son extends test_daddy
{
    function aus()
    {
        echo "$this->x<br />";
    }
}

$a = new test_son(35);
$a->aus();
?>
</body>
</html>
```

Listing 5.14 Datei p512.php

Erläuterung:

▸ Innerhalb der Klasse test_daddy gibt es eine Methode aus(). Diese ist abstrakt.

▶ Da es mindestens eine abstrakte Methode gibt, muss die Klasse test_daddy ebenfalls als abstrakt gekennzeichnet werden. Es kann keine Instanzen der Klasse test_daddy geben.

▶ Die Klasse test_son ist von der Klasse test_daddy abgeleitet. Damit Instanzen dieser Klasse erzeugt werden können, muss die abstrakte Methode aus() konkret definiert werden. Wäre dies nicht der Fall, so wäre test_son ebenfalls eine abstrakte Klasse.

▶ Im Hauptprogramm wird eine Instanz der Klasse test_son mit dem Startwert 35 erzeugt. Die Klasse test_son hat keinen eigenen Konstruktor, daher wird der Konstruktor der Klasse aufgerufen, von der die Klasse test_son erbt. Die Eigenschaft $x wird mit dem Startwert versorgt.

▶ Die Methode aus() wird aufgerufen. Die geerbte Eigenschaft $x wird ausgegeben. Diese muss in diesem Falle protected sein, da die Methode aus() eine Methode der abgeleiteten Klasse ist.

5.11 Magische Konstanten __METHOD__, __FILE__, __LINE__

Es gibt einige »magische« Konstanten, die sowohl innerhalb von objektorientierten Programmen als auch innerhalb von prozeduralen Programmen nützliche Informationen liefern. Ihr aktueller Wert hängt von dem Zusammenhang, in dem sie auftreten, ab. Es handelt sich dabei um:

▶ __METHOD__: Sie liefert den Namen der Klasse und der Methode, die aktuell angewandt wird. Sie ist nur innerhalb einer Methode sinnvoll. __METHOD__

▶ __FILE__: Sie liefert den Namen der aktuellen Datei mit Angabe des Verzeichnisses auf dem Webserver. __FILE__

▶ __LINE__: Sie liefert den Namen der aktuellen Zeile innerhalb des Quellcodes. __LINE__

Ein Beispiel:

```
<html>
<body>
<?php
class Fahrzeug
{
    private $geschwindigkeit;

    function __construct($wert)
    {
```

```
        echo "Methode: " . __METHOD__ . "<br />";
        $this->geschwindigkeit = $wert;
    }

    function beschleunigen($wert)
    {
        echo "Methode: " . __METHOD__ . "<br />";
        $this->geschwindigkeit += $wert;
    }

    function ausgabe()
    {
        echo "Methode: " . __METHOD__ . "<br />";
        echo "Geschwindigkeit: $this->geschwindigkeit<br />";
    }
}

echo "Datei: " . __FILE__ . "<br />";
echo "Zeile: " . __LINE__ . "<br />";

$vespa = new Fahrzeug(20);
$vespa->ausgabe();
$vespa->beschleunigen(20);
$vespa->ausgabe();

echo "Zeile: " . __LINE__ . "<br />";
?>
</body>
</html>
```

Listing 5.15   Datei p513.php

Die Ausgabe sieht so aus:

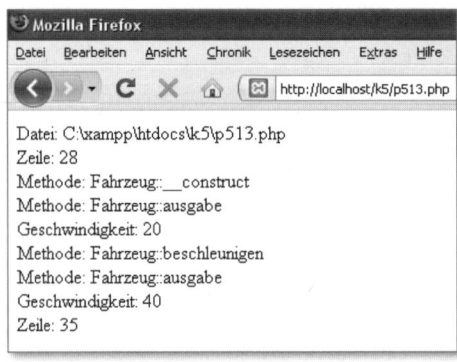

Abbildung 5.10   __METHOD__ __FILE__ __LINE__

5.12 Operator »instanceof«

Der Operator instanceof gibt an, ob ein Objekt eine Instanz einer   instanceof
bestimmten Klasse ist. Ein kleines Beispiel:

```
<html>
<body>
<?php
class atest{}
class btest{}

$x = new atest();

if($x instanceof atest)
    echo "Dies ist ein Objekt der Klasse atest<br />";
else
    echo "Dies ist kein Objekt der Klasse atest<br />";

if($x instanceof btest)
    echo "Dies ist ein Objekt der Klasse btest";
else
    echo "Dies ist kein Objekt der Klasse btest";
?>
</body>
</html>
```

Listing 5.16   Datei p514.php

Die Ausgabe sieht wie folgt aus:

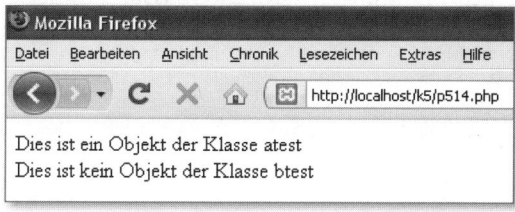

Abbildung 5.11   Anwendung von »instanceof«

5.13 Hilfsfunktionen

Einige Hilfsfunktionen können die Arbeit, besonders mit größeren Klassenhierarchien, vereinfachen, siehe Tabelle 5.1.

Funktionsname	Erläuterung
call_user_func()	Ruft eine benutzerdefinierte Funktion oder Methode auf.
class_exists()	Prüft die Existenz einer Klasse.
get_class()	Liefert den Klassennamen eines Objekts als Zeichenkette.
get_class_methods()	Liefert die Namen aller Methoden einer Klasse als Array.
get_class_vars()	Liefert die Standardelemente einer Klasse als Array.
get_declared_classes()	Liefert die Namen aller definierten Klassen als Array, inklusive Standardklassen.
get_object_vars()	Liefert die Elemente eines Objekts, denen bereits ein Wert zugewiesen wurde, als Array.
get_parent_class()	Liefert den Namen der übergeordneten Klasse eines Objekts als Zeichenkette.
is_subclass_of()	Prüft, ob ein Objekt von der angegebenen Klasse abstammt.
method_exists()	Prüft, ob eine bestimmte Methode in einer Klasse existiert.

Tabelle 5.1 Hilfsfunktionen

get_declared_ classes(), get_class_ methods()

Im folgenden Programm wird mit Hilfe der Methoden get_declared_ classes() und get_class_methods() eine Übersicht über die im aktuellen Programm verfügbaren Klassen und Methoden gegeben. Die Methode get_declared_classes() liefert auch die Standardklassen, daher beginnt die Ausgabe mit diesen Klassen.

Dargestellt wird nur das Hauptprogramm. Es wird die Klassendefinition aus dem vorherigen Programm verwendet.

```
/* Klassenübersicht */
$ak = get_declared_classes();

for($k=0; $k<sizeof($ak); $k++)
{
    echo "<p>Klasse: " . $ak[$k] . "<br />";

    /* Methodenübersicht */
    $am = get_class_methods($ak[$k]);

    for($m=0; $m<sizeof($am); $m++)
    {
        echo "Methode: " . $am[$m] . "<br />";
```

```
    }
    echo "</p>";
}
```

Listing 5.17 Datei p515.php (Hauptprogramm)

Die Ausgabe (nur der Teil mit den benutzerdefinierten Klassen):

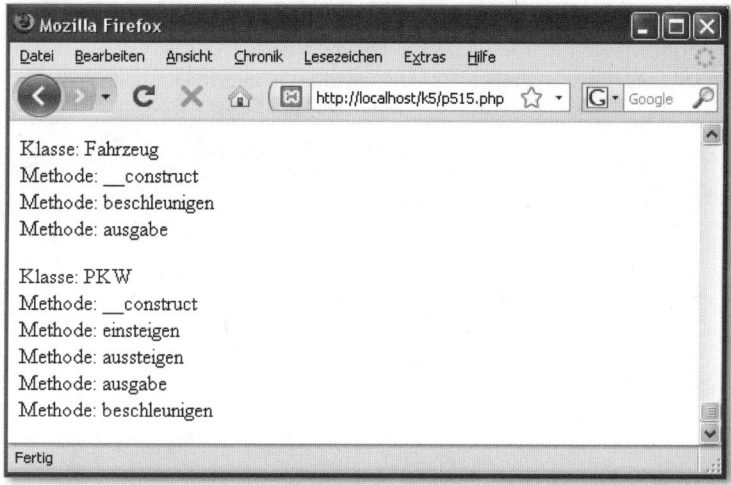

Abbildung 5.12 Benutzerdefinierte Klassen

5.14 Ausgabemethode __toString

Jede Klasse erbt, ähnlich wie die Methoden __construct() und __clone(), eine Methode __toString() zur Ausgabe der Daten eines Objekts.

__toString()

▶ Falls die Methode __toString() für eine bestimmte Klasse von Ihnen als Entwickler definiert wird, so führt eine Anweisung des Typs echo <Objektname> zu einem Aufruf der Methode __toString().

▶ Falls die Methode __toString() nicht vom Entwickler definiert wird, so führt die genannte Anweisung zu einem Fehler.

Ein Beispiel hierzu:

```
<html>
<body>
<?php
class Fahrzeug
{
```

```
    private $geschwindigkeit;
    private $farbe;

    function __toString()
    {
        $erg = "Geschwindigkeit: $this->geschwindigkeit,
                Farbe: $this->farbe";
        return $erg;
    }

    function __construct($g, $f)
    {
        $this->geschwindigkeit = $g;
        $this->farbe = $f;
    }
}

$vespa = new Fahrzeug(130,"rot");
echo $vespa;
?>
</body>
</html>
```

Listing 5.18   Datei p516.php

Die Methode __toString() liefert ein Objekt der Klasse Fahrzeug mit seinen Eigenschaften und Eigenschaftswerten in lesbarer Form:

Abbildung 5.13   Ausgabe des Objekts

5.15   autoload-Funktion

__autoload()   Die Funktion __autoload() eröffnet die Möglichkeit, eine Klassendefinition bei Bedarf einzubinden. Falls ein Objekt einer Klasse, die nicht definiert ist, erzeugt wird, so führt dies normalerweise zu einem Fehler. Falls jedoch die autoload-Funktion definiert wurde, so kann das Einbinden der Klassendefinition nachgeholt werden. Ein Beispiel:

```
<html>
<body>
<?php
function __autoload($classname)
{
    include_once "p517" . $classname . ".inc.php";
}

$x = new mambo();
$y = new salsa();
?>
</body>
</html>
```

Listing 5.19 Datei p517.php

Im Hauptprogramm werden zwei neue Objekte der Klassen mambo und salsa erzeugt. Diese sind hier beide unbekannt. Es existiert aber eine autoload-Funktion, der der Name der gesuchten Klasse implizit als Parameter übergeben wird.

Dies führt zum einmaligen Einbinden der beiden Dateien *p517mambo. inc.php* und *p517salsa.inc.php* mit Hilfe der Funktion include_once(). In den beiden Dateien finden sich die gesuchten Klassendefinitionen.

```
<?php
class mambo
{
    function __construct()
    {
        echo "Neues Objekt der Klasse mambo erzeugt<br />";
    }
}
?>
```

Listing 5.20 Datei p517mambo.inc.php

```
<?php
class salsa
{
    function __construct()
    {
        echo "Neues Objekt der Klasse salsa erzeugt<br />";
    }
}
?>
```

Listing 5.21 Datei p517salsa.inc.php

Die Ausgabe sieht so aus:

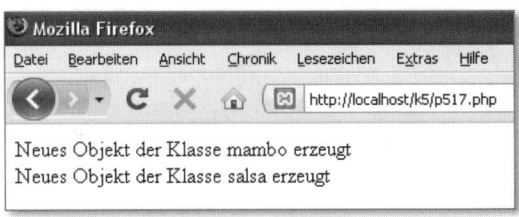

Abbildung 5.14 Anwendung der autoload-Funktion

5.16 Beispiel

Im folgenden Beispiel soll die Anwendung der Objektorientierung an einem umfangreicheren Beispiel verdeutlicht werden.

Wir betrachten ein Unternehmen, in dem mehrere Mitarbeiter beschäftigt sind. Die Daten der Mitarbeiter stehen in einer Textdatei als Datenquelle zur Verfügung. Außerdem gibt es eine Textdatei, in der die Arbeitsstunden der Mitarbeiter erfasst werden. Das Einlesen von Daten aus Textdateien wird in Abschnitt 6.2 genauer erläutert.

Aufgabe des Programms ist es, die Verbindung zwischen den Daten herzustellen, sodass für jeden Mitarbeiter ein Lohnscheck ausgedruckt werden kann.

Im Programm wird mit zwei Klassen gearbeitet:

Klasse »mitarbeiter«
► mit einer Klasse `mitarbeiter`, in der die Eigenschaften und Methoden eines einzelnen Mitarbeiters definiert werden, und

Klasse »unternehmen«
► mit einer Klasse `unternehmen`, in der die Eigenschaften und Methoden eines Unternehmens definiert werden. Der wichtigste Bestandteil eines Unternehmens sind seine Mitarbeiter, daher wird dort eine Verbindung zwischen den Klassen hergestellt.

Die Definition der Klasse `mitarbeiter`:

```
class mitarbeiter
{
    /* Eigenschaften eines Mitarbeiters */
    private $id;
    private $nachname;
    private $vorname;
    private $bank;
```

```
    private $blz;
    private $konto;
    private $stundenlohn;
    private $summe_stunden;

    /* Daten eines Mitarbeiters erzeugen */
    function __construct($info)
    {
        $this->id           = $info[0];
        $this->nachname     = $info[1];
        $this->vorname      = $info[2];
        $this->bank         = $info[3];
        $this->blz          = $info[4];
        $this->konto        = $info[5];
        $this->stundenlohn  = $info[6];
        $this->summe_stunden = 0;
    }

    /* Stunden eines Mitarbeiters erfassen */
    function stunden_erfassen($anzahl)
    {
        $this->summe_stunden += $anzahl;
    }

    /* Scheck eines Mitarbeiters ausdrucken */
    function scheck_ausdruck()
    {
        $summe_lohn =
            $this->summe_stunden * $this->stundenlohn;
        echo "<p>Scheck:<br />"
            . "Name: $this->nachname, $this->vorname<br />"
            . "Konto: $this->konto, BLZ: $this->blz<br />"
            . "Bank: $this->bank,"
            . "Betrag: $summe_lohn &euro;</p>";
    }
}
```

Listing 5.22 Datei p530.php, Klasse mitarbeiter

Erläuterung:

▶ Eigenschaften: Ein Mitarbeiter wird durch eine eindeutige ID gekennzeichnet. Er hat einen Namen und Vornamen, Daten zur Bankverbin-
dung, er erhält einen bestimmten Stundenlohn und hat eine gewisse
Anzahl an Stunden gearbeitet.

▶ Dem Konstruktor wird ein Feld mit den Initialisierungsdaten dieser Eigenschaften übermittelt. Die Inhalte dieses Feldes stammen aus einer Datei, in der die Daten aller Mitarbeiter des Unternehmens stehen.

▶ Die Methode stunden_erfassen() dient zur Summierung der geleisteten Arbeitsstunden.

▶ Die Methode scheck_ausdruck() dient dazu, aus den Daten eines Mitarbeiters und den gesammelten Stunden den Gesamtlohn zu ermitteln und einen Lohnscheck auszudrucken.

Es folgt die Definition der Klasse unternehmen:

```php
class unternehmen
{
    /* Eigenschaften eines Unternehmens */
    private $name;
    private $belegschaft;
    private $summe_stunden_unbekannt;

    /* Daten eines Unternehmens erzeugen */
    function __construct($na)
    {
        /* Name der Firma */
        $this->name = $na;
        $this->summe_stunden_unbekannt = 0;

        /* Mitarbeiter-Datei lesen */
        $dp = fopen("p530_belegschaft.txt", "r");
        $zeile = fgets($dp, 100);
        while(!feof($dp))
        {
            $info = explode(",",$zeile);
            $id = $info[0];
            $this->belegschaft[$id] = new mitarbeiter($info);
            $zeile = fgets($dp, 100);
        }
        fclose($dp);
    }

    /* Stunden-Datei lesen */
    function stunden_erfassen()
    {
        $dp = fopen("p530_stunden.txt", "r");
        $zeile = fgets($dp, 100);
```

```
    while(!feof($dp))
    {
        $info = explode(",", $zeile);
        $id = $info[0];
        if(array_key_exists($id,$this->belegschaft))
            $this->belegschaft[$id]
                ->stunden_erfassen($info[1]);
        else
            $this->summe_stunden_unbekannt += $info[1];
        $zeile = fgets($dp, 100);
    }
    fclose($dp);
}

/* Alle Schecks ausdrucken */
function scheck_ausdruck()
{
    foreach ($this->belegschaft as $schluessel=>$wert)
    {
        $this->belegschaft[$schluessel]
            ->scheck_ausdruck();
    }
}
}
```

Listing 5.23 Datei p530.php, Klasse »unternehmen«

Erläuterung:

▶ Die Eigenschaften: Ein Unternehmen wird durch seinen Namen identifiziert, es verfügt über eine Belegschaft (eine Gruppe von Mitarbei-
tern) und eine Hilfsvariable, die für die Stunden benötigt wird, die
nicht eindeutig einem Mitarbeiter zuzuordnen sind.

▶ Im Konstruktor werden die Daten des Unternehmens initialisiert,
indem unter anderem die Mitarbeiterdatei gelesen wird. Jede Zeile
der Datei beinhaltet die Daten eines Mitarbeiters; die einzelnen Daten
sind durch Kommata voneinander getrennt. Mit Hilfe der Funktion
explode() (siehe auch Abschnitt 6.1.2) werden die Daten einzeln im
Feld $info gespeichert. Das erste Feldelement ist die eindeutige ID
des Mitarbeiters. Es wird ein Objekt der Klasse mitarbeiter erzeugt.
Dabei wird das Feld $info mit den Daten dieses Mitarbeiters dem
Konstruktor der Klasse übergeben.

▶ In der Methode `stunden_erfassen()` wird die Stundendatei gelesen. Sie beinhaltet eine Reihe von Zeilen mit jeweils zwei Einträgen: Die ID des Mitarbeiters und die Anzahl der Stunden, die von diesem Mitarbeiter an einem Tag geleistet wurden. Falls es sich um eine bekannte ID handelt (`if(array_key_exists())`), werden die Stunden dem jeweiligen Mitarbeiter gutgeschrieben. Ansonsten werden sie zur »Summe unbekannt« addiert.

▶ Die Methode `scheck_ausdruck()` der Klasse `unternehmen` ruft die gleichnamige Methode für alle Mitarbeiter des Unternehmens auf.

Das Hauptprogramm ist recht kurz:

```
$un = new unternehmen("MacroHard");
$un->stunden_erfassen();
$un->scheck_ausdruck();
```

Listing 5.24 Datei p530.php, Hauptprogramm

Erläuterung:

▶ Es wird ein Unternehmen mit dem Namen »MacroHard« gegründet.

▶ Die Stunden, die für dieses Unternehmen gearbeitet wurden, werden erfasst.

▶ Die Schecks werden ausgedruckt.

Die Ausgabe sieht wie folgt aus:

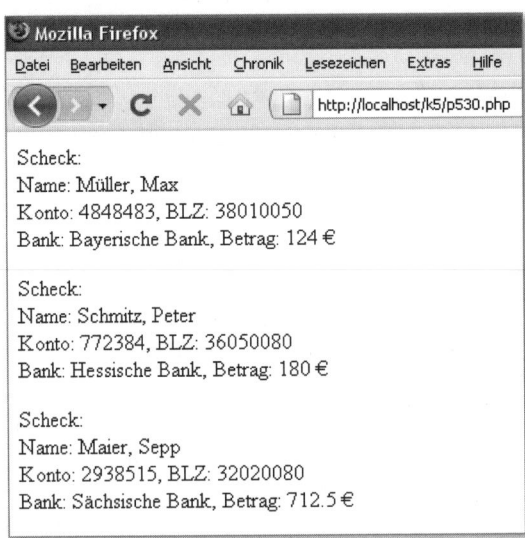

Abbildung 5.15 Scheckausdruck

6 Weitere Themen

Inhalt dieses Kapitels sind nützliche Funktionen aus häufig verwendeten Themenbereichen. Sie lernen zum Beispiel, wie Sie mit Zeichenketten, Dateien und Verzeichnissen, Datums- und Zeitangaben sowie mit dem Sessionmanagement von PHP, SQLite und XML umgehen. Die Themen können in beliebiger Reihenfolge je nach Bedarf bearbeitet werden.

6.1 Zeichenketten

Aus Formulareingabefeldern, Dateien und Datenbanken gelangen Zeichenketten (Strings), die analysiert und bearbeitet werden müssen, in ein PHP-Programm. Zur Weiterverarbeitung dieser Zeichenketten stehen zahlreiche Funktionen zur Verfügung. Einige nützliche Funktionen sollen hier vorgestellt werden.

Strings

6.1.1 Länge, Umwandlungsfunktionen

In dem folgenden Formular soll eine beliebige Zeichenkette eingegeben werden, die anschließend von einem Programm mittels verschiedener Methoden umgewandelt wird.

▶ Die Länge einer eingegebenen Zeichenkette wird mit `strlen()` gemessen.

Länge messen

▶ Alle eingegebenen Zeichen werden in Kleinbuchstaben (`strtolower()`) oder in Großbuchstaben (`strtoupper()`) umgewandelt.

Klein/groß

▶ Der erste Buchstabe einer Zeichenkette (`ucfirst()`) beziehungsweise jedes einzelnen Worts (`ucwords()`) wird in einen Großbuchstaben umgewandelt.

Erster Buchstabe

▶ Die Zeichenkette wird umgedreht (`strrev()`).

Umdrehen

▶ Bestimmte Zeichen (`strtr()`) oder Teilzeichenketten (`str_replace()`) können durch andere Zeichen beziehungsweise andere Teilzeichenketten ersetzt werden.

Zeichen ersetzen

Zunächst das Eingabeformular:

```
<html>
<body>
<p>Tragen Sie bitte einen Testsatz ein, und senden
   Sie das Formular ab</p>
<form action = "p601.php" method = "post">
  <p><input name="test" size="50" /></p>
  <p><input type="submit" value="Absenden" /></p>
</form>
</body>
</html>
```

Listing 6.1   Datei p601.htm

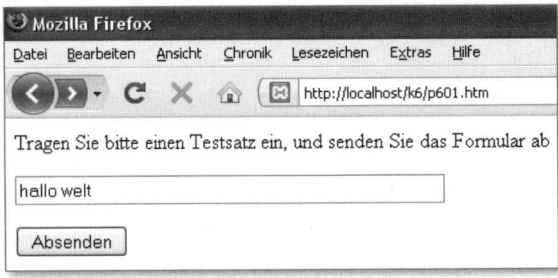

Abbildung 6.1   Beispieleingabe zur Umwandlung

Das Ergebnis der einzelnen Umwandlungen sieht wie folgt aus:

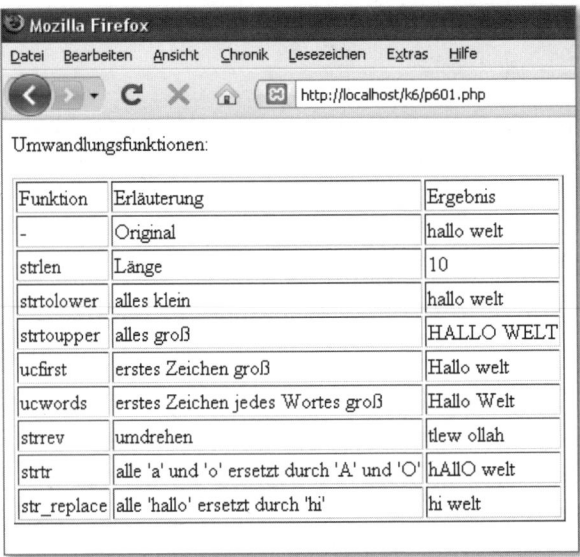

Abbildung 6.2   Ergebnis der Umwandlung

Hier das Programm:

```php
<html>
<body>
<?php
$test = $_POST["test"];
echo "<p>Umwandlungsfunktionen:</p>";
echo "<table border='1'>";
   echo "<tr> <td>Funktion</td> <td>Erläuterung</td>
     <td>Ergebnis</td> </tr>";
   echo "<tr> <td>-</td> <td>Original</td>
     <td>$test</td> </tr>";

   $lg = strlen($test);
   echo "<tr> <td>strlen</td>
     <td>Länge</td> <td>$lg</td> </tr>";

   $kl = strtolower($test);
   echo "<tr> <td>strtolower</td>
     <td>alles klein</td> <td>$kl</td> </tr>";

   $gr = strtoupper($test);
   echo "<tr> <td>strtoupper</td>
     <td>alles groß</td> <td>$gr</td> </tr>";

   $uf = ucfirst($test);
   echo "<tr> <td>ucfirst</td>
     <td>erstes Zeichen groß</td> <td>$uf</td> </tr>";

   $uw = ucwords($test);
   echo "<tr> <td>ucwords</td>
     <td>erstes Zeichen jedes Worts groß</td>
     <td>$uw</td> </tr>";

   $rv = strrev($test);
   echo "<tr> <td>strrev</td>
     <td>umdrehen</td> <td>$rv</td> </tr>";

   $tr = strtr($test,"ao", "AO");
   echo "<tr> <td>strtr</td>
     <td>alle 'a' und 'o' ersetzt durch 'A' und 'O'</td>
     <td>$tr</td> </tr>";

   $rp = str_replace("hallo","hi",$test);
   echo "<tr> <td>str_replace</td>
```

```
        <td>alle 'hallo' ersetzt durch 'hi'</td>
        <td>$rp</td> </tr>";
echo "</table>";
?>
</body>
</html>
```

Listing 6.2 Datei p601.php

Die Funktionen `strlen()`, `strtolower()`, `strtoupper()`, `ucfirst()`, `ucwords()` und `strrev()` erhalten jeweils einen Parameter, und zwar die Originalzeichenkette. Sie liefern die umgewandelte Zeichenkette als Rückgabewert zurück.

Die Funktion `strtr()` bekommt drei Parameter:

▶ die Originalzeichenkette

▶ eine Zeichenkette mit allen einzelnen Zeichen, die zu ersetzen sind

▶ eine Zeichenkette mit den jeweiligen neuen Zeichen

Alle zu ersetzenden Zeichen werden durch die entsprechenden neuen Zeichen ausgetauscht.

Die Funktion `str_replace()` bekommt ebenfalls drei Parameter:

▶ eine einzelne zu ersetzende Teilzeichenkette

▶ eine neue Teilzeichenkette

▶ die Originalzeichenkette

Alle zu ersetzenden Teilzeichenketten werden durch die entsprechenden neuen Teilzeichenketten ersetzt.

6.1.2 Zeichenketten und Felder

Zerlegen   Mit Hilfe der Funktion `explode()` kann eine Zeichenkette in ein Feld umgewandelt werden. Die Zeichenkette wird bei jedem Auftreten einer sogenannten »Separatorzeichenkette« getrennt. Diese Separatorzeichenkette kann aus einem einzelnen Zeichen wie zum Beispiel einem Leerzeichen oder einem Semikolon oder auch aus mehreren Zeichen bestehen.

Anschließend können die einzelnen Elemente des Feldes mit den bekannten Operationen für Felder weiter bearbeitet werden. Diese Methode wird häufig angewandt und erleichtert die Analyse einer Eingabe.

Den umgekehrten Vorgang, nämlich das Erzeugen einer Zeichenkette aus Zusammensetzen
einem Feld zusammen mit einer Separatorzeichenkette, ermöglicht die
Funktion `implode()`. Eine solche Zeichenkette mit Separatoren kann als
eine CSV-Datei geschrieben werden. CSV steht für kommaseparierte
Werte (engl. *comma-separated values*). CSV ist ein sehr universelles Format, das von vielen Programmen unter vielen Betriebssystemen gelesen
werden kann.

Es folgt der Programmcode eines Beispiels:

```
<html>
<body>
<?php
    /* explode */
    $test = "Dies ist ein kurzer Satz";
    $worte = explode(" ", $test);
    $lg = sizeof($worte);
    for($i=0; $i<$lg; $i++)
    {
        echo "Wort $i: $worte[$i]<br />";
    }
    echo "<p> </p>";

    /* implode */
    $feld = array(17.5, 19.2, 21.8, 21.6, 17.5);
    $test = implode(";", $feld);
    echo "Eine Zeichenkette:<br />$test";
?>
</body>
</html>
```

Listing 6.3 Datei p602.php

Mit Hilfe der Funktion `explode()` wird die Zeichenkette `$test` in ein
Feld verwandelt. Jedes Leerzeichen wird als Separator vom nächsten
Feldelement angesehen. Anschließend wird mit Hilfe der Feldfunktion
`sizeof()` die Größe des Feldes festgestellt. Eine `for`-Schleife dient dazu,
jedes Element des Arrays einzeln und nummeriert auszugeben.

Das Feld `$feld` umfasst fünf Elemente. Diese Elemente werden mittels
der Funktion `implode()` und des Separatorzeichens ; (Semikolon) in der
Zeichenkette `$test` zusammengeführt.

Die Ausgabe sieht so aus:

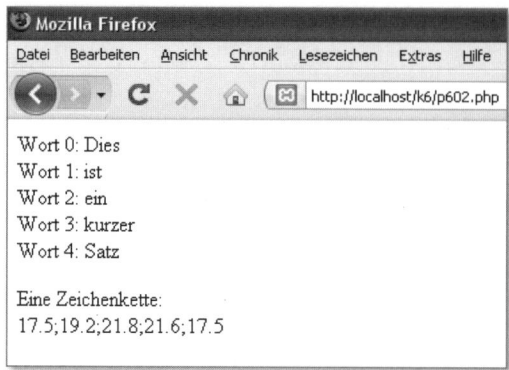

Abbildung 6.3 »explode()« und »implode()«

6.1.3 Teilzeichenketten

Teile extrahieren
Teile von Zeichenketten können mit verschiedenen Funktionen extrahiert werden. Bei der Funktion substr() wird angegeben, ab welcher Position innerhalb der Zeichenkette und über welche Länge hinweg extrahiert werden soll:

▶ Falls der zweite Parameter der Funktion substr() positiv ist, beginnt die zurückgegebene Teilzeichenkette bei der angegebenen Nummer, vom Beginn der Originalzeichenkette aus gemessen. Die Nummer des ersten Zeichens der Originalzeichenkette ist 0.

▶ Falls der zweite Parameter der Funktion substr() negativ ist, beginnt die zurückgegebene Teilzeichenkette bei der angegebenen Nummer, vom Ende der Originalzeichenkette aus gemessen.

▶ Falls der dritte Parameter der Funktion substr() existiert und positiv ist, werden dementsprechend viele Zeichen zurückgegeben.

Bei der Funktion strstr() wird ein Zeichen oder eine Zeichenkette angegeben, ab dem beziehungsweise ab dessen erstem Auftreten bis zum Ende der Zeichenkette extrahiert werden soll. Die Funktion stristr() liefert das Gleiche, in diesem Falle unabhängig von der Groß- und Kleinschreibung der Vergleichszeichenkette.

Die Funktion strrchr() sucht nach dem letzten Auftreten eines einzelnen Zeichens und extrahiert ab dieser Stelle.

Es folgt ein Beispiel:

```
<html>
<body>
<?php
   $test = "info@rz.uni-bonn.de";
   echo "<p>Teil-Zeichenketten:</p>";
   echo "<table border='1'>";
   echo "<tr> <td>Nr.</td> <td>Funktion</td>
     <td>Erläuterung</td> <td>Ergebnis</td> </tr>";
   echo "<tr> <td> </td> <td>-</td>
     <td>Original</td><td>$test</td> </tr>";

   $sub1 = substr($test,3);
   echo "<tr> <td>1</td> <td>substr</td>
     <td>ab Zeichen 3 bis Ende</td>
     <td>$sub1</td> </tr>";

   $sub2 = substr($test,3,5);
   echo "<tr> <td>2</td> <td>substr</td>
     <td>ab Zeichen 3, 5 Zeichen</td>
     <td>$sub2</td> </tr>";

   $sub3 = substr($test,-5);
   echo "<tr> <td>3</td> <td>substr</td>
     <td>ab 5.letztem Zeichen bis Ende</td>
     <td>$sub3</td> </tr>";

   $sub4 = substr($test,-5,2);
   echo "<tr> <td>4</td> <td>substr</td>
     <td>ab 5.letztem Zeichen 2 Zeichen</td>
     <td>$sub4</td> </tr>";

   $domain = strstr($test, "@");
   echo "<tr> <td>5</td> <td>strstr</td>
     <td>ab Zeichen @, bis Ende</td>
     <td>$domain</td> </tr>";

   $country = strrchr($test, ".");
   echo "<tr> <td>6</td> <td>strrchr</td>
     <td>ab letztem Punkt, bis Ende</td>
     <td>$country</td> </tr>";
   echo "</table>";
?>
</body>
</html>
```

Listing 6.4 Datei p603.php

Die Ausgabe sieht wie folgt aus:

Abbildung 6.4 Teilzeichenketten

In den Zeilen 1 bis 4 werden Teilzeichenketten extrahiert, abhängig von ihrer Position in der Originalzeichenkette, gezählt ab Zeichen 0 beziehungsweise ab dem letzten Zeichen.

In den Zeilen 5 und 6 werden Teilzeichenketten extrahiert, abhängig vom Vorkommen eines bestimmten Zeichens. Dieses Zeichen wird vom Beginn beziehungsweise vom Ende der Originalzeichenkette aus gesucht.

6.1.4 Suchen nach Position

Zeichen suchen   Die Funktionen `strpos()` und `strrpos()` dienen zum Suchen nach bestimmten Zeichen oder Zeichenketten innerhalb anderer Zeichenketten. Es wird die Position zurückgeliefert, an der etwas gefunden wurde. Dabei sucht

▸ die Funktion `strpos()` ohne Offset-Angabe nach dem ersten Vorkommen des Zeichens oder der Zeichenkette,

▸ die Funktion `strpos()` mit Offset-Angabe nach dem ersten Vorkommen des Zeichens oder der Zeichenkette ab dem Offset,

▸ die Funktion `strrpos()` nach dem letzten Vorkommen eines Zeichens (keiner Zeichenkette).

Hierzu ein Beispiel:

```
<html>
<body>
```

```php
<?php
   $test = "info@edv.biologie.uni-bonn.de";
   echo "Suchen in Zeichenketten:<p>";
   echo "<table border='1'>";
   echo "<tr> <td>Funktion</td>
     <td>Erläuterung</td> <td>Ergebnis</td> </tr>";
   echo "<tr> <td>-</td> <td>Original: $test</td>
     <td>-</td> </tr>";

   $pos1 = strpos($test,"@");
   echo "<tr> <td>strpos</td>
     <td>Position des 1. Zeichens '@'</td>
     <td>$pos1</td> </tr>";

   $pos2 = strpos($test,".",$pos1+1);
   echo "<tr> <td>strpos</td>
     <td>Position des 1. Punkts nach Zeichen '@'</td>
     <td>$pos2</td> </tr>";

   $pos3 = strrpos($test,".");
   echo "<tr> <td>strrpos</td>
     <td>Position des letzten Zeichens 'Punkt'</td>
     <td>$pos3</td> </tr>";
   echo "</table>";
?>
</body>
</html>
```

Listing 6.5 Datei p604.php

Die Ausgabe sieht so aus:

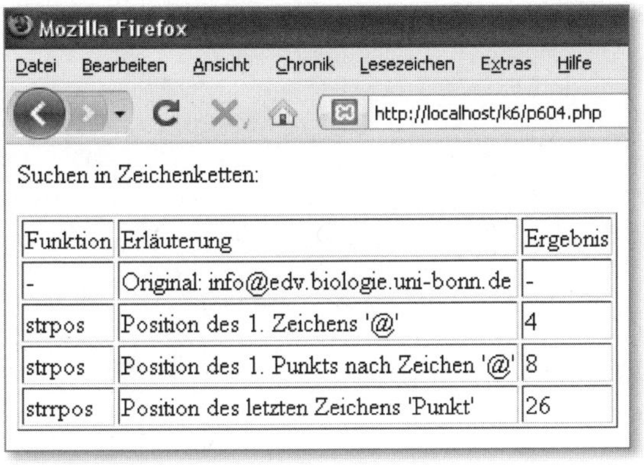

Abbildung 6.5 Suchen nach Position

Eine Zeichenkette kann nach verschiedenen Zeichen untersucht und anschließend mit der Funktion substr() zerlegt werden. Im vorliegenden Beispiel wird das erste Vorkommen des Zeichens @ gesucht. Anschließend wird der erste Punkt gesucht. Außerdem wird noch der letzte Punkt gesucht.

6.1.5 Vergleich von Zeichenketten

Die Funktionen strcmp() und strcasecmp() dienen zum Vergleich von zwei Zeichenketten gemäß ihrer Reihenfolge im ASCII-Code. Dabei wird bei der Funktion strcmp() auf die Groß- und Kleinschreibung geachtet, bei der Funktion strcasecmp() hingegen nicht.

Strings ver-
gleichen
Die Funktion similar_text() stellt fest, wie viele Zeichen innerhalb zweier Zeichenketten übereinstimmen, also wie ähnlich sich zwei Zeichenketten sind. Ein Beispielprogramm:

```
<html>
<body>
<?php
    $ErsterName = "Maier";
    $ZweiterName = "Mertens";
    $DritterName = "maier";

    echo "<p>Mit Beachtung der Groß- und
        Kleinschreibung (strcmp):<br />";
    if (strcmp($ErsterName,$ZweiterName) < 0)
        echo "$ErsterName steht vor $ZweiterName<br />";
    else
        echo "$ZweiterName steht vor $ErsterName<br />";
    if (strcmp($ZweiterName,$DritterName) < 0)
        echo "$ZweiterName steht vor $DritterName</p>";
    else
        echo "$DritterName steht vor $ZweiterName</p>";

    echo "<p>Ohne Beachtung der Groß- und
        Kleinschreibung (strcasecmp):<br />";
    if (strcasecmp($ZweiterName,$DritterName) < 0)
        echo "$ZweiterName steht vor $DritterName</p>";
    else
        echo "$DritterName steht vor $ZweiterName</p>";

    echo "<p>Ähnlichkeit (similar_text):<br />";
```

```
$erg1 = similar_text($ErsterName,$ZweiterName);
echo "Zwischen $ErsterName und $ZweiterName:
  $erg1 gleiche Buchstaben<br />";
$erg2 = similar_text($ErsterName,$DritterName);
echo "Zwischen $ErsterName und $DritterName:
  $erg2 gleiche Buchstaben";
?>
</body>
</html>
```

Listing 6.6 Datei p605.php

Die Ausgabe:

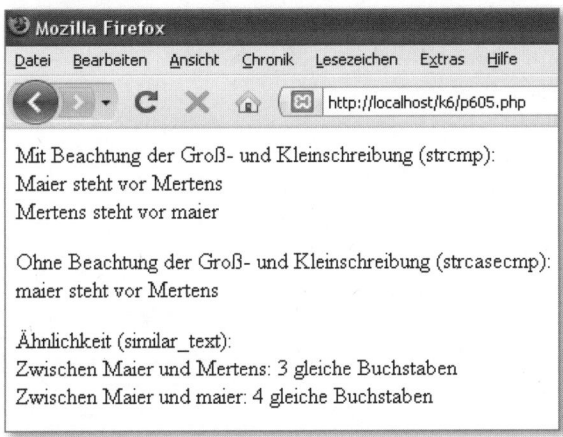

Abbildung 6.6 Vergleich von Zeichenketten

Im ASCII-Code stehen Großbuchstaben vor Kleinbuchstaben, daher steht bei einer Verwendung von `strcmp()`der Wert Mertens vor maier. Die Funktion `strcasecmp()` ignoriert die Groß- und Kleinschreibung, daher stehen die Namen in der üblichen, alphabetischen Reihenfolge.

6.1.6   Codierung von Zeichen

Jedem Zeichen einer Zeichenkette entspricht ein Zahlenwert gemäß der ASCII-Codetabelle. Dieser Code wird beim Speichern einer Zeichenkette intern verwendet. Vergleichsfunktionen wie `strcmp()` basieren auf dieser Reihenfolge innerhalb des ASCII-Codes. Die Codetabelle teilt sich in folgende Bereiche auf:

Zeichen zu Zahlen

▶ Die Zeichen 0 bis 31 sind hauptsächlich Steuerzeichen zur Bildschirm-steuerung, also keine sichtbaren Zeichen

▶ Die Zeichen 32 bis 127 beinhalten unter anderem die Ziffern 0 bis 9 (Code 48 bis 57), die Großbuchstaben (Code 65 bis 90), die Kleinbuch-staben (Code 97 bis 122) sowie Sonderzeichen wie zum Beispiel Komma, Doppelpunkt, Semikolon usw.

▶ Die Zeichen 128 bis 255 beinhalten weitere Sonderzeichen, abhängig von der für den Rechner gewählten Codeseite und Ländereinstellung.

Zahlen zu Zeichen

Die Zeichenkettenfunktion `chr()` liefert als Rückgabewert das Codezei-chen des angegebenen Zahlenwertes. Die Funktion `ord()` macht das Gegenteil: Sie liefert die Codenummer zu dem angegebenen Zeichen.

Das folgende Beispielprogramm benutzt die Funktion `chr()` und liefert dem Benutzer eine HTML-Tabelle der Zeichen 32 bis 127.

Zunächst der Programmcode:

```
<html>
<body>
<?php
    echo "<table>";
    for ($i=4; $i<16; $i++)
    {
        echo "<tr>";
        for ($k=0; $k<8; $k++)
        {
            echo "<td align='right'>" . ($i*8+$k)
                . ":</td><td><b>" . chr($i*8+$k)
                . "</b></td>";
        }
        echo "</tr>";
    }
    echo "</table>";
?>
</body>
</html>
```

Listing 6.7 Datei p606.php

Die Ausgabe:

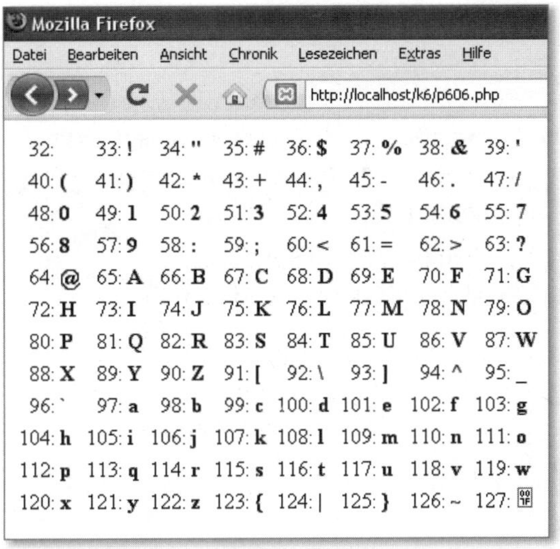

Abbildung 6.7 Zeichen mit Codes von 32 bis 127

6.1.7 Einfache Verschlüsselung

Im folgenden Programm wird mit Hilfe der oben angegebenen Zeichenkettenfunktionen eine einfache Verschlüsselung eines eingegebenen
Textes durchgeführt. Der Benutzer wird aufgefordert, einen Text einzugeben. Jedes einzelne Zeichen des Textes wird um einen Wert im ASCII-
Code nach vorne verschoben und anschließend auf dem Bildschirm ausgegeben. Aus einem g wird ein h, aus einer 4 wird eine 5, aus einem X
wird ein Y usw.

Schon diese einfache Verschlüsselung führt zu einem schwer lesbaren   **Geheimcode**
Text. Die Entschlüsselung ist nur möglich, wenn man die Verschlüsselungsmethode kennt. Diese ist in diesem Fall noch recht einfach. Man
kann sich leicht vorstellen, dass aufwendigere Methoden zu einem
Ergebnis führen, das nicht mehr so einfach zu entschlüsseln ist.

Zunächst das Formular zum Eintragen des Satzes:

```
<html>
<body>
<p>Tragen Sie bitte einen Satz zum Verschlüsseln ein,<br />
und senden Sie das Formular ab</p>
<form action="p607.php" method="post">
  <p><input name="test" size="50" /></p>
  <p><input type="submit" value="Absenden" /></p>
</form>
```

```
</body>
</html>
```

Listing 6.8 Datei p607.htm

Das Programm mit der Verschlüsselung:

```
<html>
<body>
<?php
    $test = $_POST["test"];
    echo "Original: $test<br />";
    $lg = strlen($test);

    echo "verschlüsselt: ";
    for($i=0; $i<$lg; $i++)
    {
        // ein Zeichen extrahieren
        $char = substr($test,$i,1);
        // Code des Zeichens feststellen
        $code = ord($char);
        // Code des neuen Zeichens ermitteln
        $newcode = $code + 1;
        // Neues Zeichen erzeugen, ausgeben
        $newchar = chr($newcode);
        echo $newchar;
    }
?>
</body>
</html>
```

Listing 6.9 Datei p607.php

Nach der folgenden Eingabe ...

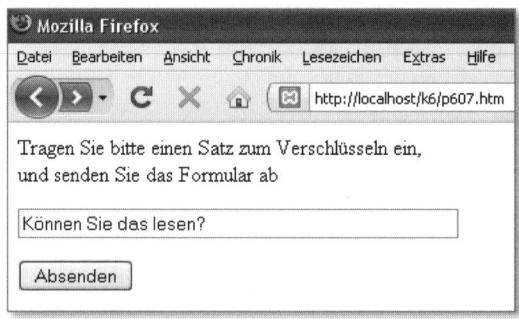

Abbildung 6.8 Eingabe eines Satzes

... erfolgt die Ausgabe:

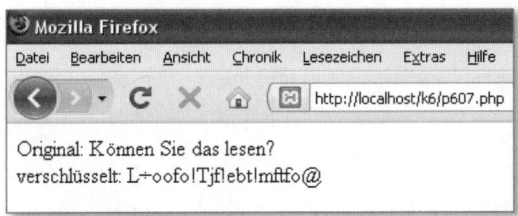

Abbildung 6.9 Ausgabe des verschlüsselten Satzes

Jedes einzelne Zeichen des eingegebenen Textes wird einzeln mit der Funktion `substr()` extrahiert. Der Codewert des Zeichens wird mit der Funktion `ord()` festgestellt. Dieser Codewert wird um 1 erhöht. Das Zeichen zum neuen Codewert wird mit der Funktion `chr()` ermittelt und ausgegeben.

Eine Verschlüsselungsmethode kann dazu genutzt werden, eingegebene Daten in schwer lesbarer Form über das Internet zu übertragen. Beim Webserver können die Daten wiederum als Klartext entschlüsselt werden. Eine weitere Anwendung: Falls es sich zum Beispiel um ein verschlüsselt übermitteltes Passwort handelt, kann es mit vorhandenen Passwörtern verglichen werden, die auf dem Webserver mit der gleichen Methode verschlüsselt und abgespeichert wurden.

6.1.8 Weitere Verschlüsselungsmethoden

PHP stellt noch einige weitere Funktionen zur Verschlüsselung bereit: `crc32()`, `crypt()`, `md5()` und `str_rot13()`. Die vier Methoden werden nachfolgend an einem Beispiel gezeigt.

Das Formular zum Eintragen des Satzes, der verschlüsselt werden soll, sieht wie im vorherigen Beispiel aus. Das Programm zur Verschlüsselung:

`md5()`

```
<html>
<body>
<?php
   $test = $_POST["test"];
   echo "Ihr Satz: $test<br />";
   echo "CRC32-Prüfsumme: " . crc32($test) . "<br />";
   echo "DES-Verschlüsselung, mit Salt-Zeichenkette: "
     . crypt($test,"xy") . "<br />";
```

```
    echo "MD5-Verschlüsselung: " . md5($test) . "<br />";
    echo "ROT13-Verschlüsselung: " . str_rot13($test);
?>
</body>
</html>
```

Listing 6.10   Datei p608.php

Die Funktion crc32() liefert eine Prüfsumme, die anderen drei Funktionen liefern eine Zeichenkette zurück.

Das Ergebnis, mit dem gleichen Satz wie im voherigen Beispiel, ist in Abbildung 6.10 dargestellt.

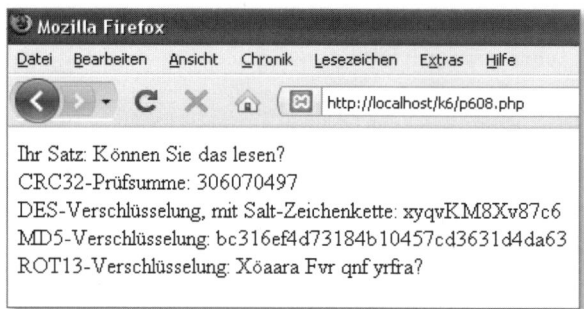

Abbildung 6.10   Verschlüsselungsmethoden

6.2   Dateien und Verzeichnisse

Dateien lesen und schreiben

In vielen Fällen muss zur Speicherung kleinerer Datenmengen keine Datenbank angelegt werden. Für einen Seitenzugriffszähler beispielsweise reicht es aus, eine einfache Textdatei zu verwenden. In diesem Abschnitt sollen die Funktionen zum Öffnen, Lesen, Schreiben und Schließen von Dateien behandelt werden.

Darüber hinaus werden Funktionen erläutert, die Informationen über Dateien und Verzeichnisse bereitstellen.

6.2.1   Dateitypen

Bei der Ein- und Ausgabe von Daten in Dateien sollte man sich bewusst sein, welcher Dateityp vorliegt und welche Zugriffsart man verwenden kann. Man unterscheidet zwischen folgenden Zugriffsarten:

▶ *Sequenzieller Zugriff*: Diese Möglichkeit wird bei einer Datei bevorzugt, deren einzelne Zeilen unterschiedlich lang sind und jeweils mit einem Zeilenumbruch beendet werden. Ihr Inhalt kann mit einem einfachen Editor bearbeitet werden. Die Zeilen werden rein sequenziell gelesen beziehungsweise geschrieben. Es ist nicht möglich, auf eine bestimmte Zeile direkt zuzugreifen, da man nicht weiß, wie lang die Vorgängerzeilen sind.

Sequenziell

▶ *Wahlfreier Zugriff*: Diese Möglichkeit hat man bei einer Datei, die größtenteils gleich lange Datensätze beinhaltet. Es können Zeilenumbrüche existieren, müssen aber nicht. Die Länge und Struktur eines Datensatzes sollten bekannt sein oder innerhalb der Datei an einer vereinbarten Stelle stehen. Sie können direkt gelesen beziehungsweise verändert werden, da man den Ort jedes Datensatzes berechnen kann.

Wahlfrei

▶ *Binärer Zugriff*: Diese Zugriffsmöglichkeit hat man bei jeder Datei. Man arbeitet mit reinen Bytefolgen. Diese können mit Hilfe eines darauf angepassten Programms gelesen oder verändert werden. Allerdings kann dies zur Folge haben, dass die Dateien nicht mehr mit den zugehörigen Anwendungsprogrammen gelesen werden können. Beispiel: Man überschreibt in einer Oracle-Datenbank die Stelle, an der die Anzahl der Datensätze einer bestimmten Tabelle steht. Dies kann dazu führen, dass diese Tabelle oder sogar die ganze Datenbank zerstört wird.

Binär

Es gibt Mischformen bei den genannten Typen. Ohne Kenntnis der Struktur einer Datei ist es nicht möglich, diese korrekt zu bearbeiten.

6.2.2 Lesen einer Zeile aus einer sequenziellen Datei

Es folgt ein einfaches Beispiel, in dem die erste Zeile einer sequenziellen Datei gelesen und auf dem Bildschirm ausgegeben wird.

Die Datei *p620data.txt* wurde zuvor mit einem Texteditor erzeugt und im gleichen Verzeichnis wie die Datei *p620.php* abgespeichert. Sie beinhaltet mehrere unterschiedlich lange Zeilen mit Text, wie nachfolgend zu sehen ist.

Öffnen und lesen

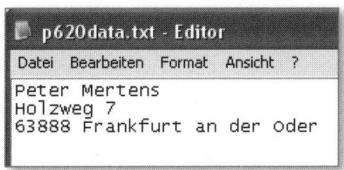

Abbildung 6.11 Datei, aus der eingelesen wird

Mit Hilfe des Programms wird die erste Zeile der Datei gelesen und wie folgt auf dem Bildschirm ausgegeben:

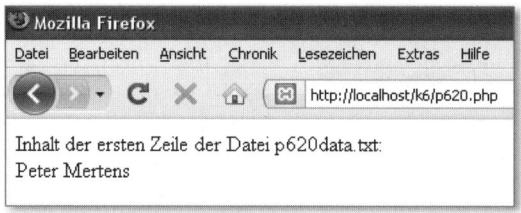

Abbildung 6.12 Erste Zeile der Datei

Es folgt der Programmcode:

```
<html>
<body>
<?php
   if(!file_exists("p620data.txt"))
   {
      echo "Datei konnte nicht gefunden werden";
      exit;
   }

   $fp = fopen("p620data.txt","r");
   if(!$fp)
   {
      echo "Datei konnte nicht geöffnet werden";
      exit;
   }

   $zeile = fgets($fp, 100);
   echo "Inhalt der ersten Zeile der
         Datei p620data.txt:<br />$zeile";
   fclose($fp);
?>
</body>
</html>
```

Listing 6.11 Datei p620.php

Innerhalb des PHP-Programms werden die Funktionen `file_exists()`, `fopen()`, `fgets()` und `fclose()` verwendet.

file_exists() Mit Hilfe der Funktion `file_exists()` wird zunächst festgestellt, ob die angegebene Datei existiert. Ist dies nicht der Fall, muss das PHP-Programm abgebrochen werden.

Die Funktion `fopen()` dient zum Öffnen einer Datei.

▶ Der erste Parameter gibt den Namen der Datei an. In unserem Beispiel handelt es sich um die Datei mit dem Namen *p620data.txt*, die im gleichen Verzeichnis wie das PHP-Programm steht.

▶ Der zweite Parameter gibt den Öffnungsmodus an. Hier ist es `r` (für `read`), das heißt, die Datei wird zum Lesen geöffnet. Andere Öffnungsmodi sind zum Beispiel `w` (für `write`, Schreiben in eine Datei) und `a` (für `append`, Anhängen an eine Datei).

▶ Der Rückgabewert der Funktion ist ein sogenannter *Dateizeiger*. Er wird in der Variablen `$fp` gespeichert. Dieser Dateizeiger wird für weitere Zugriffe auf die Datei benötigt. Sollte die Datei am angegebenen Ort nicht existieren, so gibt die Funktion `fopen()` den Wert `false` zurück.

Vor der weiteren Benutzung der Datei muss geprüft werden, ob der Dateizeiger auf eine erfolgreich geöffnete Datei verweist. Hier geschieht dies mit `if ($fp)`. Existiert die Datei nicht, so muss das PHP-Programm abgebrochen werden.

Die Funktion `fgets()` dient zum Lesen einer Zeichenkette aus einer Datei.

▶ Der erste Parameter gibt an, aus welcher Datei gelesen werden soll. Dabei muss es sich um den Dateizeiger einer zuvor geöffneten Datei handeln. Hier ist dies `$fp`.

▶ Der zweite Parameter gibt die Leselänge an. Es werden entweder (`Leselänge - 1`) Zeichen aus der Datei gelesen (hier `99`) oder bis zum Zeilenumbruch oder bis zum Ende der Datei. Dies gilt je nachdem, was zuerst eintritt. Man sollte zum Lesen ganzer Zeilen eine Leselänge wählen, die auf jeden Fall für die betreffende Datei ausreicht.

▶ Der Rückgabewert der Funktion ist die gelesene Zeichenkette (einschließlich des Zeilenumbruchs). Sie wird hier in der Variablen `$zeile` gespeichert. Diese Variable wird auf dem Bildschirm ausgegeben.

Die Funktion `fclose()` dient zum Schließen einer Datei.

▶ Der Parameter gibt an, welche Datei geschlossen werden soll. Dabei muss es sich um den Dateizeiger einer zuvor geöffneten Datei handeln. Hier ist dies `$fp`.

▶ Sie sollten geöffnete Dateien immer schließen, auch wenn nach Beendigung eines PHP-Programms alle beteiligten Dateien geschlossen werden. Andernfalls könnte das Betriebssystem weitere Zugriffe auf diese Datei verwehren, da es diese Datei für noch geöffnet hält.

6.2.3 Lesen aller Zeilen einer sequenziellen Datei

Im folgenden Beispiel werden alle Zeilen einer sequenziellen Datei gelesen und auf dem Bildschirm ausgegeben.

```
<html>
<body>
<?php
   if(!file_exists("p620data.txt"))
   {
      echo "Datei konnte nicht gefunden werden";
      exit;
   }

   $fp = fopen("p620data.txt","r");
   if(!$fp)
   {
      echo "Datei konnte nicht geöffnet werden";
      exit;
   }

   while (!feof($fp))
   {
      $zeile = fgets($fp, 100);
      echo "Zeile: $zeile<br />";
   }
   fclose($fp);
?>
</body>
</html>
```

Listing 6.12 Datei p621.php

Die Ausgabe sieht so aus:

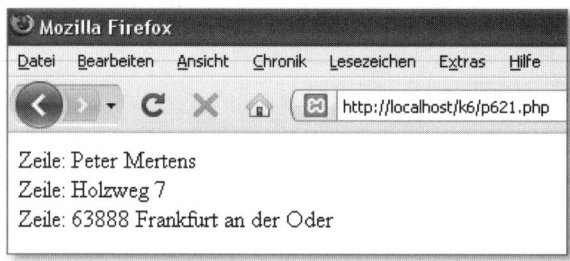

Abbildung 6.13 Alle Zeilen der Datei

Die Funktion `feof()` dient dazu, das Ende einer Datei anzuzeigen.

feof()

▸ Der Parameter gibt an, welche Datei geprüft werden soll. Dabei muss es sich um den Dateizeiger einer zuvor geöffneten Datei handeln. Hier ist dies `$fp`.

▸ Der Rückgabewert der Funktion ist `true`, falls das Ende der Datei festgestellt wurde, andernfalls `false`, falls dies nicht der Fall ist.

Im Programm wurde eine bedingungsgesteuerte Schleife verwendet. Diese wird wiederholt, solange das Ende der Datei noch nicht erreicht wurde (`while (!feof($fp))`). Nach dem Lesen einer Zeile durch die Funktion `fgets()` wird der Dateizeiger `$fp` automatisch auf den Anfang der nächsten Zeile gesetzt.

Im vorliegenden Fall wurde vorausgesetzt, dass die Datei *p620data.txt* mit einem Texteditor in folgender Weise erzeugt wurde:

▸ Schreiben der ersten Zeile ⏎

▸ Schreiben der zweiten Zeile ⏎

▸ ...

▸ Schreiben der vorletzten Zeile ⏎

▸ Schreiben der letzten Zeile (Abspeichern und Schließen der Datei) ohne ⏎

Falls man nach der letzten Zeile noch einen oder mehrere Zeilenumbrüche erzeugt und die Datei anschließend gespeichert und geschlossen hat, werden beim Lesen diese unnötigen leeren Zeilen ebenfalls erfasst und können zu Fehlausgaben führen (zum Beispiel falsche Zeilenanzahl).

Übung P622　　　　　　　　　　　　　　　　　　　　　　　　**[✐]**

Schreiben Sie mit Hilfe eines Texteditors mehrere Namen in eine Datei (*p622data.txt*). Jeder Name soll zweizeilig geschrieben werden: in der ersten Zeile der Vorname, in der zweiten Zeile der Nachname.

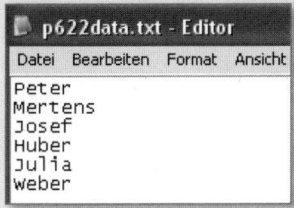

Abbildung 6.14　Daten für Übung P622

Erstellen Sie ein PHP-Programm (Datei *p622.php*), das diese Datei öffnet, liest und die Namen in einer HTML-Tabelle in der folgenden Form (zusätzlich mit laufender Nummer) auf dem Bildschirm ausgibt.

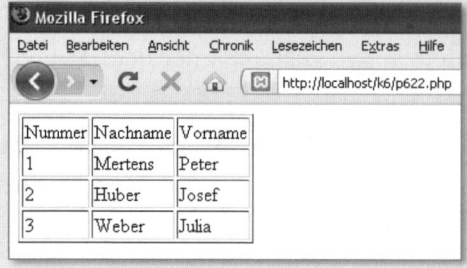

Abbildung 6.15 Ergebnis von Übung P622

6.2.4 Vereinfachtes Lesen einer Datei

Die Funktionen `readfile()` und `file()` liefern eine Möglichkeit zum vereinfachten Lesen einer Datei.

readfile()
▶ `readfile()` liest den vollständigen Inhalt einer Datei und gibt ihn auf dem Bildschirm aus. Zeilenumbrüche werden im generierten HTML-Code als Zeilenumbrüche notiert. Dies führt im Browser dazu, dass ein Leerzeichen abgebildet wird.

file()
▶ `file()` liest den vollständigen Inhalt einer Datei zeilenweise in ein eindimensionales Feld ein. Die Elemente dieses Feldes können anschließend bearbeitet beziehungsweise ausgegeben werden. Im vorliegenden Fall wurde nach jeder Zeile ein `<br />` ausgegeben.

Beide Funktionen werden im folgenden Beispiel benutzt, um eine Datei vollständig wiederzugeben.

```
<html>
<body>
<?php
    if(!file_exists("p620data.txt"))
    {
        echo "Datei konnte nicht gefunden werden";
        exit;
    }

    readfile("p620data.txt");

    $dfeld = file("p620data.txt");
    echo "<p> </p>";
```

```
   for($i=0; $i<sizeof($dfeld); $i++)
      echo $dfeld[$i] . "<br />";
?>
</body>
</html>
```

Listing 6.13 Datei p621a.php

6.2.5 Überschreiben einer sequenziellen Datei

Im folgenden Beispiel werden einige Zahlen und Zeichenketten in eine Datei geschrieben.

Öffnen und Schreiben

```
<html>
<body>
<?php
$fp = fopen("p623data.txt","w");
if (!$fp)
{
   echo "Datei konnte nicht zum Schreiben geöffnet werden";
   exit;
}

$nl = chr(13) . chr(10);
fputs ($fp, "Autor: Max Maier$nl");
for ($i=10; $i<=50; $i+=10)
   fputs ($fp, "$i$nl");
fputs ($fp, "Autor: Max Maier", 8);

echo "Ausgabe in Datei geschrieben";
fclose($fp);
?>
</body>
</html>
```

Listing 6.14 Datei p623.php

Die Datei *p623data.txt* wird mit der Funktion fopen(), Öffnungsmodus w (für write), zum Schreiben geöffnet. Falls die Datei bereits existiert, wird sie ohne Warnung überschrieben. Weitere Vorgänge sollten auch hier erst erfolgen, nachdem kontrolliert wurde, ob das Öffnen erfolgreich war.

write

In der Variablen $nl wird mittels der Zeichenkettenfunktion chr() ein Zeilenvorschub abgespeichert. Ein Zeilenvorschub besteht aus den beiden ASCII-Zeichen mit dem Code 13 (entspricht CR = Carriage Return =

Wagenrücklauf) und 10 (entspricht LF = Line Feed = Zeilensprung). Der Zeilenvorschub wird ebenfalls ausgegeben. Weitere Informationen zu Zeichenkettenfunktionen finden Sie in Abschnitt 6.1.

fputs() Die Funktion fputs() dient zur Ausgabe von Zeichenketten in eine Datei.

▶ Der erste Parameter gibt an, in welche Datei ausgegeben werden soll. Dabei muss es sich um den Dateizeiger einer zuvor geöffneten Datei handeln. Hier ist dies $fp.

▶ Der zweite Parameter beinhaltet die auszugebende Zeichenkette.

▶ Der dritte Parameter ist optional, er begrenzt die Länge der Ausgabe auf die angegebene Anzahl. Hier wurde der dritte Parameter lediglich zu Demonstrationszwecken bei der letzten Ausgabe verwendet. Diese Ausgabe wird nach dem achten Zeichen abgeschnitten.

Die Ausgabedatei hat nach Durchlauf des Programms folgenden Inhalt:

Abbildung 6.16 Schreiben in Datei

6.2.6 Anhängen an eine sequenzielle Datei

Fortlaufend schreiben Im folgenden Beispiel werden die Inhalte einiger Formularfelder fortlaufend in eine Datei geschrieben. Zunächst die Datei mit dem Eingabeformular:

```
<html>
<body>
<p>Bitte geben Sie Ihre Adresse ein:</p>
<form action = "p624.php" method = "post">
    <p><input size="20" name="nn" /> Nachname</p>
    <p><input size="20" name="vn" /> Vorname</p>
    <p><input size="20" name="sr" />
    <input size="10" name="hn" /> Straße und Hausnummer</p>
    <p><input size="10" name="pz" />
    <input size="20" name="st" /> PLZ und Stadt</p>
    <p><input type="submit" value="Senden" />
    <input type="reset" /></p>
```

```
</form>
</body>
</html>
```

Listing 6.15   Datei p624.htm

Es folgt das Formular mit einer Beispieleingabe:

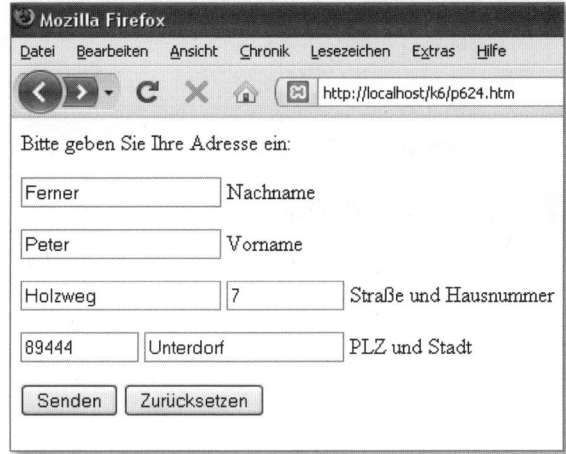

Abbildung 6.17   Eingabeformular

Nach dem Absenden werden die Daten von dem folgenden PHP-Programm weiterverarbeitet:

```
<html>
<body>
<?php
$fp = fopen("p624data.csv","a");
if (!$fp)
{
    echo "<p>Datei konnte nicht zum
      Schreiben geöffnet werden</p>";
    exit;
}

fputs ($fp, $_POST["nn"] . ";"
   . $_POST["vn"] . ";"
   . $_POST["sr"] . ";"
   . $_POST["hn"] . ";"
   . $_POST["pz"] . ";"
   . $_POST["st"] . ";\n");
```

```
echo "<p>Vielen Dank, " . $_POST["vn"]
     . " " . $_POST["nn"] . "<br />";
echo "Ihre Angaben wurden gespeichert</p>";

fclose($fp);
?>
<p>Zurück zur <a href="p624.htm">Eingabe</a></p>
</body>
</html>
```

Listing 6.16 Datei p624.php

Das Ausgabeprogramm nach obiger Beispieleingabe:

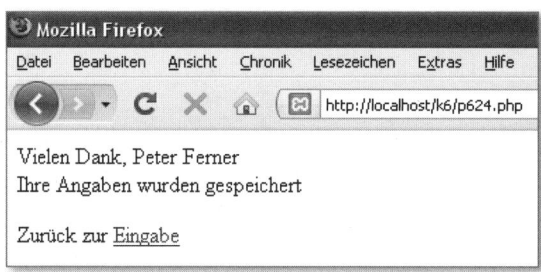

Abbildung 6.18 Ausgabe mit Bestätigung

append
Die Datei *p624data.csv* wird mit der Funktion fopen(), Öffnungsmodus a (für append), zum Schreiben am Ende der Datei geöffnet. Weitere Vorgänge sollten auch hier erst erfolgen, nachdem kontrolliert wurde, ob das Öffnen erfolgreich war.

CSV-Datei
Die Daten aus dem Formular werden, jeweils durch ein Semikolon voneinander getrennt, in die Ausgabedatei geschrieben. Am Ende der Zeile wird ein Zeilenvorschub erzeugt. Man erzeugt auf diese Weise eine Datei im CSV-Format.

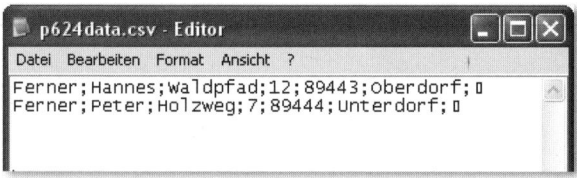

Abbildung 6.19 CSV-Datei im Editor

Viele Anwendungsprogramme (wie zum Beispiel Microsoft Excel) können das CSV-Format lesen und in eine Tabelle umsetzen. Dabei werden die einzelnen Informationen, die durch Semikola voneinander getrennt sind, jeweils in einer Tabellenspalte dargestellt.

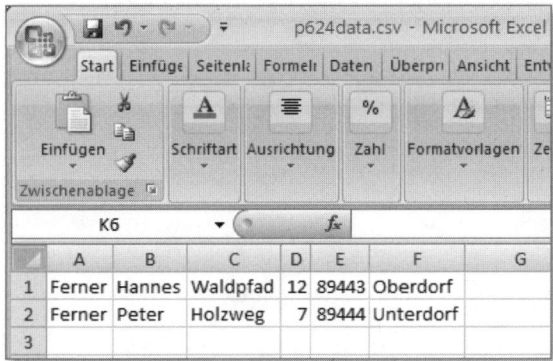

Abbildung 6.20 CSV-Datei in Excel

Im Ausgabeprogramm kann der Benutzer mit Hilfe eines Hyperlinks zum Eingabeformular zurückgelangen und weitere Eingaben vornehmen. Jede weitere Eingabe wird an die vorhandene Datei angehängt.

Übung P625

In einer Datei (*p625data.txt*) stehen mehrere Datensätze in der folgenden Form:

- ▶ erste Zeile: laufende Nummer
- ▶ zweite Zeile: Nachname
- ▶ dritte Zeile: Vorname

Abbildung 6.21 Daten für Übung P625

Schreiben Sie ein PHP-Programm (Datei *p625.php*), das diese Datei öffnet, liest und die Datensätze in der gleichen Form in zwei verschiedene Dateien ausgibt:

> ▶ Datensätze mit einer laufenden Nummer kleiner als 1000 in Datei *p625a.txt*
>
> ▶ alle anderen Datensätze in die Datei *p625b.txt*

Die Dateien sollen bei jedem Programmaufruf überschrieben werden. Auf dem Bildschirm soll Folgendes zur Kontrolle ausgegeben werden (hier mit den oben angegebenen Beispieldaten):

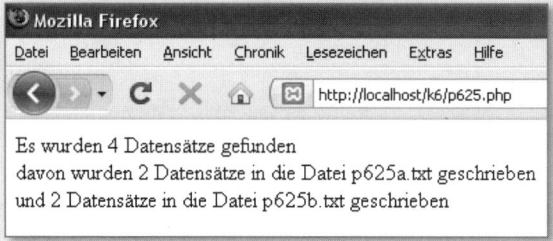

Es wurden 4 Datensätze gefunden
davon wurden 2 Datensätze in die Datei p625a.txt geschrieben
und 2 Datensätze in die Datei p625b.txt geschrieben

Abbildung 6.22 Ergebnis von Übung P625

[»]

Hinweis

Die Funktion `fgets()` liest die Zeilen einschließlich des Zeilenumbruches in eine Variable ein. Wird diese Variable in eine Datei ausgegeben, so wird auch der Zeilenumbruch ausgeführt. Er braucht nicht zusätzlich ausgegeben zu werden.

6.2.7 Ein einfacher Zugriffszähler

Web Counter

Im folgenden Beispiel wird ein Zähler realisiert, der die Anzahl der Zugriffe auf eine Datei festhält. Ein solcher Web Counter wird im Internet oft eingesetzt, um die Beliebtheit beziehungsweise den Erfolg einer Webseite zu messen und anzuzeigen.

```
<html>
<body>
<?php
if(!file_exists("p626data.txt"))
    $zahl = 0;

/* Kann Datei geöffnet werden? */
$fp = fopen("p626data.txt","r");
if($fp)
{
    $zahl = fgets($fp,10);
    fclose($fp);
}
```

```
else
    $zahl = 0;

/* Zahl erhöhen */
$zahl = $zahl + 1;
echo "Der Zugriffszähler steht auf $zahl";

/* neue Zahl schreiben */
$fp = fopen("p626data.txt", "w");

if(!$fp)
{
    echo "Der Zähler kann nicht geschrieben werden ";
    exit;
}

fputs($fp,$zahl);
fclose($fp);
?>
</body>
</html>
```

Listing 6.17 Datei p626.php

Falls es sich um den ersten Zugriff auf die Datei handelt, so existiert sie noch nicht (Funktion `file_exists()`) und der Zähler wird auf 0 gesetzt.

Es wird versucht, die Datei zu öffnen. Falls dies gelingt, wird der aktuelle Zählerstand aus der Datei in die Variable `$zahl` eingelesen. Falls dies nicht gelingt, wird der Zähler auf 0 gesetzt.

Anschließend hat die Variable in jedem Fall einen Wert. Dieser Wert wird um 1 erhöht, ausgegeben und anschließend in die Datei geschrieben, sodass sie für den nächsten Zugriff den aktuellen Wert bereitstellt.

Die Ausgabe beim achten Zugriff sieht beispielsweise wie folgt aus:

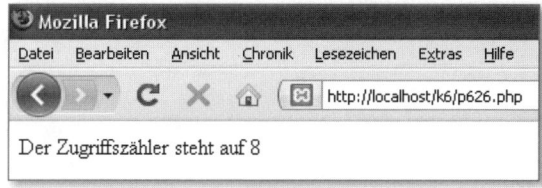

Abbildung 6.23 Zugriffszähler

313

6.2.8 Wahlfreier Zugriff

Ein wahlfreier Zugriff auf eine Datei kann erfolgen, falls in einer Datei Datensätze fester Größe stehen. Durch die feste Größe ist gewährleistet, dass die Position jedes einzelnen Datensatzes eindeutig berechnet werden kann.

Die Funktion `fseek()` versetzt den Dateizeiger einer zuvor geöffneten Datei an die angegebene Position. Damit erreicht man schnell jeden Datensatz, ohne alle vorhergehenden Datensätze zu lesen. Beim wahlfreien Zugriff können außerdem noch die beiden folgenden Funktionen nützlich sein:

▶ `ftell()`
Gibt die aktuelle Position an.

▶ `rewind()`
Setzt den Dateizeiger an den Anfang der Datei.

Als einfaches Beispiel soll eine Datei bearbeitet werden, die insgesamt 15 Datensätze beinhaltet. Jeder Datensatz besteht aus einer ganzen Zahl. Jede Zahl wird formatiert in die Datei geschrieben, sodass sie stets die gleiche Breite hat. Zur Formatierung dient die Funktion `sprintf()`.

Zunächst das Programm, das 15 zufällige Zahlen zwischen 1 und 30000 formatiert in eine Datei schreibt. Damit wird eine »Datenbank« mit 15 Datensätzen erzeugt.

```php
<html>
<body>
<?php
    srand((double)microtime()*1000000);

    $fp = fopen("p628data.txt","w");
    if (!$fp)
    {
        echo "Datei kann nicht zum Schreiben geöffnet werden";
        exit;
    }

    for($i=1; $i<=15; $i++)
    {
        $zz = rand(1,30000);
        $zztext = sprintf("%6d",$zz);
        fputs($fp,$zztext);
    }
```

```
    fclose($fp);
    echo "15 Daten geschrieben";
?>
</body>
</html>
```

Listing 6.18   Datei p628.php

Die Funktion `sprintf()` wandelt die Zahl `$zz` in die Zeichenkette `$zztext` um (Breite 6, mit führenden Leerzeichen). Die Variable `$zz` wird dabei als ganze Zahl interpretiert, ähnlich wie bei der Funktion `printf()` in der Programmiersprache C. Eine Zeichenkette der Länge 6 beansprucht 6 Byte Speicherplatz in einer Datei.

Das Ergebnis sieht wie folgt aus (hier nur die Datensätze 1 bis 8):

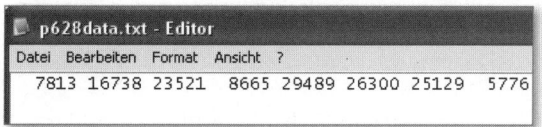

Abbildung 6.24   Datei mit Datensätzen gleicher Länge

Zum Lesen in der Datenbank kann der Benutzer in einem Formular die Nummer des gewünschten Datensatzes eingeben.

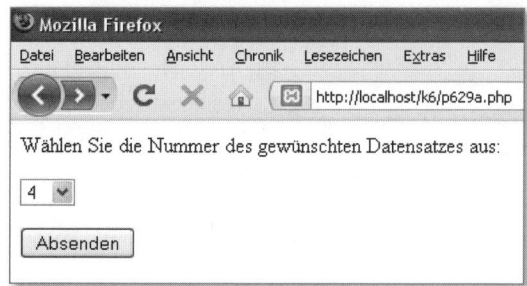

Abbildung 6.25   Eingabe der Datensatznummer

Der Code des Formulars:

```
<html>
<body>
<?php
if(!file_exists("p628data.txt"))
{
    echo "Datei konnte nicht gefunden werden";
```

```
        exit;
    }
    ?>
    <p>Wählen Sie die Nummer des gewünschten Datensatzes aus:</p>
    <form action="p629b.php" method="post">
      <p><select name="nummer" />
    <?php
      $anz = filesize("p628data.txt") / 6;
      for($i=1; $i<=$anz; $i++)
      {
          echo "<option value='$i'>$i</option>";
      }
    ?>
      </select></p>
      <p><input type="submit" value="Absenden" /></p>
    </form>
    </body>
    </html>
```

Listing 6.19   Datei p629a.php

filesize()   Das Formular wird dynamisch erstellt: Mit Hilfe der Funktion `filesize()` wird die Größe der Datei in Byte (hier: 90 Byte) berechnet. Aus diesem Wert und der Größe eines einzelnen Datensatzes (hier: 6 Byte) wird die Anzahl der Datensätze (hier: 90 Byte/6 Byte = 15) errechnet.

Es wird ein Select-Menü erstellt, das entsprechend viele Einträge hat. Somit kann der Benutzer keinen Fehler bei der Auswahl machen.

Das PHP-Programm zur Auswertung der Eingabe:

```
<html>
<body>
<?php
  $fp = fopen("p628data.txt","r");
  if (!$fp)
  {
      echo "Datei konnte nicht zum Lesen geöffnet werden<p>";
      exit;
  }

  fseek($fp, ($_POST["nummer"]-1)*6, SEEK_SET);
  $wert = fgets($fp,7);
  fclose($fp);
```

```
    echo $_POST["nummer"] . ": $wert";
?>
</body>
</html>
```

Listing 6.20 Datei p629b.php

Die Funktion `fseek()` hat bis zu drei Parameter: fseek()

▶ Der erste Parameter gibt an, aus welcher Datei gelesen werden soll.
   Dabei muss es sich um den Dateizeiger einer zuvor geöffneten Datei
   handeln. Hier ist dies `$fp`.

▶ Der zweite Parameter gibt den Offset an, das heißt die Position in
   Byte. Diese wird über die eingegebene Nummer und die Größe eines
   Datensatzes berechnet.

▶ Der dritte Parameter gibt an, ab welcher Position der Offset gerechnet
   wird. Dabei können die Konstanten `SEEK_SET` (Dateianfang),
   `SEEK_CUR` (aktuelle Position) und `SEEK_END` (Dateiende) benutzt werden.

Anschließend wird mit der Funktion `fgets()` an der neuen Position des
Dateizeigers gelesen. Es werden die nächsten (`Leselänge-1`) Zeichen
gelesen, also 6. Damit ist gewährleistet, dass nur die unmittelbar folgende ganze Zahl gelesen wird.

Die Ausgabe mit der oben ausgewählten Nummer:

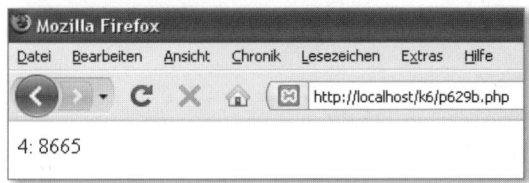

Abbildung 6.26 Ausgabe des gewünschten Datensatzes

6.2.9 Informationen über Dateien

Die Funktion `stat()` liefert eine Reihe von Informationen zu einer Datei   stat()
in Form eines Feldes. Im folgenden Beispiel werden die Feldelemente 7
bis 10 ausgegeben. Diese liefern die nachfolgend dargestellten Informationen.

Abbildung 6.27 Dateiinformationen

Timestamp Die drei Zeitpunkte werden als Unix-Timestamps geliefert. Sie müssen noch in eine lesbare Form gebracht werden.

```
<html>
<body>
<?php
    $fn = "p628data.txt";
    $info = stat($fn);

    echo "Datei: $fn<br />";
    echo "Größe in Byte: $info[7]<br />";
    echo "Datum des letzten Zugriffs: "
        . date("d.m.Y", $info[8]) . "<br />";
    echo "Zeitpunkt der letzten Modifizierung: "
        . date("d.m.Y H:i:s", $info[9]) . "<br />";
    echo "Zeitpunkt der letzten Änderung: "
        . date("d.m.Y H:i:s", $info[10]);
?>
</body>
</html>
```

Listing 6.21 Datei p630.php

Im Feld `$info` wird der Rückgabewert der Funktion `stat()` gespeichert. Die drei Zeitangaben werden mit Hilfe der Funktion `date()` umgeformt. Genaue Informationen über die Formatierungsmöglichkeiten der Funktion `date()` und weitere Funktionen zum Thema »Datum und Zeit« finden Sie in Abschnitt 6.4.

[»] **Hinweis**

Je nachdem, wie PHP bezüglich der Anzeige von Warnungen und Fehlern eingestellt ist (siehe auch Abschnitt 7.5), erhalten Sie in der Ausgabe des Programms eine Meldung. Darin wird empfohlen, vor der Benutzung der Funktion `date()` die richtige Zeitzone einzustellen.

Öffnen Sie hierzu die Datei *php.ini*. Diese befindet sich bei einer XAMPP-Standardinstallation im Verzeichnis *C:\xampp\php*. Suchen Sie in der Datei nach der folgenden Zeile:

```
;date.timezone =
```

Löschen Sie das Semikolon – es dient zum Auskommentieren der Zeile. Tragen Sie als Wert ein: `"Europe/Paris"`, sodass die gesamte Zeile anschließend wie folgt aussieht:

```
date.timezone = "Europe/Paris"
```

Speichern Sie die Datei und führen Sie für den Apache Webserver einen Neustart durch, damit die Einstellung wirksam wird.

6.2.10 Informationen über ein einzelnes Verzeichnis

Bisher wurde immer eine einzelne Datei bearbeitet, deren Name bekannt ist. Häufig stellt sich aber die Aufgabe, eine ganze Reihe von Dateien zu bearbeiten, deren exakter Name und deren Anzahl unbekannt sind. Zu diesem Zweck kann man unter anderem die Verzeichnisfunktionen `opendir()`, `readdir()` und `closedir()` benutzen.

Verzeichnis öffnen und lesen

Sie werden im folgenden Programm eingesetzt, um Informationen über Dateien und Verzeichnisse zu generieren, die sich in einem bestimmten Verzeichnis befinden.

Zunächst das Programm:

```
<html>
<body>
<?php
$verz = "C:\\xampp\\htdocs\\k6";
chdir($verz);

echo "<h2>Verzeichnis $verz</h2>";
echo "<table border='1'>";

/* Überschrift */
echo "<td>Name</td>";
echo "<td>Datei /<br />Verz.</td>";
echo "<td>Readable /<br />Writeable</td>";
echo "<td align='right'>Größe<br />in Byte</td>";
echo "<td>Letzte<br />Modifizierung</td>";

/* Öffnet Handle */
$handle = opendir($verz);

/* Liest alle Objektnamen */
```

```php
while ($dname = readdir($handle))
{
   echo "<tr>";
   echo "<td>$dname</td>";

   /* Datei oder Verzeichnis ? */
   if(is_file($dname))
      echo "<td>D</td>";
   else if(is_dir($dname))
      echo "<td>V</td>";
   else
      echo "<td> </td>";

   /* Lesbar beziehungsweise schreibbar ? */
   echo "<td>";
   if(is_readable($dname)) echo "R";
   else echo "-";
   if(is_writeable($dname)) echo "W";
   else echo "-";
   echo "</td>";

   /* Zugriffsdaten */
   $info = stat($dname);
   echo "<td align='right'>$info[7]</td>";
   echo "<td>" . date("d.m.y H:i", $info[9]) . "</td>";
   echo "</tr>";
}

/* Schließt Handle */
closedir($handle);
?>

</table>
</body>
</html>
```

Listing 6.22 Datei p631.php

Im vorliegenden Fall soll der Inhalt des Verzeichnisses *C:\xampp\htdocs\ k6* ermittelt werden. Innerhalb der Zeichenkette wird mit einem doppeltem Backslash (\\) gearbeitet, damit beispielsweise \x nicht als Präfix einer hexadezimalen Zahl interpretiert wird.

chdir() Das genannte Verzeichnis wird mit der Funktion chdir() zum aktuellen Verzeichnis gemacht. Es folgt die Ausgabe der Tabellenüberschrift.

opendir(), readdir()

Die Funktion `opendir()` dient zum Öffnen eines Zugriffs-Handles für das aktuelle Verzeichnis. Über dieses Handle wird mit Hilfe der Funktion `readdir()` jeweils ein Objektname aus dem Verzeichnis ermittelt. Dabei wird unsortiert vorgegangen. Gleichzeitig wird durch `readdir()` ein Zeiger weitergesetzt, sodass beim nächsten Aufruf der nächste Objektname geliefert wird usw. Dies kann solange wiederholt werden, wie Objektnamen vorhanden sind.

Im vorliegenden Programm wird die Wiederholung mit einer `while`-Schleife realisiert. Alle Objekte eines Verzeichnisses werden ermittelt. Für jedes Objekt werden insgesamt fünf Funktionen zur Lieferung von Informationen über das Objekt aufgerufen:

- Die Funktion `is_file()` sagt aus, ob es sich um eine Datei handelt.
- Die Funktion `is_dir()` sagt aus, ob es sich um ein Verzeichnis handelt.
- Die Funktion `is_readable()` sagt aus, ob das Objekt lesbar ist.
- Die Funktion `is_writeable()` sagt aus, ob das Objekt beschreibbar ist.
- Die Funktion `stat()` liefert eine Reihe weiterer Daten in Form eines Feldes.

closedir()

Nach Abschluss der `while`-Schleife wird mit der Funktion `closedir()` das Zugriffs-Handle wieder geschlossen.

Die Ausgabe des Programms (Ausschnitt):

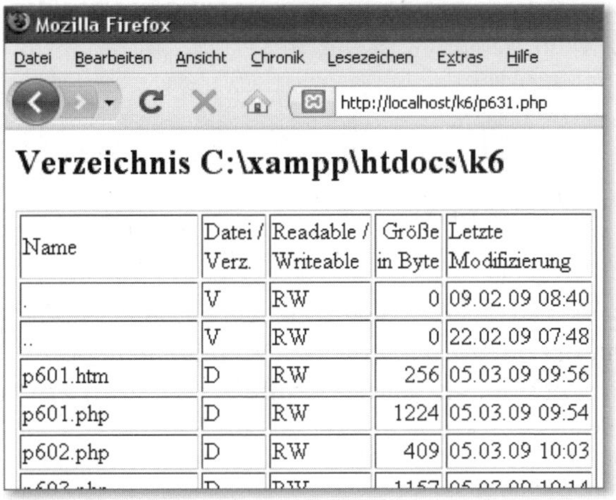

Verzeichnis C:\xampp\htdocs\k6

Name	Datei / Verz.	Readable / Writeable	Größe in Byte	Letzte Modifizierung
.	V	RW	0	09.02.09 08:40
..	V	RW	0	22.02.09 07:48
p601.htm	D	RW	256	05.03.09 09:56
p601.php	D	RW	1224	05.03.09 09:54
p602.php	D	RW	409	05.03.09 10:03

Abbildung 6.28 Infos über das Unterverzeichnis k6 (Ausschnitt)

6.2.11 Informationen über den Verzeichnisbaum

Zur Ermittlung von Informationen über einen ganzen Verzeichnisbaum, also über die Unterverzeichnisse und deren Unterverzeichnisse usw., bedient man sich der Funktionen aus dem vorherigen Abschnitt und eines rekursiven Aufrufs.

getcwd()

Diese Funktion wird vom Hauptprogramm aus erstmalig mit einem Startverzeichnis aufgerufen. Innerhalb der Funktion wird mit der Verzeichnisfunktion getcwd() das aktuelle Arbeitsverzeichnis (engl. *current working directory*, abgekürzt: cwd) ermittelt.

Anschließend werden die Objekte innerhalb dieses Verzeichnisses ermittelt. Dabei steht das Kürzel . für das aktuelle Verzeichnis und das Kürzel .. für das übergeordnete Verzeichnis. Für diese beiden Fälle erfolgt keine Aktion.

Falls es sich bei dem Objekt um eine Datei handelt, wird diese mit Namen ausgegeben.

Rekursive Funktion

Falls es sich bei dem Objekt um ein Unterverzeichnis handelt,

▶ wird in dieses Verzeichnis gewechselt,

▶ ruft sich die Funktion selbst auf (rekursiv) und

▶ wird wieder in das übergeordnete Verzeichnis zurückgewechselt.

Mit dieser Methode gelingt die Bearbeitung des gesamten Verzeichnisbaumes.

```
<html>
<body>
<table border="1">
<?php
function objektliste()
{
    /* Aktuelles Verzeichnis ermitteln */
    $verz = getcwd();

    /* Handle für aktuelles Verzeichnis */
    $handle = opendir(".");

    while ($dname = readdir($handle))
    {
        if($dname!="." && $dname!="..")
        {
            /* Falls Unterverzeichnis */
```

```
        if(is_dir($dname))
        {
            chdir($dname);   // nach unten
            objektliste();   // rekursiv
            chdir("..");     // nach oben
        }

        /* Falls Datei */
        else
        {
            echo "<tr><td>$verz</td><td>$dname</td></tr>";
        }
    }
  }
  closedir($handle);
}

/* Startverzeichnis */
chdir("C:\\xampp\\phpmyadmin");

/* Erster Aufruf der Funktion */
objektliste();
?>
</table>
</body>
</html>
```

Listing 6.23 Datei p632.php

Die Ausgabe des Programms sehen Sie in Abbildung 6.29.

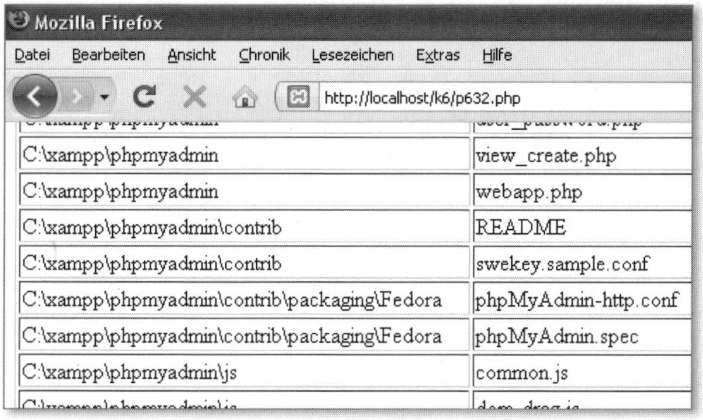

Abbildung 6.29 Infos über Verzeichnisbaum (Ausschnitt)

In der linken Spalte der Tabelle wird der Name des Verzeichnisses ausgegeben, in der rechten Spalte der Name des Objekts.

6.3 Felder

6.3.1 Operationen für numerisch indizierte Felder

In Kapitel 2, »PHP-Programmierkurs«, wurden bereits eindimensionale numerisch indizierte beziehungsweise assoziative Felder vorgestellt. Es gibt einige Operationen, die häufig mit Feldern ausgeführt werden. Sie sollen zunächst besprochen werden.

Sortierung

Feld sortieren Im folgenden Beispiel wird ein Feld, das Temperaturwerte beinhaltet, aufsteigend sortiert und ausgegeben. Anschließend wird das Feld absteigend sortiert und ausgegeben.

```
<html>
<body>
<?php
    $tp = array(17.5, 19.2, 21.8, 21.6, 20.2, 16.6);
    $gr = sizeof($tp);

    /* unsortiert ausgeben */
    for($i=0; $i<$gr; $i++)
        echo "$tp[$i]   ";
    echo " unsortiert<br />";

    /* aufsteigend sortieren */
    sort($tp,SORT_NUMERIC);

    /* ausgeben */
    for($i=0; $i<$gr; $i++)
        echo "$tp[$i]   ";
    echo "aufsteigend sortiert<br />";

    /* absteigend sortieren */
    rsort($tp,SORT_NUMERIC);

    /* ausgeben */
    for($i=0; $i<$gr; $i++)
        echo "$tp[$i]   ";
```

```
    echo "absteigend sortiert";
?>
</body>
</html>
```

Listing 6.24 Datei p640.php

Die Funktion `sizeof()` ermittelt die Größe eines Feldes, also die Anzahl der Feldelemente. **sizeof()**

Die beiden Funktionen

▸ `sort()` für aufsteigende Sortierung und

▸ `rsort()` für absteigende Sortierung (engl.: reverse sort)

haben jeweils zwei Parameter. Der erste Parameter ist der Name des Feldes, der zweite Parameter gibt den Typ der Sortierung an.

Dabei gibt es folgende Möglichkeiten:

▸ `SORT_REGULAR`: normale Sortierung

▸ `SORT_NUMERIC`: Sortierung nach Zahlenwerten

▸ `SORT_STRING`: Sortierung nach Zeichen

Die Ausgabe des Programms sieht so aus:

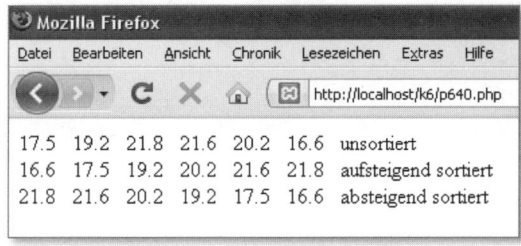

Abbildung 6.30 Sortierung eines Feldes

Die Temperaturextremwerte, also der größte und der kleinste Wert des Feldes, lassen sich leicht ermitteln. Sie entsprechen dem ersten und dem letzten Wert des Feldes nach der Sortierung.

Wert und Position der Extrema

Falls die Elemente des Feldes nicht sortiert werden sollen, also ihre ursprüngliche Sortierung erhalten bleiben soll, ist die Ermittlung der Temperaturextrema etwas aufwendiger. **Minimum, Maximum**

Für das oben angegebene Feld sollen Wert und Position der Temperatur-extrema ermittelt werden. Dazu wird folgende Vorgehensweise gewählt:

▶ Zunächst wird angenommen, dass der erste Wert gleichzeitig der Maximalwert ist.

▶ Die anderen Werte werden mit diesem Maximalwert verglichen. Falls einer der Werte größer ist als der bisherige Maximalwert, so ist dieser Wert der neue Maximalwert. Die Position und der Wert werden gespeichert. Nach der Bearbeitung des gesamten Feldes steht das gewünschte Ergebnis fest.

▶ Die gleiche Methode wird für das Minimum durchgeführt.

Das Programm:

```php
<html>
<body>
<?php
    $tp = array(17.5, 19.2, 21.8, 21.6, 20.2, 16.6);
    $gr = sizeof($tp);

    /* erste Annahme */
    $maxpos = 0;
    $minpos = 0;
    $max = $tp[0];
    $min = $tp[0];

    /* restliche Elemente untersuchen */
    for($i=1; $i<$gr; $i++)
    {
        if($tp[$i] > $max)
        {
            $max = $tp[$i];
            $maxpos = $i;
        }
        if($tp[$i] < $min)
        {
            $min = $tp[$i];
            $minpos = $i;
        }
    }

    /* unverändert ausgeben */
    for($i=0; $i<$gr; $i++)
        echo "<b>$i:</b> $tp[$i]   ";
```

```
    echo "<br />Maximum: $max bei Position $maxpos<br />";
    echo "Minimum: $min bei Position $minpos";
?>
</body>
</html>
```

Listing 6.25 Datei p641.php

Zur Kontrolle wird das Feld nach der Ermittlung der Extrema noch einmal mit Position und Wert ausgegeben:

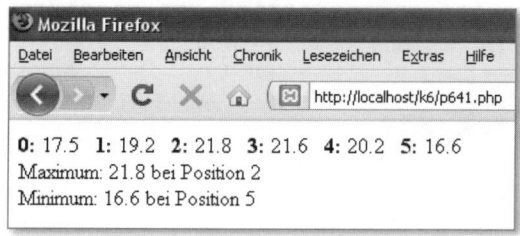

Abbildung 6.31 Wert und Position der Extrema

Zur schnellen Extremwertbestimmung stehen auch die mathematischen Funktionen `max()` und `min()` zur Verfügung. Allerdings liefern diese nur den Wert, nicht aber die Position des Extremwertes.

Statistische Auswertung

Mit Hilfe des folgenden Programms wird festgestellt, welcher Anteil einer Menge von Temperaturwerten oberhalb einer definierten Grenze liegt. Diese Grenze kann vom Benutzer gewählt werden. Die Werte werden aus einer sequenziellen Datei eingelesen (siehe Abschnitt 6.2), in der sie zeilenweise gespeichert wurden.

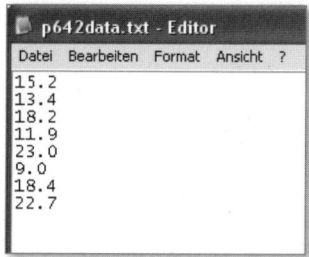

Abbildung 6.32 Eingabedatei

Zunächst das Formular:

```
<html>
<body>
<p>Bitte geben Sie den Grenzwert ein:</p>
<form action = "p642.php" method = "post">
   <p><input name="gr" /> Grenzwert</p>
   <p><input type="submit" />
   <input type="reset" /></p>
</form>
</body>
</html>
```

Listing 6.26 Datei p624.htm

Es sieht wie folgt aus:

Abbildung 6.33 Eingabeformular für Grenzwert

Der PHP-Programmcode zur Auswertung:

```
<html>
<body>
<?php
if(!file_exists("p642data.txt"))
{
  echo "Datei konnte nicht gefunden werden";
  exit;
}

$fp = fopen("p642data.txt","r");
if(!$fp)
{
  echo "Datei konnte nicht geöffnet werden";
  exit;
}

// Alle Werte in ein Feld lesen
$i = 0;
while (!feof($fp))
{
```

```
    $zeile = fgets($fp, 100);
    $tp[$i] = doubleval($zeile);
    $i++;
}
fclose($fp);

// Anzahl feststellen
$anzahl = sizeof($tp);

// Werte oberhalb der Grenze zählen
$c = 0;
$grenze = doubleval($_POST["gr"]);
for($i=0; $i<$anzahl; $i++)
    if ($tp[$i] > $grenze)
        $c++;

// Ausgabe
if ($anzahl > 0)
{
    $anteil = $c / $anzahl * 100;
    $ausgabe = number_format($anteil,2);
    echo "$ausgabe Prozent der Werte
            liegen oberhalb von $grenze";
}
else
    echo "Die Datei beinhaltete keine Werte";
?>
</body>
</html>
```

Listing 6.27 Datei p642.php

Nach einem erfolgreichen Öffnen der Textdatei *p642data.txt* werden die Werte zeilenweise gelesen, mit Hilfe der Funktion doubleval() in Zahlen verwandelt und im Feld $tp gespeichert. Der Index des Feldes steht zunächst auf 0; nach dem Lesen jeder Zeile vergrößert er sich um 1. Es kann also das nächste Element des numerischen Feldes eingelesen werden.

Der Einsatz der Funktion doubleval() ist hier notwendig, da die Werte aus der Datei zunächst als Zeichenketten eingelesen werden und in Zahlen mit Nachkommastellen umgewandelt werden müssen.

```
    $zeile = fgets($fp, 100);
    $tp[$i] = doubleval($zeile);
```

Falls Sie schon Erfahrungen mit anderen Programmiersprachen haben, wird Ihnen spätestens an dieser Stelle auffallen, dass das Feld dynamisch vergrößert wird. Der Entwickler muss zu Beginn des Programms daher keine statische Feldgröße festlegen.

Der vom Benutzer eingegebene Grenzwert steht im Programm in der Variablen $\$\_POST["gr"]$ zur Verfügung. Auch diese Zeichenkette wird in eine Zahl mit Nachkommastellen (Variable $\$grenze$) umgewandelt.

```
$grenze = doubleval($_POST["gr"]);
```

Innerhalb einer `for`-Schleife über alle Elemente des Feldes wird der Zähler (Variable $\$c$) erhöht, falls ein Element gefunden wird, das oberhalb der eingegebenen Grenze liegt.

```
if ($tp[$i] > $grenze)
    $c++;
```

Der prozentuale Anteil dieser Werte an der Gesamtzahl der Elemente wird berechnet (Variable $\$anteil$). Diese Variable wird auf zwei Stellen nach dem Komma formatiert.

```
$ausgabe = number_format($anteil,2);
```

Die Ausgabe des Programms sieht so aus:

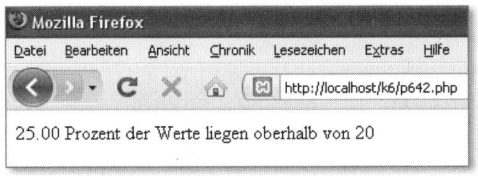

Abbildung 6.34 Statistische Auswertung

[Ø] **Übung P643**

In einer Textdatei (*p643data.txt*) sind Namen und Altersangaben aller Mitarbeiter einer Firma gespeichert. In der ersten Zeile steht der Name des ersten Mitarbeiters, in der zweiten Zeile das Alter des ersten Mitarbeiters, in der dritten Zeile der Name des zweiten Mitarbeiters usw.

Abbildung 6.35 Eingabedatei für Übung P643

Schreiben Sie ein Programm (Datei *p643.php*), mit dem Informationen über die Altersstruktur ermittelt und in der folgenden Form ausgegeben werden:

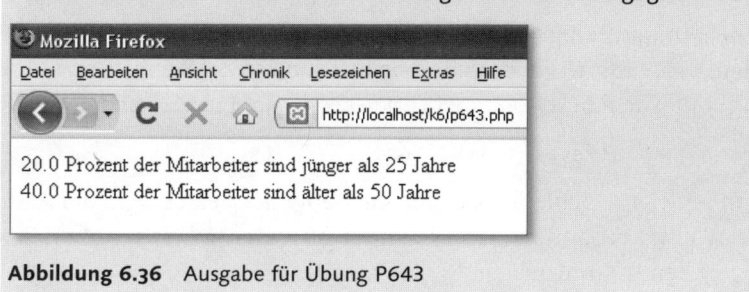

Abbildung 6.36 Ausgabe für Übung P643

6.3.2 Sortierung eines assoziativen Feldes

Assoziative Felder können nach Key (= *Schlüssel*) beziehungsweise nach Value (= *Wert*) sortiert werden. Dazu dienen die Funktionen `asort()`, `arsort()`, `ksort()` und `krsort()`. Im folgenden Programm werden diese Sortierfunktionen in einem Beispiel vorgestellt.

Key, Value

```
<html>
<body>
<?php
function ausgabe($tpfunc, $kommentar)
{
    foreach($tpfunc as $name=>$wert)
        echo "$name: $wert   ";
    echo "$kommentar<br />";
}

$tp["Mo"] = 17.5;
$tp["Di"] = 19.2;
$tp["Mi"] = 21.8;
$tp["Do"] = 21.6;
$tp["Fr"] = 17.5;
$tp["Sa"] = 20.2;
$tp["So"] = 16.6;

ausgabe($tp, "unsortiert");

asort($tp, SORT_NUMERIC);
ausgabe($tp, "aufsteigend nach Werten");

arsort($tp, SORT_NUMERIC);
ausgabe($tp, "absteigend nach Werten");
```

```
ksort($tp, SORT_STRING);
ausgabe($tp, "aufsteigend nach Keys");

krsort($tp, SORT_STRING);
ausgabe($tp, "absteigend nach Keys");
?>
</table>
</body>
</html>
```

Listing 6.28   Datei p644.php

Es wird ein assoziatives Feld mit sieben Werten erzeugt – ein Wert pro Wochentag. Anschließend erfolgen die Sortierungen:

- Die Funktion `asort()` sortiert das Feld nach aufsteigendem Wert.
- Die Funktion `arsort()` sortiert das Feld nach absteigendem Wert.
- Die Funktion `ksort()` sortiert das Feld nach aufsteigendem Schlüssel.
- Die Funktion `krsort()` sortiert das Feld nach absteigendem Schlüssel.

Die Sortierung nach Wert erfolgt numerisch. Die Sortierung nach Schlüssel erfolgt anhand von Zeichen, da der Schlüssel eine Zeichenkette ist. Zur Kontrolle wird das Feld nach der jeweiligen Sortierung ausgegeben. In allen Fällen bleibt die Zuordnung Key zu Value erhalten. Das Feld wird sowohl unsortiert als auch nach jedem Sortiervorgang ausgegeben:

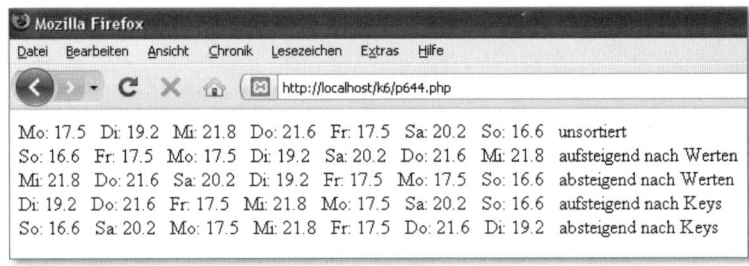

Abbildung 6.37   Sortierung eines assoziativen Feldes

6.3.3   Zweidimensionale Felder, allgemein

Bei mehrdimensionalen Feldern kann man sowohl numerische Felder und assoziative Felder als auch gemischte Felder anwenden. Ein gemischtes Feld beinhaltet sowohl numerische als auch assoziative Komponenten.

Betrachten wir einmal die folgende Tabelle 6.1. Sie ist Ihnen bereits aus Kapitel 4, »Datenbanken«, bekannt und soll hier zur Einführung von zweidimensionalen Feldern dienen. Es wurde nur das Feld `Geburtstag` weggelassen, um das Programm nicht zu aufwendig werden zu lassen.

Name	Vorname	Personalnummer	Gehalt
Maier	Hans	6714	3500,00
Schmitz	Peter	81343	3750,00
Mertens	Julia	2297	3621,50

Tabelle 6.1 Inhalt einer Datenbanktabelle

Die oben angegebenen Daten sollen in einem zweidimensionalen Feld abgelegt werden, um sie innerhalb eines Programms bearbeiten zu können. Im ersten Beispiel ist dies ein rein numerisches Feld, im zweiten Beispiel ein gemischtes Feld.

Später wird erläutert, wie die Daten aus einer Datenbank in ein zweidimensionales assoziatives Feld gelesen werden können. Dadurch ergibt sich innerhalb des Programms eine permanente Zugriffsmöglichkeit auf die gesamten Daten, ohne erneut eine Datenbankabfrage durchführen zu müssen.

6.3.4 Zweidimensionale numerische Felder

Ein zweidimensionales numerisches Feld hat zwei Indizes statt eines Indexes. Der erste Index stellt die Nummer der Zeile dar, der zweite Index die Nummer der Spalten. Dies ist nur ein mögliches Vorstellungsmodell, genauso gut könnte es umgekehrt sein. Man sollte allerdings bei einem einmal gewählten Modell bleiben, dies erleichtert die Bearbeitung zweidimensionaler Probleme (und später die Bearbeitung höherdimensionaler Probleme).

Zwei Indizes

Im folgenden Beispiel sind die Daten der oben angegebenen Tabelle (ohne Überschrift) in einem zweidimensionalen Feld abgelegt:

```
<html>
<body>
<?php
    // 1. Zeile und 2. Zeile
    $pers = array(array("Maier", "Hans", 6714, 3500),
            array("Schmitz", "Peter", 81343, 3750));

    // 3. Zeile
    $pers[2][0] = "Mertens";
    $pers[2][1] = "Julia";
```

```
$pers[2][2] = 2297;
$pers[2][3] = 3621.50;

echo "<table border='1'>";
for($i=0; $i<3; $i++)
{
    echo "<tr>";
    for($k=0; $k<4; $k++)
        echo "<td>" . $pers[$i][$k] . "</td>";
    echo "</tr>";
}
echo "</table>";
?>
</body>
</html>
```

Listing 6.29 Datei p645.php

Es werden zwei Techniken zur Erzeugung eines zweidimensionalen Feldes gezeigt:

▶ Mit Hilfe der Funktion `array()` wird die Variable `$pers` zu einem Feld mit zwei Elementen. Diese Elemente sind wiederum Teilfelder, haben die Namen `$pers[0]` und `$pers[1]` und bestehen jeweils aus vier Elementen. Die Nummerierung der Elemente beginnt sowohl beim ersten als auch beim zweiten Index bei 0. Jedes Teilfeld wurde ebenfalls mit Hilfe der Funktion `array()` erzeugt.

▶ Mehrdimensionale Felder können, genau wie eindimensionale Felder, einfach durch die Zuweisung einzelner Elemente erzeugt oder vergrößert werden. Dies ist hier mit den Zuweisungen in der Form `$pers[2][0] = "Mertens";` usw. geschehen. Dabei ist die bisherige Nummerierung zu beachten, andernfalls könnten auch hier vorhandene Elemente überschrieben werden.

Insgesamt hat das Feld nun zwölf Elemente, drei Teilfelder mit je vier Elementen. Die Struktur ist in Tabelle 6.2 erkennbar.

Name des Elements	Zeilenindex des Elements	Spaltenindex des Elements	Wert des Elements
`$pers[0][0]`	0	0	`"Maier"`
`$pers[0][1]`	0	1	`"Hans"`
`$pers[0][2]`	0	2	6714

Tabelle 6.2 Zweidimensionales numerisches Feld

Name des Elements	Zeileindex des Elements	Spaltenindex des Elements	Wert des Elements
$pers[0][3]	0	3	3500
$pers[1][0]	1	0	"Schmitz"
$pers[1][1]	1	1	"Peter"
$pers[1][2]	1	2	81343
$pers[1][3]	1	3	3750
$pers[2][0]	2	0	"Mertens"
$pers[2][1]	2	1	"Julia"
$pers[2][2]	2	2	2297
$pers[2][3]	2	3	3621,50

Tabelle 6.2 Zweidimensionales numerisches Feld (Forts.)

Diese Elemente werden anschließend mit Hilfe einer geschachtelten `for`-Schleife ausgegeben. Eine Zeile der Tabelle wird als eine Zeile auf dem Bildschirm dargestellt. Dabei nimmt die Schleifenvariable `$i` nacheinander die verwendeten Werte für den Zeilenindex (0 bis 2) an. Die Schleifenvariable `$k` nimmt nacheinander die verwendeten Werte für den Spaltenindex (0 bis 3) an.

Die Ausgabe des Programms sieht so aus:

Abbildung 6.38 Zweidimensionales numerisches Feld

Hinweis [«]

Einfache Variablen, Elemente von eindimensionalen numerischen Feldern und Objekteigenschaften können auch innerhalb von Zeichenketten notiert werden, um zum Beispiel eine Ausgabeanweisung übersichtlicher zu gestalten. Elemente von assoziativen Feldern oder von Feldern mit mehr als zwei Dimensionen müssen außerhalb von Zeichenketten notiert werden.

[⏸]

Übung P646

Speichern Sie die Daten aus der Tabelle der Festplatten aus Kapitel 4, »Datenbanken«, in einem zweidimensionalen Feld ab, ohne das Feld prod. Geben Sie anschließend die Daten dieses zweidimensionalen Feldes wie folgt auf dem Bildschirm aus (Datei *p646.php*):

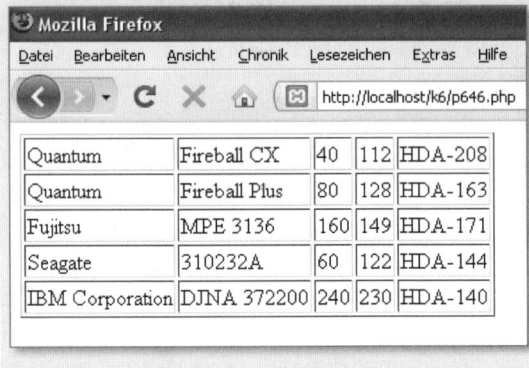

Abbildung 6.39 Ergebnis von Übung P646

6.3.5 Zweidimensionale gemischte Felder

Ein Index und ein Schlüssel

Ein zweidimensionales gemischtes Feld hat ebenfalls zwei Indizes. Der erste Index stellt die Nummer der Zeile dar, der zweite Index die Bezeichnung der Spalten als Schlüssel. Dies ist lediglich ein mögliches Vorstellungsmodell.

```
<html>
<body>
<?php
    // 1. Zeile und 2. Zeile
    $pers = array(array("Name"=>"Maier", "Vorname"=>"Hans",
            "Pnr"=>6714, "Gehalt"=>3500),
            array("Name"=>"Schmitz", "Vorname"=>"Peter",
            "Pnr"=>81343, "Gehalt"=>3750));

    // 3. Zeile
    $pers[2]["Name"] = "Mertens";
    $pers[2]["Vorname"] = "Julia";
    $pers[2]["Pnr"] = 2297;
    $pers[2]["Gehalt"] = 3621.50;

    echo "<table border='1'>";
    for($i=0; $i<3; $i++)
    {
```

```
        echo "<tr>";
        foreach($pers[$i] as $name=>$wert)
            echo "<td>$name: $wert</td>";
        echo "</tr>";
    }
    echo "</table>";
?>
</body>
</html>
```

Listing 6.30   Datei p647.php

In dem Feld $pers sind die Daten aus der Tabelle, außerdem die Spalten-
überschriften (als Schlüssel) abgelegt. Es werden zwei Techniken zur
Erzeugung eines Feldes gezeigt:

▶ Mit Hilfe der Funktion array() wird die Variable $pers zu einem
numerischen Feld mit zwei Elementen. Die Nummerierung des
numerischen Feldes beginnt bei 0.

▶ Die beiden Elemente des Feldes sind assoziative Teilfelder, haben die
Namen $pers[0] und $pers[1] und bestehen jeweils aus vier Elementen. Die einzelnen assoziativen Teilfelder werden genau so wie
eindimensionale assoziative Felder (mit Schlüssel und Wert) erzeugt.

▶ Gemischte Felder können auch einfach durch die Zuweisung einzelner Elemente erzeugt oder vergrößert werden. Dies ist hier mit den
Zuweisungen in der Form $pers[2]["Name"] = "Mertens"; usw.
geschehen.

Insgesamt hat das Feld nun zwölf Elemente, drei Teilfelder mit je vier
Elementen. Die Struktur ist in Tabelle 6.3 erkennbar.

Name des Elements	Index des Teilfeldes	Key des Elements innerhalb des Teilfeldes	Wert des Elements
$pers[0]["Name"]	0	"Name"	"Maier"
$pers[0]["Vorname"]	0	"Vorname"	"Hans"
$pers[0]["Pnr"]	0	"Pnr"	6714
$pers[0]["Gehalt"]	0	"Gehalt"	3500
$pers[1]["Name"]	1	"Name"	"Schmitz"
$pers[1]["Vorname"]	1	"Vorname"	"Peter"
$pers[1]["Pnr"]	1	"Pnr"	81343
$pers[1]["Gehalt"]	1	"Gehalt"	3750

Tabelle 6.3   Zweidimensionales gemischtes Feld

Name des Elements	Index des Teilfeldes	Key des Elements innerhalb des Teilfeldes	Wert des Elements
`$pers[2]["Name"]`	2	`"Name"`	`"Mertens"`
`$pers[2]["Vorname"]`	2	`"Vorname"`	`"Julia"`
`$pers[2]["Pnr"]`	2	`"Pnr"`	`2297`
`$pers[2]["Gehalt"]`	2	`"Gehalt"`	`3621,50`

Tabelle 6.3 Zweidimensionales gemischtes Feld (Forts.)

Diese Elemente werden anschließend mit Hilfe einer geschachtelten Schleife ausgegeben. Eine Zeile der Tabelle wird als eine Zeile auf dem Bildschirm dargestellt. Dabei nimmt die Schleifenvariable `$i` nacheinander die verwendeten Werte für die Nummer des Teilfeldes an (0 bis 2).

Innerhalb der `for`-Schleife werden, jeweils mit Hilfe einer `foreach`-Schleife, die Elemente der Teilfelder ausgegeben. Jedes Teilfeld entspricht einem eindimensionalen assoziativen Feld. Es muss allerdings darauf geachtet werden, dass `foreach` auf den Namen des Teilfeldes angewendet wird (`$pers[$i]`).

Die Ausgabe des Programms:

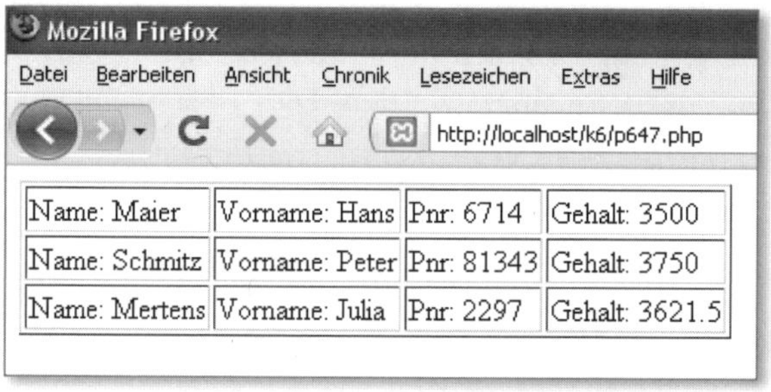

Abbildung 6.40 Zweidimensionales gemischtes Feld

[✐]

Übung P648

Speichern Sie die Daten aus der Tabelle der Festplatten aus dem Kapitel 4, »Datenbanken«, in einem zweidimensionalen Feld ab, ohne das Feld Produktionsdatum. Benutzen Sie die Feldnamen als Schlüssel. Geben Sie anschließend die Daten dieses zweidimensionalen Feldes wie folgt auf dem Bildschirm aus (Datei *p648.php*). Beachten Sie besonders die Aufteilung: Die Schlüssel stehen in der Überschrift, die Werte danach.

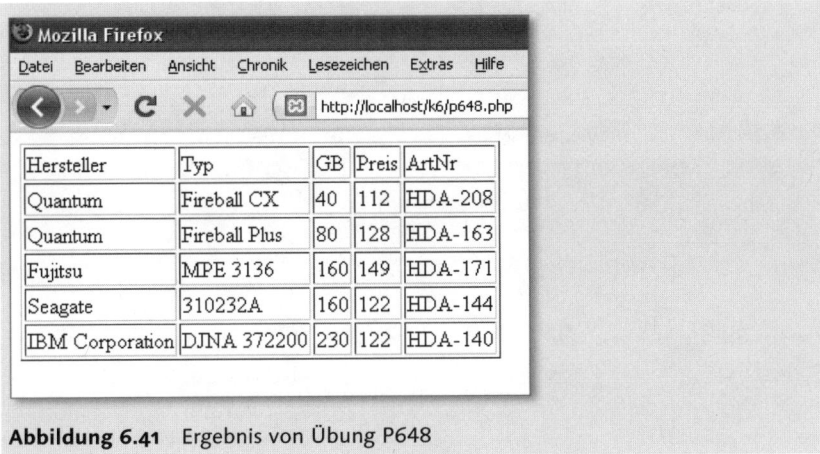

Abbildung 6.41 Ergebnis von Übung P648

6.3.6 Zweidimensionale assoziative Felder

Im folgenden Programm wird eine Abfrage an eine Datenbank gesendet. Das Ergebnis der Abfrage wird vollständig in einem zweidimensionalen assoziativen Feld gespeichert. Auf alle Elemente des Feldes kann zu einem späteren Zeitpunkt des Programms zugegriffen werden.

Als Key der ersten Dimension des Feldes wird eine eindeutige Bezeichnung benötigt. Dazu bietet sich das eindeutige Feld der Tabelle an. Im vorliegenden Fall ist dies das Feld personalnummer aus der Tabelle personen. Jeder beliebige Feldinhalt aus jedem Datensatz steht dann über die Personalnummer auf komfortable Weise zur Verfügung.

Zwei Schlüssel

```
<html>
<body>
<?php
    // Die Informationen werden aus der Datenbank geholt
    mysql_connect("","root");
    mysql_select_db("firma");
    $res = mysql_query("select * from personen");

    // Die Datensätze werden einzeln gelesen
    while($dsatz = mysql_fetch_assoc($res))
    {
        // Der Key für das zweidim. Array wird ermittelt
        $ax = $dsatz["personalnummer"];

        // Die Informationen aus dem Datensatz werden
        // über den Key in dem zweidim. Feld gespeichert
        $tab[$ax]["name"] = $dsatz["name"];
```

```
    $tab[$ax]["vorname"] = $dsatz["vorname"];
    $tab[$ax]["gehalt"] = $dsatz["gehalt"];
}

// Alle Datensätze werden mit allen Inhalten angezeigt
echo "<table border='1'>";
foreach($tab as $dsname=>$dswert)
{
    echo "<tr>";
    // Der Key wird ausgegeben
    echo "<td>$dsname:</td>";

    // Die Infos aus dem Datensatz werden ausgegeben
    foreach($dswert as $name=>$wert)
        echo "<td>$wert</td>";
    echo "</tr>";
}
echo "</table>";

// Einzelne Beispielinformationen werden angezeigt
echo "<p>";
echo $tab["2297"]["name"] . "<br />";
echo $tab["6714"]["gehalt"] . "<br />";
echo $tab["6715"]["vorname"] . "</p>";
?>
</body>
</html>
```

Listing 6.31 Datei p649.php

Jeder Datensatz des Abfrageergebnisses wird kurzfristig in dem assoziativen Feld $dsatz gespeichert. Das Element personalnummer dient für das zweidimensionale assoziative Feld $tab als erster Schlüssel. Mittels dieses Schlüssels werden die restlichen Inhalte (außer personalnummer) jedes Datensatzes in dem Feld $tab gespeichert.

foreach Die Ausgabe jedes Feldelements gelingt über eine doppelte foreach-Schleife. In der äußeren Schleife wird nur der erste Schlüssel ermittelt. Der Wert dieses ersten Schlüssels dient wiederum als zweiter Schlüssel.

Am Ende werden zu Demonstrationszwecken einige einzelne Feldelemente ausgegeben. Ein Zugriff auf einen nicht existierenden Schlüssel wird ignoriert beziehungsweise führt zu einer Meldung. Die Ausgabe des Programms sieht aus wie in Abbildung 6.42.

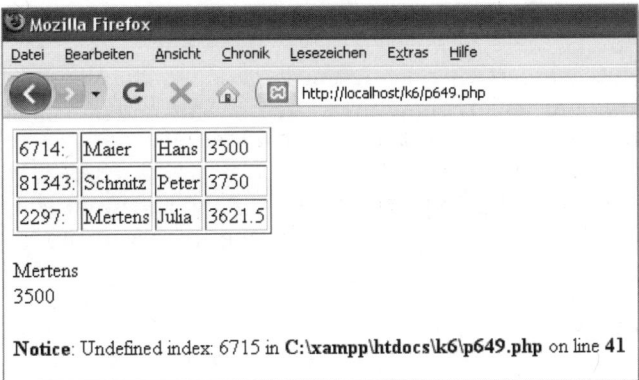

Abbildung 6.42 Zweidimensionales assoziatives Feld

Übung P650

Aus der Tabelle `fp` der Datenbank `hardware` sollen alle Datensätze gelesen und mit Hilfe der Funktion `mysql_fetch_assoc()` in einem zweidimensionalen assoziativen Feld gespeichert werden (Datei *p650.php*). Anschließend soll eine HTML-Tabelle mit folgenden Spalten ausgegeben werden:

▶ Artikelnummer

▶ Kapazität in GB

▶ Preis und Preis-Leistungs-Verhältnis (PLV = Preis/GB)

Das Ergebnis für PLV soll nicht nur temporär berechnet und unmittelbar ausgegeben werden. Stattdessen soll für die zweite Dimension des assoziativen Feldes eine weitere Spalte mit dem Key `plv` angelegt werden. Der Wert steht somit für die gesamte Dauer des Programms innerhalb des assoziativen Feldes zur Verfügung. Nutzen Sie die Funktion `number_format()` zur Darstellung des PLV-Wertes. Die Ausgabe sollte wie folgt aussehen:

Artikelnummer	GByte	Preis	€/GByte
HDA-208	40	112	2.80
HDA-163	80	128	1.60
HDA-171	160	149	0.93
HDA-144	60	122	2.03
HDA-140	240	230	0.96

Abbildung 6.43 Ergebnis von Übung P650

6.4　Datum und Zeit

In diesem Abschnitt werden die wichtigsten Funktionen zur Verarbeitung und Formatierung von Datums- und Zeitangaben und nützliche Techniken in diesem Zusammenhang vorgestellt.

Auf vielen Betriebssystemen gilt der 1. Januar 1970 00:00 Uhr als Nullpunkt für die Verarbeitung von Datums- und Zeitangaben. Die Zeit wird in Sekunden ab diesem Zeitpunkt gerechnet.

Sie sollten in jedem Fall die gültige Zeitzone einstellen. Dieser Vorgang wurde bereits am Ende des Abschnitts 6.2.9 beschrieben.

6.4.1　Zeit ermitteln und ausgeben

Systemzeit　Die beiden Funktionen `time()` und `microtime()` ermitteln die Systemzeit des Rechners. Ein Beispielprogramm:

```
<html>
<body>
<?php
    /* time */
    $jetzt = time();
    echo "Sekunden seit 01.01.1970: $jetzt<br />";

    /* microtime */
    $msfeld = explode(" ",microtime());
    echo "Mit Mikrosekunden: $msfeld[1] + $msfeld[0] sec.";
?>
</body>
</html>
```

Listing 6.32　Datei p655.php

Erläuterung:

time()
- Die Funktion `time()` liefert die aktuelle Zeit in Sekunden seit dem 1.1.1970. Diese Zeitangabe wird auch Unix-Timestamp genannt.

microtime()
- Die Funktion `microtime()` liefert eine Zeichenkette in der Form »Millisekunden Sekunden«. Die Funktion `explode()` dient hier zur Zerlegung in zwei Feldelemente. Diese werden anschließend ausgegeben.

Eine mögliche Ausgabe ist in Abbildung 6.44 zu sehen.

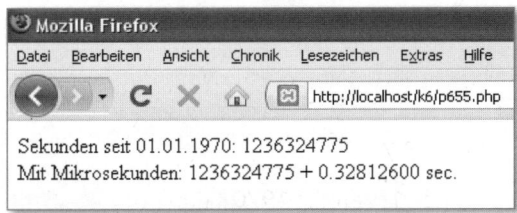

Abbildung 6.44 Zeit ermitteln und ausgeben

Diese Angaben in Sekunden können beispielsweise dazu genutzt werden, mit Zeitangaben zu rechnen. Viele andere Datums- und Zeitfunktionen benötigen einen Timestamp als Parameter.

6.4.2 Zeit formatiert ausgeben

Die Funktionen `strftime()` und `date()` werden zur formatierten Ausgabe von Datum und Uhrzeit benötigt. Sie liefern diese Angaben in vielen verschiedenen Formen. Beide Funktionen haben einen festen und einen optionalen Parameter: **Zeit formatieren**

▶ In jedem Fall gibt es eine Formatierungszeichenkette für die gewünschte Ausgabe. Innerhalb dieser Zeichenketten werden einzelne Klein- beziehungsweise Großbuchstaben verwendet, welche die gewünschte Teilinformation liefern.

▶ Optional existiert ein Timestamp. Falls dieser nicht existiert, wird die aktuelle Systemzeit verwendet.

Zusätzlich zu den reinen Datums- und Zeitangaben werden allgemeine Informationen bereitgestellt, zum Beispiel:

▶ Zeit im Zwölf-Stunden-Format, mit Angabe von AM beziehungsweise PM

▶ Jahresangabe nur mit zwei Ziffern

▶ Name des Wochentags, abgekürzt beziehungsweise ausgeschrieben, und die Nummer des Wochentags

▶ Name des Monats, abgekürzt beziehungsweise ausgeschrieben

▶ Kalenderwoche des Jahres, bezogen auf verschiedene Systeme (Sonntag oder Montag als erster Tag der Woche)

▶ Angabe der Zeitzone

Ein Beispielprogramm:

```
<html>
<body>
```

```php
<?php
  $jetzt = time();

  /* strftime */
  echo "<p>Formatiert mit strftime():<br />";
  echo strftime("%d.%m.%Y %H:%M:%S",$jetzt) . "<br />";
  echo strftime("%j.",$jetzt) . " Tag des Jahres<br />";
  setlocale(LC_ALL, 'german');
  echo strftime("%A, %d.%B",$jetzt) . "</p>";

  /* date */
  echo "<p>Formatiert mit date():<br />";
  echo date("d.m.Y H:i:s",$jetzt) . "<br />";
  echo intval(date("z",$jetzt))+1
     . ". Tag des Jahres<br />";

  /* Feld mit deutschen Wochentagen */
  $wtag = array("Sonntag","Montag","Dienstag",
     "Mittwoch","Donnerstag","Freitag","Samstag");
  $wt = intval(date("w",$jetzt));
  echo "$wtag[$wt]</p>";
?>
</body>
</html>
```

Listing 6.33   Datei p656.php

Zunächst die Ausgabe:

Abbildung 6.45   Zeit formatiert ausgeben

Alle Zeitangaben werden mit dem gleichen Timestamp vorgenommen, um die Vergleichbarkeit zu wahren. Mit den beiden Funktionen werden je vier Ausgabezeilen erzeugt.

Die erste Zeile liefert Datum und Zeit im »klassischen« Format. Die dabei verwendeten Formatierungen sind in der folgenden Tabelle dargestellt.

strftime(), date()

strftime()	date()	Erläuterung
%d	d	Tag des Monats, zweistellig, 00 bis 31
%m	m	Monat, zweistellig, 01 bis 12
%Y	Y	Jahr, vierstellig
%H	H	Stunde, zweistellig, 00 bis 23
%M	i	Minute, zweistellig, 00 bis 59
%S	s	Sekunde, zweistellig, 00 bis 59

Tabelle 6.4 Wichtige Formate der Funktionen »strftime()« und »date()«

Die Angabe »zweistellig« bedeutet, dass gegebenenfalls führende Nullen vorangestellt werden, um ein einheitliches Format zu erzeugen. Punkte, Leerzeichen und Doppelpunkte werden zur Vervollständigung der Zeitangabe zwischen den einzelnen Formatierungszeichen eingesetzt.

Bei strftime() könnten weitere Sonderzeichen oder Zeichenketten integriert werden. Die Funktion date() reagiert wesentlich empfindlicher. Falls die Ausgabe nicht wie gewünscht erscheint, sollten Sie die zusätzlichen Zeichen außerhalb der Formatierungszeichenkette hinzufügen.

Die Formatierung für »Tag des Jahres« wird bei strftime() mit %j und bei date() mit z vorgenommen. Dabei liefert strftime() einen dreistelligen Wert von 001 bis 366. Die Funktion date() liefert einen Wert mit unterschiedlicher Stellenanzahl von 0 bis 365 (!), daher muss nach der Umrechnung der Angabe in eine Zahl noch 1 hinzuaddiert werden.

Es werden auch der Wochentagsname beziehungsweise der Monatsname ausgegeben:

▶ Bei der Funktion strftime() ist dies mit %A und %B ein wenig einfacher, da vorher mit Hilfe der Funktion setlocale() die Lokalität eingestellt werden kann. Auf Windows-Systemen geht dies über die Zeichenkette "german" für Deutschland.

▶ Für die Funktion date() muss zunächst die Nummer des Wochentags ermittelt werden. Die Formatierung w liefert eine Zeichenkette, die einen Wert von 0 (= Sonntag) bis 6 (= Samstag) beinhaltet. Da dieser Wert als Feldindex benötigt wird, muss er zunächst mit `intval()` in eine Zahl umgewandelt werden. Diese Zahl wird als Index für das Feld `$wtag` (mit Wochentagsnamen) genutzt.

6.4.3 Zeitangabe auf Gültigkeit hin prüfen

Zeitangabe prüfen

Die Funktion `checkdate()` überprüft eine Zeitangabe auf ihre Gültigkeit hin gemäß dem gregorianischen Kalender. Sie erhält ihre drei Parameter in der Form Monat, Tag, Jahr und liefert wahr oder falsch. Dabei wird kontrolliert,

► ob die Jahresangabe zwischen 1 und 32767 liegt,

► ob die Monatsangabe zwischen 1 und 12 liegt und

► ob die Tagesangabe zwischen 1 und dem größten erlaubten Wert für diesen Monat liegt (Schaltjahre werden berücksichtigt).

Ein Beispielprogramm:

```
<html>
<body>
<?php
    /* checkdate */
    for($jahr=2006; $jahr<=2013; $jahr++)
    {
        echo "29.02.$jahr";
        if (checkdate(2,29,$jahr)) echo " gültig<br />";
        else echo " nicht gültig<br />";
    }
?>
</body>
</html>
```

Listing 6.34 Datei p657.php

Es wird geprüft, ob der 29. Februar der Jahre 2006 bis 2013 ein gültiges Datum darstellt. Dies trifft natürlich nur für die Schaltjahre zu, wie die Ausgabe in Abbildung 6.46 zeigt.

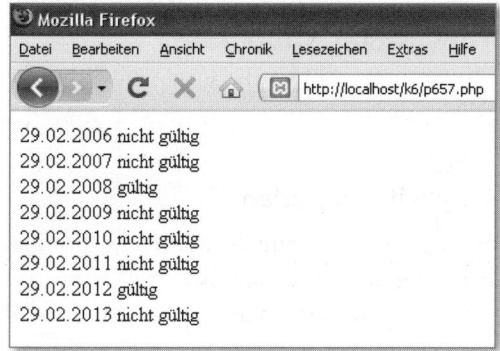

Abbildung 6.46 Zeitangabe auf Gültigkeit hin prüfen

6.4.4 Absolute Zeitangabe erzeugen

Zur Erzeugung einer bestimmten, absoluten Zeitangabe wird die Funktion `mktime()` genutzt. Sie benötigt als Parameter bis zu sieben Angaben in der folgenden Reihenfolge:

Zeitangabe erzeugen

▸ Stunde

▸ Minute

▸ Sekunde

▸ Monat

▸ Tag

▸ Jahr

▸ Sommerzeitwert

Der Wert für Sommerzeit kann mit 0 (= Winterzeit beziehungsweise Normalzeit), 1 (= Sommerzeit) oder −1 (= PHP findet selbst heraus, ob Sommer- oder Winterzeit herrscht) besetzt werden. Von rechts aus fehlende Angaben werden durch die Werte des aktuellen Datums, der aktuellen Uhrzeit beziehungsweise mit −1 für den Sommerzeitwert ersetzt.

Die Funktion liefert einen Timestamp, der zur lesbaren Ausgabe noch formatiert werden muss, zum Beispiel mit `date()`. Ungültige Angaben für einzelne Parameter werden korrigiert, wie auch das Beispiel zeigt:

```
<html>
<body>
<?php
    /* mktime */
    for($minute=58; $minute<=62; $minute++)
    {
```

```
        $dz = mktime(13,$minute,0);
        echo date("H:i:s", $dz) . "<br />";
    }
    echo "<p> </p>";

    for($tag=26; $tag<=32; $tag++)
    {
        $dz = mktime(0,0,0,2,$tag,2009);
        echo date("d.m.Y", $dz) . "<br />";
    }
?>
</body>
</html>
```

Listing 6.35   Datei p658.php

Innerhalb der ersten Schleife werden nur die Angaben für Stunde, Minute und Sekunde besetzt. Die restlichen Angaben werden mit dem heutigen Datum besetzt; dieses wird hier nicht benötigt. Die Angaben für die Minute (58 bis 62) werden bei Bedarf automatisch korrigiert.

Innerhalb der zweiten Schleife werden nur die Angaben für Monat, Tag und Jahr benötigt. Die Angaben für Stunde, Minute und Sekunde werden mit 0 besetzt; sie sind hier nicht wichtig. Die Angaben für den Tag (26 bis 32) werden bei Bedarf automatisch korrigiert.

Die Ausgabe:

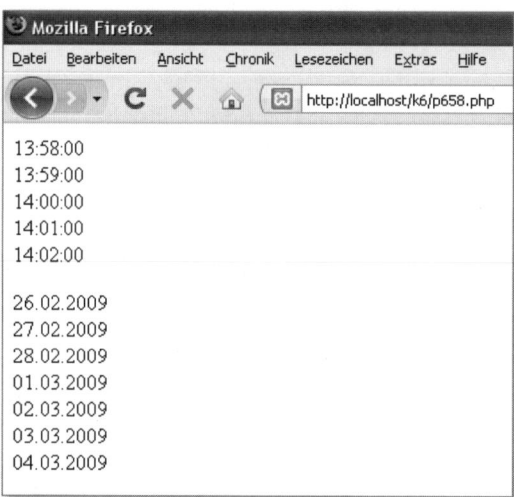

Abbildung 6.47   Absolute Zeitangabe erzeugen

6.4.5 Relative Zeitangabe erzeugen

Die Funktion `strtotime()` kann genutzt werden, um relative Zeitangaben zu erzeugen. Sie benötigt bis zu zwei Parameter:

▶ Im ersten Parameter wird mit Hilfe englischer Begriffe der gewünschte zeitliche Abstand zum Bezugspunkt angegeben.

▶ Beim zweiten Parameter nennt man den Bezugspunkt in Form eines Timestamps. Falls kein Bezugspunkt vorhanden ist, wird die aktuelle Systemzeit verwendet.

Ein Beispiel, in dem mehrere relative Angaben, bezogen auf die Datumsangabe 12.02.2009 erzeugt werden:

```php
<html>
<body>
<?php
    $jetzt = mktime(0,0,0,2,12,2009);
    echo date("d.m.Y",$jetzt) . " jetzt<br /><br />";

    $dann = strtotime("+1 day",$jetzt);
    echo date("d.m.Y",$dann) . " +1 day<br />";

    $dann = strtotime("+2 week",$jetzt);
    echo date("d.m.Y",$dann) . " +2 week<br />";

    $dann = strtotime("+2 week +2 day",$jetzt);
    echo date("d.m.Y",$dann) . " +2 week +2 day<br />";

    $dann = strtotime("-5 month",$jetzt);
    echo date("d.m.Y",$dann) . " -5 month<br />";

    $dann = strtotime("Tuesday",$jetzt);
    echo date("d.m.Y",$dann) . " Tuesday<br />";

    $dann = strtotime("next Monday",$jetzt);
    echo date("d.m.Y",$dann) . " next Monday<br />";

    $dann = strtotime("last Monday",$jetzt);
    echo date("d.m.Y",$dann) . " last Monday<br />";
?>
</body>
</html>
```

Listing 6.36 Datei p659.php

Von Zeitpunkten ausgehen Im Programm wird eine Reihe von Timestamps erzeugt. Dem ersten Element wird eine absolute Zeitangabe zugewiesen. In Abhängigkeit von diesem Element werden die weiteren Elemente erzeugt. Dabei können die Angaben week, day, month, year

- mit positivem oder negativem Vorzeichen,
- einzeln oder mehrere zusammen,
- mit oder ohne s am Ende (days)

benutzt werden.

Außerdem ist die Angabe eines englischen Wochentags möglich, und zwar:

- ohne Zusatz: bezieht sich auf die gleiche Woche des Jahres
- mit dem Zusatz next: bezieht sich auf die nächste Woche des Jahres
- mit dem Zusatz last: bezieht sich auf die vorhergehende Woche des Jahres

Im Programm werden alle Elemente des Feldes anschließend mit date() formatiert und ausgegeben:

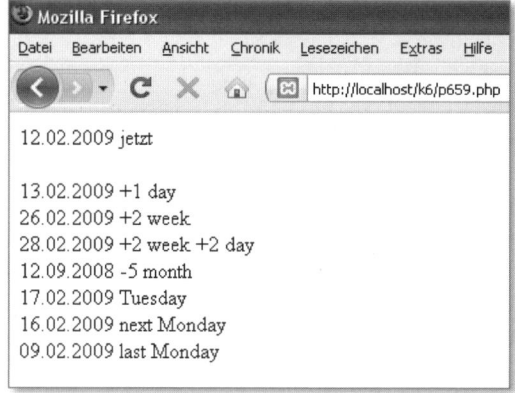

Abbildung 6.48 Relative Zeitangabe erzeugen

6.4.6 Mit Zeitangaben rechnen

Mit Zeit rechnen Zur Berechnung eines Zeitraums, also der Differenz zwischen zwei Zeitangaben, müssen beide Zeitangaben einzeln erzeugt werden. Anschließend kann die Differenz in Sekunden (als Timestamp) berechnet werden. Daraus kann die Differenz in Minuten, Stunden beziehungsweise Tagen berechnet werden.

Im folgenden Programm wird die Differenz zwischen dem 15. Februar 2009, 23:55:00 Uhr und dem 16. Februar 2009, 00:05:15 Uhr berechnet.

```
<html>
<body>
<?php
   /* Zwei Zeitangaben erzeugen */
   $zeit1 = mktime(23,55,0,2,15,2009);
   echo date("d.m.Y H:i:s",$zeit1) . "<br />";

   $zeit2 = mktime(0,5,15,2,16,2009);
   echo date("d.m.Y H:i:s",$zeit2) . "<br /><br />";

   /* Differenz berechnen */
   $diff_sek = $zeit2 - $zeit1;
   echo "Differenz: $diff_sek Sekunden<br />";

   $diff_min = $diff_sek / 60;
   echo "das sind: $diff_min Minuten<br />";

   $diff_std = $diff_min / 60;
   echo "das sind: $diff_std Stunden<br />";

   $diff_tag = $diff_std / 24;
   echo "das sind: $diff_tag Tage";
?>
</body>
</html>
```

Listing 6.37 Datei p660.php

Erläuterung:

▶ In der Variablen `$diff_sek` wird die Differenz zwischen den beiden Zeitangaben `$zeit1` und `$zeit2` in Sekunden berechnet.

▶ Zur Ermittlung der Minuten wird diese Zahl durch 60 geteilt.

▶ Zur Ermittlung der Stunden wird wiederum dieses Ergebnis durch 60 geteilt.

▶ Zur Ermittlung der Tage wird das letzte Ergebnis durch 24 geteilt.

Die Ausgabe:

Abbildung 6.49 Mit Zeitangaben rechnen

Die Differenz lässt sich natürlich auf diese Weise nicht in Monaten oder Jahren ermitteln, da Monate beziehungsweise Jahre nicht einheitlich lang sind.

Um zum Beispiel das Alter einer Person zu berechnen, muss daher ein anderer Weg beschritten werden. Dies soll im folgenden Programm gezeigt werden.

```
<html>
<body>
<?php
   /* Geburtstag */
   $geburt = mktime(0,0,0,11,7,1979);
   echo "Geburt: " . date("d.m.Y",$geburt) . "<br />";

   /* Aktuell */
   $heute = time();
   echo "Heute: " . date("d.m.Y",$heute) . "<br />";

   /* Alter berechnen */
   $hy = intval(date("Y",$heute));
   $gy = intval(date("Y",$geburt));
   $alter = $hy - $gy;

   /* Noch keinen Geburtstag gehabt dieses Jahr ? */
   $hm = intval(date("m",$heute));
   $hd = intval(date("d",$heute));
   $gm = intval(date("m",$geburt));
   $gd = intval(date("d",$geburt));

   if ($hm<$gm || $hm==$gm && $hd<$gd)
      $alter = $alter - 1;
```

```
    echo "Alter: " . $alter;
?>
</body>
</html>
```

Listing 6.38   Datei p661.php

Erläuterung:

▶ Die Zeitangabe für den Geburtstag, zum Beispiel für den 7. November 1979, wird mit Hilfe der Funktion `mktime()` erzeugt.

▶ Die aktuelle Zeitangabe wird mit der Funktion `time()` erzeugt.

▶ Das Alter wird zunächst aus der Differenz der Jahresangaben errechnet.

▶ Falls die Person dieses Jahr noch nicht Geburtstag hatte, also entweder der Geburtsmonat noch nicht erreicht oder innerhalb des Geburtsmonats der Geburtstag noch nicht erreicht wurde, so wird das Alter um 1 reduziert.

Die Ausgabe sieht so aus:

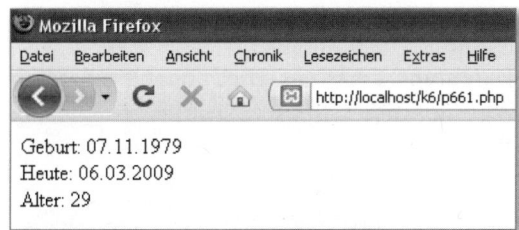

Abbildung 6.50   Berechnung des Alters

6.4.7   Zeitangaben in Datenbanken

Bei vielen Datenbanksystemen besteht die Möglichkeit, Zeitangaben zu speichern.

MySQL bietet einen eigenen Datentyp `timestamp` an. Der Wert für ein Feld dieses Typs wird automatisch besetzt, wenn ein Datensatz erzeugt wird. Somit wird festgehalten, zu welchem Zeitpunkt der Datensatz entstanden ist. Diese Angabe kann später zu vielen Zwecken (Sortierung, Filterung) genutzt werden.

Datentyp »timestamp«

Ein Eintrag in einem solchen Datenbankfeld hat die Form JJJJ-MM-TT HH:MM:SS. Dies sieht zum Beispiel für den 15.02.1979 23:55:12 Uhr wie folgt aus: 1979–02–15 23:55:12.

Im folgenden Programm wird die Tabelle log der Datenbank logdaten mit sogenannten Log-Einträgen gefüllt. Jedes Mal, wenn auf die Seite zugegriffen wird, werden eine automatisch erzeugte, eindeutige ID zur Identifizierung, ein Timestamp sowie die IP-Adresse des Benutzers gespeichert. Die IP-Adresse kann man über die PHP-Systemvariable $_SERVER["REMOTE_ADDR"] ermitteln.

Zunächst die Struktur der Tabelle log:

Feld	Typ	Kollation	Attribute
id	bigint(20)		UNSIGNED
tstamp	timestamp		on update CURRENT_TIMESTAMP
ipaddr	varchar(20)	latin1_swedish_ci	

Abbildung 6.51 Tabellenstruktur

Das Feld id erhält in phpMyAdmin den Datentyp serial. Damit erscheint es in der Anzeige mit dem Datentyp bigint und dem Zusatzattribut auto_increment. Dies bedeutet, dass jeder neu eingefügte Datensatz automatisch die nächsthöhere Nummer bekommt. Die Nummerierung erfolgt also automatisch.

Das Feld tstamp erhält den Datentyp timestamp. Dies bedeutet, dass für jeden neu eingefügten oder geänderten Datensatz in diesem Feld der aktuelle Zeitstempel gespeichert wird.

[»] | **Hinweis**

Zur Erzeugung der Datenbank inklusive Tabelle können Sie statt phpMyAdmin auch einfach das PHP-Programm *k6/create_logdaten.php* benutzen.

Das Programm *p662.php*:

```
<html>
<body>
<?php
    $jetzt = time();
    echo "Zugriff " . date("d.m.Y H:i:s",$jetzt) . "<br />";

    $ip = $_SERVER["REMOTE_ADDR"];
    echo "über IP-Adresse: $ip";

    mysql_connect("","root");
    mysql_select_db("logdaten");
    $sql = "insert log (ipaddr) values('$ip')";
    mysql_query($sql);
```

```
?>
</body>
</html>
```

Listing 6.39 Datei p662.php

Zunächst wird (lediglich zu Kontrollzwecken) die aktuelle Zeit bestimmt und ausgegeben. Anschließend wird die IP-Adresse des Benutzers ermittelt und ausgegeben. Im Normalfall sind dies Informationen, die dem Benutzer nicht gezeigt werden.

In der Datenbanktabelle wird ein neuer Datensatz mit Hilfe der folgenden SQL-Anweisung erzeugt: `insert log (ipaddr) values('$ip')`.

Dabei muss nur das Feld `ipaddr` belegt werden. Die ID und der Timestamp werden automatisch erzeugt. Die beiden Zeiten (Clientzeit und Serverzeit) können sich unterscheiden, da es sich jeweils um die Ortszeit handelt.

Die Ausgabe kann (bei Zugriff über den lokalen Webserver) wie folgt aussehen:

Abbildung 6.52 Kontrollausgabe bei Zugriff

Die Datenbanktabelle nach einigen Zugriffen:

id	tstamp	ipaddr
1	2009-03-06 10:07:29	127.0.0.1
2	2009-03-06 10:07:35	127.0.0.1
3	2009-03-06 10:07:44	127.0.0.1

Abbildung 6.53 Daten mit Timestamp

6.4.8 Beispiel Feiertagsberechnung

In Kapitel 2, »PHP-Programmierkurs«, wurde bereits eine Funktion erstellt, die den Termin des Ostersonntags mit der Formel nach Gauß berechnet. Diese Funktion soll dazu genutzt werden, alle Feiertage eines beliebigen Jahres zu berechnen. Eine solche Berechnung wird häufig im

Zusammenhang mit der Ermittlung von Arbeitstagen und der Betriebsdatenerfassung benötigt.

Feiertage berechnen

Die Feiertage sind je nach Bundesland unterschiedlich. Sie teilen sich in feste und bewegliche Feiertage auf. Die beweglichen Feiertage hängen mit dem Termin des Ostersonntags zusammen. Tabelle 6.5 zeigt die beweglichen Feiertage im Bundesland Nordrhein-Westfalen (NRW):

Feiertag	Zeitpunkt
Karfreitag	2 Tage vor Ostersonntag
Ostermontag	1 Tag nach Ostersonntag
Christi Himmelfahrt	39 Tage nach Ostersonntag
Pfingstsonntag	49 Tage nach Ostersonntag
Pfingstmontag	50 Tage nach Ostersonntag
Fronleichnam	60 Tage nach Ostersonntag

Tabelle 6.5 Bewegliche Feiertage in NRW

Das Programm liefert nach der Eingabe der Jahreszahl 2009 die sortierte Liste aller Feiertage:

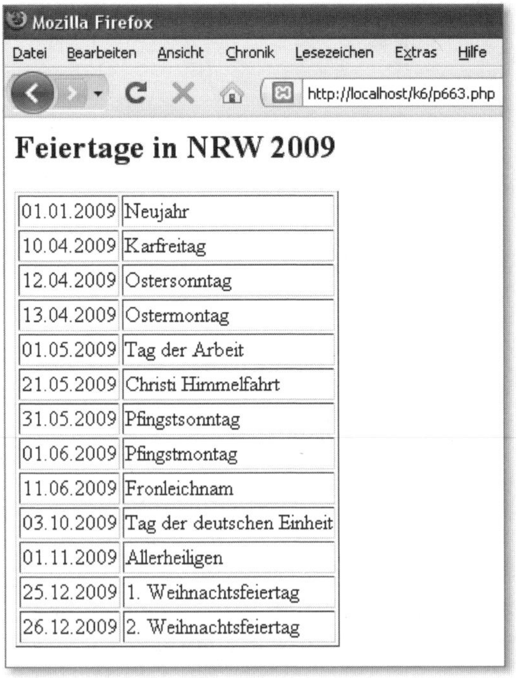

Abbildung 6.54 Feiertagsberechnung

Zunächst das Eingabeformular:

```
<html>
<body>
<h2>Feiertage in NRW</h2>
<p>Bitte geben Sie eine Jahreszahl ein:</p>
<form action="p663.php" method="post">
  <p><input name="jahr" /> Jahreszahl</p>
  <p><input type="submit" />
  <input type="reset" /></p>
</form>
</body>
</html>
```

Listing 6.40 Datei p663.htm

Es liefert den Wert des Formularfeldes `jahr` an das PHP-Programm:

```
<html>
<body>
<?php
    include "p663datum.inc.php";
    echo "<h2>Feiertage in NRW " . $_POST["jahr"] . "</h2>";

    /* Feiertage ermitteln */
    feiertagNRW($_POST["jahr"], $ftag);

    /* Liste ausgeben */
    echo "<table border='1'>";
    foreach($ftag as $name=>$wert)
    {
        $datum = date("d.m.Y", $wert);
        echo "<tr><td>$datum</td><td>$name</td></tr>";
    }
    echo "</table>";
?>
</body>
</html>
```

Listing 6.41 Datei p663.php

Im PHP-Programm wird die Datei *p663datum.include.php* eingebunden. Ostersonntag
Hier stehen die bereits bekannte Funktion `ostersonntag()` (siehe Abschnitt 2.9.4) und die Funktion `feiertagNRW()` zur Verfügung.

Die Funktion `feiertagNRW()` benutzt intern die Funktion `ostersonntag()` und liefert ein assoziatives Feld mit den Namen und Daten aller Feiertage zurück. Das Feld ist nach Daten aufsteigend sortiert, und die Daten werden in Form von Timestamps geliefert. Das Feld wird innerhalb einer `foreach`-Schleife formatiert in einer Tabelle ausgegeben.

Die Funktion `feiertagNRW()` sieht wie folgt aus:

```
function feiertagNRW($jahr, &$ftag)
{
   /* Die festen Feiertage */
   $ftag["Neujahr"] = mktime(0,0,0,1,1,$jahr);
   $ftag["Tag der Arbeit"] = mktime(0,0,0,5,1,$jahr);
   $ftag["Tag der deutschen Einheit"] =
       mktime(0,0,0,10,3,$jahr);
   $ftag["Allerheiligen"] = mktime(0,0,0,11,1,$jahr);
   $ftag["1. Weihnachtsfeiertag"] =
       mktime(0,0,0,12,25,$jahr);
   $ftag["2. Weihnachtsfeiertag"] =
       mktime(0,0,0,12,26,$jahr);

   /* Ostersonntag berechnen */
   ostersonntag($jahr, $t_ostern, $m_ostern);
   $ostern = mktime(0, 0, 0, $m_ostern, $t_ostern, $jahr);

   /* Die beweglichen Feiertage,
      abhängig vom Ostersonntag */
   $ftag["Karfreitag"] = strtotime("-2 day",$ostern);
   $ftag["Ostersonntag"] = strtotime("0 day",$ostern);
   $ftag["Ostermontag"] = strtotime("+1 day",$ostern);
   $ftag["Christi Himmelfahrt"] =
       strtotime("+39 day",$ostern);
   $ftag["Pfingstsonntag"] = strtotime("+49 day",$ostern);
   $ftag["Pfingstmontag"] = strtotime("+50 day",$ostern);
   $ftag["Fronleichnam"] = strtotime("+60 day",$ostern);

   /* Liste nach Werten sortieren */
   asort($ftag);
}
?>
```

Listing 6.42 Datei p663datum.inc.php, Funktion feiertagNRW()

Die Timestamps für die festen Feiertage werden mit der Funktion `mktime()` erzeugt. Sie werden Elementen des assoziativen Feldes `$ftag` zugewiesen. Als Schlüssel wird jeweils die Bezeichnung des Feiertags verwendet.

Nach dem Aufruf der Funktion `ostersonntag()` stehen in `$t_ostern` und `$m_ostern` Tag und Monat des Ostersonntags bereit. Diese Angaben werden zusammen mit dem Jahr in den Timestamp `$ostern` umgeformt.

Die beweglichen Feiertage werden mit der Funktion `strtotime()` relativ zu Ostern bestimmt und dem assoziativen Feld hinzugefügt. Anschließend wird das Feld mit Hilfe der Funktion `asort()` nach Werten aufsteigend sortiert.

6.5 Mathematische Funktionen

Für mathematische Berechnungen dienen die mathematischen Funktionen und Konstanten.

In den folgenden Beispielprogrammen werden zwei unterschiedliche Methoden verwendet. Diese beiden Methoden können generell bei allen Funktionsaufrufen angewendet werden. Die erste Methode wird insbesondere bei mathematischen Funktionen angewendet.

▶ Methode 1: Das Ergebnis der mathematischen Funktion wird unmittelbar ausgegeben, das heißt, Berechnung und Ausgabe finden in einem Schritt statt. Vorteil dieser Methode ist ihre kompakte Schreibweise.

Ausgabe

▶ Methode 2: Das Ergebnis der mathematischen Funktion wird in einer Variablen gespeichert. Diese Variable wird anschließend oder erst später ausgegeben, das heißt, Berechnung und Ausgabe finden in zwei Schritten statt. Diese Methode hat den Vorteil, dass das Ergebnis mehrmals verwendet werden kann, ohne dafür die Funktion erneut aufrufen zu müssen und dabei Rechenzeit zu beanspruchen.

Rückgabe

6.5.1 Taschenrechnerfunktionen

Im folgenden Programm werden »Taschenrechnerfunktionen« (Berechnung der Wurzel, Potenz, e-Funktion, natürlicher Logarithmus, 10er-Logarithmus) eingesetzt.

Einfache Funktionen

```
<html>
<body>
<?php
    echo "<p><b>Wurzel, Potenz, e-Funktion,
        Logarithmus:</b></p>";
    $a = 4.75;
    echo "Variable a: $a <br />";
```

```
    echo "&radic;a: " . sqrt($a) . "<br />";
    echo "a<sup>2</sup>: " . pow($a,2) . "<br />";
    echo "a<sup>3</sup>: " . pow($a,3) . "<br />";
    echo "log(a) = Nat. Logarithmus von a: "
        . log($a) . "<br />";
    echo "e<sup>a</sup> : " . exp($a) . "<br />";
    echo "e<sup>1/a</sup> :" . exp(1/$a) . "<br />";
    echo "log<sub>10</sub>(a), 10er-Logarithmus von a: "
        . log10($a);
?>
</body>
</html>
```

Listing 6.43 Datei p670.php

Die Ausgabe hat folgendes Aussehen:

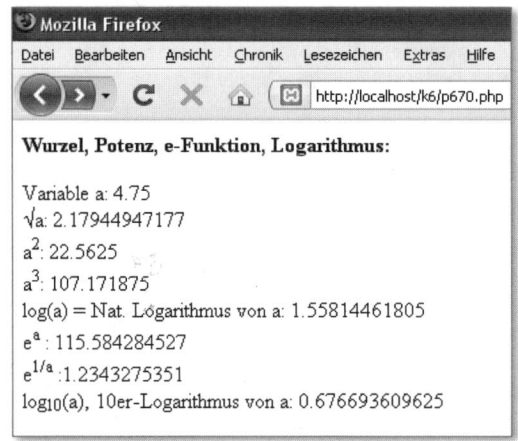

Abbildung 6.55 Taschenrechnerfunktionen

6.5.2 Mathematische Konstanten

pi, e Häufig genutzte Werte stehen als mathematische Konstanten zur Verfügung. Sie können allerdings, ebenso wie Funktionsaufrufe, nicht direkt innerhalb einer Zeichenkette ausgegeben werden.

```
<html>
<body>
<h2>Math. Konstanten</h2>
<?php
    echo "&pi;: " . M_PI . "<br />";
    echo "Eulersche Zahl e: " . M_E . "<br />";
```

```
    echo "log<sub>10</sub>(e): " . M_LOG10E . "<br />";
    echo "log(2): " . M_LN2 . "<br />";
    echo "log(10): " . M_LN10 . "<br />";
    echo "&pi;/2: " . M_PI_2 . "<br />";
    echo "&pi;/4: " . M_PI_4 . "<br />";
    echo "1/&pi;: " . M_1_PI . "<br />";
    echo "2/&pi;: " . M_2_PI . "<br />";
    echo "2/&radic;(&pi;): " . M_2_SQRTPI . "<br />";
    echo "&radic;(2): " . M_SQRT2 . "<br />";
    echo "&radic;(1/2): " . M_SQRT1_2;
?>
</body>
</html>
```

Listing 6.44   Datei p671.php

Die Ausgabe liefert den Zusammenhang:

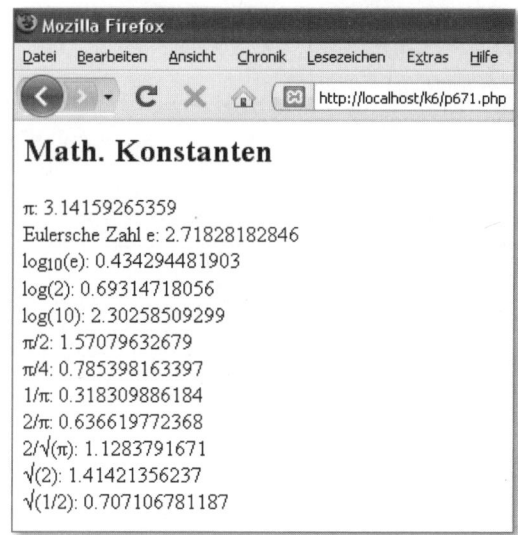

Abbildung 6.56   Mathematische Konstanten

6.5.3   Ganzzahlermittlung, Extremwerte

In diesem Abschnitt beschäftigen wir uns mit dem Folgenden:

▶ Eine Zahl mit Dezimalstellen wird durch verschiedene Rundungsarten in eine Ganzzahl umgewandelt.

Ganzzahl

▶ Das Maximum beziehungsweise das Minimum unterschiedlich vieler Werte wird ermittelt.

Maximum, Minimum

Das Programm:

```
<html>
<body>
<?php
    echo "<p><b>Zahlen in Ganzzahlen verwandeln:</b><br />";
    $a = 4.75;
    echo "Variable a: $a<br />";
    echo "nächstniedrigere ganze Zahl zu a: "
        . floor($a) . "<br />";
    echo "nächsthöhere ganze Zahl zu a: "
        . ceil($a) . "<br />";
    echo "a kaufmännisch gerundet: " . round($a) . "</p>";

    $b = -4.75;
    echo "<p>Variable b: $b<br />";
    echo "nächstniedrigere ganze Zahl zu b: "
        . floor($b) . "<br />";
    echo "nächsthöhere ganze Zahl zu b: "
        . ceil($b) . "<br />";
    echo "b kaufmännisch gerundet: " . round($b) . "</p>";

    echo "<p><b>Maxima, Minima:</b><br />";
    $c = 30;
    echo "a: $a, b: $b, c: $c<br />";
    echo "Maximum von a, b und c: "
        . max($a,$b,$c) . "<br />";
    echo "Minimum von a, b und c: " . min($a,$b,$c) . "</p>";

    $f = array(-4.75, 5.37, 30, -6.2, 0.05);
    echo "<p>Feld: ";
    for($i=0; $i<count($f); $i++)
      echo "$f[$i]   ";
    echo "<br />";
    echo "Feld-Maximum: " . max($f) . "<br />";
    echo "Feld-Minimum: " . min($f) . "</p>";
?>
</body>
</html>
```

Listing 6.45 Datei p672.php

Eine Zahl mit Nachkommastellen kann auf verschiedene Weise gerundet werden:

- nach unten – Funktion `floor()`
- nach oben – Funktion `ceil()`
- kaufmännisch (bei positiven Zahlen bis 0.4999… zur 0, ab .5000 zur 1) – Funktion `round()`

Die Funktion `max()` beziehungsweise `min()` ermittelt aus einer beliebigen Menge Zahlen die größte beziehungsweise die kleinste Zahl. Die Funktionen können auch bei Feldern angewandt werden.

Die Bildschirmausgabe hat folgendes Aussehen:

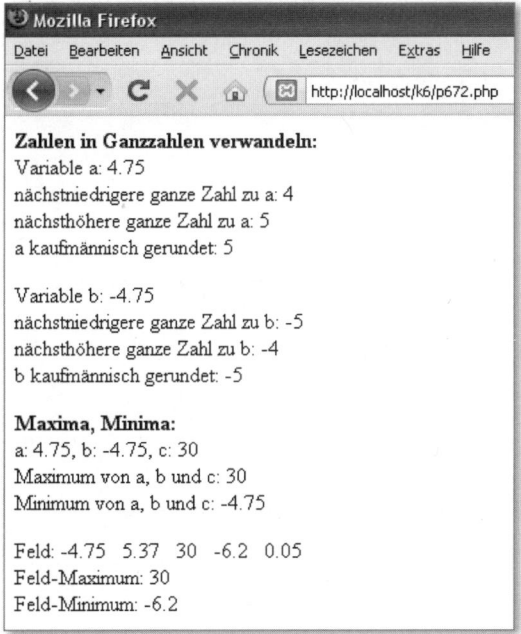

Abbildung 6.57 Ganzzahlermittlung, Extremwerte

6.5.4 Trigonometrische Funktionen

In diesem Abschnitt werden einige trigonometrische Funktionen (Winkelfunktionen: Sinus, Cosinus, Tangens usw.) vorgestellt. Dabei ist zu beachten, dass ein Winkel, der in Grad angegeben wird, zunächst in Bogenmaß umgerechnet werden muss. Erst anschließend kann eine trigonometrische Funktion angewandt werden. Die Umrechnung von Winkel in Bogenmaß erfolgt mit der Funktion `deg2rad()`.

sin(), cos(), tan()

Umgekehrt muss das Ergebnis einer Arcusfunktion (Arcussinus, Arcusco-
sinus, Arcustangens) anschließend wieder von Bogenmaß in Grad umgewandelt werden. Dies wird durch die Funktion `rad2deg()` ermöglicht.

```html
<html>
<body>
<?php
    echo "<h2>Trigonometrische Funktionen:</h2>";

    $w = 30;
    echo "<p>Winkel w: $w (in Grad)<br />";
    $wbm = deg2rad($w);
    echo "Winkel w: $wbm (in Bogenmaß)<br />";
    echo "sin(w): " . sin($wbm) . "<br />";
    echo "cos(w): " . cos($wbm) . "<br />";
    echo "tan(w): " . tan($wbm) . "</p>";

    $x = 0.9;
    echo "<p>Wert x: $x<br />";
    echo "arcussinus(x): " . rad2deg(asin($x))
      . " (in Grad)<br />";
    echo "arcuscosinus(x): " . rad2deg(acos($x))
      . " (in Grad)";
?>
</body>
</html>
```

Listing 6.46 Datei p673.php

Die Ausgabe:

Abbildung 6.58 Trigonometrische Funktionen

6.5.5 Prüffunktionen für Zahlen

finit, NaN

Mit den Prüffunktionen `is_finite()` und `is_infinite()` lässt sich feststellen, ob eine Zahl finit (= endlich) oder infinit (= unendlich) ist. Allerdings liefert die Funktion `is_infinite()` nicht immer korrekte Ergebnisse. Daher ist auch für die Feststellung der Unendlichkeit die Funktion `is_finite()` zu bevorzugen. Die Prüffunktion `is_nan()` stellt für Zahlen (nicht für Zeichenketten!) fest, ob diese gültig sind.

Prüffunktionen können dazu genutzt werden, fehlerhafte beziehungsweise verwirrende Ausgaben zu vermeiden. Einige Beispiele sollen die Zahlen- und Gültigkeitsbereiche und die Prüffunktionen verdeutlichen.

```php
<html>
<body>
<?php
   echo "<h2>Prüffunktionen:</h2>";

   echo "<p>";
   for($i=307; $i<=309; $i++)
   {
      echo "10 hoch $i, ";
      echo pow(10,$i);
      if(is_finite(pow(10,$i)))
         echo ", endlich für PHP<br />";
      else
         echo ", unendlich für PHP<br />";
   }
   echo "</p>";

   echo "<p>";
   for($i=322; $i<=324; $i++)
   {
      echo "10 hoch -$i, ";
      echo pow(10,-$i);
      if(is_finite(pow(10,-$i)))
         echo ", endlich für PHP<br />";
      else
         echo ", unendlich für PHP<br />";
   }
   echo "</p>";

   echo "<p>";
   for($i=0.001; $i>=0; $i=$i-0.0005)
   {
      echo "Nat. Log.: ln($i), ";
      echo log($i);
```

```
        if(is_finite(log($i)))
            echo ", endlich für PHP<br />";
        else
            echo ", unendlich für PHP<br />";
    }
    echo "</p>";

    echo "<p>";
    for($i=0.99; $i<=1.01; $i=$i+0.01)
    {
        echo "arcussinus($i), ";
        echo rad2deg(asin($i)) . " Grad";
        if(is_nan(asin($i)))
            echo ", gültig für PHP<br />";
        else
            echo ", nicht gültig für PHP<br />";
    }
    echo "</p>";
?>
</body>
</html>
```

Listing 6.47   Datei p674.php

Die Ausgabe:

Abbildung 6.59   Prüffunktionen für Zahlen

Der Zahlenbereich von PHP geht »nur« bis 1E308, also 10^{308} (10 hoch 308). Alle Zahlen darüber gelten als unendlich. Sie können daher nicht mehr für Berechnungen genutzt werden. In der anderen Richtung geht der Zahlenbereich von PHP bis 1E–324, also 10^{-324} (10 hoch –324). Alle Zahlen, die kleiner sind, zählen als 0.

Der Sinus beziehungsweise der Cosinus beliebiger Winkel liegt im Zahlenbereich von –1 bis +1. Somit können die Umkehrfunktionen Arcus Sinus und Arcus Cosinus nur für Zahlen aus diesem Bereich berechnet werden. Daher ist zum Beispiel der Arcus Sinus von 1.01 eine nicht gültige Zahl. Dies kann mit der Funktion is_nan() festgestellt werden.

6.5.6 Zufallszahlen

In vielen Programmen (Spiele, Simulationen, Tests usw.) werden zufällige Zahlen gebraucht. Wie in fast jeder anderen Programmiersprache existieren diese Zufallszahlen auch in PHP. Allerdings handelt es sich immer um Quasi-Zufallszahlen und keine mathematisch echten Zufallszahlen. Normalerweise genügen diese zufälligen Werte allerdings für die genannten Aufgaben.

In PHP gibt es insgesamt drei sogenannte *Zufallsgeneratoren*.

▶ Der einfache Zufallsgenerator arbeitet mit der Funktion rand() und stellt beliebige Zahlen zwischen 0 und dem systemabhängigen Wert von getrandmax() zur Verfügung. Der Zufallsgenerator muss nach Aufruf des Programms zunächst mit srand() initialisiert werden, andernfalls würden bei jedem Programmaufruf die gleichen Abfolgen mit nicht mehr zufälligen Zahlen produziert.

rand(), srand()

▶ Der verbesserte Zufallsgenerator arbeitet mit der Funktion mt_rand() und stellt beliebige Zahlen zwischen 0 und dem systemabhängigen Wert von mt_getrandmax() zur Verfügung. Es wird hier ein schnellerer und verbesserter Algorithmus zur Ermittlung der Zahlen verwendet. Der Zufallsgenerator muss mit mt_srand() initialisiert werden.

mt_rand(), mt_srand()

▶ Die Funktion lcg_value() arbeitet mit zwei kombinierten, linear kongruenten Zufallsgeneratoren auf der Basis von Primzahlen. Eine Initialisierung ist nicht erforderlich.

lcg_value()

Beide Initialisierungsfunktionen srand() und mt_srand() benutzen die Funktion microtime(), die die Systemzeit als absolute Zahl in Mikrosekunden ermittelt. Diese Zeit ist zu jedem Zeitpunkt unterschiedlich, daher ergibt sich bei jedem Aufruf ein anderer Startwert für den Zufallsgenerator.

```
<html>
<body>
<?php
   echo "<p><b>Seite bitte mehrmals neu laden</b></p>";

   echo "<p>3 Zufallszahlen mit rand():<br />";
   srand((double)microtime()*1000000);
   echo "Größte mögliche Zufallszahl: "
     . getrandmax() . "<br />";
   for ($i=1; $i<=3; $i++)
     echo rand() . "   ";
   echo "</p>";

   echo "<p>3 Zufallszahlen mit mt_rand():<br />";
   mt_srand((double)microtime()*1000000);
   $zz = mt_getrandmax();
   echo "Größte mögliche Zufallszahl: "
     . number_format($zz,0,",",".") . "<br />";
   for ($i=1; $i<=3; $i++)
   {
      $zz = mt_rand();
      echo number_format($zz,0,",",".") . "  ";
   }
   echo "</p>";

   echo "<p>15 Zufallszahlen mit mt_rand()
        zwischen 1 und 49:<br />";
   for ($i=1; $i<=15; $i++)
     echo mt_rand() % 49 + 1 . "  ";
   echo "</p>";

   echo "<p>3 Zufallszahlen mit lcg_value():<br />";
   for ($i=1; $i<=3; $i++)
     echo lcg_value() . "   ";
   echo "</p>";
?>
</body>
</html>
```

Listing 6.48 Datei p675.php

Modulo

Die »15 besseren« Zufallszahlen zwischen 1 und 49 werden mit Hilfe des Operators Modulo (%) ermittelt. Der Zufallsgenerator erzeugt jedes Mal eine ganze Zahl zwischen 0 und 2.147.483.647. Teilt man jede beliebige

Zahl, die dabei ermittelt werden kann, durch 49, so bleibt ein Rest, der zwischen 0 und 48 liegt. Wird noch der konstante Wert 1 hinzuaddiert, so hat man das gewünschte Ergebnis (zwischen 1 und 49).

Die Bildschirmausgabe hat zum Beispiel das Aussehen wie in Abbildung 6.60.

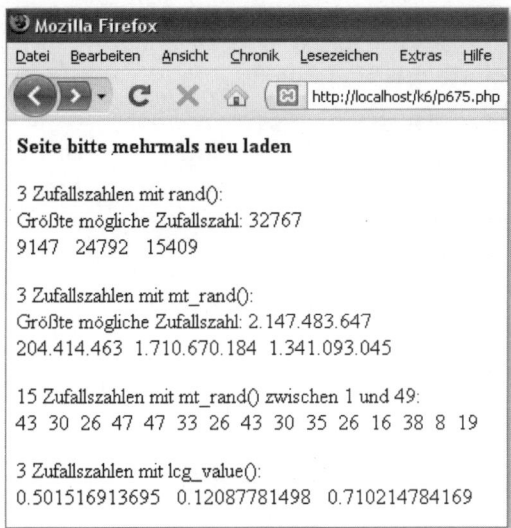

Abbildung 6.60 Zufallszahlen

Nach jedem neuen Laden (Aktualisieren) der Seite erscheinen neue Zahlen. Bei näherem Hinsehen, insbesondere bei den Zahlen zwischen 1 und 49, fällt allerdings auf, dass manche Zahlen mehrfach gezogen werden. Dies ist hier zum Beispiel bei der Zahl 30 der Fall.

Bei jeder einzelnen Zufallszahl wird aus dem gesamten Bereich der Zufallszahlen, also von 0 bis 2.147.483.647, gezogen. Es wird keine Zahl von der Ziehung ausgeschlossen. Das Ergebnis der Moduloberechnung kann somit für mehrere gezogene Zahlen identisch sein.

6.5.7 Mischen

Für viele Problemstellungen ist es allerdings erforderlich, die bereits gezogenen Zahlen von der Ziehung auszuschließen. Man denke an die Ziehung der Lottozahlen, bei der eine Kugel mit einem bestimmten Zahlenwert nicht zweimal gezogen werden darf.

Skatblatt mischen

Es muss also gemischt werden. Nachfolgend wird dies mit zwei Methoden für ein Kartenspiel mit 32 Karten (Skatblatt) durchgeführt:

▶ mit einem eigenen, erweiterungsfähigen Algorithmus, der einen Zufallsgenerator benutzt

▶ mit der Feldfunktion shuffle(), die sich intern eines Zufallsgenerators bedient

Methode 1: mit eigenem Algorithmus

Das Ziel ist die Ermittlung einer zufälligen Abfolge von Zahlen aus einem bestimmten Bereich, wobei jede Zahl nur einmal vorkommen darf. Es muss demzufolge festgehalten werden, welche Zahlen bereits gezogen wurden. Sollte eine dieser Zahlen noch einmal gezogen werden, so muss die aktuelle Ziehung wiederholt werden.

```php
<html>
<body>
<?php
    mt_srand((double)microtime()*1000000);
    for ($i=1; $i<=32; $i++)
        $cnt[$i]=0;   // Zähler auf 0

    for($i=1; $i<=32; $i++)  // 32mal ziehen
    {
        do  // mehrmals ziehen, falls Zähler > 0 */
            $z = mt_rand() % 32 + 1;
        while($cnt[$z]>0);

        $cnt[$z] = $cnt[$z]+1;  // Zähler erhöhen
        $karte[$i] = $z;        // Karte speichern
    }

    /* Karten ausgeben */
    echo "Spieler A: ";
    for ($i=1; $i<=10; $i++) echo $karte[$i] . " ";
    echo "<br />";

    echo "Spieler B: ";
    for ($i=11; $i<=20; $i++) echo $karte[$i] . " ";
    echo "<br />";

    echo "Spieler C: ";
    for ($i=21; $i<=30; $i++) echo $karte[$i] . " ";
    echo "<br />";
```

```
      echo "Im Stock: ";
      for ($i=31; $i<=32; $i++)
          echo $karte[$i] . " ";
?>
</body>
</html>
```

Listing 6.49 Datei p676.php

Im Feld `$karte` werden die 32 verschiedenen zufälligen Zahlen gespeichert. Im Feld `$cnt` wird gespeichert, wie oft eine Zahl (= Karte) schon gezogen wurde. Zu Beginn wird dieser Wert für alle Karten auf 0 gestellt. Während der Ziehung wird dieser Wert überprüft. Nach erfolgreicher Ziehung einer Zahl, die vorher noch nicht gezogen wurde, wird dieser Wert auf 1 gestellt.

Die Bildschirmausgabe hat zum Beispiel folgendes Aussehen:

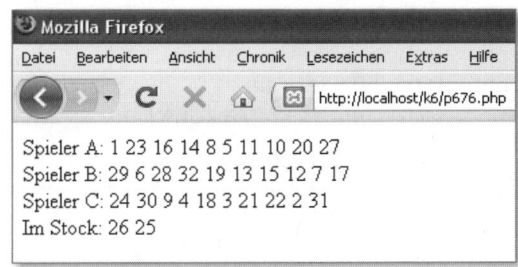

Abbildung 6.61 Skat, Mischvorgang

Methode 2: mit shuffle()

Das Programm:

```
<html>
<body>
<?php
   srand((double)microtime()*1000000);

   /* 32 Karten geordnet im Feld speichern */
   for ($i=0; $i<=31; $i++) $karte[$i]=$i+1;

   /* Mischen */
   shuffle($karte);

   /* Karten ausgeben */
   echo "Spieler A: ";
```

```
    for ($i=0; $i<=9; $i++) echo $karte[$i] . " ";
    echo "<br />";

    echo "Spieler B: ";
    for ($i=10; $i<=19; $i++) echo $karte[$i] . " ";
    echo "<br />";

    echo "Spieler C: ";
    for ($i=20; $i<=29; $i++) echo $karte[$i] . " ";
    echo "<br />";

    echo "Im Stock: ";
    for ($i=30; $i<=31; $i++)
        echo $karte[$i] . " ";
?>
</body>
</html>
```

Listing 6.50 Datei p677.php

shuffle() Der Zufallsgenerator für die Funktion shuffle() muss mit srand() initialisiert werden. Im Programm werden die Feldelemente 0 bis 31 der Reihe nach mit den Werten 1 bis 32 belegt. Anschließend wird mit shuffle() gemischt. Die Ausgabe entspricht der Ausgabe in der anderen Methode.

6.5.8 Stellenwertsysteme

Ein Stellenwertsystem ist ein System zur Darstellung von Zahlen durch Ziffern und Zeichen, bei denen der Wert einer Ziffer von der Stelle abhängt, an der sie sich innerhalb der Zahl befindet.

Dual, oktal, hexadezimal Das gebräuchlichste Stellenwertsystem ist das Dezimalsystem (Zahlen zur Basis 10). In der Informatik werden außerdem das Dualsystem (Basis 2) und das Hexadezimalsystem (Basis 16) eingesetzt, seltener das Oktalsystem (Basis 8).

Die benutzten Ziffern und Zeichen in den verschiedenen Systemen sind: Im Dualsystem 0 und 1, im Oktalsystem 0 bis 7, im Dezimalsystem 0 bis 9, im Hexadezimalsystem 0 bis 9 und A bis F. Die Buchstaben A bis F entsprechen dabei den Dezimalwerten von 10 bis 15.

Beispiele

► Dezimalzahl 456: 4 * 10 hoch 2 + 5 * 10 hoch 1 + 6 * 10 hoch 0 = 400 + 50 + 6 = 456

► Dualzahl 11001: 1 * 2 hoch 4 + 1 * 2 hoch 3 + 0 * 2 hoch 2 + 0 * 2 hoch 1 + 1 * 2 hoch 0 = 16 + 8 + 0 + 0 + 1 = 25 (dezimal)

► Hexadezimalzahl 2A5F: 2 * 16 hoch 3 + 10 * 16 hoch 2 + 5 * 16 hoch 1 + 15 * 16 hoch 0 = 2 * 4096 + 10 * 256 + 5 * 16 + 15 = 10847 (dezimal)

PHP stellt die Funktionen `decbin()`, `dechex()`, `decoct()`, `bindec()`, `hexdec()` und `octdec()` zur Umrechnung zwischen den oben angegebenen Stellenwertsystemen zur Verfügung.

Außerdem bietet die Funktion `base_convert()` die Möglichkeit der Umrechnung zwischen zwei beliebigen Stellenwertsystemen im Bereich von 2 bis 36. Die Begrenzung auf 36 existiert deshalb, weil zur Darstellung der Ziffern und Zeichen nur die Ziffern 0 bis 9 sowie die 26 Buchstaben (A bis Z) des Alphabets verwendet werden.

```php
<html>
<body>
<?php
    echo "<p><b>Zahlensysteme:</b></p>";
    $x = 57;
    echo "Variable x: $x (als Dezimalzahl)<br />";
    echo "als Binärzahl (Zahl zur Basis 2): "
        . decbin($x) . "<br />";
    echo "als Oktalzahl (Zahl zur Basis 8): "
        . decoct($x) . "<br />";
    echo "als Hexadezimalzahl (Zahl zur Basis 16): "
        . dechex($x) . "<br />";
    echo "als Zahl zur Basis 4: "
        . base_convert($x,10,4) . "<br />";
    echo "als Zahl zur Basis 32: "
        . base_convert($x,10,32);
?>
</body>
</html>
```

Listing 6.51 Datei p678.php

Die Bildschirmausgabe hat folgendes Aussehen:

Abbildung 6.62   Zahlensysteme

Erstellen Sie eine HTML-Tabelle. Darin soll das Ergebnis der nachfolgend beschriebenen Berechnungen stehen. Für jeden Wert x von 0 bis 90 in Schritten von 15 (also die Werte x = 0, x = 15, x = 30, x = 45, x = 60, x = 75, x = 90) sollen die folgenden Funktionen berechnet werden (Datei *p679.php*):

▶ Umrechnung des Wertes x in Bogenmaß (Radiant)

▶ Sinus und Cosinus des Bogenmaßwertes

▶ Wurzel (x), Quadrat von x

▶ Natürlicher Logarithmus von x, 10er-Logarithmus von x

▶ e hoch (1/x)

▶ x als Binärzahl und als Hexadezimalzahl

Die Ergebnisse sollen jeweils mit drei Nachkommastellen in deutscher Schreibweise mit Tausenderzeichen formatiert ausgegeben werden, jedoch mit Ausnahme von Wert x, Quadrat von x, Binärzahl und Hexadezimalzahl. Diese sollen unformatiert ausgegeben werden.

Ein Tipp zur Durchführung: Schreiben Sie dieses umfangreiche Programm in mehreren Schritten. Lassen Sie zunächst die HTML-Tabelle mit einer einzigen Spalte (Wert x) anzeigen. Nachdem Sie diese Aufgabe erfolgreich bewältigt haben, erweitern Sie die Tabelle nach und nach um die weiteren Spalten. So lassen sich eventuell auftretende Fehler leichter finden.

Das Ergebnis sollte folgendes Aussehen haben:

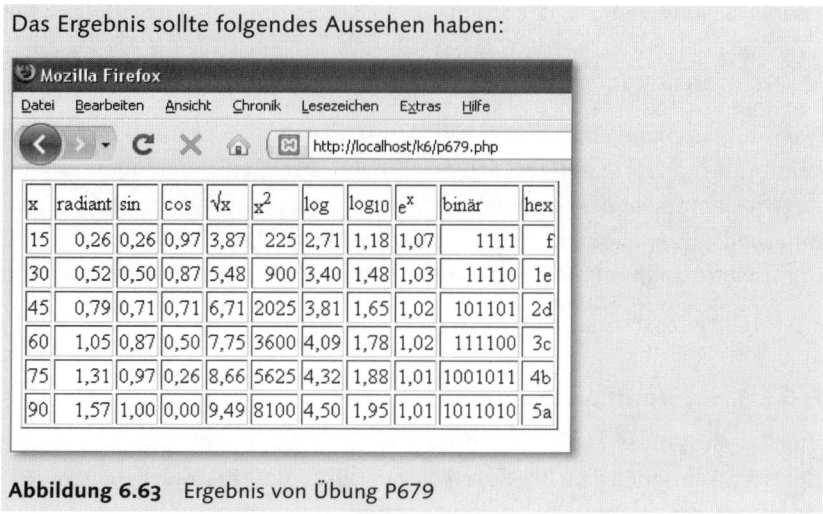

x	radiant	sin	cos	√x	x²	log	log₁₀	eˣ	binär	hex
15	0,26	0,26	0,97	3,87	225	2,71	1,18	1,07	1111	f
30	0,52	0,50	0,87	5,48	900	3,40	1,48	1,03	11110	1e
45	0,79	0,71	0,71	6,71	2025	3,81	1,65	1,02	101101	2d
60	1,05	0,87	0,50	7,75	3600	4,09	1,78	1,02	111100	3c
75	1,31	0,97	0,26	8,66	5625	4,32	1,88	1,01	1001011	4b
90	1,57	1,00	0,00	9,49	8100	4,50	1,95	1,01	1011010	5a

Abbildung 6.63 Ergebnis von Übung P679

6.6 Sessions und Cookies

Jeder Aufruf einer Internetseite über HTTP wird einzeln bearbeitet und ist unabhängig von vorherigen Aufrufen. Falls ein Benutzer bei mehreren Aufrufen direkt nacheinander oder an verschiedenen Tagen auf den gleichen Webserver zugreift, kann es nützlich sein, bestimmte individuelle Daten für ihn aufzubewahren beziehungsweise zu transportieren. Dazu stehen in PHP Cookies und das Sessionmanagement zur Verfügung.

Einige Beispiele:

▶ Man meldet sich per Log-in auf einer geschützten Website an und »bewegt« sich anschließend innerhalb dieser Website. In diesem Falle können die Anmeldedaten transportiert werden, um sich nicht auf jeder Seite neu anmelden zu müssen.

▶ Man tätigt Einkäufe auf verschiedenen Seiten eines Webshops. Die Einkäufe werden einzeln in einem Warenkorb abgelegt und dort aufbewahrt, bis man zur Kasse geht.

▶ Man besucht häufiger eine Website, bei der man seine individuelle Umgebung schaffen kann oder häufig genutzte Daten schnell zur Verfügung gestellt bekommen möchte.

Diese Daten können in *Cookies* (dies sind kleine Dateien) längere Zeit auf dem Rechner des Benutzers gespeichert werden. Je nach Einstellung des Browsers wird dies allerdings eingeschränkt oder ganz verhindert. Daher kann diese Möglichkeit nicht immer eingesetzt werden.

Cookies

$_SESSION

Beim *Sessionmanagement* können diese Daten im superglobalen Array $_SESSION abgelegt werden. Dessen Inhalt wird nur für die Dauer einer abgeschlossenen Internetsitzung auf dem Server gespeichert.

Das Sessionmanagement von PHP kann trotz all seiner Möglichkeiten keinen hundertprozentigen Schutz der Benutzerdaten vor unerlaubtem Zugriff garantieren. Überlegen Sie also, welche Daten Ihrer Programme innerhalb einer Session transportiert werden sollen und welche nicht. Empfehlen Sie den Benutzern Ihrer Programme, nach einem Log-off den Browser zu schließen.

6.6.1 Sessionmanagement

Eine Session muss explizit begonnen werden. Sie endet später entweder mit dem Schließen des Browserfensters durch den Benutzer oder indem sie durch das Programm explizit geschlossen wird. Das Beenden einer Session führt zum Löschen des Session-Arrays.

session_start(), session_destroy()

Die Funktion session_start() muss auf jeder Seite, die zu einer Session gehört, aufgerufen werden. Diese Funktion beginnt entweder eine neue Session oder nimmt eine vorhandene Session wieder auf. Um eine Session explizit zu beenden, wird die Funktion session_destroy() benötigt.

6.6.2 Beispiel für Sessions: Zugriffszähler

Zunächst ein einfaches Beispiel mit einem Zugriffszähler, dessen Wert im bereits erwähnten Session-Array gespeichert wird. Beim ersten Besuch auf der Seite erscheint das Folgende:

Abbildung 6.64 Erster Besuch der Seite

Nach einigen Aktualisierungen der Seite erscheint:

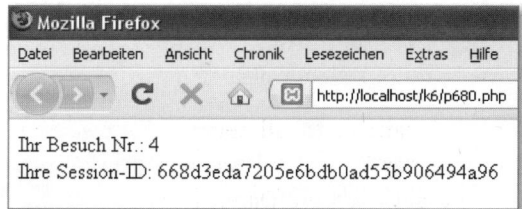

Abbildung 6.65 Nach einigen Aktualisierungen

Sie erkennen, dass der Zähler hochzählt. Es wird also festgestellt, dass dieser Benutzer diese Seite mehrmals nacheinander besucht hat. Falls man den Browser schließt und erneut wieder öffnet, erscheint nun:

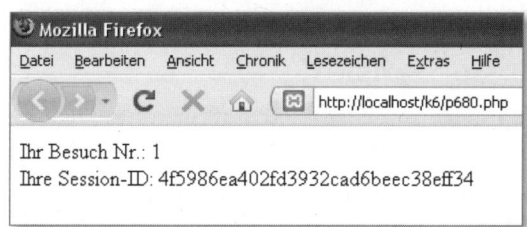

Abbildung 6.66 Eine andere Session

Eine Session ist also unabhängig von der vorherigen Session. Es handelt sich wiederum um einen ersten Besuch. Die Eindeutigkeit der Session ist auch an der individuellen Session-ID erkennbar, die hier nur zu Kontrollzwecken ausgegeben wurde.

Session-ID

Der Programmcode sieht wie folgt aus:

```php
<?php
   /* Session-Start oder Session-Wiederaufnahme */
   session_start();
?>
<html>
<body>
<?php
   /* Zugriffszähler existiert? */
   if (isset($_SESSION["zz"]))
      $_SESSION["zz"] = $_SESSION["zz"] + 1;
   else
      $_SESSION["zz"] = 1;

   /* Ausgabe Zugriffszähler */
   echo "Ihr Besuch Nr.: " . $_SESSION["zz"] . "<br />";
```

```
    /* Ausgabe Session-ID */
    echo "Ihre Session-ID: " . session_id();
?>
</body>
</html>
```

Listing 6.52 Datei p680.php

Erläuterung:

▶ Zum Start einer neuen Session beziehungsweise zur Wiederaufnahme einer vorhandenen Session wird ein Aufruf der Funktion session_start() benötigt. Dieser Aufruf muss vor dem Beginn des eigentlichen HTML-Dokuments erfolgen.

isset() ▶ Mit Hilfe der Funktion isset() wird festgestellt, ob das Element zz des superglobalen Session-Arrays existiert.

▶ Falls es existiert, handelt es sich um eine wieder aufgenommene Session. Der Wert des Elements zz wird um 1 erhöht.

▶ Falls es nicht existiert, handelt es sich um eine neue Session. Der Wert des Elements zz wird auf 1 gesetzt.

▶ Der Wert des Zugriffszählers wird ausgegeben.

session_id() ▶ Der Wert der eindeutigen Session-ID, die zur Verwaltung der Session auf dem Server benötigt wird, wird mit Hilfe der Funktion session_id() ermittelt und anschließend (hier nur zur Kontrolle) ausgegeben.

6.6.3 Beispiel für Sessions: Geschützte Website

Das Folgende ist eine Anwendung für Sessions bei einer geschützten Website, die aus drei Seiten besteht:

▶ einer Log-in-Seite zur Website, auf der man den Namen und das Passwort eingibt,

▶ einer Intro-Seite, in der die Session gestartet wird, und

▶ einer beliebigen weiteren Seite innerhalb der Website

Zwischen der Intro-Seite und der beliebigen Seite kann man sich nach erfolgreicher Anmeldung hin- und herbewegen. Von jeder dieser Seiten aus kann man sich zudem abmelden und gelangt wieder zur Log-in-Seite. Keine der Seiten kann direkt im Browser angewählt werden, da die zugehörigen Sessiondaten fehlen. Beide Seiten sind also erst nach einem Log-in erreichbar.

Beim Aufruf der Log-in-Seite erscheint das folgende Bild:

Abbildung 6.67 Hier kann sich der Benutzer anmelden.

Nach Eingabe eines falschen Namens und/oder Passworts erscheint:

Abbildung 6.68 Die Anmeldung ist gescheitert.

Nach Betätigung des Hyperlinks gelangt man wieder zur Log-in-Seite. Falls man dort den richtigen Namen (zum Beispiel Hans) und das richtige Passwort (in diesem Falle bingo) angibt, erscheint die Intro-Seite:

Abbildung 6.69 Die Anmeldung war erfolgreich.

Der Benutzer wird mit Namen begrüßt und kann von hier aus weiter zu einer beliebigen Seite gehen oder sich wieder abmelden (zur Log-in-Seite). Nach Betätigen des ersten Hyperlinks erscheint die beliebige Seite:

Abbildung 6.70   Beliebige weitere Seite der Website

Ein direkter Aufruf der Intro-Seite oder der beliebigen Seite durch Eingabe der jeweiligen URL führt hingegen nicht zum Erfolg.

Anmeldung   **Log-in-Seite**

Zunächst der Code der Log-in-Seite:

```php
<?php
    /* Vor Beenden der Session wieder aufnehmen */
    session_start();

    /* Beenden der Session */
    session_destroy();
    $_SESSION = array();
?>
<html>
<body>
<h3>Login-Seite</h3>
<form action="p681b.php" method="post">
  <p><input name="n" /> Name</p>
  <p><input type="password" name="p" /> Passwort</p>
  <p><input type="submit" value="Login" /></p>
</form>
</body>
</html>
```

Listing 6.53   Datei p681a.php

Erläuterung:

▸ Zunächst fragt man sich, warum auf der Log-in-Seite bereits ein Aufruf der Funktion `session_start()` steht.

▸ Zur Erinnerung: Man gelangt zur Log-in-Seite auch durch ein Log-off von der Website. In diesem Falle soll die Session explizit beendet werden, also ist ein Aufruf von `session_destroy()` notwendig. Bevor aber eine Session beendet werden kann, muss sie wieder aufgenommen werden – daher zunächst der Aufruf von `session_start()`.

▸ Zur Erhöhung der Sicherheit wird das superglobale Array `$_SESSION` mit einem leeren Array neu initialisiert. Damit werden alle Session-Daten explizit gelöscht.

▸ Es folgt ein Anmeldeformular. Von hier aus wird die Intro-Seite der Website aufgerufen (*p681b.php*). Die Formularelemente haben die Namen n für den Benutzernamen und p für das Passwort.

Intro-Seite

Es folgt der Code für die Intro-Seite:

```php
<?php
    /* Session starten oder wieder aufnehmen */
    session_start();

    /* Falls Aufruf von Login-Seite */
    if(isset($_POST["n"]))
    {
        /* Falls Name und Passwort korrekt */
        if($_POST["n"] == "Hans" && $_POST["p"] == "bingo"
        || $_POST["n"] == "Gerd" && $_POST["p"] == "tango")
        {
            $_SESSION["n"] = $_POST["n"];
        }
    }

    /* Kontrolle, ob innerhalb der Session */
    include "p681.inc.php";
?>

<html>
<body>
<h3>Intro-Seite</h3>
<?php
    /* Begrüßung des Benutzers */
    echo "<p>Hallo " . $_SESSION["n"] . "</p>";
?>
```

```
<p><a href="p681c.php">Zur beliebigen Seite</a></p>
<p><a href="p681a.php">Logoff</a></p>
</body>
</html>
```

Listing 6.54 Datei p681b.php

Erläuterung:

Als Erstes wird eine Session gestartet beziehungsweise wieder aufgenommen. Anschließend wird festgestellt, woher der Aufruf dieser Seite
stammt:

$_POST ▶ Per Formular von der Log-in-Seite. In diesem Fall existiert die Vari-
able $_POST["n"]. Falls Name und Passwort stimmen (hier: entweder
Hans und bingo oder Gerd und tango), wird der aus dem Formular
übermittelte Name in das Session-Array übernommen und steht während der Session zur Verfügung.

▶ Von einer beliebigen anderen Seite innerhalb oder außerhalb der
Website beziehungsweise durch direkte Eingabe der URL. In diesem
Fall gibt es die Variable $_POST["n"] nicht; Name und Passwort wer-
den daher nicht überprüft.

[»] **Hinweis**

Name und Passwort sind hier zur Vereinfachung fest codiert. Natürlich werden diese in der Realität verschlüsselt in einer Datenbank abgelegt, und es
erfolgt an dieser Stelle eine entsprechende Datenbankabfrage.

Im nächsten Schritt wird der Quellcode der Datei *p681.inc.php* eingebunden. Dieser wird von allen Seiten innerhalb der Website verwendet.
Der Code prüft, ob überhaupt ein Benutzer angemeldet ist.

```
<?php
    /* Kontrolle, ob innerhalb der Session */
    if (!isset($_SESSION["n"]))
    {
        echo "<p>Kein Zugang</p>";
        echo "<p><a href='p681a.php'>Zum Login</a></p>";
        echo "</body></html>",
        exit;
    }
?>
```

Listing 6.55 Datei p681.inc.php

Erläuterung:

▶ Falls der Benutzer sich soeben angemeldet hat oder von einer ande-   **$_SESSION**
ren Seite innerhalb der Website kommt, existiert die Variable
$_SESSION["n"]. Falls nicht, erscheinen nur der Text `Kein Zugang`
und ein Hyperlink zur Log-in-Seite.

▶ Falls also der Benutzer von einer beliebigen Seite außerhalb der Website beziehungsweise durch direkte Eingabe der URL hierher kommt,
wird ihm der Zugang verwehrt.

Nunmehr weiter im Code der Intro-Seite:

▶ Es wird der Titel ausgegeben. Der Benutzer wird mit Namen begrüßt.
Der Name steht während der Session in der Variablen
$_SESSION["n"] zur Verfügung. Zwei Hyperlinks führen nun zur
beliebigen Seite beziehungsweise zum Ausloggen.

Zu guter Letzt der Code der beliebigen Seite innerhalb der Website: **Beliebige Seite**

```php
<?php
    /* Session wieder aufnehmen */
    session_start();

    /* Kontrolle, ob innerhalb der Session */
    include "p681.inc.php";
?>

<html>
<body>
<h3>Beliebige Seite</h3>
<?php
    /* Begrüßung des Benutzers */
    echo "<p>Hallo " . $_SESSION["n"] . "</p>";
?>
<p><a href="p681b.php">Zur Intro-Seite</a></p>
<p><a href="p681a.php">Logoff</a></p>
</body>
</html>
```

Listing 6.56 Datei p681c.php

Erläuterung:

▶ Im Code fehlt nur der Block zur Prüfung der übermittelten Formulardaten. Dies ist auf dieser Seite (innerhalb der Website) unnötig, da die
notwendigen Daten für den angemeldeten Benutzer bereits mit dem
Session-Array transportiert werden.

Testen   Man kann diese Anwendung testen, indem man mehrere Browserfenster öffnet, verschiedene Anmeldungen ausprobiert (mit `Hans`, mit `Gerd`, mit anderen Namen) und sich wieder abmeldet. Man wird entweder abgewiesen oder auf den Seiten innerhalb der Website mit dem richtigen Namen begrüßt. Bei einem direktem Aufruf der Intro-Seite beziehungsweise der beliebigen Seite wird man abgewiesen.

6.6.4   Beispiel für Sessions: Webshop

Als drittes Beispiel soll ein Webshop dienen. Der Benutzer wählt die jeweils gewünschte Anzahl verschiedener Artikel aus insgesamt drei Abteilungen aus und legt sie in den Warenkorb. Dabei werden diese Daten in das Session-Array eingetragen. Zu einem beliebigen Zeitpunkt kann der Benutzer sich den Inhalt des Warenkorbs ansehen und zur Kasse gehen.

Webshop   Beim Aufruf der Startseite des Webshops hat der Benutzer die Möglichkeit, eine Abteilung zu wählen oder sich direkt den Warenkorb anzeigen zu lassen.

Abbildung 6.71   Startseite des Webshops

Abteilung   Nach Auswahl einer Abteilung erscheint eine Tabelle mit den Artikeln dieser Abteilung.

Abbildung 6.72 Abteilung DVD/Video

Der Benutzer kann die jeweils gewünschte Anzahl verschiedener Artikel eintragen und in den Warenkorb legen. Es erscheint der Warenkorb mit der bisher getroffenen Auswahl.

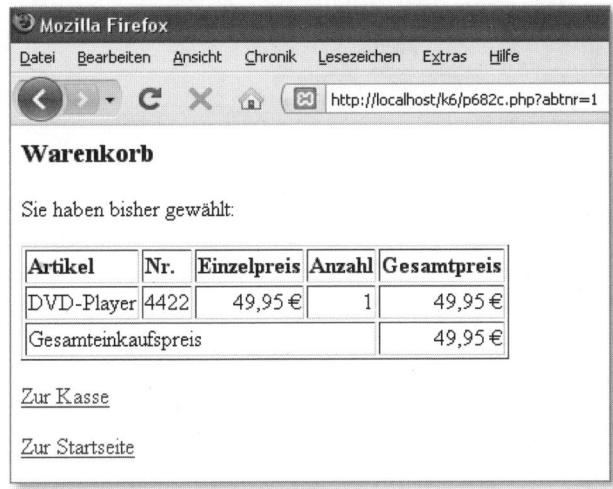

Abbildung 6.73 Warenkorb mit einigen Artikeln

385

Warenkorb Falls der Benutzer weitere Artikel aus anderen Abteilungen auswählen möchte, kann er diese mit einem »Umweg« über die Startseite erreichen. Falls er zu einer Abteilung wechselt, in der er bereits Artikel ausgewählt hat, erscheint die betreffende Anzahl im Eingabefeld. Der Warenkorb füllt sich.

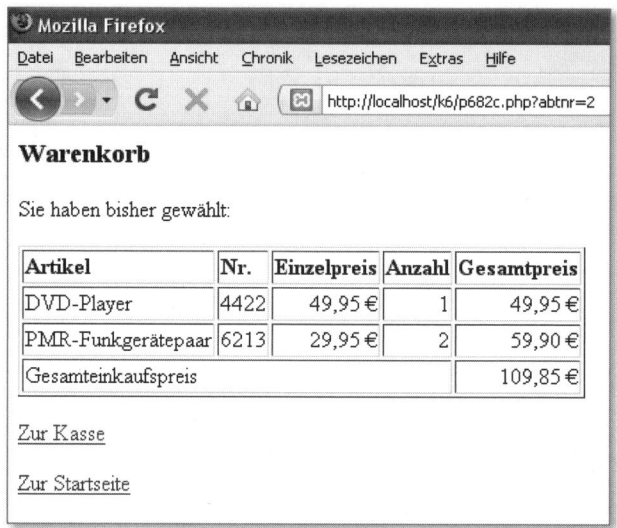

Abbildung 6.74 Warenkorb nach Besuch der zweiten Abteilung

Kasse Abschließend geht der Benutzer zur Kasse (die hier nur angedeutet wird).

Abbildung 6.75 Abschluss des Einkaufs

Sicherlich ist dieses Beispiel noch unkomfortabel und einfach gehalten. Es zeigt aber das Wesentliche: die Übernahme und Aufbewahrung ausgewählter Daten im Session-Array.

Startseite

Zunächst der Code der Startseite:

```
<html>
<body>
<h3>Willkommen im Webshop</h3>
<p>Zur Abteilung:<br />
<?php
/* Arrays einbinden */
include "p682.inc.php";

/* Abteilungsnamen mit Hyperlinks ausgeben */
for($i=0; $i<count($abtname); $i++)
    echo "<a href='p682b.php?abtnr=$i'>
        $abtname[$i]</a><br />";
?>
</p>
<p><a href="p682c.php">Zum Warenkorb</a></p>
</body>
</html>
```

Listing 6.57 Datei p682a.php

Erläuterung:

► Es wird (wie auch auf den anderen Seiten des Webshops) die Datei
  p682.inc.php mit mehreren Arrays eingebunden. Diese Arrays bein-
  halten den Gesamtkatalog des Webshops mit den:
   ► Namen der Abteilungen (eindimensionales Array `$abtname`),
   ► Namen der Artikel (zweidimensionales Array `$aname`),
   ► Nummern der Artikel (zweidimensionales Array `$artnr`),
   ► Preisen der Artikel (zweidimensionales Array `$preis`).

> **Hinweis**   **[«]**
>
> Die Arrays sind hier zur Vereinfachung fest codiert. Natürlich werden diese
> in der Praxis in einer Datenbank abgelegt und es erfolgen die entsprechen-
> den Datenbankabfragen. Der Inhalt der Include-Datei wird weiter unten
> angegeben.

► Auf der Startseite werden nun die Namen der Abteilungen ausgege-   sizeof()
  ben. Falls später weitere Abteilungen oder Artikel hinzukommen,
  führt dies nicht zu einer Änderung des Codes, da mit der Funktion
  `sizeof()` automatisch die aktuelle Größe jedes Arrays ermittelt wird.

GET-Parameter ▶ Jeder Name einer Abteilung ist gleichzeitig ein Hyperlink zur Tabelle der Artikel dieser Abteilung. Die ausgewählte Abteilungsnummer wird per GET-Parameter (*p682b.php?abtnr=$i*) übergeben.

Include-Datei

Die Include-Datei mit den verschiedenen Arrays:

```php
<?php
    /* Namen der Abteilungen */
    $abtname[0] = "Unterhaltungselektronik";
    $abtname[1] = "DVD/Video";
    $abtname[2] = "Mobilfunk";

    /* Namen der Artikel */
    $aname[0][0] = "Kopfhörerset";
    $aname[0][1] = "Funklautsprecher";
    $aname[0][2] = "Uhrenradio";
    $aname[0][3] = "Weltempfänger";

    $aname[1][0] = "DVD-Recorder";
    $aname[1][1] = "DVD-Player";
    $aname[1][2] = "Fernbedienung";
    $aname[1][3] = "Portable DVD-Kombi";
    $aname[1][4] = "DVD-Videokombi";

    $aname[2][0] = "PMR-Funkgerätepaar";
    $aname[2][1] = "Handscanner";
    $aname[2][2] = "Doppelstandlader";

    /* Nummern der Artikel */
    $artnr[0][0] = "7609";
    $artnr[0][1] = "7612";
    $artnr[0][2] = "7632";
    $artnr[0][3] = "7678";

    $artnr[1][0] = "4418";
    $artnr[1][1] = "4422";
    $artnr[1][2] = "4471";
    $artnr[1][3] = "4475";
    $artnr[1][4] = "4482";

    $artnr[2][0] = "6213";
    $artnr[2][1] = "6265";
    $artnr[2][2] = "6267";
```

```
    /* Preise der Artikel */
    $preis[0][0] = 6.95;
    $preis[0][1] = 79.95;
    $preis[0][2] = 17.95;
    $preis[0][3] = 29.95;

    $preis[1][0] = 249.00;
    $preis[1][1] = 49.95;
    $preis[1][2] = 19.95;
    $preis[1][3] = 279.00;
    $preis[1][4] = 189.00;

    $preis[2][0] = 29.95;
    $preis[2][1] = 89.95;
    $preis[2][2] = 14.95;
?>
```

Listing 6.58   Datei p682.inc.php

Tabelle der Artikel

Nachfolgend der Code für die Tabelle der Artikel:

```
<?php
    /* Session starten oder wieder aufnehmen */
    session_start();
?>
<html>
<body>
<?php
/* Falls diese Seite direkt angewählt wurde */
if(!isset($_GET["abtnr"]))
{
    echo "Keine Abteilung angegeben!";
    echo "<p><a href='p682a.php'>Zur Startseite</a></p>";
    echo "</body></html>";
    exit;
}

/* Abteilungsnummer übernehmen */
$abtnr = $_GET["abtnr"];

/* Arrays einbinden */
include "p682.inc.php";

/* Abteilungsname ausgeben */
echo "<h3>$abtname[$abtnr]</h3>";
```

```
echo "<p>Wählen Sie aus:</p>";
echo "<form action='p682c.php?abtnr=$abtnr'
        method='post'>";
?>
<table border="1">
<tr>
    <td><b>Artikel</b></td>
    <td><b>Nr.</b></td>
    <td><b>Preis</b></td>
    <td><b>Anzahl</b></td>
</tr>
<?php
/* Alle Artikel dieser Abteilung ausgeben */
for($i=0; $i<sizeof($aname[$abtnr]); $i++)
{
    echo "<tr>";
    echo "<td>" . $aname[$abtnr][$i] . "</td>";
    echo "<td>" . $artnr[$abtnr][$i] . "</td>";
    echo "<td align='right'>"
        . number_format($preis[$abtnr][$i],2,",",".")
        . " &euro;</td>";

    /* Eingabefeld für Anzahl */
    echo "<td><input name='anzahl[$i]' size='5'";
    if(isset($_SESSION["anzahl"][$abtnr][$i]))
        echo " value='"
            . $_SESSION["anzahl"][$abtnr][$i] . "'";
    echo " /></td>";
    echo "</tr>";
}
?>
</table>
<p><input type="submit" value="In den Warenkorb" /></p>
</form>

<p><a href="p682a.php">Zur Startseite</a></p>
</body>
</html>
```

Listing 6.59 Datei p682b.php

Erläuterung:

▶ Zunächst wird mit session_start() eine Session gestartet (beim ersten Aufruf der Seite) oder wieder aufgenommen. Bei Wiederauf-

nahme stehen alle Elemente des Session-Arrays (also die bisherigen Einkäufe) zur Verfügung.

▸ Falls der Benutzer diese Seite direkt anwählt, also über die Eingabe der Adresse, steht keine Abteilungsnummer zur Verfügung. Es wird eine Fehlermeldung ausgegeben. Ein Hyperlink führt zur Startseite, und das Dokument wird beendet.

▸ Im »Normalfall« wird die Abteilungsnummer per GET-Parameter übergeben, und zwar mit Hilfe des superglobalen Arrays `$_GET`. Sie wird hier zur Vereinfachung in der Variablen `$abtnr` abgespeichert. Die Arrays werden eingebunden und der Abteilungsname ausgegeben.

$_GET

▸ Es folgt ein Formular, dessen Inhalt an den Warenkorb (Datei *p682c.php*) gesendet wird. Die Abteilungsnummer wird wiederum per GET-Parameter übergeben (*p682c.php?abtnr=$abtnr*).

▸ In der Tabelle werden für jeden Artikel dieser Abteilung der Artikelname, die Artikelnummer und der Preis ausgegeben. Der Preis wird mit Hilfe der Funktion `number_format()` formatiert (Darstellung mit Tausenderpunkt, zwei Nachkommastellen, Komma als Dezimaltrennzeichen).

number_format()

▸ Außerdem steht jeweils ein Eingabefeld für die gewünschte Anzahl zur Verfügung. Alle Eingabefelder haben den gleichen Namen und werden durch eine laufende Nummer voneinander unterschieden. Ein Eingabefeld wird mit einem Wert gefüllt, falls der Benutzer in dieser Abteilung bereits vorher eine Auswahl getroffen haben sollte. In diesem Fall existiert das betreffende Element in `$_SESSION["anzahl"]`.

▸ Der Submit-Button führt zur Übermittlung der Daten in den Warenkorb.

Warenkorb

Der Programmcode für den Warenkorb:

```php
<?php
   /* Session starten oder wieder aufnehmen */
   session_start();
?>
<html>
<body>
<h3>Warenkorb</h3>
<p>Sie haben bisher gewählt:</p>
```

```
<table border="1">
<tr>
   <td><b>Artikel</b></td>
   <td><b>Nr.</b></td>
   <td><b>Einzelpreis</b></td>
   <td><b>Anzahl</b></td>
   <td><b>Gesamtpreis</b></td>
</tr>

<?php
/* Arrays einbinden */
include "p682.inc.php";

/* Falls neue Artikel in den Warenkorb kommen,
   werden sie in den Sessionarray übernommen */
if(isset($_GET["abtnr"]))
{
   /* Abteilungsnummer übernehmen */
   $abtnr = $_GET["abtnr"];

   for($i=0; $i<sizeof($aname[$abtnr]); $i++)
   {
      /* Falls dieser Artikel ausgewählt wurde */
      if(intval($_POST["anzahl"][$i]) > 0)
         $_SESSION["anzahl"][$abtnr][$i]
            = intval($_POST["anzahl"][$i]);
   }
}

/* Ausgabe der Inhalte des Sessionarrays: */
/* Gesamteinkaufspreis */
$summe = 0;

/* Alle Abteilungen */
for($a=0; $a<sizeof($abtname); $a++)
{
   /* Alle Artikel einer Abteilung */
   for($i=0; $i<sizeof($aname[$a]); $i++)
   {
      /* Falls dieser Artikel im Sessionarray vorhanden */
      if(isset($_SESSION["anzahl"][$a][$i]))
      {
         echo "<tr>";
         echo "<td>" . $aname[$a][$i] . "</td>";
         echo "<td>" . $artnr[$a][$i] . "</td>";
```

```
        echo "<td align='right'>"
          . number_format($preis[$a][$i],2,",",".")
          . " &euro;</td>";
        echo "<td align='right'>"
          . $_SESSION["anzahl"][$a][$i] . "</td>";

        /* Gesamtpreis für diesen Artikel berechnen */
        $gp = $preis[$a][$i] * $_SESSION["anzahl"][$a][$i];

        /* Gesamtpreis aktualisieren und ausgeben */
        $summe += $gp;
        echo "<td align='right'>"
          . number_format($gp,2,",",".")
          . " &euro;</td>";
        echo "</tr>";
      }
    }
  }

/* Gesamteinkaufspreis in Sessionarray speichern */
$_SESSION["summe"] = $summe;

/* Gesamteinkaufspreis ausgeben */
echo "<tr>";
echo "<td colspan='4'>Gesamteinkaufspreis</td>";
echo "<td align='right'>"
  . number_format($summe,2,",",".") . " &euro;</td>";
echo "</tr>";
?>
</table>
<p><a href="p682d.php">Zur Kasse</a></p>
<p><a href="p682a.php">Zur Startseite</a></p>
</body>
</html>
```

Listing 6.60 Datei p682c.php

Erläuterung:

▶ Zunächst wird mit `session_start()` eine Session gestartet (beim ersten Aufruf der Seite) oder wieder aufgenommen. Bei Wiederaufnahme stehen alle Elemente des Session-Arrays (also die bisherigen Einkäufe) zur Verfügung.

▶ Die Überschrift und der Beginn der Tabelle mit den Spaltenüberschriften werden ausgegeben.

▶ Die Arrays werden eingebunden.

▶ Für den Fall, dass diese Seite über den Button IN DEN WARENKORB aufgerufen wurde, steht die Abteilungsnummer in einem GET-Parameter zur Verfügung. Sie wird hier zur Vereinfachung in der Variablen `$abtnr` abgespeichert.

▶ Es wird dann für alle Artikel der Abteilung, von der aus der Warenkorb aufgerufen wurde, überprüft, ob im zugehörigen Eingabefeld eine gültige ganze Zahl gestanden hat, die größer als 0 ist. Mit anderen Worten: ob der betreffende Artikel ausgewählt wurde. Diese Zahl steht im Array `$_POST` zur Verfügung. Da jedes Element im Formular den gleichen Namen (`anzahl`) und eine laufende Nummer hat, heißt das betreffende Element `$_POST["anzahl"][$i]`.

▶ Wurde der betreffende Artikel ausgewählt, wird die Zahl in das Array `$_SESSION` übernommen. Dieses Array hat im vorliegenden Beispiel drei Dimensionen:

  ▷ Die erste Dimension bezeichnet das Element `anzahl`. Alle Mengenangaben sind hier gespeichert.

  ▷ Die zweite Dimension bezeichnet die Abteilung.

  ▷ Die dritte Dimension entspricht der laufenden Nummer innerhalb der Abteilung.

▶ Sie sehen, dass im Array `$_SESSION` nicht nur einzelne Variablen, sondern ganze Felder gespeichert werden können. Die Regeln für mehrdimensionale Felder finden wie gewohnt Anwendung.

▶ Für den Fall, dass diese Seite direkt über den Hyperlink *Zum Warenkorb* von der Startseite aufgerufen wurde, wird dem Array `$_SESSION` kein Element hinzugefügt. Es erfolgt lediglich die Anzeige des Warenkorbinhalts.

▶ Dazu wird das gesamte Array `$_SESSION` für alle Abteilungen und alle Artikel durchlaufen. Es wird geprüft, ob das zugehörige Element existiert (also der Artikel in den Warenkorb gelegt wurde). Ist dies der Fall, so werden die Daten des Artikels ausgegeben. Gleichzeitig wird aus dem Einzelpreis und der Anzahl der Gesamtpreis pro Artikel sowie der Gesamteinkaufspreis berechnet. Alle Preise werden (wie weiter oben bereits erläutert) formatiert ausgegeben.

▶ Der Gesamteinkaufspreis wird am Ende der Tabelle ausgegeben und zusätzlich im Array `$_SESSION` gespeichert.

▶ Der Kunde kann nun weitere Artikel auswählen oder zur Kasse gehen.

Kasse

Der Gang zur Kasse wird hier nur angedeutet, daher nur etwas Programmcode:

```php
<?php
   /* Session starten oder wieder aufnehmen */
   session_start();
?>
<html>
<body>
<h3>Kasse</h3>
<?php
echo "<p>Bitte bezahlen Sie den Gesamteinkaufspreis von ";
echo number_format($_SESSION["summe"],2,",",".")
   . " &euro;.</p>";
?>
<p>........</p>
<p><a href="p682a.php">Zur Startseite</a></p>
</body>
</html>
```

Listing 6.61 Datei p682d.php

Erläuterung: Zunächst wird mit `session_start()` die Session wieder aufgenommen. Anschließend wird der Benutzer aufgefordert, den Gesamteinkaufspreis zu bezahlen, der über das Session-Array hierher »transportiert« wurde.

6.6.5 Cookies

Falls Daten über einen längeren Zeitraum aufbewahrt werden sollen, zum Beispiel über mehrere Tage oder ein Jahr, können Cookies verwendet werden. Dabei handelt es sich um kleine Dateien auf dem Rechner des Benutzers. Je nach Einstellung des Browsers werden Cookies allerdings teilweise oder vollständig verhindert. Daher kann diese Möglichkeit nicht immer eingesetzt werden.

Zum Erzeugen von Cookies wird die Funktion `setcookie()` benötigt. Diese hat sechs Parameter:

setcookie()

▶ Name

▶ Wert

▶ Ablaufdatum

395

- ▶ Domain

- ▶ Pfad

- ▶ Sicherheitsstatus

Nur die ersten drei Parameter müssen im Regelfall explizit gesetzt werden. Nach dem Ablaufdatum wird das Cookie automatisch gelöscht. Jede Domain soll natürlich nur ihre eigenen Cookies auf dem Rechner des Benutzers lesen können. Außerdem kann ein Server gleiche Cookies bezüglich unterschiedlicher Anwendungen (die in unterschiedlichen Pfaden installiert sein müssen) setzen. Domain und Pfad werden automatisch vom Server gesetzt, falls man sie beim Setzen weglässt.

Falls auf dem Rechner eines Benutzers Cookies gefunden werden, die zum Server und zum Pfad passen, stehen sie im superglobalen Array `$_COOKIE` zur Verfügung.

Je nach Einstellung des Browsers des Benutzers werden Cookies automatisch gelöscht, unabhängig von den gewählten Werten. Im Mozilla Firefox 3 findet man unter dem Menü EXTRAS • EINSTELLUNGEN, Registerkarte DATENSCHUTZ den Bereich *Cookies*. Hier sollte eingestellt sein, dass Cookies behalten werden, bis *sie nicht mehr gültig sind*.

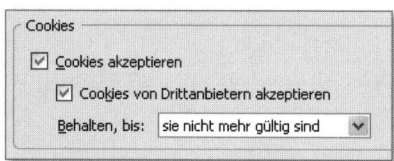

Abbildung 6.76   Einstellung für Cookies

$_COOKIE   Auf der gleichen Registerkarte gibt es den Bereich *Private Daten*. Falls zum Beispiel die in Abbildung 6.77 dargestellte Einstellung gilt, sollte sicher gestellt sein, dass Cookies davon nicht betroffen sind. Dies kann über den Button EINSTELLUNGEN auf der rechten Seite überprüft werden.

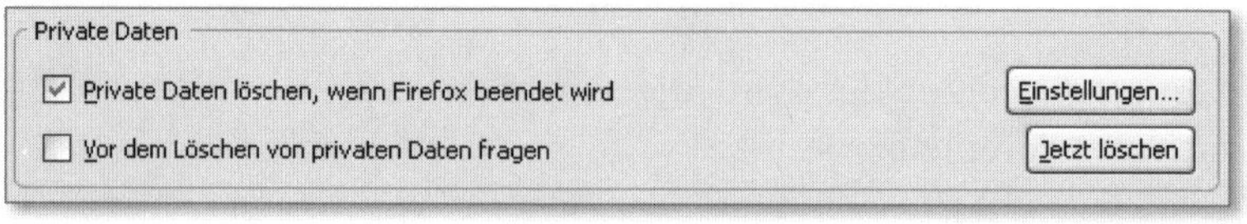

Abbildung 6.77   Einstellung für private Daten

6.6.6 Beispiel für Cookies: Besuch

Zunächst ein einfaches Beispiel, in dem die Existenz eines Cookies geprüft wird. Beim ersten Besuch auf der Seite erscheint:

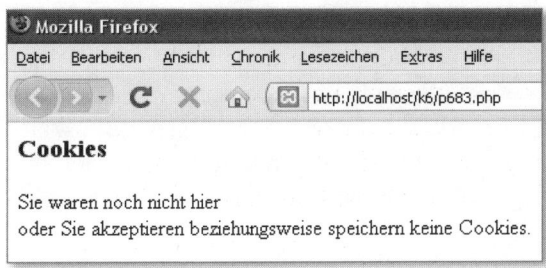

Abbildung 6.78 Erster Besuch

Bei weiteren Besuchen auf der Seite erscheint Folgendes (vorausgesetzt, der Browser akzeptiert Cookies und speichert diese lange genug):

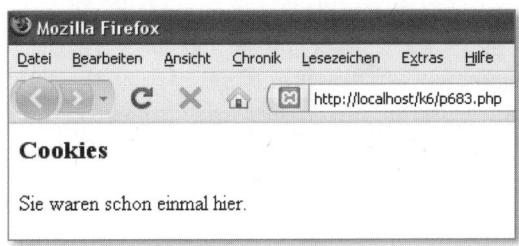

Abbildung 6.79 Weiterer Besuch

Dies gilt unabhängig davon, ob

▶ die Seite lediglich aktualisiert wurde,

▶ man innerhalb der gleichen Session auf die gleiche Seite zurückkehrt,

▶ der Browser in der Zwischenzeit geschlossen wurde oder

▶ der Rechner des Benutzers in der Zwischenzeit ausgeschaltet war.

Die Information, ob man diese Seite bereits besucht hat, bleibt erhalten.

Als Beispiel soll das Cookie im Browser Mozilla Firefox 3 gezeigt werden. Über das Menü EXTRAS • EINSTELLUNGEN, Registerkarte DATENSCHUTZ, Bereich *Cookies*, Button COOKIES ANZEIGEN gelangt man zur Liste der Cookies.

Cookies anzeigen

Abbildung 6.80 Anzeige der gespeicherten Cookies

Abbildung 6.80 Anzeige der gespeicherten Cookies

Man erkennt den Namen (*Besuch*), den Wert (*1*), die Domain (*localhost*), den Pfad (*k6*) und das Ablaufdatum.

[»]

Hinweis

Falls man die gleiche Seite mit einem anderen Browser besucht, handelt es sich wieder um einen ersten Besuch. Dies liegt daran, dass jeder Browser seine eigenen Cookies an anderer Stelle auf dem Rechner des Benutzers speichert. Im Regelfall kann man aber davon ausgehen, dass durchgehend der gleiche Browser benutzt wird.

Zum Code dieser Seite:

```php
<?php
   /* Falls Cookie vorhanden */
   if (isset($_COOKIE["Besuch"])) $neu = 0;
   else                           $neu = 1;
   setcookie("Besuch", "1", time() + 86400);
?>
<html>
<body>
<h3>Cookies</h3>
<?php
   /* Falls erster Besuch */
   if ($neu==1)
      echo "<p>Sie waren noch nicht hier<br />
         oder Sie akzeptieren beziehungsweise
         speichern keine Cookies.</p>";
   else
      echo "<p>Sie waren schon einmal hier.</p>";
?>
```

```
</body>
</html>
```

Listing 6.62 Datei p683.php

Erläuterung:

▶ Zunächst wird geprüft, ob im superglobalen Array `$_COOKIE` das Element `Besuch` existiert. Ist dies nicht der Fall, so handelt es sich um den ersten Besuch. Der Benutzer ist also neu auf der Seite. Die Variable `$neu` erhält den Wert 1 oder 0, je nachdem, ob das Element `Besuch` existiert.

▶ Die Funktion `setcookie()` wird aufgerufen. Das Cookie erhält den Namen `Besuch`, den Wert 1 (hier nicht wichtig) und läuft in 24 Stunden ab.   *setcookie()*

▶ Zur Zeitbestimmung wird hier die Funktion `time()` aufgerufen. Diese *time()* liefert einen aktuellen Timestamp (in Sekunden). Zu diesem Wert werden 24 Stunden (= 86.400 Sekunden) hinzugerechnet.

▶ Wie auch bei der Funktion `session_start()` muss der Aufruf von `setcookie()` vor dem Aufruf der eigentlichen Seite erfolgen.

▶ Im eigentlichen Dokument wird – abhängig vom Wert der Variablen `$neu` – ein Informationstext ausgegeben.

6.6.7 Beispiel für Cookies: Adressspeicherung

In diesem Beispiel soll eine Adresse, zum Beispiel die Lieferadresse oder die Rechnungsadresse eines Benutzers bei einem Webshop, gespeichert werden. Bei der nächsten Bestellung kann dem Benutzer somit Arbeit erspart werden.

Beim ersten Besuch erscheint die Adressseite (hier nur Nachname und Vorname) mit einem leeren Formular, da der Benutzer dem Webshop noch unbekannt ist.

Abbildung 6.81 Neuer Kunde, Daten noch nicht gespeichert

Der Benutzer gibt seine Adressdaten ein, betätigt den Button BESTELLEN und bekommt eine Bestätigung. Gleichzeitig werden seine Adressdaten in Cookies gespeichert.

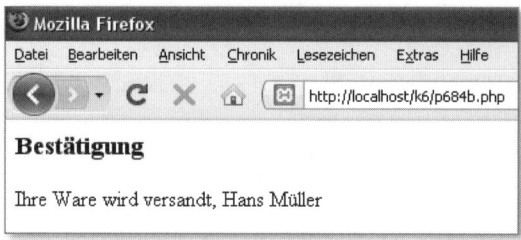

Abbildung 6.82 Bestätigung der Adresse

Beim nächsten Besuch des Webshops erscheint die Adressseite mit einem bereits gefüllten Formular. Die Daten werden aus den gespeicherten Cookies ermittelt. Der Benutzer kann diese Daten direkt verwenden oder geänderte Daten eintragen.

Abbildung 6.83 Bekannter Kunde, Daten bereits gespeichert

Der Programmcode des Formulars sieht wie folgt aus:

```
<html>
<body>
<h3>Ihr Name</h3>
<form action="p684b.php" method="post">
<?php
   echo "<p><input name='nname' size='20' value='";
   if(isset($_COOKIE["nname"]))
      echo $_COOKIE["nname"];
   echo "' /> Nachname</p>";

   echo "<p><input name='vname' size='20' value='";
```

```
    if(isset($_COOKIE["vname"]))
        echo $_COOKIE["vname"];
    echo "' /> Vorname</p>";
?>
<p><input type="submit" value="Bestellen" /></p>
</form>
</body>
</html>
```

Listing 6.63 Datei p684a.php

Erläuterung:

▶ Es wird ein Formular abgebildet, das die Bestätigung (Datei *p684b.php*) anfordert.

▶ Es beinhaltet die beiden Eingabefelder nname und vname.

▶ Falls es bereits zugehörige Cookies gibt, werden die entsprechenden Werte eingetragen, ansonsten bleiben die Eingabefelder leer.

Der Programmcode der Bestätigung sieht wie folgt aus:

```
<?php
    $t = time() + 60 * 60 * 24 * 365;
    setcookie("nname", $_POST["nname"], $t);
    setcookie("vname", $_POST["vname"], $t);
?>
<html>
<body>
<h3>Bestätigung</h3>
<p>Ihre Ware wird versandt,
<?php
    echo $_POST["vname"] . " " . $_POST["nname"];
?>
</p>
</body>
</html>
```

Listing 6.64 Datei p684b.php

Erläuterung:

▶ Es werden zwei Cookies gesetzt. Diese erhalten die Werte aus dem gesendeten Formular.

▶ Bei jedem Absenden überschreibt also der aktuelle Formularinhalt die Cookies, falls diese bereits vorhanden sind.

▶ Als Ablaufdatum wird »heute in einem Jahr« (heutiges Datum + 60 * 60 * 24 * 365 Sekunden) gesetzt.

▶ In der Bestätigung werden die gesandten Formulardaten zur Kontrolle noch einmal ausgegeben.

Nachfolgend wird die zugehörige Liste der Cookies angezeigt, davon das erste Cookie mit Werten:

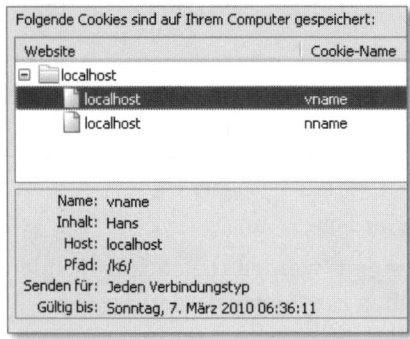

Abbildung 6.84   Liste der Cookies, Cookie »vname«

6.7   SQLite und SQLite3

SQLite kann als Ersatz für ein komplexes Datenbankmanagementsystem dienen. Die SQLite-Bibliotheken sind bei einer XAMPP-Installation bereits eingebunden. Bei einer Einzelinstallation von PHP können sie nachinstalliert werden, siehe Abschnitt B.2.2. Es gibt zwei Versionen: die SQLite-Bibliothek für SQLite bis zur Version 2 und die SQLite3-Klassenbibliothek für SQLite3. Sie können mit dem nachfolgenden Programm leicht feststellen, welche Bibliotheken installiert sind.

```
<html>
<body>
<?php
  if (extension_loaded("sqlite"))
    echo "sqlite-Bibliothek vorhanden<br />";
  else
    echo "sqlite-Bibliothek nicht vorhanden<br />";

  if (extension_loaded("sqlite3"))
    echo "sqlite3-Bibliothek vorhanden<br />";
  else
    echo "sqlite3-Bibliothek nicht vorhanden<br />";
?>
```

```
</body>
</html>
```

Listing 6.65 Datei p686.php

Die Funktion `extension_loaded()` prüft, ob die betreffende Extension geladen ist.

6.7.1 SQLite

Die nächsten Abschnitte beschäftigen sich zunächst mit SQLite bis zur Version 2. Anschließend folgt eine kurze Einführung in SQLite3.

SQLite arbeitet auf der Basis von Textdateien und nutzt die aus Kapitel 4, »Datenbanken«, bekannten SQL-Befehle. Einige Eigenschaften von SQLite:

▶ Der Programmierer muss sich keine Gedanken um einen Datenbankserver machen, der zusätzlich zum Webserver installiert sein muss. Er sollte allerdings die Textdateien von SQLite in eigenen, geschützten Verzeichnissen unterbringen, damit sie nicht einfach vom Webserver heruntergeladen werden können. Textdatei

▶ Jede Datenbank wird bei SQLite in einer separaten Datei abgespeichert. Dadurch wird es sehr einfach, die Datenbank zu publizieren. Die Datenbankdatei kann einfach mit einem FTP-Programm (zum Beispiel WS_FTP LE, siehe Abschnitt 3.6) auf den Server geladen werden. Mehrere Schreibvorgänge sind allerdings nicht gleichzeitig möglich, da für die Dauer des ersten Schreibvorgangs die gesamte Datei gesperrt wird. Leicht zu publizieren

▶ Bei kleineren Datenbanken ist SQLite mindestens genauso schnell wie zum Beispiel ein MySQL-Datenbankserver. Bei größeren Datenbanken ergeben sich Vorteile auf Seiten »echter« Datenbankserver, weil bessere Techniken eingesetzt werden. Im Unterschied zu MySQL darf eine SQLite-Datenbank auch im kommerziellen Rahmen eingesetzt werden. Geschwindigkeit

SQLite hat eine weitere Besonderheit: Es ist ein datentyploses System (mit einer Ausnahme, siehe unten). Der Programmierer hat dadurch den Vorteil, keine Datentypen angeben zu müssen, allerdings entfallen im Gegenzug einige automatische Kontrollmöglichkeiten. Falls es also wichtig sein sollte, Daten des richtigen Typs zu verwenden, so muss dies durch zusätzlichen Code kontrolliert werden. Datentyplos

integer
primary key
Eine Ausnahme bildet der Datentyp `integer primary key`. Ein Feld dieses Typs kann für den Primärschlüssel verwendet werden und hat automatisch die Eigenschaft `auto_increment`. Falls also der Programmierer keinen Wert vorgibt, wird der höchste vorhandene Wert um 1 erhöht.

6.7.2 Eingaben von der Kommandozeile

sqlite.exe
Nach einer Installation von PHP 5 mit Hilfe von XAMPP findet sich im Verzeichnis *...xampp\apache\bin* das Kommandozeilentool *sqlite.exe*. Nach Aufruf der Anwendung stehen SQL-Befehle und eine Reihe von SQLite-Befehlen zur Verwaltung und Bearbeitung von SQLite-Datenbanken zur Verfügung. Der Befehl `.help` listet die möglichen SQLite-Befehle auf.

Beachten Sie bitte, dass nach einem Aufruf des Tools nur die Datenbanken (sprich Dateien) des aktuellen Verzeichnisses bearbeitet werden können. Zwei Datenbanken gleichen Namens können in verschiedenen Verzeichnissen existieren.

PHP und SQLite
Weitaus komfortabler als mit dem Kommandozeilentool kann man mit Hilfe von PHP auf SQLite-Datenbanken zugreifen. Dies soll in den nächsten Abschnitten gezeigt werden. Die SQL-Kenntnisse aus Kapitel 4, »Datenbanken«, werden im weiteren Verlauf vorausgesetzt.

6.7.3 Datenbankdatei, Tabelle und Datensätze erzeugen

Zunächst sollen eine Datenbankdatei und eine Tabelle erzeugt werden. Aus Gründen der Vergleichbarkeit soll das Beispiel aus Kapitel 4, »Datenbanken«, verwendet werden (Datenbank `firma`, Tabelle `personen`, drei Datensätze).

Der Programmcode hierfür:

```
<html>
<body>
<?php
    /* Datenbank-Datei öffnen bzw. erzeugen */
    $handle = sqlite_open("firma.sqt");

    /* Tabelle mit Primärschlüssel erzeugen */
    sqlite_query($handle, "create table personen (name,
        vorname, personalnummer integer primary key,
        gehalt, geburtstag);");
```

```
/* Drei Datensätze eintragen */
$sqlstr = "insert into personen (name, vorname,
    personalnummer, gehalt, geburtstag) values ";
sqlite_query($handle, $sqlstr . "('Maier', 'Hans',
    6714, 3500, '1962-03-15')");
sqlite_query($handle, $sqlstr . "('Schmitz', 'Peter',
    81343, 3750, '1958-04-12')");
sqlite_query($handle, $sqlstr . "('Mertens', 'Julia',
    2297, 3621.5, '1959-12-30')");

/* Handle zur Datenbank-Datei wieder freigeben */
sqlite_close($handle);
?>
</body>
</html>
```

Listing 6.66   Datei p687.php

Erläuterung:

▶ Die Funktion `sqlite_open()` dient zum Öffnen einer Datenbankda- **sqlite_open()**
tei. Falls die Datenbankdatei nicht existiert, wird sie erzeugt. Als
Name wurde *firma.sqt* gewählt. Die Endung ist beliebig wählbar, das
(selbst gewählte) Kürzel `sqt` soll hier lediglich anzeigen, dass es sich
um eine SQLite-Datenbankdatei handelt. Die Funktion liefert ein
Handle auf die geöffnete Datei zurück.

▶ Die Funktion `sqlite_query()` wird zum Senden eines SQL-Befehls **sqlite_query()**
verwendet. Der erste Parameter ist das Handle zur geöffneten Datenbankdatei. Zunächst wird die Tabelle `personen` mit insgesamt fünf
Feldern erzeugt (`create table …`). Es fällt auf, dass keine Datentypen
angegeben werden, außer für das Feld `personalnummer`. Dieses Feld
sollte einen eindeutigen Index haben.

▶ Mit dem SQL-Befehl `insert into …` werden anschließend Datensätze
erzeugt. Der Anfang des Befehls ist für alle drei Datensätze gleich,
daher wurde er in der Variablen `$sqlstr` gespeichert.

▶ Zeichenketten und Datumsangaben werden wie gewohnt in Anführungsstriche gesetzt. Als Dezimaltrennzeichen wird der Punkt verwendet (ein Komma würde den Übergang zum nächsten Feldinhalt
kennzeichnen).

▶ Zur expliziten Freigabe des Speichers, der vom Handle belegt wird, **sqlite_close()**
sollte am Ende die Funktion `sqlite_close()` aufgerufen werden.

[»]

:memory:

Hinweise

Auch wenn es nicht notwendig ist, so werden beim Einfügen eines Datensatzes dennoch alle Feldnamen angegeben. Dies ist wegen der Datentyplosigkeit von SQLite noch wichtiger als bei anderen Datenbanksystemen. Ein möglicher Fehler kann in SQLite nicht so leicht bemerkt werden, da alle Typen beim Einfügen akzeptiert werden.

Falls eine Datenbank nur temporär, zum Beispiel zur schnellen Ausführung einer Berechnung, benötigt wird, kann man bei `sqlite_open()` statt eines Dateinamens die Angabe :memory: machen. Dies bewirkt, dass die Datenbank nur im Speicher erzeugt wird. Dadurch sind die Zugriffe natürlich erheblich schneller, allerdings existiert die Datenbank nur für die Dauer des PHP-Skripts. Man beachte die Schreibweise: `sqlite_open(":memory:")`.

6.7.4 Abfrage der Datensätze

Die Datensätze aus der soeben erzeugten Tabelle sollen abgefragt und ausgegeben werden. Zunächst das Ergebnis:

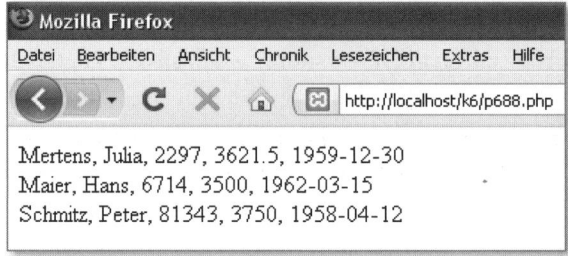

Abbildung 6.85 Datensätze aus der SQLite-Datenbankdatei

Es fällt auf, dass die Datensätze unabhängig von der Einfügereihenfolge automatisch nach dem Feld `personalnummer` sortiert sind. Dies ist das Feld mit dem eindeutigen Index.

Der Programmcode:

```
<html>
<body>
<?php
   /* Datenbank-Datei öffnen bzw. erzeugen */
   $handle = sqlite_open("firma.sqt");

   /* Abfrage ausführen */
   $res = sqlite_query($handle, "select * from personen");
```

```
    /* Abfrage-Ergebnis ausgeben */
    while($dsatz = sqlite_fetch_array($res, SQLITE_ASSOC))
    {
        echo $dsatz["name"] . ", "
            . $dsatz["vorname"] . ", "
            . $dsatz["personalnummer"] . ", "
            . $dsatz["gehalt"] . ", "
            . $dsatz["geburtstag"] . "<br />";
    }

    /* Handle zur Datenbank-Datei wieder freigeben */
    sqlite_close($handle);
?>
</body>
</html>
```

Listing 6.67 Datei p688.php

Erläuterung:

▸ Nach dem Öffnen der Datenbankdatei wird mit Hilfe der Funktion `sqlite_query()` die Abfrage ausgeführt. Der Rückgabewert `$res` enthält einen Verweis auf das Abfrageergebnis.

▸ Die Funktion `sqlite_fetch_array()` dient zur Speicherung eines Datensatzes aus dem Abfrageergebnis in einem eindimensionalen Array. Gleichzeitig wird der Rückgabewert benutzt, um die `while`-Schleife zu steuern.

`sqlite_fetch_array()`

▸ Der zweite Parameter der Funktion `sqlite_fetch_array()` ist optional. Die Angabe `SQLITE_ASSOC` bewirkt, dass jeder Datensatz nur einmal zurückgeliefert wird, mit dem Feldnamen als assoziativem Index. Falls man den zweiten Parameter weglässt, wird jeder Datensatz zweimal zurückgeliefert, einmal mit numerischem Index, einmal mit assoziativem Index. Dies sollte man aus Performancegründen vermeiden.

`SQLITE_ASSOC`

▸ Die Ausgabe des Abfrageergebnisses geschieht in gewohnter Weise unter Verwendung des assoziativen Index.

Hinweis
Im Vergleich zur Arbeit mit dem Datenbanksystem MySQL werden Sie in den Beispielen viele Ähnlichkeiten feststellen. Dies wurde bewusst so gemacht, um den Umstieg zu erleichtern.

[«]

6.7.5 Schnelle Abfrage der Datensätze

Eine weitere Möglichkeit zur Abfrage der Datensätze liefert die Funktion `sqlite_array_query()`. Dabei wird das gesamte Abfrageergebnis auf einen Schlag in einem zweidimensionalen Array gespeichert. Diese Variante ist aus Performancegründen zu bevorzugen.

sqlite_array_query()

Es wird die gleiche SQL-Abfrage wie im vorherigen Abschnitt verwendet. Die Bildschirmausgabe ist die gleiche wie im vorherigen Programm und wird daher nicht dargestellt. Das Programm arbeitet diesmal mit der Funktion `sqlite_array_query()`:

```
<html>
<body>
<?php
    /* Datenbank-Datei öffnen bzw. erzeugen */
    $handle = sqlite_open("firma.sqt");

    /* Abfrage ausführen */
    $ar = sqlite_array_query($handle,
        "select * from personen", SQLITE_ASSOC);

    /* Abfrage-Ergebnis ausgeben */
    for($i=0; $i<sizeof($ar); $i++)
    {
        echo $ar[$i]["name"] . ", "
            . $ar[$i]["vorname"] . ", "
            . $ar[$i]["personalnummer"] . ", "
            . $ar[$i]["gehalt"] . ", "
            . $ar[$i]["geburtstag"] . "<br />";
    }

    /* Handle zur Datenbank-Datei wieder freigeben */
    sqlite_close($handle);
?>
</body>
</html>
```

Listing 6.68 Datei p689.php

Erläuterung:

▶ Nach dem Öffnen der Datenbankdatei wird mit Hilfe der Funktion `sqlite_array_query()` die Abfrage ausgeführt und das Ergebnis im Array `$ar` gespeichert.

- Der optionale Parameter `SQLITE_ASSOC` dient wiederum dazu, das Ergebnis nur einmal, mit assoziativem Index, zu speichern. **SQLITE_ASSOC**
- Die Funktion `sizeof()` wird zur Feststellung der Größe der ersten Dimension des Arrays, also der Anzahl der Datensätze, benötigt. **sizeof()**
- Der Zugriff auf das Array erfolgt anschließend über zwei Indizes: Der erste Index gibt die Nummer des Datensatzes an, der zweite Index den Feldnamen.

6.7.6 Benutzeroberfläche mit JavaScript und CSS

Das Beispielprogramm *p420.php* aus Abschnitt 4.2 wird nun in einer SQLite-Variante vorgestellt. Damit soll noch einmal die Ähnlichkeit zwischen SQLite und klassischen Datenbanken verdeutlicht werden.

JavaScript und CSS

In diesem Programm werden SQL-Abfragen zum Anzeigen, Erzeugen, Ändern und Löschen von Datensätzen zu einer komfortabel zu bedienenden Benutzeroberfläche für eine Tabelle vereinigt. Es werden Hyperlinks mit JavaScript-Code zur Erzeugung dynamischer Abfragen sowie CSS-Formatierungen zur optischen Gestaltung eingesetzt.

Sortierung

Hinzugefügt wird lediglich die Möglichkeit, die Datensätze nach einem beliebigen Feld aufsteigend zu sortieren. Bei Betätigung eines der Hyperlinks in den Feldnamen wird nach dem betreffenden Feldnamen sortiert.

Die nachfolgende Abbildung zeigt die dazugehörige Bildschirmausgabe.

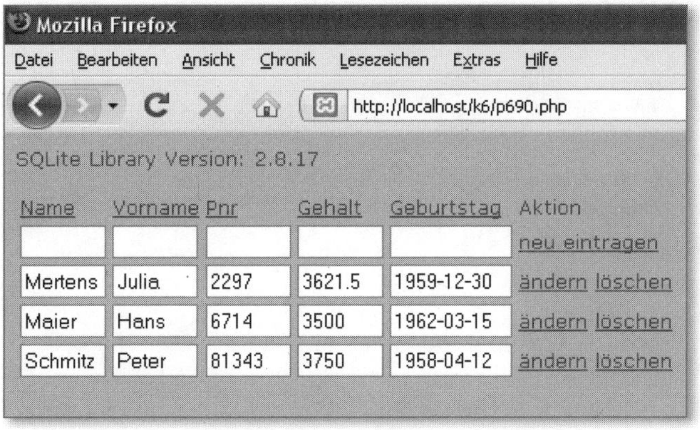

Abbildung 6.86 Hyperlinks zum Sortieren, Ändern und Löschen

Es folgt der Programmcode:

```
<html>
<head>
<link rel="stylesheet" type="text/css" href="p690.css">

<script type="text/javascript">
function send(ak,id)
{
   if(ak==0)
      document.f.ak.value = "in";
   else if(ak==1)
      document.f.ak.value = "up";
   else if(ak==2)
   {
      if (confirm("Datensatz mit id " + id + " löschen?"))
         document.f.ak.value = "de";
      else
         return;
   }

   document.f.id.value = id;
   document.f.submit();
}
</script>
</head>
<body>
<?php
   $handle = sqlite_open("firma.sqt");

   /* Sortierung, wird ggf. überschrieben */
   $od = "";

   /* Aktion ausführen */
   if(isset($_POST["ak"]))
   {
      /* neu eintragen */
      if($_POST["ak"] == 'in')
      {
         $sqlab = "insert into personen"
            . "(name, vorname, personalnummer,"
            . " gehalt, geburtstag) values "
            . "('" . $_POST["na"][0] . "', "
            . "'" . $_POST["vo"][0] . "', "
            . "'" . $_POST["pn"][0] . "', "
            . "'" . $_POST["gh"][0] . "', "
            . "'" . $_POST["gb"][0] . "')";
         sqlite_query($handle,$sqlab);
      }
```

```php
   /* ändern */
   else if($_POST["ak"] == "up")
   {
      $id = $_POST["id"];
      $sqlab = "update personen set name = '"
         . $_POST["na"][$id] . "', "
         . " vorname = '" . $_POST["vo"][$id] . "',"
         . " personalnummer = '" . $_POST["pn"][$id] . "',"
         . " gehalt = '" . $_POST["gh"][$id] . "',"
         . " geburtstag = '" . $_POST["gb"][$id] . "'"
         . " where personalnummer = $id";
      sqlite_query($handle,$sqlab);
   }

   /* löschen */
   else if($_POST["ak"] == "de")
   {
      $sqlab = "delete from personen
         where personalnummer = " . $_POST["id"];
      sqlite_query($handle,$sqlab);
   }
}

/* sortieren */
else if(isset($_GET["ak"]))
{
  if($_GET["ak"] == "sna")
    $od = " order by name";
  else if($_GET["ak"] == "svo")
    $od = " order by vorname";
  else if($_GET["ak"] == "spe")
    $od = " order by personalnummer";
  else if($_GET["ak"] == "sgh")
    $od = " order by gehalt";
  else if($_GET["ak"] == "sgb")
    $od = " order by geburtstag";
}

/* Version */
echo "<p>SQLite Library Version: "
   . sqlite_libversion() . "</p>";

/* Formularbeginn */
echo "<form name='f' action='p690.php' method='post'>";
echo "<input name='ak' type='hidden' />";
echo "<input name='id' type='hidden' />";
```

```
/* Tabellenbeginn */
echo "<table><tr>";
echo "<td><a href='p690.php?ak=sna'>Name</a></td>";
echo "<td><a href='p690.php?ak=svo'>Vorname</a></td>";
echo "<td><a href='p690.php?ak=spe'>Pnr</a></td>";
echo "<td><a href='p690.php?ak=sgh'>Gehalt</a></td>";
echo "<td><a href='p690.php?ak=sgb'>Geburtstag</a></td>";
echo "<td>Aktion</td></tr>";

/* Neuer Eintrag */
echo "<tr>";
echo "<td><input name='na[0]' size='5' /></td>";
echo "<td><input name='vo[0]' size='5' /></td>";
echo "<td><input name='pn[0]' size='5' /></td>";
echo "<td><input name='gh[0]' size='5' /></td>";
echo "<td><input name='gb[0]' size='9' /></td>";
echo "<td><a href='javascript:send(0,0);'>
   neu eintragen</a></td>";
echo "</tr>";

/* Anzeigen */
$ar = sqlite_array_query($handle,
   "select * from personen $od", SQLITE_ASSOC);

/* Alle vorhandenen Datensätze */
for($i=0; $i<sizeof($ar); $i++)
{
   $id = $ar[$i]["personalnummer"];
   echo "<tr>";
   echo "<td><input name='na[$id]' value='"
     . $ar[$i]["name"] . "' size='5' /></td>";
   echo "<td><input name='vo[$id]' value='"
     . $ar[$i]["vorname"] . "' size='5' /></td>";
   echo "<td><input name='pn[$id]' value='"
     . $id . "' size='5' /></td>";
   echo "<td><input name='gh[$id]' value='"
     . $ar[$i]["gehalt"] . "' size='5' /></td>";
   echo "<td><input name='gb[$id]' value='"
     . $ar[$i]["geburtstag"] . "' size='9' /></td>";
   echo "<td><a href='javascript:send(1,$id);'>
      ändern</a>";
   echo " <a href='javascript:send(2,$id);'>
      löschen</a></td>";
   echo "</tr>";
}
echo "</table></form>";
sqlite_close($handle);
```

```
?>
</body>
</html>
```

Listing 6.69 Datei p690.php

Ähnlichkeiten beziehungsweise Unterschiede zur Datei *p420.php*:

▶ Die Bildschirmausgabe bleibt gleich.

▶ Im Dokumentkopf wird nun die CSS-Datei *p690.css* eingebunden. Der Inhalt der Datei wurde gegenüber der Datei *p420.css* nicht verändert.

▶ Die JavaScript-Funktion `send()` im Dokumentkopf wurde nicht verändert, da sich die Namen des Formulars und seiner Elemente nicht verändert haben.

▶ Die Datenbankdatei wird mit `sqlite_open()` geöffnet. Das zurückgegebene Handle wird im restlichen Programm verwendet, um die Datenbankdatei zu erreichen.

▶ Die SQL-Abfragen für die Funktionen »neu eintragen«, »ändern« und »löschen« bleiben unverändert. Sie werden mit `sqlite_query()` gesendet.

▶ Falls eine Sortierung gewünscht wurde, wird die Zeichenkette `$od` mit `... order by <Feldname>` zusammengesetzt. Diese wird später für die Anzeige benötigt.

order by

▶ Der Formularbeginn und die Zeile mit den Formularfeldern für den neuen Eintrag bleiben gleich.

▶ In der Tabellenüberschrift wurden Hyperlinks zum Sortieren eingefügt. Bei einer Betätigung eines Hyperlinks wird unmittelbar die gleiche PHP-Datei mit dem Parameter `ak=<Sortierfeld>` aufgerufen.

▶ Die SQL-Abfrage zum Anzeigen der Daten wird um die Zeichenkette `$od` (mit `... order by <Feldname>`) verlängert. Sie wird mit `sqlite_array_query()` gesendet; das Ergebnis steht im zweidimensionalen Array `$ar` zur Verfügung.

▶ Die Anzahl der Datensätze im Array wird mit `sizeof()` ermittelt.

▶ Die eindeutige Personalnummer und die restlichen Feldinhalte werden über zwei Indizes bestimmt.

▶ Am Ende wird das Handle zur Datenbankdatei wieder freigegeben.

Man sieht also, dass ein vorhandenes Programm zur Bearbeitung einer MySQL-Tabelle mit relativ wenigen Schritten und ohne tiefe Eingriffe in

Leicht zu ändern

den Ablauf in ein entsprechendes Programm für SQLite umgewandelt werden kann.

6.7.7 Der Umstieg zu SQLite3

Bei der Bibliothek für SQLite3 handelt es sich um eine Klassenbibliothek. Die verschiedenen Funktionen werden als Objektmethoden ausgeführt. Dies sind Objekte, die die Verbindung zur SQLite3-Datenbank beziehungsweise das Abfrageergebnis repräsentieren.

Zunächst das Programm *p687_3.php* zur Erzeugung einer SQLite3-Datenbank und zur Speicherung von drei Datensätzen. Es entspricht im Aufbau dem Programm *p687.php* für SQLite-Datenbanken bis zur Version 2.

```
<html>
<body>
<?php
    /* Datenbank-Datei öffnen bzw. erzeugen */
    $db = new SQLite3("firma.sq3");

    /* Tabelle mit Primärschlüssel erzeugen */
    $db->exec("create table personen (name, vorname,
        personalnummer integer primary key,
        gehalt, geburtstag);");

    /* Drei Datensätze eintragen */
    $sqlstr = "insert into personen (name, vorname,
        personalnummer, gehalt, geburtstag) values ";
    $db->query($sqlstr . "('Maier', 'Hans',
        6714, 3500, '1962-03-15')");
    $db->query($sqlstr . "('Schmitz', 'Peter',
        81343, 3750, '1958-04-12')");
    $db->query($sqlstr . "('Mertens', 'Julia',
        2297, 3621.5, '1959-12-30')");

    /* Verbindung zur Datenbank-Datei wieder lösen */
    $db->close();
?>
</body>
</html>
```

Listing 6.70 Datei p687_3.php

Zunächst wird mit Hilfe von `new` ein neues Objekt der Klasse `SQLite3` erzeugt. Der Name der Datenbankdatei ist hier *firma.sq3*. Rückgabewert ist ein Verweis auf das neu erzeugte Objekt.

Über diesen Verweis wird die Methode exec() aufgerufen. Diese wird bei SQL-Befehlen genutzt, die kein Rückgabeergebnis liefern. In diesem Falle wird sie zur Erzeugung der Tabelle mit create table eingesetzt. Die Methode query() wird für SQL-Abfragen mit Rückgabeergebnis eingesetzt. Damit werden hier die drei Datensätze mit insert erzeugt.

Zuletzt wird die Verbindung zur Datenbank mit Hilfe der Methode close() wieder geschlossen.

Es folgt das Programm *p688_3.php* zur Ausgabe der Inhalte der soeben erzeugten Tabelle. Es entspricht im Aufbau dem Programm *p688.php* für SQLite-Datenbanken bis zur Version 2.

```php
<html>
<body>
<?php
   /* Datenbank-Datei öffnen bzw. erzeugen */
   $db = new SQLite3("firma.sq3");

   /* Abfrage ausführen */
   $res = $db->query("select * from personen");

   /* Abfrage-Ergebnis ausgeben */
   while($dsatz = $res->fetchArray())
   {
      echo $dsatz["name"] . ", "
         . $dsatz["vorname"] . ", "
         . $dsatz["personalnummer"] . ", "
         . $dsatz["gehalt"] . ", "
         . $dsatz["geburtstag"] . "<br />";
   }

   /* Verbindung zur Datenbank-Datei wieder lösen */
   $db->close();
?>
</body>
</html>
```

Listing 6.71 Datei p688_3.php

Die Methode query() liefert einen Verweis auf das Objekt, welches das Abfrageergebnis beinhaltet. Dabei handelt es sich um ein Objekt der Klasse SQLite3Result. Für dieses Objekt wird die Methode fetchArray() ausgeführt. Diese liefert einen Datensatz aus dem Abfrageergebnis, den man in der gewohnten Form ausgeben kann.

Als Letztes folgt das Programm *p690_3.php*. Es beinhaltet SQL-Abfragen zum Anzeigen, Erzeugen, Ändern, Löschen und Sortieren von Datensätzen. Mit Hilfe von JavaScript und CSS stellt es eine komfortabel zu bedienende Benutzeroberfläche dar. Es entspricht im Aufbau dem Programm *p690.php* für SQLite-Datenbanken bis zur Version 2. Es wird hier nicht eigens dargestellt, ist aber auf der CD zum Buch zu finden.

6.8 XML

Universelles
Datenformat

XML ist ein weitverbreitetes, plattformunabhängiges Datenformat, das sich zum universellen Datenaustausch eignet. XML-Dateien sind mit einem einfachen Texteditor editierbar. Einige Regeln zur Erstellung von XML-Dateien werden kurz anhand der Beispiele erläutert.

SimpleXML

Es soll eine mögliche Methode zum Einlesen, Bearbeiten und Ausgeben von XML-Dateien (von PHP aus) vorgestellt werden: die PHP-Erweiterung SimpleXML.

6.8.1 Einlesen eines einzelnen Objekts

Hierarchische
Struktur

SimpleXML liest den gesamten Inhalt einer XML-Datei ein und konvertiert ihn in ein PHP-Objekt, das die gleiche hierarchische Struktur hat wie die XML-Daten. An einem einfachen Beispiel soll dies verdeutlicht werden. Zunächst eine XML-Datei, in der die Daten eines Objekts (hier: eines Fahrzeugs) gespeichert sind:

```
<?xml version="1.0"?>
<fahrzeug>
   <marke>Opel</marke>
   <typ>Astra</typ>
   <motordaten>
       <leistung>70 KW</leistung>
       <hubraum>1600 ccm</hubraum>
   </motordaten>
   <gewicht>1200 Kg</gewicht>
</fahrzeug>
```

Listing 6.72 Datei p693.xml

Der Aufbau einer XML-Datei:

▶ Zu Beginn steht eine Zeile, die die XML-Version angibt.

▶ Auf der obersten Ebene darf es nur ein Objekt geben. Hier ist dies das Objekt fahrzeug.

▶ XML-Daten werden ähnlich wie HTML-Markierungen notiert, also mit einer Anfangsmarkierung (hier: `<fahrzeug>`) und einer Endmarkierung (hier: `</fahrzeug>`), allerdings können die Markierungen frei gewählt werden.

▶ XML-Daten können wie HTML-Markierungen geschachtelt werden, hier zum Beispiel `<marke>` … `</marke>` innerhalb von `<fahrzeug>` und `</fahrzeug>`. Dadurch entstehen Objekteigenschaften, hier: `marke`, `typ`, `motordaten` und `gewicht`.

▶ Die Eigenschaft `motordaten` ist wiederum ein Objekt mit den Eigenschaften `leistung` und `hubraum`.

Falls man die Datei in einem Browser aufruft, wird lediglich die hierarchische Struktur der XML-Daten wiedergegeben:

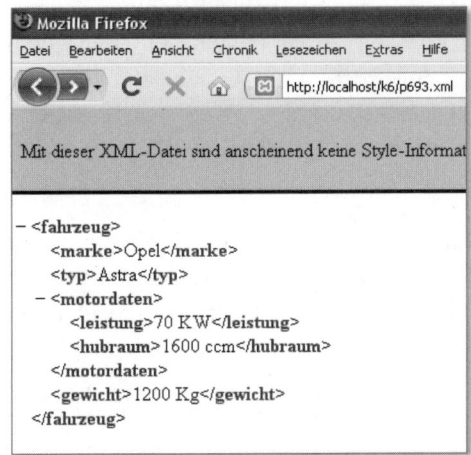

Abbildung 6.87 XML-Datei im Browser

Die Daten werden mit dem folgenden PHP-Programm eingelesen und auf dem Bildschirm ausgegeben:

```
<html>
<body>
<?php
/* Einlesen der Datei in ein Objekt */
$fahrzeug = simplexml_load_file("p693.xml");

/* Ausgabe der Objektdaten */
echo "Marke: $fahrzeug->marke<br />";
echo "Typ: $fahrzeug->typ<br />";
echo "Motordaten:<br />";
```

```
echo "--- Leistung: "
    . $fahrzeug->motordaten->leistung . "<br />";
echo "--- Hubraum: "
    . $fahrzeug->motordaten->hubraum . "<br />";
echo "Gewicht: $fahrzeug->gewicht";
?>
</body>
</html>
```

Listing 6.73 Datei p693.php

Es folgt eine Erläuterung:

simplexml_
load_file()

▶ Die Funktion `simplexml_load_file()` dient zum Einlesen der gesamten XML-Datei in ein Objekt, hier: `$fahrzeug`.

▶ Auf die Eigenschaften wird in Objektnotation zugegriffen.

Zugriff über ->

▶ Die Eigenschaft `motordaten` ist wiederum ein Objekt, daher wird auf dessen Eigenschaften wie folgt zugegriffen:
`$fahrzeug->motordaten->leistung`.

Die Ausgabe sieht wie folgt aus:

Abbildung 6.88 Verarbeitung der XML-Datei mit PHP

[»] **Hinweis**

Einfache Variablen, Elemente von eindimensionalen numerischen Feldern und Objekteigenschaften können auch innerhalb von Zeichenketten notiert werden, um zum Beispiel eine Ausgabeanweisung übersichtlicher zu gestalten. Elemente von assoziativen Feldern oder von Feldern mit mehr als zwei Dimensionen und Eigenschaften von Objekten, die wiederum Eigenschaften übergeordneter Objekte sind, müssen außerhalb von Zeichenketten notiert werden, wie hier zum Beispiel `$fahrzeug->motordaten->leistung`.

6.8.2 Einlesen mehrerer Objekte

Falls man mehrere gleiche Objekte in einer XML-Datei speichern möchte, muss man sie innerhalb eines Hauptobjekts anordnen. Mehrere gleiche Objekte werden als Bestandteile eines Feldes betrachtet, das man mit einer Schleife durchlaufen kann. Auf jeder Ebene können gleiche Objekte beziehungsweise gleiche Eigenschaften vorkommen. Diese werden wiederum als Elemente eines Feldes betrachtet. Zunächst die XML-Datei, in der die Daten mehrerer Objekte des Typs `fahrzeug` gespeichert sind:

Array von Objekten

```
<?xml version="1.0"?>
<sammlung>
<fahrzeug>
    <marke>Opel</marke>
    <typ>Astra</typ>
    <motordaten>
        <leistung>70 KW</leistung>
        <hubraum>1600 ccm</hubraum>
    </motordaten>
    <gewicht>1200 Kg</gewicht>
    <reifen>155 R 14</reifen>
    <reifen>165 H 14</reifen>
</fahrzeug>
<fahrzeug>
    <marke>Ford</marke>
    <typ>Focus</typ>
    <motordaten>
        <leistung>80 KW</leistung>
        <hubraum>1700 ccm</hubraum>
    </motordaten>
    <gewicht>1100 Kg</gewicht>
    <reifen>185-60 R 13</reifen>
    <reifen>205-70 R 13</reifen>
</fahrzeug>
</sammlung>
```

Listing 6.74 Datei p694.xml

Der Aufbau der XML-Datei sieht wie folgt aus:

▶ Jedes einzelne Fahrzeug wird innerhalb der Markierungen `<fahrzeug>` und `</fahrzeug>` notiert.

▶ Alle Fahrzeuge werden innerhalb des Hauptobjekts `<sammlung>` ... `</sammlung>` angeordnet.

▶ Jedem Fahrzeug sind zwei Reifensätze zugeordnet. Die Eigenschaft `reifen` ist also pro Fahrzeug zweimal vorhanden.

Das PHP-Programm, in dem die Daten der Fahrzeugsammlung eingelesen werden, beinhaltet zwei Varianten zur Bildschirmausgabe:

```php
<html>
<body>
<?php
/* Einlesen der Datei in ein Objekt */
$sammlung = simplexml_load_file("p694.xml");

/* Ausgabe der Objektdaten, Variante 1 */
foreach ($sammlung->fahrzeug as $fz)
{
    echo "Marke: $fz->marke<br />";
    echo "Typ: $fz->typ<br />";
    echo "Motordaten:<br />";
    echo "--- Leistung: "
        . $fz->motordaten->leistung . "<br />";
    echo "--- Hubraum: "
        . $fz->motordaten->hubraum . "<br />";
    echo "Gewicht: $fz->gewicht<br />";
    echo "Reifen: " . $fz->reifen[0] . "<br />";
    echo "Reifen: " . $fz->reifen[1] . "<br /><br />";
}

/* Ausgabe der Objektdaten, Variante 2 */
for($i=0; $i<2; $i++)
{
    echo "Marke: "
        . $sammlung->fahrzeug[$i]->marke . "<br />";
    echo "Typ: "
        . $sammlung->fahrzeug[$i]->typ . "<br />";
    echo "Motordaten:<br />";
    echo "--- Leistung: "
        . $sammlung->fahrzeug[$i]->motordaten->leistung
        . "<br />";
    echo "--- Hubraum: "
        . $sammlung->fahrzeug[$i]->motordaten->hubraum
        . "<br />";
    echo "Gewicht: "
        . $sammlung->fahrzeug[$i]->gewicht . "<br />";
    echo "Reifen: "
        . $sammlung->fahrzeug[$i]->reifen[0]
        . "<br />";
    echo "Reifen: "
        . $sammlung->fahrzeug[$i]->reifen[1]
        . "<br /><br />";
```

```
}
?>
</body>
</html>
```

Listing 6.75 Datei p694.php

Erläuterung:

▶ Mit `simplexml_load_file()` wird das Hauptobjekt eingelesen.

▶ Variante 1: Bei jedem Durchlauf der `foreach`-Schleife wird auf ein einzelnes Fahrzeugobjekt als *Objekt* `$fz` zugegriffen.   `foreach`

▶ Variante 2: Bei jedem Durchlauf der `for`-Schleife wird auf ein einzelnes Fahrzeugobjekt als *Feldelement* zugegriffen.   `for`-Schleife, Index

▶ Die beiden Objekte des Typs `reifen` werden im Programm als Feldelemente betrachtet und mit einem numerischen Index angesprochen.

Die Ausgabe (hier nur eine Variante) sieht wie folgt aus:

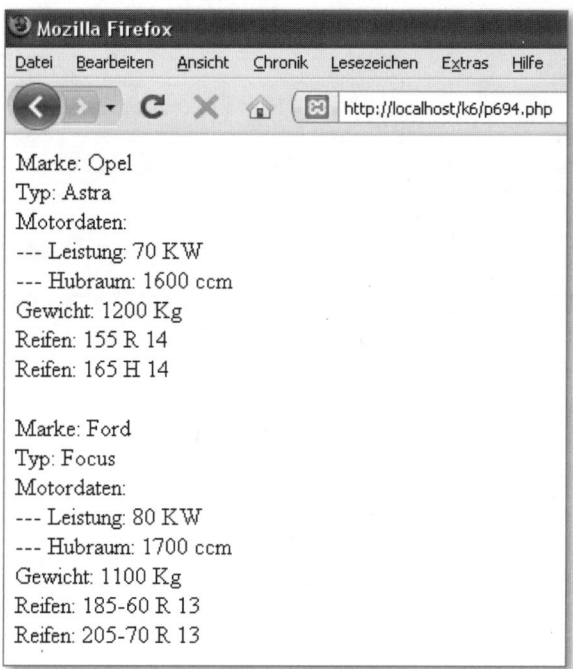

Abbildung 6.89 Mehrere gleiche Objekte

6.8.3 Zugriff auf Attribute

XML-Daten können wie HTML-Markierungen auch Attribute haben. Ein Beispiel bei HTML: `<font color="#ff0000" size="4">` … `</font>`. Diese Attribute werden bei der Umwandlung in ein PHP-Objekt mit SimpleXML als Elemente eines assoziativen Arrays betrachtet.

Zunächst die XML-Datei, in der XML-Daten mit Attributen notiert sind:

```
<?xml version="1.0"?>
<fahrzeug>
    <marke land="Deutschland">Opel</marke>
    <typ>Astra</typ>
    <motordaten zylinder="4" katalysator="Euro 5">
        <leistung>70 KW</leistung>
        <hubraum ventilzahl="3">1600 ccm</hubraum>
    </motordaten>
    <gewicht>1200 Kg</gewicht>
</fahrzeug>
```

Listing 6.76 Datei p695.xml

Der Aufbau der XML-Datei:

▶ Die Markierung `marke` hat das Attribut `land`.

▶ Die Markierung `motordaten` hat die Attribute `zylinder` und `katalysator`.

▶ Die Markierung `hubraum` hat das Attribut `ventilzahl`.

Das PHP-Programm zum Einlesen und zur Bildschirmausgabe sieht wie folgt aus:

```
<html>
<body>
<?php
/* Einlesen der Datei in ein Objekt */
$fahrzeug = simplexml_load_file("p695.xml");

/* Ausgabe der Objektdaten */
echo "Marke: $fahrzeug->marke<br />";
echo "--- Land: "
    . $fahrzeug->marke["land"] . "<br />";
echo "Typ: $fahrzeug->typ<br />";
echo "Motordaten:<br />";
echo "--- Zylinder: "
    . $fahrzeug->motordaten["zylinder"] . "<br />";
```

```
echo "--- Katalysator: "
    . $fahrzeug->motordaten["katalysator"] . "<br />";
echo "--- Leistung: "
    . $fahrzeug->motordaten->leistung . "<br />";
echo "--- Hubraum: "
    . $fahrzeug->motordaten->hubraum . "<br />";
echo "--- --- Ventilzahl: "
    . $fahrzeug->motordaten->hubraum["ventilzahl"]
    . "<br />";
echo "Gewicht: $fahrzeug->gewicht";
?>
</body>
</html>
```

Listing 6.77 Datei p695.php

Erläuterung:

▶ Über `$fahrzeug->marke["land"]` kann man auf das Attribut `land` ⟨Zugriff über [""]⟩
zugreifen.

▶ Über `$fahrzeug->motordaten->hubraum["ventilzahl"]` kann man
auf das Attribut `ventilzahl` zugreifen.

Die Ausgabe sieht wie folgt aus:

Abbildung 6.90 Objekte mit Attributen

6.8.4 Interne XML-Daten

XML-Daten können, anstatt aus einer externen XML-Datei eingelesen zu werden, auch Bestandteil des Programms sein. Allerdings liegt in solch einem Fall keine saubere Trennung zwischen Programm und Daten vor.

simplexml_load_ string() Falls interne XML-Daten vorliegen, werden sie durch SimpleXML mit Hilfe der Funktion `simplexml_load_string()` aus einer XML-Zeichenkette in ein Objekt eingelesen. Die weitere Verarbeitung bleibt erhalten.

Der Programmcode sieht wie folgt aus:

```
<html>
<body>
<?php

/* Erzeugen der Zeichenkette */
$xml_zk = <<< XML
<?xml version="1.0"?>
<fahrzeug>
    <marke>Opel</marke>
    <typ>Astra</typ>
    <motordaten>
        <leistung>70 KW</leistung>
        <hubraum>1600 ccm</hubraum>
    </motordaten>
    <gewicht>1200 Kg</gewicht>
</fahrzeug>
XML;

/* Einlesen der Zeichenkette in ein Objekt */
$fahrzeug = simplexml_load_string($xml_zk);

/* Ausgabe der Objektdaten */
echo "Marke: $fahrzeug->marke<br />";
echo "Typ: $fahrzeug->typ<br />";
echo "Motordaten:<br />";
echo "--- Leistung: "
    . $fahrzeug->motordaten->leistung . "<br />";
echo "--- Hubraum: "
    . $fahrzeug->motordaten->hubraum . "<br />";
echo "Gewicht: $fahrzeug->gewicht<br />";
?>
</body>
</html>
```

Listing 6.78 Datei p696.php

Erläuterung:

<<< XML ... XML ▶ Die XML-Zeichenkette beginnt mit `<<< XML` und endet mit `XML`. Dazwischen muss das Objekt wie bisher im XML-Format notiert sein. Zum späteren Zugriff muss die XML-Zeichenkette einer PHP-Variablen (hier `$xml_zk`) zugewiesen werden.

▸ Die Funktion `simplexml_load_string()` liest die Zeichenkette in ein Objekt ein. Anschließend wird auf die Eigenschaften dieses Objekts wie gewohnt zugegriffen.

6.8.5 Speicherung von Objekten

Die Daten eines Objekts können selbstverständlich geändert werden. Falls man diese Änderungen in einer XML-Datei speichern möchte, können die Funktion `file_put_contents()` und die Objektmethode `asXML()` verwendet werden. Im folgenden Beispiel soll eine Objekteigenschaft geändert und gespeichert werden.

Ausgabe

Zunächst die XML-Datei mit den Originalwerten:

```
<?xml version="1.0"?>
<fahrzeug>
   <marke>Opel</marke>
   <typ>Astra</typ>
   <gewicht>1200 Kg</gewicht>
</fahrzeug>
```

Listing 6.79 Datei p697.xml

Das Programm sieht wie folgt aus:

```
<html>
<body>
<?php
/* Einlesen der Datei in ein Objekt, Teilausgabe */
$fahrzeug = simplexml_load_file("p697.xml");
echo "<p>Gewicht: " . $fahrzeug->gewicht . "</p>";

/* Ändern von Teildaten, Dateiausgabe des Objekts */
$fahrzeug->gewicht ="2200 Kg";
file_put_contents("p697.xml", $fahrzeug->asXML());

/* Einlesen der Datei in ein Objekt, Teilausgabe */
$fahrzeug = simplexml_load_file("p697.xml");
echo "<p>Gewicht: " . $fahrzeug->gewicht . "</p>";
?>
</body>
</html>
```

Listing 6.80 Datei p697.php

Erläuterung:

▶ Die Objekteigenschaft gewicht wird zunächst mit ihrem Originalwert ausgegeben.

▶ Die Eigenschaft wird verändert: von 1200 kg auf 2200 kg.

file_put_ ▶ Die Methode file_put_contents() wird aufgerufen.
contents()

    ▷ Als erster Parameter wird die Datei angegeben, in die geschrieben werden soll. In diesem Falle ist das wiederum die Datei *p697.xml*.

asXML()   ▷ Als zweiter Parameter wird die Methode asXML() für das Objekt $fahrzeug aufgerufen. Dies führt dazu, dass die Objektdaten überschrieben werden. Ansonsten bleibt der Aufbau der Datei unverändert.

Das Objekt wird einmal vor und einmal nach der Veränderung eingelesen. Es werden nur die in Abbildung 6.91 dargestellten Teildaten ausgegeben.

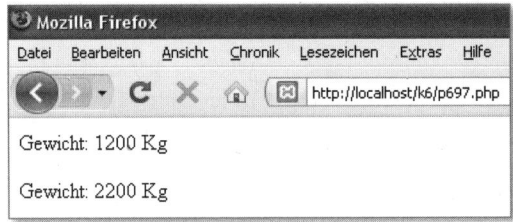

Abbildung 6.91 Vorher / Nachher

7   Besondere Themen

Einige besondere Themen wie zum Beispiel das Erzeugen von Grafiken, PDF-Dateien, Flash-Anwendungen und Mails sind Inhalt dieses Kapitels. Außerdem wird auf die wichtigen Themen Programmierfehler und Sicherheit eingegangen.

7.1   Reguläre Ausdrücke

Reguläre Ausdrücke dienen zur Beschreibung von Suchmustern. Mit Hilfe dieser Suchmuster können Zeichenketten gesucht und gegebenenfalls ersetzt werden.

Suchmuster

In vielen Programmiersprachen werden reguläre Ausdrücke eingesetzt. Die hier vorgestellten Regeln sind also universell verwendbar. In PHP werden sie häufig zur komfortablen Kontrolle der Benutzereingaben in Formularen benötigt.

Die Beispiele in diesem Abschnitt sind nützlich und relativ einfach. Mit Hilfe von regulären Ausdrücken lassen sich sehr umfangreiche Ausdrücke zusammensetzen und komplexe Operationen zum Suchen und Ersetzen durchführen.

7.1.1   Einfache Suche

Es soll zunächst nach einer Zeichenkette innerhalb eines Textes gesucht werden. Zur Evaluierung des regulären Ausdrucks wird die Funktion `preg_match()` verwendet. Sie liefert die Anzahl der Vorkommen des Suchbegriffs zurück. Diese Anzahl ist entweder 0 oder 1, da die Funktion `preg_match()` nach dem ersten Vorkommen des Suchbegriffs abbricht. Den Wert 0 oder 1 kann man zum Beispiel in einer Verzweigung einsetzen.

preg_match()

Das PHP-Programm sieht wie folgt aus:

```
<html>
<body>
<?php
```

```
/* Ausgabe des Sucherfolgs */
if (preg_match("/abc/", "123abc456"))
    echo "Erfolg<br />";
else
    echo "Kein Erfolg<br />";

/* Ausgabe des Sucherfolgs */
if (preg_match("/def/", "123abc456"))
    echo "Erfolg<br />";
else
    echo "Kein Erfolg<br />";
?>
</body>
</html>
```

Listing 7.1 Datei p701.php

Erläuterung:

Sonderzeichen
▶ Der reguläre Ausdruck entspricht in diesem einfachen Beispiel genau der gesuchten Zeichenkette (abc beziehungsweise def). In späteren Beispielen werden auch Sonderzeichen für reguläre Ausdrücke vorgestellt.

▶ Die gesuchte Zeichenkette muss innerhalb von zwei Slashes / als Begrenzer (engl. *delimiter*) gesetzt werden.

▶ Falls die Zeichenkette abc beziehungsweise def an einer beliebigen Stelle im Text 123abc456 wenigstens einmal gefunden wird, war die Suche erfolgreich.

Die Bildschirmausgabe sieht wie folgt aus:

Abbildung 7.1 Ausgabe der Sucherfolge

[»]
preg_match_all()

Hinweis
Die Funktion preg_match_all() findet alle Vorkommen des Suchbgriffs und liefert sie in einem Array.

7.1.2 Tabellenausgabe

Zur Verdeutlichung der Möglichkeiten regulärer Ausdrücke wird in den folgenden Beispielprogrammen eine Zeichenkette innerhalb von verschiedenen Suchtexten gesucht. Die Suchergebnisse werden jeweils in einer übersichtlichen Tabelle ausgegeben.

Die Bildschirmausgabe sieht wie folgt aus:

Abbildung 7.2 Übersichtliche Tabelle

Es wird der reguläre Ausdruck abc zur Suche verwendet. Dies bedeutet, dass nach der Zeichenkette abc irgendwo im Suchtext gesucht wird. Es gibt fünf verschiedene Suchtexte: 123abc456, abc456, 123abc, abc und 123ab456. Die Zeichenkette wird in allen Suchtexten, außer im letzten, gefunden.

Das PHP-Programm dazu sieht wie folgt aus:

```
<html>
<body>
<?php
/* Zur Ausgabe des Sucherfolgs */
include "p7test.inc.php";

/* Zeichenkette und Suchtexte */
$suchstring = "abc";
$suchtextarray = array("123abc456", "abc456",
    "123abc", "abc", "123ab456");
$bemerkung = "abc irgendwo im Suchtext";
retest($suchstring, $suchtextarray, $bemerkung);
?>
</body>
</html>
```

Listing 7.2 Datei p702.php

Erläuterung:

▶ Zunächst wird die Datei *p7test.inc.php* eingebunden. In dieser Datei befindet sich die selbst geschriebene Funktion `retest()`, die zur Suche und zur tabellarischen Ausgabe der Suchergebnisse dient.

▶ In der Variablen `$suchstring` wird der reguläre Ausdruck gespeichert.

▶ Im Array `$suchtextarray` werden die verschiedenen Suchtexte gespeichert.

▶ In der Variablen `$bemerkung` wird die erläuternde Bemerkung gespeichert.

▶ Die Funktion `retest()` wird mit den eben beschriebenen Variablen beziehungsweise dem Array aufgerufen.

Der Code der eingebundenen Datei *p7test.inc.php* sieht wie folgt aus:

```php
<?php
/* Zur Ausgabe des Sucherfolgs */
function retest($suchstring, $suchtextarray, $bemerkung)
{
    /* Tabelle, Überschrift */
    echo "<table border='1' width='40%'>";
    echo "<tr><td><b>Reg. Ausdruck</b></td>";
    echo "<td><b>$suchstring</b></td></tr>";
    echo "<tr><td><b>Erklärung</b></td>";
    echo "<td><b>$bemerkung</b></td></tr>";

    /* Alle untersuchten Zeichenketten */
    for($i=0; $i<count($suchtextarray); $i++)
    {
        if (preg_match("/" . $suchstring . "/",
            $suchtextarray[$i]))
            $ergebnis = "Erfolg";
        else
            $ergebnis = "Kein Erfolg";
        echo "<tr><td width='30%'>$suchtextarray[$i]</td>";
        echo "<td width='70%'>$ergebnis</td></tr>";
    }

    echo "</table><br />";
}
?>
```

Listing 7.3 Datei p7test.inc.php

Erläuterung:

▶ In den beiden Zeilen der Überschrift werden der reguläre Ausdruck und die Bemerkung ausgegeben.

▶ Für jeden Suchtext aus dem Array wird innerhalb einer Schleife die Funktion `preg_match()` aufgerufen. Dabei wird der Suchbegriff jeweils von Delimitern eingerahmt. Das Suchergebnis wird in einer Tabellenzeile ausgegeben.

[«]

> **Hinweis**
>
> Die weiteren Beispielprogramme haben den gleichen Aufbau. Es wird ebenfalls die Funktion `retest()` aus der eingebundenen Datei aufgerufen. Daher muss der Code dieser Programme nicht mehr dargestellt werden. Er ist (wie der Code aller übrigen Programme) auf der CD zum Buch enthalten.

7.1.3 Suche nach Position

Im folgenden Programm wird untersucht, ob die Zeichenkette

▶ am Anfang eines Suchtextes vorkommt,

▶ am Ende eines Suchtextes vorkommt,

▶ genau dem Suchtext entspricht, also sowohl mit dem Anfang als auch mit dem Ende des Suchtextes verkettet ist.

Zunächst die drei Bildschirmausgaben:

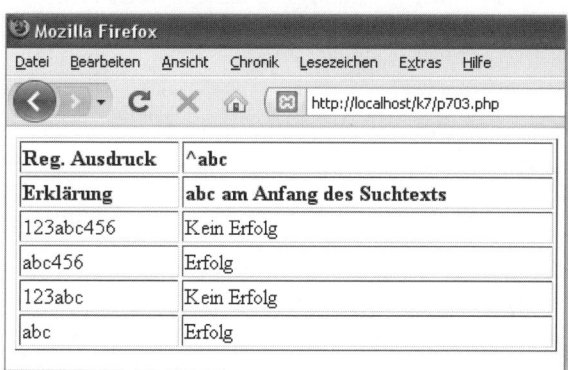

Abbildung 7.3 Suche am Anfang des Suchtextes

Es wird die Zeichenkette `abc` mit Hilfe des Sonderzeichens ^ am Anfang des Suchtextes gesucht. Dies trifft auf zwei Suchtexte zu.

Sonderzeichen ^

Reg. Ausdruck	abc$
Erklärung	abc am Ende des Suchtexts
123abc456	Kein Erfolg
abc456	Kein Erfolg
123abc	Erfolg
abc	Erfolg

Abbildung 7.4 Suche am Ende des Suchtextes

Sonderzeichen $ Es wird die Zeichenkette abc mit Hilfe des Sonderzeichens $ am Ende des Suchtextes gesucht. Dies trifft ebenfalls auf zwei Suchtexte zu.

Reg. Ausdruck	^abc$
Erklärung	abc genau als Suchtext
123abc456	Kein Erfolg
abc456	Kein Erfolg
123abc	Kein Erfolg
abc	Erfolg

Abbildung 7.5 Suche am Anfang und am Ende des Suchtextes

Es wird mit Hilfe der beiden Sonderzeichen ^ und $ untersucht, ob die Zeichenkette abc genau dem Suchtext entspricht, also sowohl mit dem Anfang als auch mit dem Ende des Suchtextes verkettet ist. Dies trifft nur auf einen Suchtext zu.

Zusammenfassung

▸ Das Sonderzeichen ^ wird am Anfang der Zeichenkette eingesetzt, falls untersucht werden soll, ob die Zeichenkette am Anfang des Suchtextes steht.

▸ Das Sonderzeichen $ wird am Ende der Zeichenkette eingesetzt, falls untersucht werden soll, ob die Zeichenkette am Ende des Suchtextes steht.

▸ Beide Sonderzeichen werden zusammen eingesetzt, falls untersucht werden soll, ob die Zeichenkette sowohl mit dem Anfang als auch mit dem Ende des Suchtextes verkettet ist, also genau dem Suchtext entspricht.

7.1.4 Suche nach Häufigkeit

Im folgenden Programm ist es für den Sucherfolg entscheidend, wie häufig hintereinander eine Zeichenkette innerhalb eines Suchtextes vorkommt.

Es kann untersucht werden, ob ein Zeichen hintereinander

- beliebig oft,
- mindestens einmal oder eventuell häufiger,
- keinmal oder genau einmal beziehungsweise
- innerhalb einer gewünschten Häufigkeitsspanne (beispielsweise drei- bis fünfmal) vorkommt.

Die vier Bildschirmausgaben sehen wie folgt aus:

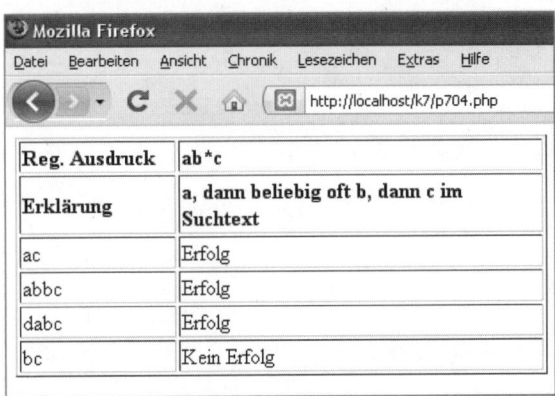

Abbildung 7.6 Das Zeichen kommt beliebig oft vor.

Es wird die Zeichenkette abc innerhalb des Suchtextes gesucht. Dabei darf das Zeichen b beliebig oft vorkommen. Zu den einzelnen Beispielen:

Sonderzeichen *

- Der Suchtext ac beinhaltet keinmal (= beliebig oft) b.
- Der Suchtext abbc beinhaltet zwei b hintereinander.
- Der Suchtext dabc beinhaltet unter anderem einmal b.
- Der Suchtext bc beinhaltet keinmal a, daher kein Erfolg.

Zur Angabe von »beliebig oft« dient das Sonderzeichen * nach dem gewünschten Zeichen.

Reg. Ausdruck	ab+c
Erklärung	a, dann mind. 1 mal b, dann c im Suchtext
ac	Kein Erfolg
abbc	Erfolg
dabc	Erfolg
bc	Kein Erfolg

Abbildung 7.7 Das Zeichen kommt mindestens einmal vor.

Sonderzeichen + Es wird die Zeichenkette abc innerhalb des Suchtextes gesucht. Dabei muss das Zeichen b mindestens einmal vorkommen. Zu den einzelnen Beispielen:

▸ Der Suchtext ac beinhaltet kein b, daher kein Erfolg.

▸ Der Suchtext abbc beinhaltet zwei b hintereinander.

▸ Der Suchtext dabc beinhaltet unter anderem einmal b.

▸ Der Suchtext bc beinhaltet kein a, daher kein Erfolg.

Zur Angabe von »mindestens einmal« dient das Sonderzeichen + nach dem gewünschten Zeichen.

Reg. Ausdruck	ab?c
Erklärung	a, dann 0-1 mal b, dann c im Suchtext
ac	Erfolg
abbc	Kein Erfolg
dabc	Erfolg
bc	Kein Erfolg

Abbildung 7.8 Das Zeichen kommt keinmal oder einmal vor.

Sonderzeichen ? Es wird die Zeichenkette abc innerhalb des Suchtextes gesucht. Dabei muss das Zeichen b keinmal oder einmal vorkommen. Zu den einzelnen Beispielen:

▸ Der Suchtext ac beinhaltet keinmal (= 0-mal bis 1-mal) b.

▸ Der Suchtext abbc beinhaltet zu häufig b hintereinander, daher kein Erfolg.

▸ Der Suchtext dabc beinhaltet unter anderem einmal b.

▸ Der Suchtext bc beinhaltet keinmal a, daher kein Erfolg.

Zur Angabe von »keinmal oder einmal« dient das Sonderzeichen ? nach dem gewünschten Zeichen.

Reg. Ausdruck	ab{2,3}c
Erklärung	a, dann 2-3 mal b, dann c im Suchtext
ac	Kein Erfolg
abbc	Erfolg
dabc	Kein Erfolg
bc	Kein Erfolg

Abbildung 7.9 Das Zeichen kommt mit der gewünschten Häufigkeit vor.

Es wird die Zeichenkette abc innerhalb des Suchtextes gesucht. Dabei muss das Zeichen b innerhalb der gewünschten Häufigkeitsspanne vorkommen, hier zwei- bis dreimal. Zu den einzelnen Beispielen:

Sonderzeichen { }

► Der Suchtext ac beinhaltet zu selten b hintereinander, daher kein Erfolg.

► Der Suchtext abbc beinhaltet b in der gewünschten Häufigkeit.

► Der Suchtext dabc beinhaltet zu selten b hintereinander, daher kein Erfolg.

► Der Suchtext bc beinhaltet kein a, daher kein Erfolg.

Zur Angabe einer Häufigkeitsspanne dienen die geschweiften Klammern { und } mit der Angabe einer minimalen beziehungsweise einer maximalen Häufigkeit, die durch ein Komma voneinander getrennt werden.

[«]

> **Hinweis**
>
> Falls nur nach einer ganz bestimmten Häufigkeit gesucht wird, wird eine einzelne Ziffer innerhalb der geschweiften Klammern hinter dem Zeichen angegeben. Der reguläre Ausdruck lautet dann zum Beispiel ab{4}c.

Zusammenfassung

► Das Sonderzeichen * wird eingesetzt, wenn ein Teil der Zeichenkette beliebig oft hintereinander vorkommen darf.

► Das Sonderzeichen + wird eingesetzt, wenn ein Teil der Zeichenkette mindestens einmal vorkommen muss, aber auch mehrmals hintereinander vorkommen darf.

▶ Das Sonderzeichen ? wird eingesetzt, wenn untersucht werden soll, ob ein Teil der Zeichenkette keinmal oder einmal hintereinander vorkommen muss.

▶ Mit Hilfe von geschweiften Klammern wird eine gewünschte Häufigkeit angegeben.

7.1.5   Suche nach Häufigkeit für mehrere Zeichen

Mit Hilfe einer Kombination von Sonderzeichen kann untersucht werden, ob eine bestimmte Zeichenfolge (und nicht nur ein einzelnes Zeichen) mehrmals hintereinander vorkommt.

Zunächst zur Bildschirmausgabe:

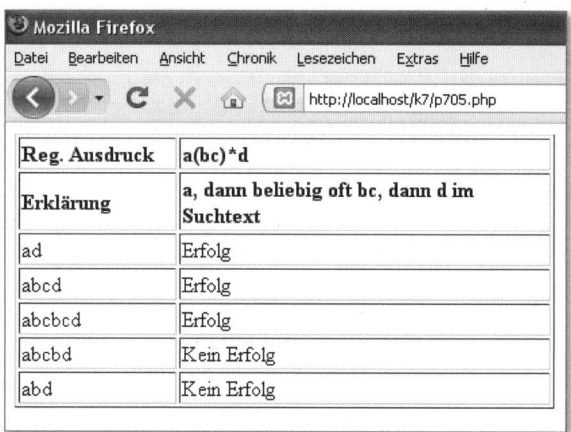

Reg. Ausdruck	a(bc)*d
Erklärung	a, dann beliebig oft bc, dann d im Suchtext
ad	Erfolg
abcd	Erfolg
abcbcd	Erfolg
abcbd	Kein Erfolg
abd	Kein Erfolg

Abbildung 7.10   Die Zeichenfolge kommt beliebig oft vor.

Sonderzeichen ( )   Die runden Klammern dienen zur Zusammenfassung mehrerer Zeichen, nach denen gesucht wird. In diesem Fall ist das Sonderzeichen * angegeben. Es wird also untersucht, ob die Zeichenfolge bc beliebig oft hintereinander vorkommt. Zu den einzelnen Beispielen:

▶ Der Suchtext ad beinhaltet keinmal (= beliebig oft) bc.

▶ Der Suchtext abcd beinhaltet einmal bc.

▶ Der Suchtext abcbcd beinhaltet zweimal bc.

▶ Der Suchtext abcbd beinhaltet ein zusätzliches einzelnes b, daher kein Erfolg.

▶ Der Suchtext abd beinhaltet kein bc und ebenfalls ein zusätzliches einzelnes b, daher kein Erfolg.

[«]

Hinweis

Selbstverständlich können auch die anderen Sonderzeichen (+, ?, { }) in Kombination mit den runden Klammern eingesetzt werden.

7.1.6 Oder-Verknüpfung

Eine Suche kann auch erfolgreich sein, wenn nach mehreren Alternativen gesucht wird, also wenn

- ein bestimmtes Zeichen oder ein anderes bestimmtes Zeichen gefunden wird,
- eine bestimmte Zeichenfolge oder eine andere bestimmte Zeichenfolge gefunden wird.

Die Bildschirmausgabe für diese beiden Fälle sieht wie folgt aus:

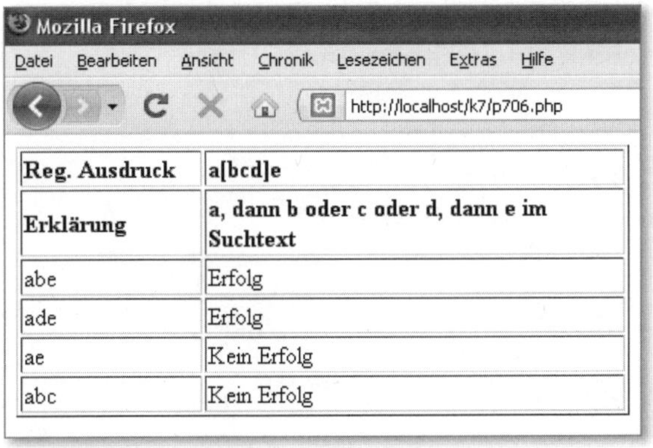

Reg. Ausdruck	a[bcd]e
Erklärung	a, dann b oder c oder d, dann e im Suchtext
abe	Erfolg
ade	Erfolg
ae	Kein Erfolg
abc	Kein Erfolg

Abbildung 7.11 Suche mit Alternative für ein Zeichen

Sonderzeichen [ ]

Es wird eine der Zeichenketten `abe` oder `ace` oder `ade` innerhalb des Suchtextes gesucht. Mit Hilfe der eckigen Klammern `[` und `]` können die gewünschten Alternativen angegeben werden.

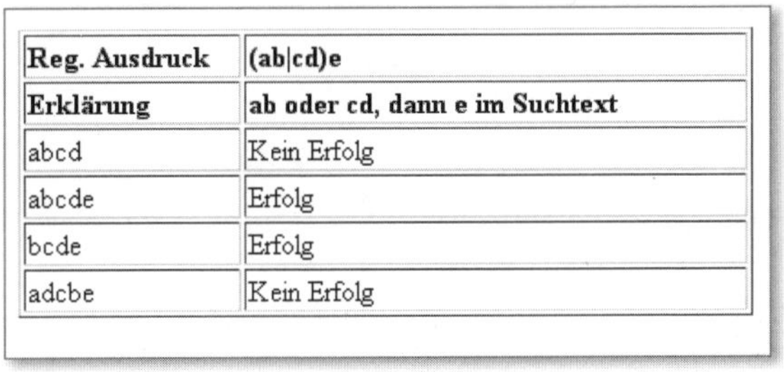

Reg. Ausdruck	(ab|cd)e
Erklärung	ab oder cd, dann e im Suchtext
abcd	Kein Erfolg
abcde	Erfolg
bcde	Erfolg
adcbe	Kein Erfolg

Abbildung 7.12 Suche mit Alternative für mehrere Zeichen

Sonderzeichen | Es wird eine der Zeichenketten abe oder cde innerhalb des Suchtextes gesucht. Mit Hilfe des Sonderzeichens | können die gewünschten Alternativen angegeben werden. Die runden Klammern werden gesetzt, um die beiden Möglichkeiten vom Rest des regulären Ausdrucks zu trennen.

Zusammenfassung

▶ Die eckigen Klammern dienen zur Darstellung von Alternativen bei einzelnen Zeichen.

▶ Das Sonderzeichen | dient zur Darstellung von Alternativen bei Zeichenfolgen.

[»]

Hinweis

Auch hier können die anderen Sonderzeichen (*, +, ?, { }) eingesetzt werden.

7.1.7 Beliebige Zeichen, Buchstaben oder Ziffern

Falls an einer Stelle

▶ ein gänzlich beliebiges Zeichen,

▶ ein kleiner Buchstabe,

▶ ein großer Buchstabe oder

▶ eine Ziffer stehen kann,

so werden nützliche Zusammenfassungen angeboten.

Die vier Bildschirmausgaben für diese Fälle sehen wie folgt aus:

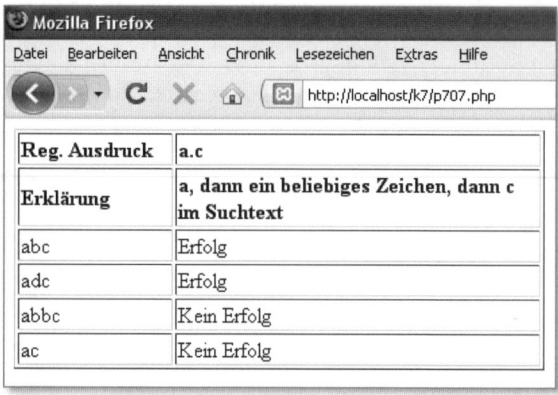

Abbildung 7.13 Suche mit einem beliebigen Zeichen

Das Sonderzeichen . (Punkt) steht für ein gänzlich beliebiges Zeichen, hier zwischen a und c. Daher führen die beiden ersten Fälle zu einer erfolgreichen Suche. In den beiden letzten Fällen sind zwei Zeichen beziehungsweise kein Zeichen zwischen a und c angegeben, daher »Kein Erfolg«.

Sonderzeichen . (Punkt)

Reg. Ausdruck	[0-9]
Erklärung	mindestens eine Ziffer im Suchtext
abg	Kein Erfolg
347	Erfolg
a7B	Erfolg
HG4T	Erfolg

Abbildung 7.14 Suche nach einer Ziffer

Mit Hilfe der eckigen Klammern (für mehrere Alternativen) kann der Ausdruck [0-9] angegeben werden. Damit wird dargestellt, dass nach einer der Ziffern von 0 bis 9 gesucht wird. Da keine weiteren Zeichen angegeben sind, führt die Suche zum Erfolg, falls mindestens eine der Ziffern irgendwo im Suchtext steht.

Bereich [0 – 9]

Reg. Ausdruck	[a-z]
Erklärung	mindestens ein kleiner Buchstabe im Suchtext
abg	Erfolg
347	Kein Erfolg
a7B	Erfolg
HG4T	Kein Erfolg

Abbildung 7.15 Suche nach einem kleinen Buchstaben

Mit Hilfe des Ausdrucks [a-z] in eckigen Klammern wird nach einem beliebigen kleinen Buchstaben gesucht.

Bereich [a – z]

Reg. Ausdruck	[A-Z]
Erklärung	mindestens ein großer Buchstabe im Suchtext
abg	Kein Erfolg
347	Kein Erfolg
a7B	Erfolg
HG4T	Erfolg

Abbildung 7.16 Suche nach einem großen Buchstaben

Bereich [A – Z] Analog gilt dies für die großen Buchstaben mit dem Ausdruck [A-Z].

[»]

> **Hinweis**
>
> ▶ Es können auch kleinere Bereiche angegeben werden, wie zum Beispiel [B–G], [n–r] oder [6–8].
>
> ▶ Die deutschen Umlaute ä, ö, ü beziehungsweise Ä, Ö, Ü und das scharfe ß sind nicht in den jeweiligen Bereichen enthalten.

7.1.8 Suche nach Sonderzeichen

Es wurden bereits zahlreiche Sonderzeichen mit bestimmten Funktionalitäten innerhalb regulärer Ausdrücke vorgestellt. Es ist natürlich auch möglich, nach einem dieser Sonderzeichen zu suchen.

Die Bildschirmausgabe sieht wie folgt aus:

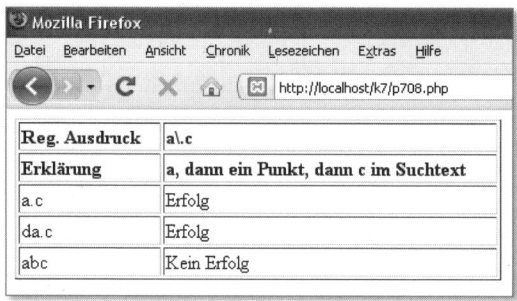

Abbildung 7.17 Suche nach einem Sonderzeichen

Sonderzeichen maskieren Der Backslash \ dient zur Maskierung von Sonderzeichen. Damit ist es im vorliegenden Beispiel möglich, nach einem Punkt zu suchen.

Reg. Ausdruck	a[.*]c
Erklärung	a, dann ein Punkt oder Stern, dann c im Suchtext
a.c	Erfolg
da*c	Erfolg
abc	Kein Erfolg

Abbildung 7.18 Suche nach Sonderzeichen mit Alternative

Innerhalb der eckigen Klammern verlieren die Sonderzeichen ihre Funktionalität. Daher wird im vorliegenden Beispiel nach der Zeichenkette a.c oder a*c gesucht.

7.1.9 Logische Negation

Besonders bei der Suche nach Zeichen aus einem bestimmten Bereich (a bis z oder 0 bis 9) kann die logische Negation eingesetzt werden. Eine Suche ist genau dann erfolgreich, wenn ein Zeichen gefunden wird, das nicht aus dem angegebenen Bereich stammt.

Die Bildschirmausgabe sieht wie folgt aus:

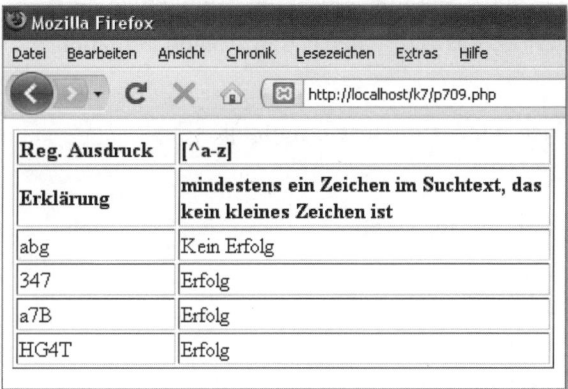

Abbildung 7.19 Suche mit logischer Negation

Das Sonderzeichen ^ hat innerhalb der eckigen Klammern eine besondere Funktionalität. Es kennzeichnet das »Gegenteil« eines angegebenen Bereichs.

Sonderzeichen ^ zur Negation

Es folgen zwei Beispiele, in denen etwas komplexere reguläre Ausdrücke vorkommen. Dabei werden Kombinationen aus den bereits vorgestellten Möglichkeiten verwendet.

7.1.10 Beispiel: Geldbetrag

Beim Eintragen eines Geldbetrages sollen folgende Regeln eingehalten werden:

▶ Die Eingabe muss mit mindestens einer Ziffer beginnen.

▶ Anschließend ist entweder die Zeichenkette zu Ende (es handelt sich also um eine ganze Zahl) oder es folgt ein Komma als Dezimaltrennzeichen sowie eine bis zwei Ziffern.

Der entsprechende reguläre Ausdruck lautet:

```
^[0 - 9]+(,[0 - 9]{1,2})?$
```

Er setzt sich zusammen aus

▸ dem Zeichen ^ am Anfang, das heißt, vor den nachfolgenden Angaben darf nichts anderes stehen,

▸ dem Bereich [0-9], der mindestens einmal vorkommen muss, daher das Sonderzeichen +,

▸ einer Kombination (siehe unten), die keinmal oder einmal vorkommen darf, daher die runden Klammern und das Sonderzeichen ?,

▸ dem Zeichen $ am Ende, das heißt, nach den obigen Angaben darf nichts anderes stehen.

Die Kombination setzt sich wiederum zusammen aus

▸ einem Komma,

▸ dem Bereich [0-9], der ein- bis zweimal vorkommen darf, daher die Angabe {1,2}.

Die Bildschirmausgabe mit einigen richtigen und einigen falschen Eingaben sieht wie folgt aus:

Reg. Ausdruck	^[0-9]+(,[0-9]{1,2})?$
Erklärung	mindestens eine Ziffer am Anfang, dann 0-1 mal die Kombination Komma und 1-2 Ziffern am Ende des Suchtextes
287,95	Erfolg
287.95	Kein Erfolg
Euro 287,95	Kein Erfolg
287,95 Euro	Kein Erfolg
287,9	Erfolg
2	Erfolg
287,954	Kein Erfolg
287,	Kein Erfolg
287	Erfolg
287,00	Erfolg
,95	Kein Erfolg
0,95	Erfolg

Abbildung 7.20 Geldbetrag

Die Gründe, warum insgesamt sechs Eingaben falsch sind:

▶ Die Eingabe `287.95` beinhaltet einen Punkt statt eines Kommas.

▶ Die Eingabe `Euro 287,95` beinhaltet etwas vor der ersten Ziffer.

▶ Die Eingabe `287,95 Euro` beinhaltet etwas nach der letzten Ziffer.

▶ Die Eingabe `287,954` beinhaltet drei Ziffern nach dem Komma.

▶ Die Eingabe `287,` beinhaltet nichts nach dem Komma.

▶ Die Eingabe `,95` beginnt nicht mit einer Ziffer.

7.1.11 Beispiel: Datum

Eine deutsche Datumsangabe besteht aus insgesamt drei Zahlen. Davon sollen die beiden ersten Zahlen eine bis zwei Ziffern und die letzte Zahl vier Ziffern haben.

Der entsprechende reguläre Ausdruck lautet:

`^([0 - 9]{1,2}\.){2}[0 - 9]{4}$`

Er setzt sich zusammen aus

▶ der Kombination `[0-9]{1,2}\.` (also eine bis zwei Ziffern und ein Punkt), die genau zweimal vorkommen darf, und

▶ noch einmal vier Ziffern.

Die Bildschirmausgabe mit einigen richtigen und einigen falschen Eingaben sieht wie folgt aus:

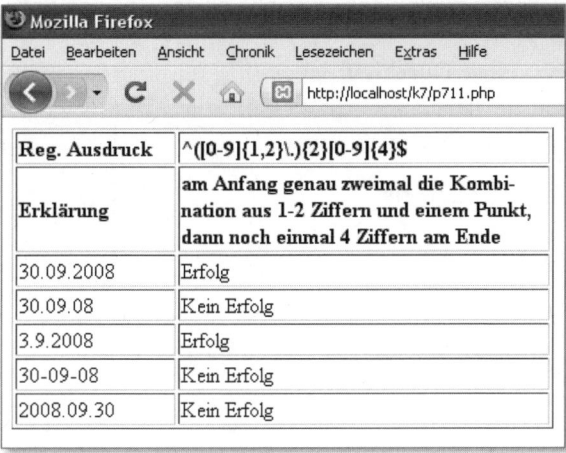

Abbildung 7.21 Datum

Die Gründe, warum drei Eingaben falsch sind:

▶ Die Eingabe `30.09.08` beinhaltet nur zwei Ziffern am Ende.

▶ Die Eingabe `30-09-08` beinhaltet Striche statt Punkte.

▶ Die Eingabe `2008.09.30` beinhaltet vier Ziffern am Anfang und nur zwei Ziffern am Ende.

7.1.12 Ersetzen von Text

preg_replace() Bisher ging es nur um die Suche nach Text beziehungsweise Suchmustern. Um gefundenen Text beziehungsweise gefundene Suchmuster zu ersetzen, steht die Funktion `preg_replace()` zur Verfügung.

In Abbildung 7.22 sehen Sie ein Beispiel, in dem alle ü durch ue und alle ß durch ss ersetzt werden.

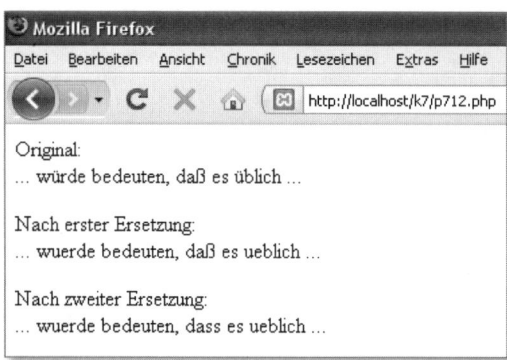

Abbildung 7.22 Ersetzen von Text

Sie erkennen, dass beim ersten Durchlauf jedes Vorkommen des Buchstabens ü durch ue ersetzt wurde. Beim zweiten Durchlauf wurde ß durch ss ersetzt.

Das PHP-Programm sieht wie folgt aus:

```
<html>
<body>
<?php
$suchtext = "... würde bedeuten, daß es üblich ...";
echo "<p>Original:<br />$suchtext</p>";

$suchtext = preg_replace("/ü/", "ue", $suchtext);
echo "<p>Nach erster Ersetzung:<br />$suchtext</p>";
```

```
$suchtext = preg_replace("/ß/", "ss", $suchtext);
echo "<p>Nach zweiter Ersetzung:<br />$suchtext</p>";
?>
</body>
</html>
```

Listing 7.4 Datei p712.php

Erläuterung:

▸ Die Funktion `preg_replace()` erhält drei Parameter:

  ▹ den zu ersetzenden Text

  ▹ den neuen Text

  ▹ die gesamte Zeichenkette, die nach dem Text durchsucht wird

▸ Der Rückgabewert ist die neue Zeichenkette.

7.1.13 Ersetzen von Suchmustern

Suchmuster werden normalerweise nicht durch einen festen Text ersetzt, sondern durch eine Kombination von Teiltexten, die im Suchmuster enthalten sind.

Ein Beispiel, in dem amerikanische Datumsangaben durch deutsche Datumsangaben ersetzt werden:

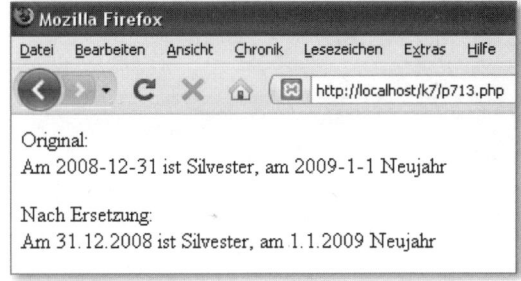

Abbildung 7.23 Ersetzen von Suchmustern

Das PHP-Programm sieht wie folgt aus:

```
<html>
<body>
<?php
$suchtext = "Am 2008-12-31 ist Silvester,"
    . " am 2009-1-1 Neujahr";
echo "<p>Original:<br />$suchtext</p>";
```

```
$suchtext = preg_replace(
  "/([0-9]{4})-([0-9]{1,2})-([0-9]{1,2})/",
  "\\3.\\2.\\1", $suchtext);
echo "<p>Nach Ersetzung:<br />$suchtext</p>";
?>
</body>
</html>
```

Listing 7.5   Datei p713.php

Erläuterung:

▶ Der reguläre Ausdruck für ein amerikanisches Datum besteht aus vier Ziffern (für das Jahr), einem Bindestrich, einer bis zwei Ziffern (für den Monat), wiederum einem Bindestrich und einer bis zwei Ziffern (für den Tag).

Runde Klammern ▶ Damit dieser Ausdruck in Einzelteilen erfasst werden kann, müssen runde Klammern eingesetzt werden:

   ▸ Das erste Klammernpaar umfasst die vier Ziffern für das Jahr.

   ▸ Das zweite Klammernpaar umfasst die ein bis zwei Ziffern für den Monat.

   ▸ Das dritte Klammernpaar umfasst die ein bis zwei Ziffern für den Tag.

Sonderzeichen \\Ziffer ▶ Die Inhalte der Klammernpaare stehen mit Hilfe der Platzhalter \\1, \\2 und \\3 zur Verfügung. Sie werden im neuen Text zusammen mit den Punkten zu einem deutschen Datum zusammengesetzt.

[»] **Hinweis**

Es stehen bis zu neun Ausdrücke zur Verfügung (\\1 bis \\9).

7.2   Grafiken

GD-Bibliothek   PHP gibt Ihnen mit der GD-Bibliothek eine Möglichkeit, eigene Grafiken zu erstellen. Diese Grafiken können unmittelbar angezeigt oder als Grafikdatei gespeichert werden. Außerdem können vorhandene Grafiken geladen und verändert werden.

In diesem Buch wird die Version 2.0.34 (Februar 2007) verwendet. Die Bibliothek wurde ursprünglich von Thomas Boutell (*http://www.boutell.com*) entwickelt. Sie kann über die Website *http://www.libgd.org* herunterladen werden.

Als umfangreiches Beispiel zum Abschluss dieses Abschnitts soll die Darstellung eines Aktienkurses dienen. Das Beispiel liefert eine anschauliche Darstellung für dynamische Daten aus einer Datenbank, die mit den realen Börsenkursen gefüllt wird.

7.2.1 Installation testen

Bei der in diesem Buch empfohlenen XAMPP-Installation für Windows ist die GD-Bibliothek als Erweiterung (Extension) bereits aktiviert. Dies können Sie wie folgt testen:

Extension

```
<html>
<body>
<?php
  if (extension_loaded("gd"))
  {
    echo "GD-Bibliothek aktiviert<br />";
    $gd = gd_info();
    echo "Version: " . $gd["GD Version"] . "<br />";
    echo "Grafikformate: ";
    if ($gd["JPG Support"]) echo "JPG ";
    if ($gd["PNG Support"]) echo "PNG ";
  }
  else
    echo "GD-Bibliothek nicht aktiviert";
?>
</body>
</html>
```

Listing 7.6 Datei p720.php

Falls GD aktiviert ist, erfolgt die Ausgabe, die in Abbildung 7.24 dargestellt ist.

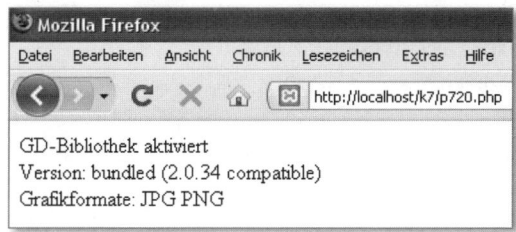

Abbildung 7.24 Prüfung der GD-Aktivierung

Erläuterung:

▶ Die Funktion `extension_loaded()` stellt fest, ob die GD-Bibliothek geladen wurde. Falls ja, erfolgt die entsprechende Ausgabe.

▶ Die Funktion `gd_info()` liefert ein assoziatives Feld mit Informationen über die GD-Bibliothek.

▶ Das Element `"GD Version"` beinhaltet die Versionsnummer.

▶ Die Elemente `"JPG Support"` bzw. `"PNG Support"` haben den Wert 1, falls das entsprechende Format unterstützt wird. Dies sind die beiden interessanten Formate für Internetseiten.

Sollten Sie eine Windows-Installation haben, bei der die GD-Bibliothek nicht aktiviert ist, so können Sie diese wie folgt aktivieren:

▶ Prüfen Sie zunächst, ob sich die Datei *php_gd2.dll* im Verzeichnis für die Extensions befindet. Dieses Verzeichnis lässt sich über den folgenden Aufruf der Funktion `ini_get()` ermitteln: `echo ini_get ("extension_dir");`

▶ Suchen Sie in der PHP-Konfigurationsdatei *C:\xampp\php\php.ini* die Zeile `;extension=php_gd2.dll`.

▶ Entfernen Sie das Semikolon am Anfang der Zeile und speichern Sie die Datei.

▶ Starten Sie den Apache Webserver neu.

7.2.2 Grafik speichern

In einem ersten Beispiel soll eine einfache Grafik ohne Inhalt erzeugt und in einer Datei gespeichert werden.

```
<html>
<body>
<?php
  $im = imagecreate(150,100);
  $grau = imagecolorallocate($im, 192, 192, 192);
  imagefill ($im, 0, 0, $grau);
  imagejpeg($im, "test.jpg");
  imagedestroy($im);
?>
</body>
</html>
```

Listing 7.7 Datei p721.php

Im Browser wird nichts angezeigt. Die Grafik ist in der Datei *test.jpg* im gleichen Verzeichnis wie das Programm *p721.php* gespeichert.

Abbildung 7.25   Eine erste Grafik

Erläuterung:

▶ Die Funktion `imagecreate()` erzeugt ein Grafikobjekt in der angege-   imagecreate()
benen Breite (150 Pixel) und Höhe (100 Pixel). Sie liefert einen Zeiger
auf das Grafikobjekt. Dieser Zeiger wird anschließend benötigt, um
das Grafikobjekt zu bearbeiten.

▶ Die Funktion `imagecolorallocate()` dient zur Erstellung einer Farbe   imagecolor-
für die Farbpalette dieser Grafik. Sie benötigt vier Parameter: den Zei-   allocate()
ger auf die Grafik und drei Werte zwischen 0 und 255 für die Rot-,
Grün- und Blau-Anteile der Grafik. Sie liefert eine Farb-ID für die
erstellte Farbe zurück.

▶ Die Funktion `imagefill()` füllt eine Grafik mit Farbe. Sie benötigt vier   imagefill()
Parameter: den Zeiger auf die Grafik, zwei Werte für die x- und y-Koordinaten des Startpunktes für den Füllvorgang sowie die Farb-ID.

▶ Die Funktion `imagejpeg()` erzeugt die Grafik und speichert sie. Sie   imagejpeg()
benötigt zwei Parameter: den Zeiger auf die Grafik und den Dateinamen.

▶ Die Funktion `imagedestroy()` gibt den Speicher, der zur Erzeugung   imagedestroy()
der Grafik benötigt wurde, wieder frei.

Hinweis   **[«]**

Eine Grafik im PNG-Format kann wie folgt erzeugt werden: imagepng()

```
imagepng($im, "test.png");
```

7.2.3   Grafik unmittelbar anzeigen

Eine Grafik kann auch unmittelbar nach ihrer Erzeugung angezeigt werden. Falls die Grafik später nicht mehr benötigt wird, entfällt dadurch
das zeitaufwendige Speichern:

```
<?php
  $im = imagecreate(150,100);
  $grau = imagecolorallocate($im, 192, 192, 192);
  imagefill ($im, 0, 0, $grau);

  header("Content-Type: image/jpeg");
  imagejpeg($im);

  imagedestroy($im);
?>
```

Listing 7.8   Datei p722.php

Die Grafik wird nun unmittelbar im Browser angezeigt:

Abbildung 7.26   Grafik unmittelbar im Browser anzeigen

Erläuterung:

header() ▶ Die Funktion `header()` wird zum Senden des Headers benutzt. Es handelt sich um Startinformationen für das HTTP-Protokoll. Hier wird der Typ der nachfolgenden Informationen (`image/jpg`) übermittelt.

▶ Die Funktion `imagejpeg()` benötigt jetzt keinen Dateinamen mehr.

▶ In einer PHP-Datei, die direkt ein Bild oder eine andere Anwendung und keine HTML-Datei erzeugt, sollten keine HTML-Container wie zum Beispiel `<html>` ... `</html>` oder `<body>` ... `</body>` gesetzt werden.

[»] **Hinweis**

Eine Grafik im PNG-Format kann wie folgt erzeugt werden:

```
header("Content-Type: image/png");
imagepng($im);
```

Sie können ein solches *programmiertes Bild* auch direkt in eine HTML-Datei einbinden:

```
<html>
<body>
Es folgt ein Bild: <img src="p722.php" />
</body>
</html>
```

Listing 7.9 Datei p722.htm

Das Ergebnis sieht dann so aus:

Abbildung 7.27 Einbindung in HTML-Datei

[«]

Hinweis
In den folgenden Abschnitten wird die Grafik jeweils unmittelbar nach ihrer Erzeugung angezeigt. Jede Grafik kann auch in einer Grafikdatei gespeichert werden, so wie im vorherigen Abschnitt erläutert.

7.2.4   Text mit internen Fonts

Zur Anzeige von Text sind interne Fonts und TrueType-Fonts vorhanden. Zunächst ein Beispiel mit internen Fonts:

Abbildung 7.28 Text mit internem Font

Der Programmcode:

```php
<?php
  $im = imagecreate(150,100);
  $grau = imagecolorallocate($im, 192, 192, 192);
  imagefill ($im, 0, 0, $grau);

  $schwarz = imagecolorallocate($im, 0, 0, 0);
  imagestring($im, 5, 0, 0, "hallo", $schwarz);

  header("Content-Type: image/jpeg");
  imagejpeg($im);
  imagedestroy($im);
?>
```

Listing 7.10 Datei p723.php

Erläuterung:

▸ Es wird eine weitere Farbe (Schwarz) zur Farbpalette der Grafik hinzugefügt.

imagestring() ▸ Die Funktion imagestring() erzeugt einen Text in einem internen Font. Sie benötigt sechs Parameter: den Zeiger auf die Grafik, die Größe des Fonts, die x- und y-Koordinaten, den Text selbst und die Farb-ID. Die x- und y-Koordinaten werden ab der linken oberen Ecke der Seite gemessen und kennzeichnen den oberen linken Startpunkt des Textes.

Ergänzung: Der Wert für die Größe des Fonts kann zwischen 1 (klein) und 5 (groß) liegen. Interne Fonts bieten nicht sehr viele Variationsmöglichkeiten.

7.2.5 Text mit TrueType-Fonts

Weitaus mehr Möglichkeiten bieten TrueType-Fonts. Bei manchen Grafiken besteht auch die Notwendigkeit, den Text zu drehen, zum Beispiel für eine Achsenbeschriftung:

Abbildung 7.29 Text mit dem TrueType-Font Arial

Der Programmcode:

```php
<?php
  $im = imagecreate(150,100);
  $grau = imagecolorallocate($im, 192, 192, 192);
  imagefill ($im, 0, 0, $grau);
  $schwarz = imagecolorallocate($im, 0, 0, 0);

  $schriftart = "arial.ttf";
  imagettftext($im, 20, 0, 0, 20,
     $schwarz, $schriftart, "normal");
  imagettftext($im, 20, 90, 144, 100,
     $schwarz, $schriftart, "gedreht");

  header("Content-Type: image/jpeg");
  imagejpeg($im);
  imagedestroy($im);
?>
```

Listing 7.11 Datei p724.php

Erläuterung:

► Der Name einer TTF-Datei, die sich im gleichen Verzeichnis befindet, wird in einer Variablen gespeichert. Dies ist von Vorteil, falls mehrere Texte ausgegeben werden und eventuell später die Schriftart für alle Texte geändert werden soll.

► Die Funktion `imagettftext()` erzeugt einen Text. Sie benötigt acht **imagettftext()** Parameter: den Zeiger auf die Grafik, die Größe des Fonts, einen Drehwinkel, zwei Werte für die x- und y-Koordinaten, die Farb-ID, die Schriftart und den Text selbst.

► Die x- und y-Koordinaten kennzeichnen den Startpunkt des Textes; dies ist das linke Ende der Basislinie des Textes. Die Basislinie ist die Linie, die direkt unter den Buchstaben verläuft, die keine Unterlänge, also kein »Anhängsel« nach unten haben. Buchstaben ohne Unterlänge sind in der hier verwendeten Schriftart zum Beispiel »e« oder »d«, Buchstaben mit einer Unterlänge sind zum Beispiel »g« oder »p«.

► Im ersten Beispiel wurde die Schriftgröße 20 gewählt und für den ersten Text die Startkoordinaten 0, 20. Daher beginnt der Text am linken Rand der Grafik; der obere Rand des Textes schließt mit dem oberen Rand der Grafik ab.

► Der Drehwinkel wird in Grad angegeben. Er wird wie in der Mathe- **Text drehen** matik verwendet, d. h. 0 Grad liegt bei 3 Uhr, und es wird gegen den

Uhrzeigersinn gerechnet (90 Grad = 12 Uhr, 180 Grad = 9 Uhr, 270 Grad = 6 Uhr). Drehpunkt ist wiederum das linke Ende der Basislinie des Textes.

▶ Im zweiten Beispiel wurde ein Drehwinkel von 90 Grad gewählt. Die y-Koordinate liegt bei 100, also beginnt der Text am unteren Rand der Grafik. Die x-Koordinate wurde etwas kleiner als 150 gewählt. Damit liegt der Startpunkt etwas links von der rechten unteren Ecke der Grafik. Da der Buchstabe »g« eine Unterlänge hat, wäre er andernfalls nicht vollständig angezeigt worden.

7.2.6 Bild aus einer Datei laden

Neben eigenen Bildern können auch vorhandene Bilder aus Dateien geladen, verändert, angezeigt und gespeichert werden.

Abbildung 7.30 Bild aus Datei, mit Text

Der Programmcode:

```php
<?php
  $im = imagecreatefromjpeg("blume.jpg");
  $breite = imagesx($im);
  $hoehe = imagesy($im);

  $schwarz = imagecolorallocate($im, 0, 0, 0);
  $weiss = imagecolorallocate($im, 255, 255, 255);
  $schriftart = "arial.ttf";
  imagettftext($im, 20, 90, $breite, $hoehe,
    $weiss, $schriftart, "Sonnen");
```

```
imagettftext($im, 20, 180, $breite, 0,
    $schwarz, $schriftart, "blume");
header("Content-Type: image/jpeg");
imagejpeg($im);
imagedestroy($im);
?>
```

Listing 7.12 Datei p725.php

Erläuterung:

▶ Die Funktion `imagecreatefromjpeg()` dient zum Laden eines Bildes aus einer Datei. Als Parameter wird der Name einer Bilddatei angegeben, hier im gleichen Verzeichnis. Der Rückgabewert ist wie bei `imagecreate()` ein Zeiger auf das Bild, der anschließend verwendet wird.

imagecreate fromjpeg()

▶ Die Funktionen `imagesx()` und `imagesy()` werden eingesetzt, um die Breite bzw. Höhe des geladenen Bildes zu ermitteln. Im dargestellten Beispiel wird es dadurch möglich, zwei Texte am rechten unteren bzw. am rechten oberen Rand zu platzieren.

imagesx(), imagesy()

Hinweis
Eine Grafik im PNG-Format kann wie folgt geladen werden: `imagecreatefrompng($im, "test.png");`

[«]

imagecreate-frompng()

7.2.7 Bilder aus Dateien ineinander einbetten

Es ist auch möglich, Bilder vollständig oder teilweise in andere Bilder einzubetten.

Abbildung 7.31 Bild einbetten

Der Programmcode:

```php
<?php
  $im = imagecreate(250,150);
  $grau = imagecolorallocate($im, 192, 192, 192);
  imagefill ($im, 0, 0, $grau);

  $ve = imagecreatefromjpeg("vogel.jpg");
  imagecopy($im, $ve, 0, 0, 0, 0,
     imagesx($ve), imagesy($ve));
  imagecopy($im, $ve, 150, 50, 20, 10, 50, 50);

  header("Content-Type: image/jpeg");
  imagejpeg($im);
  imagedestroy($im);
  imagedestroy($ve);
?>
```

Listing 7.13 Datei p726.php

Erläuterung:

▶ Mit der Funktion `imagecreate()` wird eine eigene Grafik mit grauem Hintergrund in der Größe 250 mal 150 Pixel erzeugt.

▶ Mit der Funktion `imagecreatefromjpeg()` wird ein vorhandenes Bild aus einer Datei geladen.

imagecopy() ▶ Die Funktion `imagecopy()` dient zum Einbetten eines zweiten Bildes in ein Basisbild. Sie benötigt acht Parameter: den Zeiger auf das Basisbild, den Zeiger auf das zweite Bild, die x- und y-Koordinaten im Basisbild, die x- und y-Koordinaten im zweiten Bild sowie Breite und Höhe des Ausschnitts des zweiten Bildes.

Bildausschnitt ▶ Die x- und y-Koordinaten dienen jeweils als oberer linker Bezugspunkt. Das zweite Bild wird ab den x- und y-Koordinaten im Basisbild eingebettet. Es wird der Ausschnitt des zweiten Bildes eingebettet, der ab den x- und y-Koordinaten im zweiten Bild beginnt und die angegebene Breite und Höhe hat.

▶ Im ersten Beispiel werden die Parameter (`$im`, `$ve`, 0, 0, 0, 0, `imagesx($ve)`, `imagesy($ve)`) verwendet. Es wird ein Ausschnitt des Bildes `$ve` im Bild `$im` eingebettet. Der Ausschnitt beginnt bei 0, 0 und hat die Maße des zweiten Bildes, demnach wird das vollständige Bild verwendet. Eingebettet wird im Bild `$im` ab 0,0, also links oben.

▶ Im zweiten Beispiel werden die Parameter ($im, $ve, 150, 50, 20, 10, 50, 50) verwendet. Es wird wiederum ein Ausschnitt des Bildes $ve im Bild $im eingebettet. Der Ausschnitt beginnt bei 20, 10 und hat die Maße 50, 50, somit wird ein kleiner Ausschnitt aus dem linken oberen Teil von $ve verwendet. Eingebettet wird im Bild $im ab 150, 50, also etwas rechts vom Zentrum.

7.2.8 Ellipsen und Bögen

Es gibt eine Reihe von Zeichenelementen. Beginnen wir mit Ellipsen und Bögen.

Abbildung 7.32 Ellipsen und Bögen

Der Programmcode:

```php
<?php
  $im = imagecreate(500,100);
  $grau = imagecolorallocate($im, 192, 192, 192);
  imagefill ($im, 0, 0, $grau);
  $s = imagecolorallocate($im, 0, 0, 0);

  imageellipse($im, 50, 50, 50, 50, $s);
  imagefilledellipse($im, 120, 50, 50, 50, $s);

  imagearc($im, 190, 50, 50, 50, 0, 90, $s);
  imagefilledarc($im, 260, 50, 50, 50, 0, 90,
    $s, IMG_ARC_PIE);
  imagefilledarc($im, 330, 50, 50, 50, 0, 90,
    $s, IMG_ARC_EDGED | IMG_ARC_NOFILL);
  imagefilledarc($im, 400, 50, 50, 50, 0, 90,
    $s, IMG_ARC_CHORD);

  header("Content-Type: image/jpeg");
```

```
imagejpeg($im);
imagedestroy($im);
?>
```

Listing 7.14 Datei p727.php

Erläuterung:

imageellipse() ▶ Die Funktion `imageellipse()` zeichnet eine Ellipse. Sie benötigt sechs Parameter: den Zeiger auf die Grafik, die x- und y-Koordinaten des Mittelpunktes der Ellipse, die Breite und Höhe der Ellipse sowie die Farbe des Randes. Falls Breite und Höhe gleich groß sind, wird ein Kreis gezeichnet.

imagefilled-ellipse() ▶ Die Funktion `imagefilledellipse()` zeichnet eine gefüllte Ellipse. Sie hat die gleichen Parameter wie die Funktion `imageellipse()`. Die angegebene Farbe dient zum Füllen des Objekts.

imagearc() ▶ Die Funktion `imagearc()` zeichnet einen Bogen. Sie hat fast die gleichen Parameter wie die Funktion `imageellipse()`. Zusätzlich werden nach den Koordinaten- und Größenangaben der Startwinkel und der Endwinkel des Bogens in Grad notiert. 0 Grad liegt bei 3 Uhr, und es wird mit dem Uhrzeigersinn gerechnet (90 Grad = 6 Uhr, 180 Grad = 9 Uhr, 270 Grad = 12 Uhr), also umgekehrt wie in der Mathematik üblich. Im vorliegenden Beispiel wurde jeweils die Angabe 0, 90 verwendet: Es handelt sich also um den unteren rechten Ausschnitt.

imagefilledarc() ▶ Die Funktion `imagefilledarc()` bietet Füllmöglichkeiten für Bögen. Nach den Parametern der Funktion `imagearc()` wird zusätzlich mit Hilfe von Konstanten die Art der Füllung notiert. Diese Konstanten können einzeln stehen oder durch den Operator | (bitweises Und) miteinander verknüpft werden:

  ▷ `IMG_ARC_PIE`: gefüllter Bogen (Kuchenstück)

  ▷ `IMG_ARC_EDGED`: Verbindung des Startwinkels und des Endwinkels mit dem Zentrum

  ▷ `IMG_ARC_NOFILL`: Randbegrenzung statt Füllung

  ▷ `IMG_ARC_CHORD`: direkte Verbindung zwischen Startwinkel und Endwinkel

7.2.9 Rechtecke und Polygone

Es geht weiter mit Rechtecken und Polygonen.

Abbildung 7.33 Rechtecke und Polygone

Der Programmcode:

```php
<?php
  $im = imagecreate(350,100);
  $grau = imagecolorallocate($im, 192, 192, 192);
  imagefill ($im, 0, 0, $grau);
  $s = imagecolorallocate($im, 0, 0, 0);

  imagerectangle($im, 25, 25, 75, 75, $s);
  imagefilledrectangle($im, 95, 25, 145, 75, $s);

  $poly1 = array(165, 25, 190, 75, 215, 25);
  imagepolygon($im, $poly1, 3, $s);

  $poly2 = array(240, 25, 265, 75, 290, 25);
  imagefilledpolygon($im, $poly2, 3, $s);

  header("Content-Type: image/jpeg");
  imagejpeg($im);
  imagedestroy($im);
?>
```

Listing 7.15 Datei p728.php

Erläuterung:

▶ Die Funktion `imagerectangle()` zeichnet ein Rechteck. Sie benötigt   imagerectangle()
sechs Parameter: den Zeiger auf die Grafik, die x- und y-Koordinaten
der linken oberen Ecke und der rechten unteren Ecke des Rechtecks
sowie die Farbe des Randes.

459

imagefilledrect-
angle()

▶ Die Funktion `imagefilledrectangle()` zeichnet ein gefülltes Rechteck. Sie hat die gleichen Parameter wie die Funktion `imagerectangle()`. Die angegebene Farbe dient zum Füllen des Objekts.

imagepolygon()

▶ Die Funktion `imagepolygon()` zeichnet ein geschlossenes Vieleck (Polygon). Sie benötigt vier Parameter: den Zeiger auf die Grafik, ein Koordinaten-Array, die Anzahl der Eckpunkte und die Farbe des Randes. Das Array wird nacheinander mit den x- und y-Koordinaten der einzelnen Eckpunkte gefüllt.

imagefilled-
polygon()

▶ Die Funktion `imagefilledpolygon()` zeichnet ein gefülltes Vieleck (Polygon). Sie benötigt die gleichen Parameter wie die Funktion `imagepolygon()`. Die angegebene Farbe dient zum Füllen des Objekts.

7.2.10 Linien und Pixel

Es folgen Linien und Pixel.

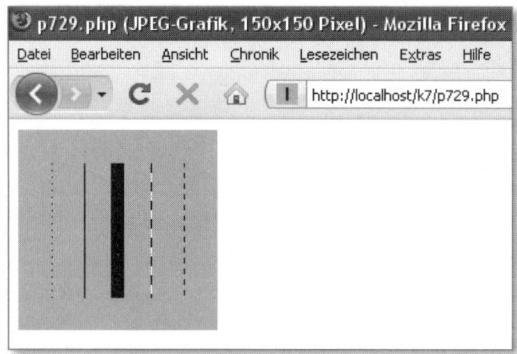

Abbildung 7.34 Linien und Pixel

Der Programmcode:

```php
<?php
    $im = imagecreate(150,150);
    $grau = imagecolorallocate($im, 192, 192, 192);
    imagefill ($im, 0, 0, $grau);
    $s = imagecolorallocate($im, 0, 0, 0);

    for($i=25; $i<=125; $i+=5)
        imagesetpixel($im, 25, $i, $s);

    imageline($im, 50, 25, 50, 125, $s);
```

```
imagesetthickness($im, 10);
imageline($im, 75, 25, 75, 125, $s);
imagesetthickness($im, 1);

$w = imagecolorallocate($im, 255, 255, 255);
$style = array($s, $s, $s, $s, $s, $s, $s,
               $w, $w, $w, $w, $w, $w, $w);
imagesetstyle($im, $style);
imageline($im, 100, 25, 100, 125,
    IMG_COLOR_STYLED);

imagedashedline($im, 125, 25, 125, 125, $s);

header("Content-Type: image/jpeg");
imagejpeg($im);
imagedestroy($im);
?>
```

Listing 7.16 Datei p729.php

Erläuterung:

▶ Die Funktion `imagesetpixel()` setzt ein einzelnes Pixel. Sie benötigt vier Parameter: den Zeiger auf die Grafik, die x- und y-Koordinaten des einzelnen Pixels und die Farbe des Pixels. Im vorliegenden Beispiel wurde zur Verdeutlichung mit Hilfe einer Schleife eine Pixelreihe gesetzt.

`imagesetpixel()`

▶ Die Funktion `imageline()` zieht eine Linie. Sie benötigt sechs Parameter: den Zeiger auf die Grafik, die x- und y-Koordinaten des Startpunktes und des Endpunktes der Linie und die Farbe der Linie.

`imageline()`

▶ Die Funktion `imagesetthickness()` bestimmt die Dicke von Linien, mit denen nachfolgende Objekte gezeichnet werden. Sie benötigt zwei Parameter: den Zeiger auf die Grafik und die Dicke der Linie in Pixel. Im vorliegenden Beispiel wurde die Dicke zunächst auf 10 und nach dem Ziehen einer Linie wieder auf 1 gesetzt. Ohne Zurücksetzen wären alle weiteren Objekte mit Linien der Dicke 10 gezeichnet worden.

`imagesetthickness()`

▶ Die Funktion `imagesetstyle()` bestimmt die Art von Linien, mit denen nachfolgende Objekte gezeichnet werden. Sie benötigt zwei Parameter: den Zeiger auf die Grafik und ein Farben-Array für das Style-Element. Im vorliegenden Beispiel wurde festgelegt, dass das Style-Element aus sieben schwarzen und sieben weißen Pixeln besteht. Falls als letzter Parameter der Funktion `imageline()` die Kon-

`imagesetstyle()`

stante IMG_ COLOR_STYLED statt einer Farbangabe eingesetzt wird, wird die Linie mit den gewählten Style-Elementen gezogen.

imagedashedline() ▶ Die Funktion imagedashedline() zeichnet eine gepunktete Linie. Sie benötigt die gleichen Parameter wie die Funktion imageline().

7.2.11 Füllen mit Farbe

Objekte bzw. Kombinationen von Objekten innerhalb einer Grafik können mit Farben gefüllt werden.

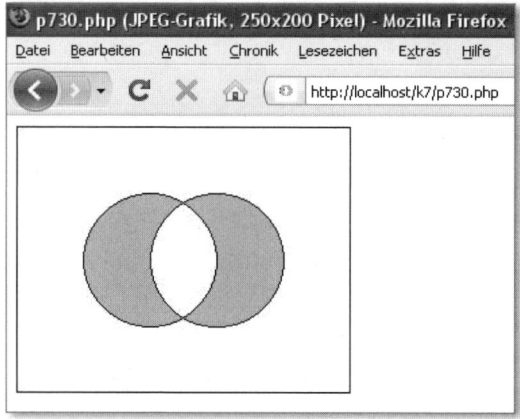

Abbildung 7.35 Füllen mit Farbe

Der Programmcode:

```php
<?php
  $im = imagecreate(250,200);
  $grau = imagecolorallocate($im, 192, 192, 192);
  imagefill ($im, 0, 0, $grau);
  $s = imagecolorallocate($im, 0, 0, 0);
  $w = imagecolorallocate($im, 255, 255, 255);
  $r = imagecolorallocate($im, 255, 0, 0);

  imagerectangle($im, 0, 0, 249, 199, $s);
  imageellipse($im, 100, 100, 100, 100, $s);
  imageellipse($im, 150, 100, 100, 100, $s);
  imagerectangle($im, 120, 90, 130, 110, $r);

  imagefilltoborder($im, 125, 100, $s, $w);
  imagefilltoborder($im, 1, 1, $s, $w);
```

```
header("Content-Type: image/jpeg");
imagejpeg($im);
imagedestroy($im);
?>
```

Listing 7.17 Datei p730.php

Erläuterung:

▶ Zunächst werden zwei Kreise gezeichnet, die sich überlappen, und ein Rechteck am Rand der Grafik. Zur Verdeutlichung wird ein weiteres kleines rotes Rechteck innerhalb des Überlappungsbereichs gezeichnet. Dieses Rechteck ist in der endgültigen Grafik nicht mehr zu sehen, da es durch die Füllung gelöscht wird.

▶ Die Funktion `imagefilltoborder()` füllt Teile einer Grafik mit Farbe. Sie benötigt fünf Parameter: den Zeiger auf die Grafik, die x- und y-Koordinaten des Startpunktes, die Grenzfarbe sowie die Füllfarbe. Jedes Pixel der Grafik wird, beginnend mit dem Startpunkt, in der Füllfarbe gefüllt. Sobald beim Füllen auf die Grenzfarbe oder auf den Rand der Grafik gestoßen wird, wird in dieser Richtung nicht weiter gefüllt.

> **imagefillto-border()**

▶ Falls sich also der Startpunkt innerhalb eines mit der Grenzfarbe geschlossenen Bereichs befindet, wird nur dieser Bereich gefüllt. Im vorliegenden Beispiel sind zwei Bereiche geschlossen: der Überlappungsbereich der beiden Kreise und der Bereich außerhalb der beiden Kreise.

▶ Beim Füllen wird das rote Rechteck innerhalb des Überlappungsbereichs ignoriert (d. h. übermalt), da es nicht die Grenzfarbe hat.

Ergänzung: Das große umgebende Rechteck wäre nicht nötig gewesen; es dient hier nur zur Verdeutlichung.

7.2.12 Darstellung eines Aktienkurses

Den Abschluss dieses Abschnitts bildet die Darstellung eines Aktienkurses. Dieses einfache Programm zeigt exemplarisch dynamische Daten aus einer Datenbank, die mit realen Börsenkursen gefüllt wird.

Abbildung 7.36 zeigt die Darstellung.

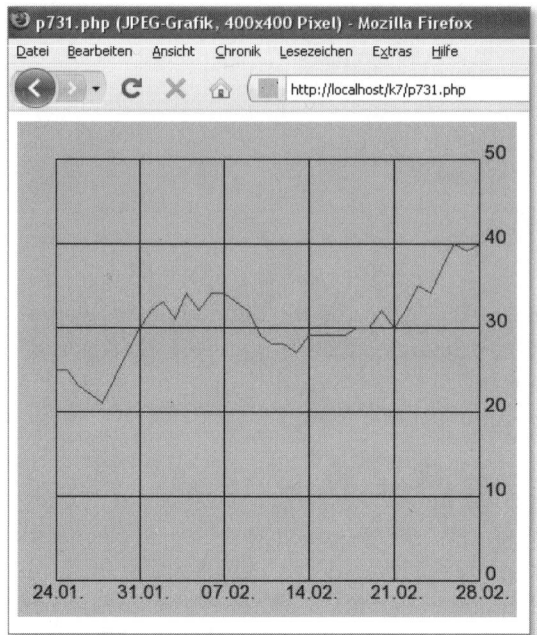

Abbildung 7.36 Aktienkurs

Es werden die Tageskurse der letzten fünf Wochen, ausgehend vom 28.02.2009, dargestellt. Auf der x-Achse wird für jede Woche ein Datum angegeben, auf der y-Achse wird der Kurswert in Stufen von 10 € dargestellt.

Der Programmcode:

```php
<?php
  // Grafik erzeugen
  $im = imagecreate(400,400);

  // Farben, Schriftart
  $grau = imagecolorallocate($im, 192, 192, 192);
  imagefill ($im, 0, 0, $grau);
  $s = imagecolorallocate($im, 0, 0, 0);
  $r = imagecolorallocate($im, 255, 0, 0);
  $schriftart = "arial.ttf";

  // Startdatum
  $ds = "28.02.2009";
  $datum = mktime(0, 0, 0, substr($ds,3,2),
    substr($ds,0,2), substr($ds,6,4));
  $datum = strtotime("-35 day", $datum);
```

```
// Kurse
srand((double)microtime()*1000000);
$kurs[0] = 25;
for($i=1; $i<36; $i++)
{
  $kurs[$i] = $kurs[$i-1] + rand(-3,3);
  if($kurs[$i]<1)
     $kurs[$i] = 1;
}

// Gitternetz, Beschriftung
for($i=0; $i<6; $i++)
{
  imageline($im, 30, 30 + $i * 340/5,
            370, 30 + $i * 340/5, $s);
  imagettftext($im, 11, 0, 375,
     30 + $i * 340/5, $s, $schriftart, 50-$i*10);
  imageline($im, 30 + $i * 340/5, 30,
            30 + $i * 340/5, 370, $s);
  imagettftext($im, 11, 0, 12 + $i * 340/5,
     385, $s, $schriftart, date("d.m.",$datum));
  $datum = strtotime("+7 day", $datum);
}

// Kurs darstellen
for($i=0; $i<35; $i++)
  imageline($im, 30 + $i * 340/35,
     370 - $kurs[$i] * 340/50,
     30 + ($i+1) * 340/35,
     370 - $kurs[$i+1] * 340/50, $r);

// Grafik darstellen
header("Content-Type: image/jpeg");
imagejpeg($im);

// Speicher freigeben
imagedestroy($im);
?>
```

Listing 7.18 Datei p731.php

Erläuterung:

▶ Es wird eine Grafik der Größe 400 × 400 Pixel erzeugt.

▶ Die Farben Grau (Hintergrund), Schwarz (Gitternetz und Beschriftung) und Rot (Kursverlauf) werden der Farbpalette der Grafik hinzugefügt. Die TrueType-Schriftart Arial wird eingeführt.

▶ In der Variablen $ds wird das Enddatum für den Kursverlauf festgelegt. Dieses würde im Normalfall aus dem Systemdatum (Kursverlauf bis heute) oder aus einer Benutzereingabe (Kursverlauf bis ausgewählter Tag) generiert. Das Datum wird mit der Funktion mktime() in das Datumsformat konvertiert, mit dem PHP arbeiten und rechnen kann. Aus dem Enddatum wird mit der Funktion strtotime() das Startdatum (35 Tage = 5 Wochen vorher) erzeugt.

▶ Die Werte für den Kursverlauf werden in ein Array geschrieben. Der Startwert ist 25. Die per Zufallsgenerator erzeugten Änderungswerte liegen zwischen +3 und -3 pro Tag, wobei der Kurs nicht unter den Wert 1 fallen kann. Die Kurswerte würden im Normalfall aus einer Datenbank in das Array geschrieben.

▶ Es werden mit Hilfe einer Schleife nacheinander
  ▶ sechs senkrechte Gitternetzlinien zur Datumsorientierung,
  ▶ sechs Beschriftungen für die y-Achse (Kurswerte 0 bis 50),
  ▶ sechs waagerechte Gitternetzlinien zur Kurswertorientierung und
  ▶ sechs Beschriftungen für die x-Achse (Datum alle 7 Tage) gezeichnet sowie
  ▶ das Datum um sieben Tage erhöht.

▶ Mit Hilfe einer weiteren Schleife werden 35 Linien für den Kursverlauf gezogen, jeweils vom Kurswert eines Tags zum Kurswert des nächsten Tags.

▶ Zum Schluss wird die Grafik gezeichnet und der Speicher wieder freigegeben.

7.3 PDF-Dateien

fpdf Die frei verfügbare und frei nutzbare Bibliothek fpdf ermöglicht Ihnen, eigene PDF-Objekte zu erstellen. Diese Objekte können unmittelbar als PDF-Objekt im Browser angezeigt oder als PDF-Datei gespeichert werden.

Es handelt sich bei der Bibliothek fpdf nicht um eine Sammlung von Funktionen, sondern von Klassen. Zum Erstellen von Flash-Anwendungen mit PHP sind daher Kenntnisse der objektorientierten Programmierung erforderlich.

PDF-Dateien sind weitverbreitet und dienen zur Darstellung von Dokumenten, die Texte und Grafiken beinhalten. Unabhängig vom Betriebssystem wird lediglich ein (zumeist frei verfügbarer) PDF-Reader zum Betrachten benötigt.

7.3.1 Installation

Bei der in diesem Buch empfohlenen XAMPP-Installation für Windows wird die Bibliothek *fpdf* bereits mitgeliefert. Sie befindet sich im Verzeichnis *C:\xampp\php\PEAR\fpdf* bei einer Standardinstallation von XAMPP.

Die Bibliothek können Sie von der Website *http://www.fpdf.org* bzw. *http://www.fpdf.de* herunterladen. In den Beispielen in diesem Abschnitt wird davon ausgegangen, dass die notwendigen Dateien (als wichtigste: *fpdf.php*) jeweils im Unterverzeichnis *fpdf* des aktuellen PHP-Programms bereitstehen. Dies erleichtert die Portierung Ihrer Programme auf einen Webserver. An dieser Stelle finden Sie die Dateien der Bibliothek auch auf der CD zum Buch.

7.3.2 PDF-Dokument erzeugen

In einem ersten Beispiel soll ein einfaches PDF-Objekt mit einer leeren Seite erzeugt werden:

```
<html>
<body>
<?php
require("fpdf/fpdf.php");

$pdf = new FPDF();
$pdf->AddPage();
$pdf->Output("test.pdf");
?>
</body>
</html>
```

Listing 7.19 Datei p735.php

Im Browser wird nichts angezeigt. Die PDF-Datei *test.pdf* ist im gleichen Verzeichnis gespeichert und kann mit einem PDF-Reader betrachtet werden.

Unterverzeichnis »fpdf«

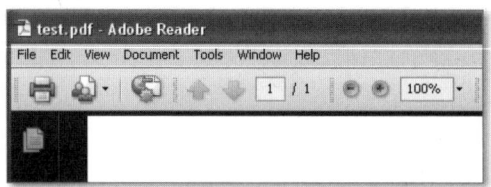

Abbildung 7.37   PDF-Datei im PDF-Reader

Erläuterung:

require()   ▶ Die Datei *fpdf.php* im Unterverzeichnis *fpdf* wird mit der Funktion `require()` eingebunden (siehe Abschnitt 2.8.3). Sie beinhaltet die Klasse `FPDF`.

new FPDF()   ▶ Die Anweisung `$pdf = new FPDF()` erzeugt ein neues Objekt der Klasse `FPDF`. Der dabei verwendete Konstruktor hat drei optionale Parameter: die Seitenausrichtung (`"P"` = Hochformat, `"L"` = Querformat), die Maßeinheit für Größenangaben (`"pt"` = Point, `"mm"`, `"cm"`, `"in"` = Inch) und das Seitenformat (`"A3"`, `"A4"`, `"A5"`, `"Letter"`, `"Legal"`). Die Default-Werte sind `"P"`, `"mm"` und `"A4"`. Das gleiche Objekt wäre also mit der Anweisung `$pdf = new FPDF("P", "mm", "A4")` erzeugt worden. Mit `$pdf` kann auf das Objekt zugegriffen werden.

AddPage()   ▶ Die Methode `AddPage()` erzeugt eine Seite. Sie hat einen optionalen Parameter für die Seitenausrichtung (`"P"`, `"L"`). Falls dieser nicht angegeben wird, wird die Ausrichtung genommen, die mit dem Konstruktor gewählt wurde.

Output()   ▶ Die Methode `Output()` dient zur Ausgabe des PDF-Objekts. Sie hat zwei optionale Zeichenkettenparameter: eine Zeichenkette mit dem Dateinamen (mit der Dateiendung *pdf*) und ein Ziel (`"I"` = Darstellung im Browser, `"D"` = Herunterladen im Browser mit dem Dateinamen, `"F"` = Speichern mit dem Dateinamen, `"S"` = Rückgabe als String). Falls keiner der beiden Parameter angegeben ist, gilt `"I"`, also die direkte Ausgabe im Browser. Falls nur ein Name angegeben wird, gilt `"F"`.

[»]   **Hinweis**

Falls versucht wird, eine Datei zu erzeugen, während sie noch in einem PDF-Reader geöffnet ist, schlägt die Erzeugung fehl.

Nachfolgend die Ansicht, falls die letzte Zeile geändert wurde, damit die PDF-Datei direkt im Browser angezeigt wird (sofern dieser dazu in der Lage ist).

Die geänderte Zeile: `$pdf->Output("test.pdf","I");`

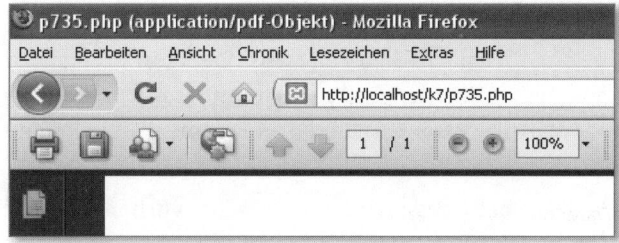

Abbildung 7.38 PDF-Datei im Browser

7.3.3 Text in Zelle

Zur Anzeige von Text gibt es Standardfonts und zusätzliche, geladene Fonts. Ein Beispiel mit einem Standardfont sieht so aus:

Abbildung 7.39 PDF-Datei mit Standardfont

Der Programmcode:

```
<html>
<body>
<?php
require("fpdf/fpdf.php");

$pdf = new FPDF();
$pdf->SetFont("Helvetica", "B", 24);
$pdf->AddPage();
$pdf->Cell(50, 20, "Hallo");
$pdf->Output("test.pdf");
?>
</body>
</html>
```

Listing 7.20 Datei p736.php

Erläuterung:

SetFont() ▶ Die Methode `SetFont()` legt die Schriftart fest. Sie kann bereits vor der ersten Seite aufgerufen werden und gilt dann für das ganze Dokument, bis sie wieder geändert wird. Sie hat drei Parameter; die beiden letzten sind optional.

- ▷ Der erste Parameter bezeichnet den Font. Intern vorhanden sind bereits unter anderem `"Helvetica"`, `"Courier"` und `"Times"`.
- ▷ Der zweite Parameter legt den Schriftschnitt fest (`"B"` = fett, `"I"` = kursiv, `"U"` = unterstrichen). Die Buchstaben können beliebig kombiniert werden.
- ▷ Mit dem dritten Parameter wird die Größe der Schrift in Punkten gewählt; der Default-Wert beträgt `12`.
- ▷ Im vorliegenden Beispiel wird Helvetica, fett und 24 pt verwendet. Die zugehörige PHP-Fontdatei (*helveticab.php*) muss im Unterverzeichnis *fpdf/font* vorhanden sein.

Cell() ▶ Die Methode `Cell()` erzeugt eine rechteckige Zelle, gegebenenfalls mit Text. Sie hat acht Parameter, davon sind alle außer dem ersten optional. Die erste Zelle einer Seite wird links oben mit jeweils 1 cm Abstand zum Seitenrand erzeugt.

- ▷ Die Parameter 1 bis 3 legen die Breite, die Höhe und den Text fest. Falls die Breite 0 beträgt, erstreckt sich die Zelle bis zum rechten Rand. Falls der Text nicht vollständig in die Zelle passt, dann wird über den Rand der Zelle und gegebenenfalls der Seite hinaus geschrieben! Eine Alternative bietet die Methode `Write()`; dazu später mehr.
- ▷ Der vierte Parameter dient zur Festlegung des Rands (`0` = kein Rand, `1` = alle Ränder, `"L"` = Rand links, `"T"` = Rand oben, `"R"` = Rand rechts, `"B"` = Rand unten). Die Buchstaben können beliebig kombiniert werden, der Default-Wert beträgt `0`.
- ▷ Der fünfte Parameter legt die nächste Schreibposition nach der Zelle fest (`0` = rechts von der Zelle, `1` = nach Zeilenumbruch in der nächsten Zeile, `2` = unter der Zelle). Der Default-Wert ist `0`.
- ▷ Der sechste Parameter bestimmt die Ausrichtung des Textes (`"L"` = links, `"C"` = zentriert, `"R"` = rechts). Der Default-Wert ist `"L"`.
- ▷ Mit dem siebten Parameter wird festgehalten, ob die Zelle gefüllt wird (`0` = keine Füllung, `1` = Füllung). Der Default-Wert ist `0`.
- ▷ Der letzte Parameter dient zur Wahl eines Hyperlinks (mehr dazu in Abschnitt 7.3.8.)

7.3.4 Fließtext, Schriftparameter

Die Methode `Cell()` bietet einige Möglichkeiten zur Textgestaltung und Textumrandung, allerdings wird der Text gegebenenfalls über den Rand der Zelle hinaus geschrieben. Die Methode `Write()` dagegen schreibt Fließtext und fügt automatisch einen Zeilenumbruch ein, falls der Text zu lang wird. Ein Beispiel:

Write()

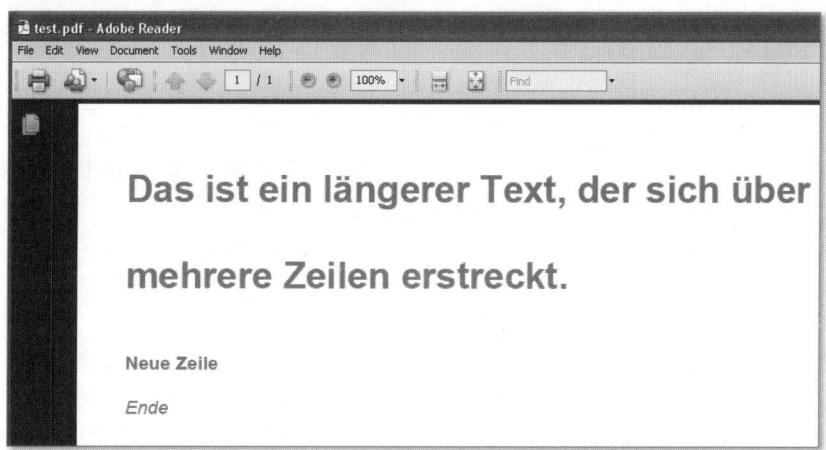

Abbildung 7.40 Fließtext

Der Programmcode:

```
<html>
<body>
<?php
require("fpdf/fpdf.php");

$pdf = new FPDF();
$pdf->SetFont("Helvetica", "B", 24);
$pdf->SetTextColor(255, 0, 0);

$pdf->AddPage();
$text = "Das ist ein längerer Text,
    der sich über mehrere Zeilen erstreckt.";
$pdf->Write(20, $text);

$pdf->SetFontSize(12);
$pdf->Ln();
$pdf->Write(20, "Neue Zeile");
```

```
$pdf->SetFont("","I");
$pdf->Ln(10);
$pdf->Write(20, "Ende");

$pdf->Output("test.pdf");
?>
</body>
</html>
```

Listing 7.21 Datei p737.php

Erläuterung:

SetTextColor()

▶ Mit der Methode SetTextColor() wird die Schriftfarbe festgelegt. Sie kann bereits vor der ersten Seite aufgerufen werden und gilt dann für das ganze Dokument, bis sie wieder geändert wird. Sie hat drei Parameter: die Rot-, Grün- und Blau-Anteile, jeweils mit Werten zwischen 0 und 255.

▶ Die Methode Write() gibt Text an der aktuellen Position aus. Beim Erreichen des rechten Seitenrandes wird ein Zeilenumbruch erzeugt. Nach der Ausgabe ist die aktuelle Position unmittelbar hinter dem Text. Die Methode hat drei Parameter, davon ist der letzte optional:

  ▶ Die Parameter 1 und 2 legen die Zeilenhöhe und den Text fest.

  ▶ Der letzte Parameter dient zur Wahl eines Hyperlinks.

SetFontSize()

▶ Falls nur die Schriftgröße geändert werden soll, muss nicht die Methode SetFont() aufgerufen werden. Die Methode SetFontSize() reicht hier aus; die restlichen Einstellungen werden übernommen. Der einzige Parameter gibt die Größe der Schrift in Punkt an.

Ln()

▶ Die Methode Ln() erzeugt einen Zeilenumbruch. Sie ist zum Beispiel in Verbindung mit der Methode Write() sinnvoll, da diese keinen Zeilenumbruch am Ende des Textes erzeugt. Die Methode Ln() hat einen einzigen, optionalen Parameter: die Zeilenhöhe. Falls kein Parameter angegeben wird, wird die Zeilenhöhe der letzten Ausgabe übernommen.

▶ Falls nur der Schriftschnitt geändert werden soll, kann man als ersten Parameter der Methode SetFont() eine leere Zeichenkette angeben. Die restlichen Einstellungen werden übernommen. Hier wurde nur von »fett« auf »kursiv« gewechselt. Die zugehörige PHP-Fontdatei (*helveticai.php*) muss im Unterverzeichnis *fpdf/font* vorhanden sein.

7.3.5 Tabelle

Tabellen lassen sich mit der Methode Cell() zusammensetzen. Mit einer individuellen Einstellung von Schriftfarbe, Schriftschnitt, Linienfarbe, Liniendicke und Füllung der Zellen lassen sich größere Datenmengen übersichtlich darstellen. Eine Tabelle könnte beispielhaft so aussehen:

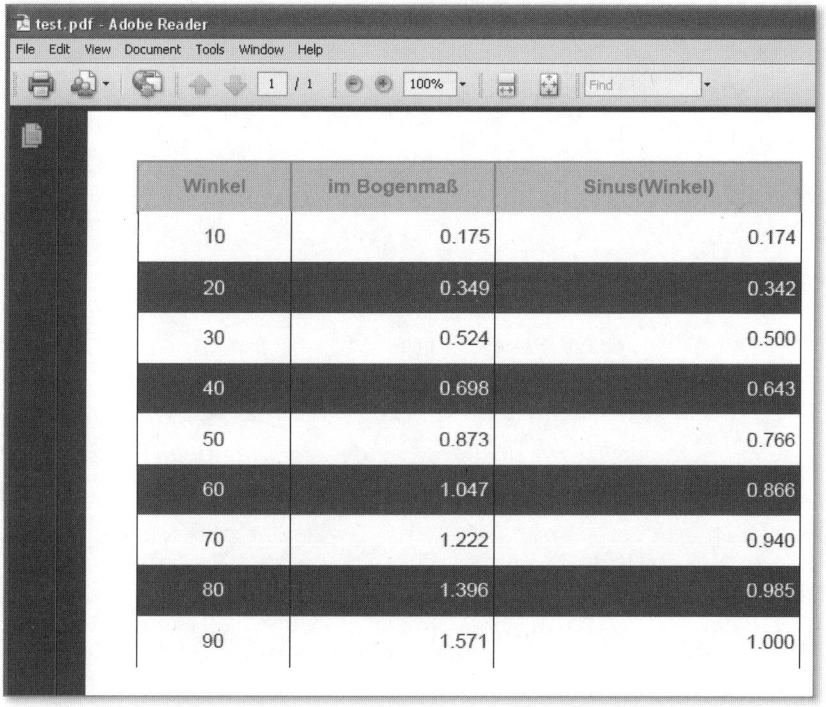

Winkel	im Bogenmaß	Sinus(Winkel)
10	0.175	0.174
20	0.349	0.342
30	0.524	0.500
40	0.698	0.643
50	0.873	0.766
60	1.047	0.866
70	1.222	0.940
80	1.396	0.985
90	1.571	1.000

Abbildung 7.41 Beispieltabelle (Ausschnitt)

Der Programmcode:

```
<html>
<body>
<?php
require("fpdf/fpdf.php");

$pdf = new FPDF();
$pdf->AddPage();

/* Einstellung für Überschrift */
$pdf->SetFont("Helvetica", "B", 11);
$pdf->SetLineWidth(0.4);
$pdf->SetDrawColor(255, 0, 255);
```

```
$pdf->SetFillColor(192, 192, 192);
$pdf->SetTextColor(255, 0, 0);

/* Überschrift */
$pdf->Cell(30, 10, "Winkel", "LTR", 0, "C", 1);
$pdf->Cell(40, 10, "im Bogenmaß", "LTR", 0, "C", 1);
$pdf->Cell(60, 10, "Sinus(Winkel)", "LTR", 0, "C", 1);
$pdf->Ln();

/* Einstellung für Tabelle */
$pdf->SetFont("", "");
$pdf->SetLineWidth(0.2);
$pdf->SetDrawColor(0, 0, 0);

/* Tabelle */
for($w=10; $w<=90; $w=$w+10)
{
  /* Zeilen abwechselnd gestalten */
  if($w%20==0)
  {
    $pdf->SetFillColor(0, 0, 255);
    $pdf->SetTextColor(255, 255, 255);
  }
  else
  {
    $pdf->SetFillColor(255, 255, 255);
    $pdf->SetTextColor(0, 0, 0);
  }

  /* Werte */
  $wb = $w / 180 * M_PI;
  $pdf->Cell(30, 10, $w, "LR", 0, "C", 1);
  $pdf->Cell(40, 10, number_format($wb,3),
      "LR", 0, "R", 1);
  $pdf->Cell(60, 10, number_format(sin($wb),3),
      "LR", 0, "R", 1);
  $pdf->Ln();
}

$pdf->Output("test.pdf");
?>
</body>
</html>
```

Listing 7.22 Datei p738.php

Erläuterung:

▶ Die Methode `SetLineWidth()` dient zur Einstellung der Liniendicke bei Zellen oder geometrischen Objekten. Der einzige Parameter ist der Wert für die Dicke. Ohne Einstellung beträgt die Liniendicke 0,2 mm.

SetLineWidth()

▶ Die Methode `SetDrawColor()` wird zur Einstellung der Linienfarbe bei Zellen oder geometrischen Objekten verwendet. Sie hat drei Parameter: die Rot-, Grün- und Blau-Anteile, jeweils mit Werten zwischen 0 und 255.

SetDrawColor()

▶ Mit der Methode `SetFillColor()` wird die Füllfarbe bei Zellen oder gefüllten geometrischen Objekten eingestellt. Sie hat drei Parameter: die Rot-, Grün- und Blau-Anteile, jeweils mit Werten zwischen 0 und 255.

SetFillColor()

▶ Es wird eine Tabelle mit drei Spalten dargestellt. Jede Zelle wird rechts neben die Vorgängerzelle gesetzt. Nach jeweils drei Zellen wird mit Hilfe der Methode `Ln()` die Zeile gewechselt.

▶ Die Zellen der Überschrift haben einen grauen Hintergrund und eine magentafarbene Rahmenlinie der Dicke 0,4 mm als linke, rechte und obere Begrenzung. Der Text ist in Fettschrift und zentriert gesetzt.

▶ Die Zeilen der restlichen Tabelle haben abwechselnd schwarze Schrift auf weißem Hintergrund und weiße Schrift auf blauem Hintergrund. Sie verfügen über eine schwarze Rahmenlinie der Dicke 0,2 mm als linke und rechte Begrenzung der Zellen. Der Text ist in normaler Dicke gesetzt. Die erste Spalte ist zentriert ausgerichtet, die restlichen Spalten rechtsbündig.

▶ Es kann sich, wie hier, um eine mathematische Tabelle oder um die Darstellung eines größeren Datenbestandes handeln – zum Beispiel aus einer Datenbank.

7.3.6 Kopf- und Fußzeile

Zum Füllen der Kopf- und Fußzeilen müssen die bereits vorhandenen Methoden der Klasse `FPDF` überschrieben werden. Daher muss zunächst eine abgeleitete Klasse erzeugt werden. Ein Beispiel, zunächst die Kopfzeile:

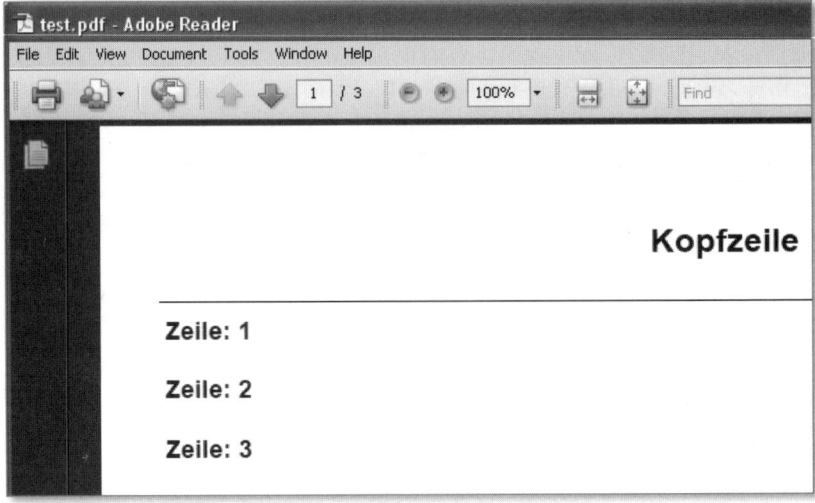

Abbildung 7.42   Kopfzeile und Text (Ausschnitt)

Es folgt die Fußzeile:

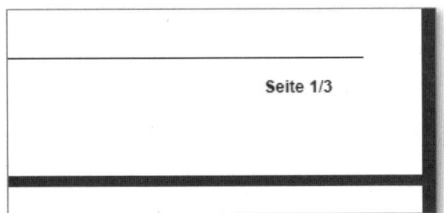

Abbildung 7.43   Fußzeile

Der Programmcode:

```
<html>
<body>
<?php
require("fpdf/fpdf.php");

class MyPDF extends FPDF
{
  function Header()
  {
     $this->SetFont("Helvetica", "B", 16);
     $this->Cell(0, 20, "Kopfzeile", "B", 1, "C");
  }
```

```
function Footer()
{
    $this->SetY(-20);
    $this->SetFont("Helvetica", "B", 8);
    $this->Cell(0, 10, "Seite "
        . $this->PageNo() . "/{nb}", "T", 0, "R");
}
}

$pdf = new MyPDF();
$pdf->AliasNbPages();
$pdf->AddPage();
$pdf->SetFont("Helvetica", "B", 12);
for($i=1;$i<=60;$i++)
    $pdf->Cell(0, 10, "Zeile: " . $i, 0, 1);
$pdf->Output("test.pdf");
?>
</body>
</html>
```

Listing 7.23   Datei p739.php

Erläuterung:

▶ Die Klasse MyPDF wird von der Klasse FPDF abgeleitet. Die Methoden Header() und Footer() der Klasse FPDF werden überschrieben.

▶ In der Methode Header() für die Kopfzeile wird gewählt: Header()

  ▶ Schrift Helvetica, fett, Größe 16. Sie bleibt für die Kopfzeilen aller Seiten erhalten, unabhängig von der Schrift für die Fußzeile oder den eigentlichen Text.

  ▶ Zelle mit der Breite 0, unterer Rahmenlinie und zentrierter Ausrichtung. Daher erstreckt sich die Zelle über die gesamte Breite, die Kopfzeile wird vollständig nach unten mit einer Linie begrenzt, der Text steht mittig.

▶ In der Methode Footer() für die Fußzeile wird gewählt: Footer()

  ▶ Schrift Helvetica, fett, Größe 8. Sie bleibt für die Fußzeilen aller Seiten erhalten, unabhängig von der Schrift für die Kopfzeile oder den eigentlichen Text.

  ▶ Die Methode SetY()setzt die Schreibposition auf einen absoluten Wert. Ist dieser negativ, wird vom unteren Rand aus gemessen. Wird die Methode nicht aufgerufen, so wird die letzte Fußzeile ans Ende des Textes und nicht ans Ende der letzten Seite gesetzt!   SetY()

477

{nb}, PageNo()

▷ Zelle mit der Breite 0, obere Rahmenlinie und rechtsbündige Aus-richtung. Daher erstreckt sich die Zelle über die gesamte Breite, die Fußzeile wird vollständig nach oben mit einer Linie begrenzt, der Text steht rechts. Der Text beinhaltet u. a. die laufende Seitennum-mer (Methode `PageNo()`) sowie die Gesamtanzahl der Seiten im Dokument. Dazu dient der Platzhalter `{nb}` in Verbindung mit der Methode `AliasNbPages`.

▶ Die Anweisung `$pdf = new MyPDF()` erzeugt ein neues Objekt der abgeleiteten Klasse `MyPDF`.

AliasNbPages()

▶ Die Methode `AliasNbPages()()` sorgt dafür, dass die Gesamtanzahl der Seiten im Dokument zur Verfügung steht.

▶ Die Schrift Helvetica, fett, Größe 12 wird gewählt. Sie bleibt für den eigentlichen Text aller Seiten erhalten, unabhängig von der Schrift für die Kopfzeile oder die Fußzeile.

▶ Es werden insgesamt 60 Zeilen ausgegeben. Sobald eine Zelle den unteren Seitenrand erreicht, wird automatisch ein Seitenumbruch vorgenommen.

7.3.7 Bild aus Datei laden

Das Einfügen eines Bildes aus einer Datei ist recht einfach. Ein Beispiel:

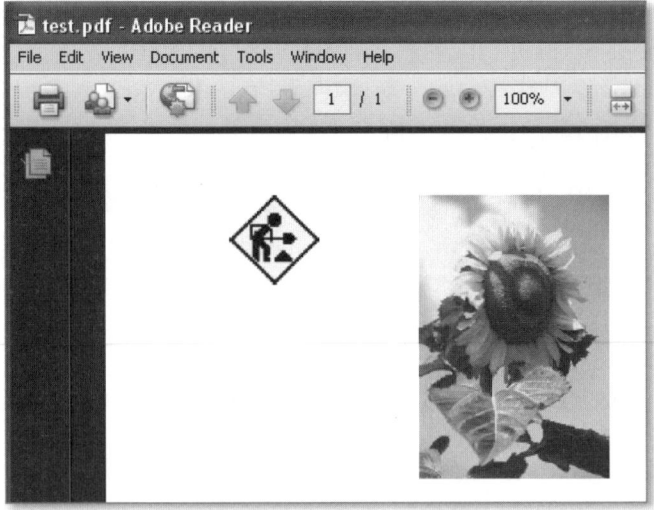

Abbildung 7.44 Bilder in PDF-Datei

Das Programm dazu:

```
<html>
<body>
<?php
require("fpdf/fpdf.php");

$pdf = new FPDF();
$pdf->AddPage();
$pdf->Image("blume.jpg", 50, 10, 30);
$pdf->Image("work.gif", 20, 10);
$pdf->Output("test.pdf");
?>
</body>
</html>
```

Listing 7.24 Datei p740.php

Erläuterung:

▶ Die Methode `Image()` dient zum Einbinden eines Bildes. Sie hat sieben Parameter, davon sind die ersten drei zwingend: **Image()**

   ▷ Diese drei Parameter legen den Dateinamen sowie die x- und y-Position fest.

   ▷ Der vierte Parameter dient zur Angabe der Breite, falls das Bild vergrößert oder verkleinert dargestellt wird. Falls der Wert nicht angegeben wird oder 0 ist, wird die Originalbreite genommen.

   ▷ Der fünfte Parameter legt die Höhe fest. Falls der Wert nicht angegeben wird oder 0 ist, wird die Höhe passend zur Breite genommen.

   ▷ Mit dem sechsten Parameter kann der Bildtyp (JPG, JPEG, PNG, GIF) bestimmt werden. Falls kein Typ angegeben wird, wird der Typ aus der Dateiendung bestimmt.

   ▷ Der letzte Parameter dient zur Wahl eines Hyperlinks.

7.3.8 Hyperlinks

Hyperlinks können auf interne Ziele innerhalb des PDF-Dokuments oder auf externe Ziele, also andere URLs, verweisen. Ausgangspunkt eines Hyperlinks kann Text, eine Zelle, ein Bild oder ein Rechteck ähnlich wie bei einer Image Map sein. Zunächst ein Beispiel mit einem internen Textlink auf Seite 1 des Dokuments, der zur Seite 2 führt:

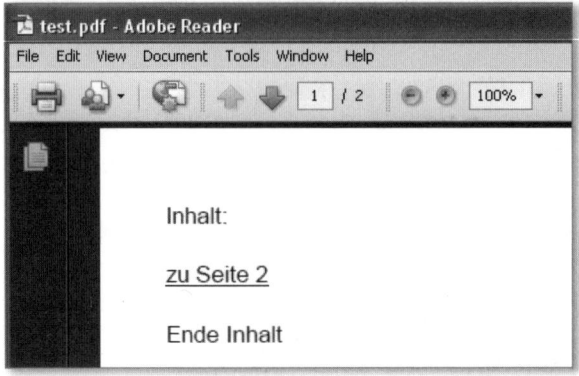

Abbildung 7.45 Text-Hyperlink

Der Programmcode:

```
<html>
<body>
<?php
require("fpdf/fpdf.php");

$pdf = new FPDF();
$pdf->SetFont("Helvetica", "", 11);

$pdf->AddPage();
$pdf->Write(10, "Inhalt:");
$pdf->Ln();

/* Start des Hyperlinks */
$pdf->SetFont("", "U");
$seite2 = $pdf->AddLink();
$pdf->Write(10, "zu Seite 2", $seite2);
$pdf->SetFont("", "");
$pdf->Ln();

$pdf->Write(10, "Ende Inhalt");

/* Ziel des Hyperlinks */
$pdf->AddPage();
$pdf->SetLink($seite2);

$pdf->Write(10, "Seite 2");
$pdf->Output("test.pdf");
?>
```

```
</body>
</html>
```

Listing 7.25   Datei p741.php

Erläuterung:

▶ Vor der ersten Seite wird eine der üblichen Schriften eingestellt. Unmittelbar vor dem Link wird auf »Unterstrichen« gewechselt, damit der Text als anklickbar erkannt wird. Dazu wird übrigens keine separate PHP-Fontdatei benötigt. Es genügt die Datei für »Normaltext« (= nicht unterstrichen).

▶ Die Methode AddLink() erzeugt einen Link und liefert dessen ID zurück.   AddLink()

▶ Mit der Methode Write() wird ein Text auf die erste Seite geschrieben. Als dritter Parameter nach Zeilenhöhe und Textinhalt wird die soeben ermittelte Link-ID notiert. Damit erreicht man, dass der Textinhalt anklickbar ist und als Startpunkt des Links dient. Sobald sich der Mauszeiger im PDF-Dokument über dem Link befindet, ändert sich sein Aussehen.

▶ Unmittelbar nach dem Link wird auf »Nicht Unterstrichen« zurückgewechselt.

▶ Auf der zweiten Seite wird mit der Methode SetLink() der Zielpunkt des Links eingerichtet. Einziger Parameter ist die Link-ID. Damit erreicht man, dass dieser Punkt auf der zweiten Seite direkt per Klick von dem unterstrichenen Text der ersten Seite aus erreicht werden kann.   SetLink()

Es folgt ein Beispiel mit einem externen Ziel sowie einer Zelle, einem Bild und einem Bildbereich als Startpunkt:

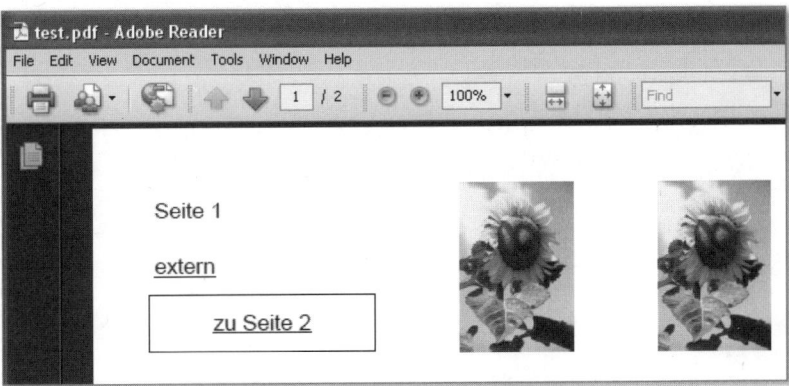

Abbildung 7.46   Verschiedene Hyperlink-Möglichkeiten

Der Programmcode:

```
<html>
<body>
<?php
require("fpdf/fpdf.php");

$pdf = new FPDF();
$pdf->SetFont("Helvetica", "", 11);

$pdf->AddPage();
$pdf->Write(10, "Seite 1");
$pdf->Ln();

/* Externer Hyperlink */
$pdf->SetFont("", "U");
$pdf->Write(10, "extern", "http://localhost");
$pdf->Ln();

/* Hyperlink in einer Zelle */
$seite2 = $pdf->AddLink();
$pdf->Cell(40, 10, "zu Seite 2",
    1, 1, "C", 0, $seite2);
$pdf->SetFont("", "");

/* Bild als Hyperlink */
$pdf->Image("blume.jpg", 65,
    10, 20, 0, "", $seite2);

/* Hyperlink innerhalb eines Bildes */
$pdf->Image("blume.jpg", 100, 10, 20);
$pdf->Link(100, 10, 20, 15, $seite2);

/* Ziel des Hyperlinks */
$pdf->AddPage();
$pdf->SetLink($seite2);

$pdf->Write(10, "Seite 2");
$pdf->Output("test.pdf");
?>
</body>
</html>
```

Listing 7.26 Datei p742.php

Erläuterung:

▶ Als Erstes ist ein Textlink eingerichtet, hier zur Startseite des Webservers (*http://localhost*). Eine Link-ID wird bei einem externen Link nicht benötigt.

▶ Es folgt ein interner Hyperlink in einer Zelle. Der letzte Parameter der Methode `Cell()` ist die Link-ID.

▶ Das erste Bild stellt einen Hyperlink zum gleichen Ziel dar. Der letzte Parameter der Methode `Image()` ist wiederum die Link-ID. Sobald sich der Mauszeiger im PDF-Dokument über dem Bild befindet, ändert sich sein Aussehen.

▶ Mit Hilfe der Methode `Link()` ist der obere Bereich des zweiten Bildes als Hyperlink eingerichtet. Die Methode hat fünf Parameter, die alle angegeben werden müssen: die x- und y-Koordinaten der oberen linken Ecke des Bereichs, die Breite und Höhe des Bereichs sowie die Link-ID. Die Koordinaten stimmen mit den Koordinaten des Bildes überein. Als Breite wurde die Breite des Bildes gewählt. Sobald sich der Mauszeiger im PDF-Dokument über dem betreffenden Bildbereich befindet, ändert sich wieder sein Aussehen.
Link()

▶ Bei der Positionierung eines solchen Hyperlinks sollte man darauf achten, dass er in einem Bildteil liegt, der intuitiv als Link zu erkennen ist. Eine Landkarte, auf der man einzelne Städte oder Regionen anklicken kann, ist ein gutes Beispiel hierfür.

7.3.9 Linie, Rechteck, Position

Es können auch in PDF-Dateien einfache geometrische Objekte wie eine Linie oder ein Rechteck gezeichnet werden. Im Zusammenhang mit Text kann es dabei nützlich sein, die aktuelle Position zu bestimmen bzw. zu setzen. Abbildung 7.47 zeigt ein Beispiel mit einer Linie, einem Rechteck und einem gefüllten Rechteck.

Der Programmcode:

```
<html>
<body>
<?php
require("fpdf/fpdf.php");

$pdf = new FPDF();
$pdf->SetFont("Helvetica", "", 11);
$pdf->SetLineWidth(1);
```

```
/* Linie */
$pdf->AddPage();
$pdf->Write(10, "Linie:");
$pdf->Ln();
$x = $pdf->GetX();
$y = $pdf->GetY();
$pdf->Line($x, $y, $x+15, $y+10);

/* Rechteck */
$pdf->SetY($y+15);
$pdf->Write(10, "Rechteck:");
$pdf->Ln();
$x = $pdf->GetX();
$y = $pdf->GetY();
$pdf->Rect($x, $y, 15, 10);

/* gefülltes Rechteck */
$pdf->SetY($y+15);
$pdf->Write(10, "gefülltes Rechteck:");
$pdf->Ln();
$x = $pdf->GetX();
$y = $pdf->GetY();
$pdf->SetFillColor(0, 0, 255);
$pdf->Rect($x, $y, 15, 10, "DF");

$pdf->Output("test.pdf");
?>
</body>
</html>
```

Listing 7.27 Datei p743.php

Erläuterung:

SetLineWidth()
► Mit Hilfe der Methode SetLineWidth() wird zunächst die Liniendicke auf 1 mm gesetzt.

GetX(), GetY()
► Nach der Ausgabe des Textes und eines Zeilenumbruchs wird jeweils die aktuelle Position bestimmt, damit an dieser Position gezeichnet werden kann. Dazu werden die beiden Methoden GetX() und GetY() eingesetzt, die die aktuellen x- und y-Koordinaten als Rückgabewert liefern.

Line()
► Die Methode Line() zeichnet eine Linie von einem Startpunkt zu einem Zielpunkt. Die vier Parameter geben die x- und y-Koordinaten des Startpunktes und des Zielpunktes an.

▶ Die Methode `Rect()` zeichnet ein Rechteck. Die vier Parameter geben die x- und y-Koordinaten des Startpunktes sowie Breite und Höhe des Rechtecks an.

`Rect()`

▶ Ein gefülltes Rechteck wird gezeichnet, indem im fünften Parameter »F« angegeben wird. Der Buchstabe »D« steht für das Ziehen der Rahmenlinie, »F« für Füllung. Mit `SetFillColor()` wird vorher eine Füllfarbe angegeben.

`SetFillColor()`

▶ Neben der in diesem Beispiel verwendeten Methode `SetY()` gibt es noch die verwandten Methoden `SetX()` und `SetXY()` zum Setzen der Schreibposition.

`SetX()`, `SetY()`, `SetXY()`

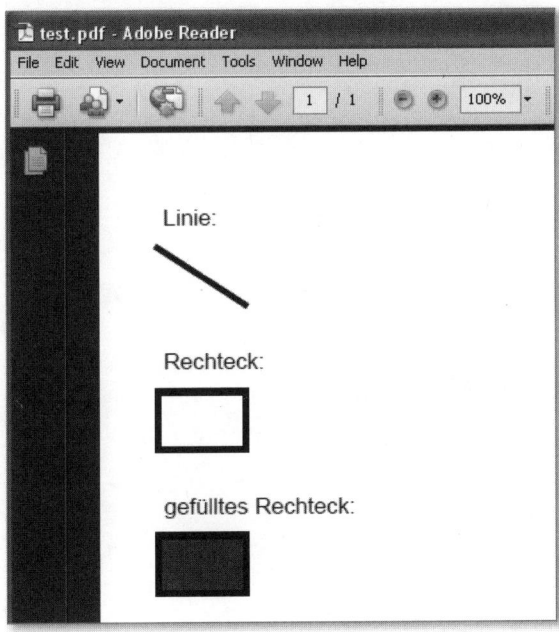

Abbildung 7.47 Linie und Rechtecke

7.4 Flash

Die Ming-Bibliothek dient zur Erzeugung von Flash-Anwendungen, beispielsweise Animationen und Filme. Diese Anwendungen können unmittelbar abgespielt oder als SWF-Datei gespeichert werden. Die SWF-Dateien werden anschließend in HTML-Dateien eingebunden. Bei der Ming-Bibliothek handelt es sich nicht um eine Sammlung von Funktionen, sondern von Klassen. Zum Erstellen von Flash-Anwendungen mit PHP sind daher Kenntnisse der objektorientierten Programmierung erforderlich.

SWF-Datei

Flash-Plug-in Zum Abspielen der Animationen ist ein Flash-Plug-in erforderlich, das in vielen aktuellen Browsern bereits vorhanden ist. Andernfalls kann es von der Macromedia-Website heruntergeladen werden.

7.4.1 Installation testen

Bei der in diesem Buch empfohlenen XAMPP-Installation für Windows ist die Ming-Bibliothek als Erweiterung (Extension) bereits aktiviert. Dies können Sie wie folgt testen:

```
<html>
<body>
<?php
  if (extension_loaded("ming"))
    echo "Ming-Bibliothek vorhanden";
  else
    echo "Ming-Bibliothek nicht vorhanden";
?>
</body>
</html>
```

Listing 7.28 Datei p750.php

Falls Ming aktiviert ist, erfolgt die folgende Ausgabe:

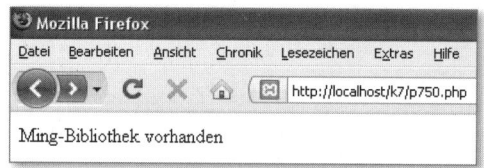

Abbildung 7.48 Prüfung auf Vorhandensein der Ming-Bibliothek

extension_loaded() Erläuterung: Die Funktion `extension_loaded()` stellt fest, ob die Ming-Bibliothek geladen wurde. Falls dies zutrifft, erfolgt die entsprechende Ausgabe.

Sollten Sie eine Windows-Installation haben, bei der die Ming-Bibliothek nicht aktiviert ist, so können Sie diese wie folgt aktivieren:

ini_get() ▶ Prüfen Sie zunächst, ob sich die Datei *php_ming.dll* im Verzeichnis für die Extensions befindet. Dieses Verzeichnis lässt sich über den folgenden Aufruf der Funktion `ini_get()` ermitteln:

```
echo ini_get("extension_dir");
```

php_ming.dll ▶ Suchen Sie in der PHP-Konfigurationsdatei *php.ini* die Zeile `;extension=php_ming.dll`.

▶ Entfernen Sie das Semikolon am Anfang der Zeile und speichern Sie die Datei.

▶ Starten Sie den Webserver neu.

7.4.2 Flash-Anwendung speichern und anzeigen

In einem ersten Beispiel soll eine einfache Flash-Anwendung erzeugt und in einer Datei gespeichert werden. Sie erzeugt lediglich einen grauen Hintergrund mit den Maßen 200 mal 150 Pixel:

```html
<html>
<body>
<?php
  ming_useswfversion(5);
  $movie = new SWFMovie();
  $movie->setDimension(200, 150);
  $movie->setBackground(127, 127, 127);
  $movie->setRate(12);
  $movie->save("test.swf");
?>
</body>
</html>
```

Listing 7.29 Datei p751.php

Im Browser wird nichts angezeigt. Die Flash-Anwendung ist in der Datei *test.swf* im gleichen Verzeichnis wie das Programm *p751.php* gespeichert. Diese muss zur Anzeige in eine HTML-Datei (hier: *test.htm*) eingebunden werden. Der Aufbau der Datei *test.htm* wird weiter unten beschrieben. Die Ausgabe von *test.htm* sehen Sie in Abbildung 7.49.

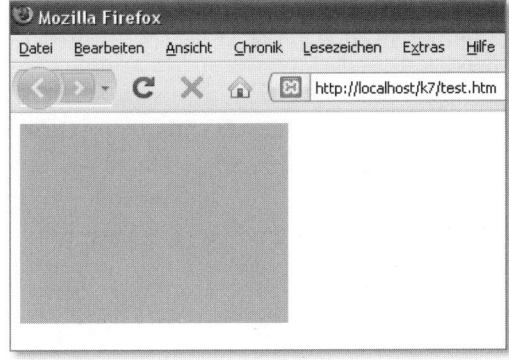

Abbildung 7.49 Eine erste Flash-Anwendung

Zur Erläuterung des PHP-Programms:

ming_
useswfversion()

▶ Mit der Funktion `ming_useswfversion()` wird die benutzte Flash-Version angegeben. Bei der in diesem Buch empfohlenen XAMPP-Installation für Windows ist die Ming-Bibliothek in der Version 0.3 beta 1 installiert. Diese unterstützt bereits die Flash-Version 6. Noch ist allerdings die Flash-Version 5 verbreiteter, daher wird diese hier benutzt.

new SWFMovie()

▶ Mit dem Ausdruck `new SWFMovie()` wird ein neues Objekt der Klasse `SWFMovie`, also eine Flash-Anwendung erzeugt. Es wird ein Zeiger auf das Movie-Objekt zurückgeliefert, der zum weiteren Bearbeiten dient.

setDimension()

▶ Die Methode `setDimension()` der Klasse `SWFMovie` legt die Breite und die Höhe der Anwendung fest.

setBackground()

▶ Die Methode `setBackground()` der Klasse `SWFMovie` legt die Hintergrundfarbe der Anwendung fest. Sie benötigt drei Parameter: die Werte für den Rot-, Grün und Blau-Anteil, die jeweils zwischen 0 und 255 liegen.

setRate()

▶ Die Methode `setRate()` der Klasse `SWFMovie` legt die Anzahl der Einzelbilder pro Sekunde der Anwendung fest. Hier wird der Standardwert von zwölf Bildern pro Sekunde gesetzt.

save()

▶ Die Methode `save()` der Klasse `SWFMovie` dient zur Speicherung der Flash-Anwendung in einer Datei mit der Endung *swf*. Diese Datei wird im gleichen Verzeichnis abgelegt.

object

Damit die erzeugte SWF-Datei angezeigt werden kann, muss sie mit der Markierung `object` in eine HTML-Datei eingebunden werden. Diese Markierung dient zur Einbindung verschiedenster Multimedia-Anwendungen. Leider arbeiten nicht alle Browser auf gleiche Weise mit dieser Markierung. Der folgende, teilweise »doppelte« Programmcode soll dazu dienen, die Flash-Anwendung in den am meisten verbreiteten Browsern darzustellen.

Der Code führt dazu, dass im Browser ein graues Rechteck der Größe 200 × 150 Pixel erscheint. Dies ist der Platz, in dem in den weiteren Beispielen die Elemente der Flash-Anwendung erscheinen. Zunächst handelt es sich um statische Anwendungen, später um bewegte Anwendungen oder Animationen.

```
<html>
<body>
<object classid="CLSID:D27CDB6E-AE6D-11cf-96B8
  -444553540000" width="200" height="150">

<param name="movie" value="test.swf" />
<param name="quality" value="high" />
<param name="scale" value="exactfit" />
<param name="bgcolor" value="#c3c3c3" />

<embed src="test.swf"
       quality="high"
       scale="exactfit"
       bgcolor="#c3c3c3"
       width="200"
       height="150"
</embed>

</object>
</body>
</html>
```

Listing 7.30 Datei test.htm

Zur Erläuterung der HTML-Datei:

▶ Für jede Multimedia-Anwendung gibt es eine festgelegte ID-Nummer, die im Attribut CLSID der object-Markierung angegeben wird. Für eine Flash-Anwendung ist dies die oben angegebene ID. CLSID

▶ Die Attribute width und height der object-Markierung geben den Raum an, der für die eingebundene Anwendung freigehalten wird. Es empfiehlt sich, die Maße der Originalanwendung zu verwenden. width, height

▶ Es folgt die Markierung param mit insgesamt vier Parametern und den zugehörigen Werten. movie, der wichtigste Parameter, nennt den Namen der einzubindenden Datei. In den Parametern quality, scale und bgcolor werden Darstellungsqualität, Skalierung und Hintergrundfarbe angegeben. param

▶ Es gibt Browser, die statt mit der Markierung param mit der Markierung embed arbeiten. Hier werden die Parameter als Attribute angegeben. Sie haben die gleichen Namen, Werte und Bedeutungen wie die bereits genannten Attribute. Einzige Ausnahme ist das Attribut src, das an die Stelle des Parameters movie tritt. embed

489

7.4.3 Eine Flash-Anwendung unmittelbar anzeigen

Eine Flash-Anwendung kann auch unmittelbar nach ihrer Erzeugung angezeigt werden. Falls sie später nicht mehr benötigt wird, entfällt dadurch das zeitaufwendige Speichern.

```php
<?php
  ming_useswfversion(5);
  $movie = new SWFMovie();
  $movie->setBackground(127, 127, 127);
  $movie->setRate(12);

  header("Content-Type: application/x-shockwave-flash");
  $movie->output(1);
?>
```

Listing 7.31 Datei p752.php

Erläuterung:

► Die Flash-Anwendung füllt den gesamten Browser. Eine Begrenzung könnte auch durch die Methode setDimension() nicht erreicht werden.

header() ► Die Funktion header() wird zum Senden des Headers benutzt. Dies sind Startinformationen für das HTTP-Protokoll. Hier wird der Typ der nachfolgenden Informationen (application/x-shockwave-flash) übermittelt.

output() ► Die Funktion output() gibt das Objekt der Klasse SWFMovie aus. Für den einzigen Parameter liegt keine Dokumentation vor. Falls er auf den Wert 1 gesetzt wird, ist die Ausgabe erfolgreich.

Die Ausgabe:

Abbildung 7.50 Flash-Anwendung im Browser

In den folgenden Abschnitten wird die Flash-Anwendung jeweils in der Datei *test.swf* gespeichert, die in die weiter oben beschriebene HTML-Datei *test.htm* eingebettet wird. Jede Flash-Anwendung kann selbstverständlich auch unmittelbar nach der Erzeugung angezeigt werden, wie in diesem Abschnitt erläutert.

7.4.4 Text

Zur Anzeige von Text gibt es interne Fonts und Fonts aus FDB-Dateien (FDB steht für *Font Definition Block*). Zunächst betrachten wir ein Beispiel mit einem Text, der einen internen Font verwendet. Dieser Text wird an einer gewählten Position ausgegeben. Ohne Positionsangabe wäre das Beispiel einfacher, allerdings macht die Ausgabe eines Textes an einer beliebigen Stelle wenig Sinn.

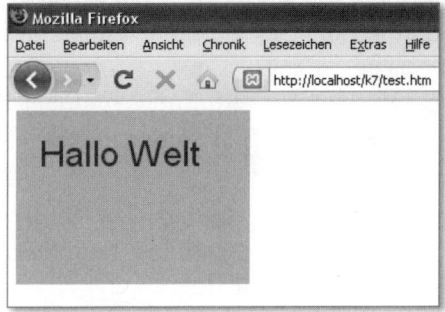

Abbildung 7.51 Anzeige von Text

Der Programmcode:

```
<html>
<body>
<?php
  ming_useswfversion(5);
  $movie = new SWFMovie();
  $movie->setDimension(200, 150);
  $movie->setBackground(127, 127, 127);
  $movie->setRate(12);

  $font = new SWFFont("_sans");
  // $font = new SWFFont("BabelSans-B.fdb");

  $text = new SWFTextField();
  $text->setFont($font);
  $text->setHeight(30);
  $text->setColor(0, 0, 255);
  $text->addString("Hallo ");
  $text->addString("Welt");

  $disp = $movie->add($text);
  $disp->moveTo(20,20);

  $movie->save("test.swf");
```

```
?>
</body>
</html>
```

Listing 7.32 Datei p753.php

Erläuterung:

new SWFFont() ▶ Dieses Programm erzeugt die Datei *test.swf*. Mit dem Ausdruck `new SWFFont()` wird ein neues Objekt der Klasse `SWFFont` erzeugt. Dadurch wird eine Fontdefinition geladen. Es wird der Name eines internen Fonts angewendet. Dazu stehen `_sans`, `_serif` und `_typewriter` zur Verfügung. Es wird ein Zeiger auf das Fontobjekt zurückgeliefert, sodass im weiteren Programm mit diesem Font gearbeitet werden kann.

new SWFText-Field() ▶ Mit dem Ausdruck `new SWFTextField()` wird ein neues Objekt der Klasse `SWFTextField` erzeugt. Es wird ein Zeiger auf ein Textobjekt zurückgeliefert, der zum weiteren Bearbeiten dient.

setFont() ▶ Die Methode `setFont()` der Klasse `SWFTextField` dient zur Verbindung zwischen Fontobjekt und Textobjekt. Der Text wird im gewählten Font angezeigt.

setHeight() ▶ Mit der Methode `setHeight()` der Klasse `SWFTextField` wird die Größe des Fonts festgelegt.

setColor() ▶ Mit der Methode `setColor()` der Klasse `SWFTextField` wird die Farbe des Fonts festgelegt. Sie benötigt drei Parameter: die Werte für den Rot-, Grün- und Blau-Anteil, die jeweils zwischen 0 und 255 liegen. Falls diese Methode nicht aufgerufen wird, wird Schwarz verwendet.

addString() ▶ Die Methode `addString()` der Klasse `SWFTextField` dient zum Hinzufügen eines Textes zum Textobjekt. Ein weiterer Aufruf der Methode fügt weiteren Text hinzu. Der gesamte Text soll später angezeigt werden.

add() ▶ Die Methode `add()` der Klasse `SWFMovie` fügt dem Movie-Objekt das Textobjekt hinzu. Gleichzeitig wird als Rückgabewert ein Objekt der Klasse `SWFDisplayItem` geliefert. Dies ist im Allgemeinen ein darstellbares Objekt, es wird zur Positionierung benötigt.

moveTo() ▶ Die Methode `moveTo()` der Klasse `SWFDisplayItem` dient zum Positionieren des darstellbaren Objekts auf die angegebenen x- und y-Koordinaten. Diese beziehen sich auf die linke obere Ecke des Objekts.

FDB-Datei Der gleiche Text soll mit einem Font aus einer FDB-Datei dargestellt werden. Dateien dieses Typs finden sich zum Beispiel auf der Internetseite des Ming-Projekts. Die FDB-Datei sollte im gleichen Verzeichnis liegen. Das Fontobjekt wird nun mit diesem Font erzeugt:

```
$font = new SWFFont("BabelSans-B.fdb");
```

Der Rest des Programms bleibt unverändert. Die Ausgabe sieht so aus:

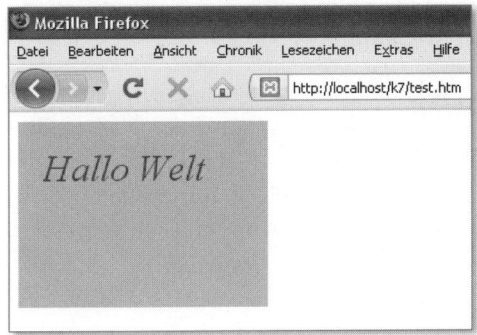

Abbildung 7.52 Anzeige von Text mit Font aus FDB-Datei

Eine andere Klasse zur Erzeugung von Textobjekten ist SWFText. Allerdings können Objekte dieser Klasse nicht fehlerfrei unter Windows eingesetzt werden, daher wird hier nicht weiter auf sie eingegangen.

7.4.5 Linie, Rechteck

Im Folgenden wird ein Linienzug gezeichnet. Dieser bildet ein Rechteck. Es gibt keine eigene Methode für Rechtecke, daher dieser »Umweg«. Die Ming-Bibliothek bietet zwei Methoden zum Zeichnen von Linien: Eine verwendet absolute Koordinaten, die andere relative Koordinaten. Zunächst die Ausgabe; sie sieht in beiden Fällen gleich aus:

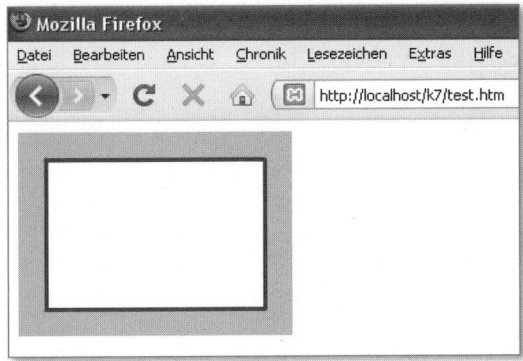

Abbildung 7.53 Rechteck aus Linien

Der Programmcode für das Rechteck, das mit absoluten Koordinaten erstellt wurde:

```
<html>
<body>
<?php
  ming_useswfversion(5);
  $movie = new SWFMovie();
  $movie->setDimension(200, 150);
  $movie->setBackground(127, 127, 127);
  $movie->setRate(12);

  $shape = new SWFShape();
  $shape->setLine(3, 0, 0, 255);
  $shape->setLeftFill(255,255,255);
  $shape->movePenTo(20,20);

  $shape->drawLineTo(180,20);
  $shape->drawLineTo(180,130);
  $shape->drawLineTo(20,130);
  $shape->drawLineTo(20,20);
  $movie->add($shape);

  $movie->save("test.swf");
?>
</body>
</html>
```

Listing 7.33 Datei p754.php

Erläuterung:

new SWFShape() ▶ Mit dem Ausdruck new SWFShape() wird ein neues Objekt der Klasse SWFShape erzeugt. Dies sind Objekte, in denen gezeichnet werden kann. Es wird ein Zeiger auf ein Shape-Objekt zurückgeliefert, der zum weiteren Bearbeiten dient.

setLine() ▶ Die Methode setLine() der Klasse SWFShape legt die Liniendicke und Linienfarbe fest. Sie benötigt vier Parameter: den Wert für die Dicke in Pixel und die Werte für den Rot-, Grün- und Blau-Anteil, die jeweils zwischen 0 und 255 liegen.

setLeftFill() ▶ Die Methode setLeftFill() der Klasse SWFShape füllt ein geschlossenes Objekt (also hier das Rechteck) mit der angegebenen Farbe. Sie benötigt drei Parameter: die Werte für den Rot-, Grün- und Blau-

Anteil, die jeweils zwischen 0 und 255 liegen. Falls der Linienzug kein geschlossenes Rechteck erstellt, wird das Objekt nicht vollständig gefüllt.

▶ Die Methode `movePenTo()` der Klasse `SWFShape` setzt den »Zeichen- **movePenTo()**
stift« auf die angegebene Position. Dies ist in diesem Fall die linke obere Ecke des Rechtecks, also die Startposition für den Linienzug.

▶ Die Methode `drawLineTo()` der Klasse `SWFShape` zieht eine Linie in **drawLineTo()**
der vorher gewählten Dicke und Farbe von der aktuellen Position zur angegebenen Position.

▶ Die Methode `add()` der Klasse `SWFMovie` fügt dem Movie-Objekt das Shape-Objekt hinzu. Der Rückgabewert wird nicht benötigt, da das Shape-Objekt sich selbst positionieren kann und nicht die Hilfe eines `DisplayItem`-Objekts benötigt.

Der Programmcode für das gleiche Rechteck, das nun mit relativen Koordinaten erstellt wurde:

```
<html>
<body>
<?php
  ming_useswfversion(5);
  $movie = new SWFMovie();
  $movie->setDimension(200, 150);
  $movie->setBackground(127, 127, 127);
  $movie->setRate(12);

  $shape = new SWFShape();
  $shape->setLine(3, 0, 0, 255);
  $shape->setLeftFill(255,255,255);
  $shape->movePenTo(20,20);

  $shape->drawLine(160,0);
  $shape->drawLine(0,110);
  $shape->drawLine(-160,0);
  $shape->drawLine(0,-110);
  $movie->add($shape);

  $movie->save("test.swf");
?>
</body>
</html>
```

Listing 7.34 Datei p755.php

495

Erläuterung:

▶ Der Linienzug startet bei den Koordinaten: `20,20`.

drawLine() ▶ Die Methode `drawLine()` der Klasse `SWFShape` zieht eine Linie in der vorher gewählten Dicke und Farbe relativ von der aktuellen Position zu einer neuen Position. Die Koordinaten der neuen Position ergeben sich aus den Koordinaten der alten Position zuzüglich der Parameterwerte der Methode.

▶ Diese Vorgehensweise hat den Vorteil, die Koordinaten leichter berechnen zu können.

7.4.6 Geradlinige Bewegung

Animation Bisher wurden nur statische Flash-Anwendungen gezeigt. Jetzt soll das Ganze in Bewegung geraten. Im folgenden Beispiel wird Text wie in einer Laufschrift animiert. Dazu wird die Position des Textes entlang einer geraden Linie verändert. Auf die gleiche Weise können lassen sich auch andere Objekte geradlinig bewegen. Zunächst zwei Schnappschüsse der Bewegung:

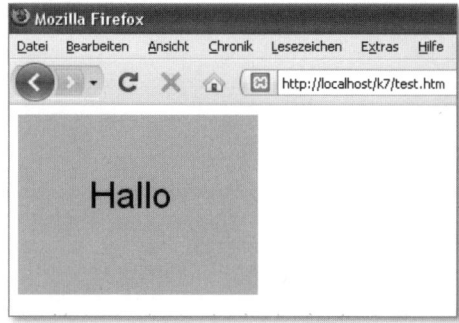

Abbildung 7.54 Position zu Beginn

Abbildung 7.55 Position nach kurzer Zeit

Der Programmcode:

```
<html>
<body>
<?php
  ming_useswfversion(5);
  $movie = new SWFMovie();
  $movie->setDimension(200, 150);
  $movie->setBackground(127, 127, 127);
  $movie->setRate(12);

  $font = new SWFFont("_sans");

  $text = new SWFTextField();
  $text->setFont($font);
  $text->setHeight(30);
  $text->addString("Hallo");
  $disp = $movie->add($text);

  for($x=50; $x<=100; $x=$x+2)
  {
      $disp->moveTo($x,50);
      $movie->nextFrame();
  }

  $movie->save("test.swf");
?>
</body>
</html>
```

Listing 7.35 Datei p756.php

Erläuterung:

▶ Der Text wird wie vorher mit Hilfe von Objekten der Klasse SWFFont und SWFTextField erzeugt. Anschließend wird wiederum mit der Methode add() der Klasse SWFMovie das Textobjekt dem Movie-Objekt hinzugefügt und gleichzeitig ein Objekt der Klasse SWFDisplayItem zur Positionierung bereitgestellt.

▶ Dieses Objekt bekommt innerhalb einer Schleife mit Hilfe der Methode moveTo() der Klasse SWFDisplayItem nacheinander die Positionswerte 50,50 über 52,50 und 54,50 bis 100,50.

▶ Die Methode nextFrame() der Klasse SWFMovie blendet das nächste ⟶ nextFrame() Bild der Flash-Anwendung ein. Da diese Anweisung in der gleichen

497

Schleife steht, hat das dargestellte Objekt in jedem Bild eine andere Position. Dadurch entsteht eine geradlinige Bewegung.

▶ Nach Ablauf der Schleife ist das Programm beendet. Bei einer Flash-Anwendung bedeutet dies, dass es wieder von vorne beginnt. Der Text steht an Position 50,50. Die Bewegung ist also endlos.

setRate() ▶ Die Geschwindigkeit des Bildwechsels wurde weiter oben über die Methode `setRate()` der Klasse `SWFMovie` eingestellt. Bisher hatte dies keine Auswirkung, da jedes Bild aussah wie das vorhergehende Bild.

7.4.7 Kreisförmige Bewegung

Objekte können auch kreisförmig bewegt werden. Im folgenden Beispiel wird dies mit einem gefüllten Rechteck, das aus einem Linienzug erstellt wurde, durchgeführt. Dabei ist der Startpunkt für die erste Linie wichtig.

Zunächst betrachten wir zwei Momentaufnahmen. In der ersten Aufnahme befindet sich das Rechteck an der Position kurz nach dem Start. Die linke obere Ecke befindet sich im Zentrum der Flash-Anwendung, das Rechteck ist um ca. 10 Grad gegen den Uhrzeigersinn gedreht.

Abbildung 7.56 Position bei 10 Grad

In der zweiten Aufnahme ist das Rechteck um ca. 60 Grad gegen den Uhrzeigersinn gedreht. Die linke obere Ecke befindet sich nach wie vor im Zentrum der Flash-Anwendung, denn um diese Ecke dreht sich das Rechteck.

Abbildung 7.57 Position bei 60 Grad

Der Programmcode:

```
<html>
<body>
<?php
  ming_useswfversion(5);
  $movie = new SWFMovie();
  $movie->setDimension(200, 150);
  $movie->setBackground(127, 127, 127);
  $movie->setRate(12);

  $shape = new SWFShape();
  $shape->setLine(3,0,0,255);
  $shape->setLeftFill(255,255,255);

  // $shape->movePenTo(0,0);
  $shape->movePenTo(-30,-20);
  $shape->drawLine(60,0);
  $shape->drawLine(0,40);
  $shape->drawLine(-60,0);
  $shape->drawLine(0,-40);
  $disp = $movie->add($shape);

  $disp->moveTo(100,75);
  for($w=0; $w<360; $w+=5)
  {
    $disp->rotateTo($w);
    $movie->nextFrame();
  }
```

```
  $movie->save("test.swf");
?>
</body>
</html>
```

Listing 7.36 Datei p757.php

Erläuterung:

▶ Das Rechteck wird wie vorher mit Hilfe eines Objekts der Klasse SWFShape erzeugt.

▶ Der erste Aufruf der Methode movePenTo() der Klasse SWFShape setzt den Startpunkt für die erste Linie auf die Koordinaten 0,0. Die linke obere Ecke des Rechtecks liegt in der linken oberen Ecke der Flash-Anwendung. Sie stellt den Drehpunkt dar.

▶ Anschließend wird das Objekt ins Zentrum des Bildes an die Position 100,75 verschoben. Jetzt liegt der Drehpunkt dort.

rotateTo() ▶ Die Methode rotateTo() der Klasse SWFDisplayItem wird in einer Schleife mehrmals angewandt. Diese Methode dreht ein Objekt auf den angegebenen Winkel. Da die Schleife in 5er-Schritten von 0 bis 360 läuft, wird das Objekt nacheinander auf die Winkel 5 Grad, 10 Grad, 15 Grad usw. bis 360 Grad gedreht, sodass ein vollständiger Kreis durchlaufen wird.

▶ Da wiederum der Aufruf der Methode nextFrame() der Klasse SWFMovie in der gleichen Schleife steht, hat das dargestellte Objekt in jedem Bild eine andere Position. Dadurch entsteht die kreisförmige Bewegung.

▶ Nach dem Ablauf der Schleife wird wiederum mit 0 Grad begonnen. Die Bewegung ist also endlos.

Falls in diesem Programm der erste Aufruf der Methode movePenTo() den Startpunkt für die erste Linie auf die Koordinaten -30,-20 setzt, sieht die Animation anders aus. Jetzt liegt das Zentrum des Rechtecks in der linken oberen Ecke der Flash-Anwendung. Es stellt den Drehpunkt dar.

Es folgen wiederum zwei Momentaufnahmen. In der ersten Aufnahme befindet sich das Rechteck wieder kurz vor der Startposition. Das Zentrum (und nicht die linke obere Ecke) des Rechtecks liegt im Zentrum der Flash-Anwendung:

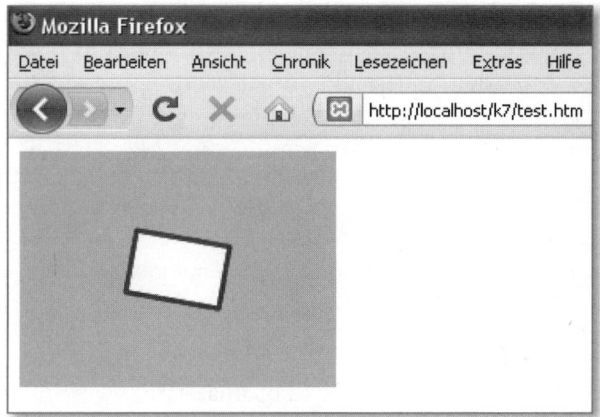

Abbildung 7.58 Position bei –5 Grad

In der zweiten Aufnahme hat sich das Rechteck um ca. 80 Grad gedreht. Das Zentrum des Rechtecks liegt im Zentrum der Flash-Anwendung, denn um dieses Zentrum dreht sich das Rechteck.

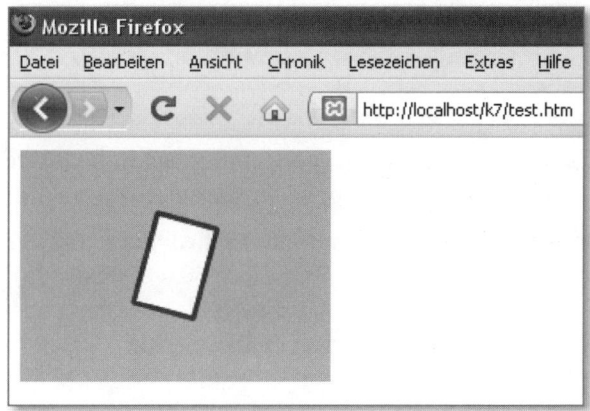

Abbildung 7.59 Position bei 80 Grad

7.4.8 Skalierung

Das gleiche Rechteck soll nun dynamisch seine Größe ändern. Dazu kann die Methode `scaleTo()` der Klasse `SWFDisplayItem` verwendet werden. Im folgenden Programm erscheint das Rechteck zunächst sehr klein im Zentrum der Flash-Anwendung. Es vergrößert sich, bis es fast die gesamte Anwendung ausfüllt. Anschließend verkleinert es sich wieder, bis es fast verschwindet. Der Vorgang wird endlos wiederholt.

Es folgt nur der Teil des Programmcodes, der sich gegenüber der kreisförmigen Bewegung um das Zentrum geändert hat. Der erste Aufruf der Methode movePenTo() setzt den Startpunkt für die erste Linie auf die Koordinaten -30,-20. Das Zentrum des Rechtecks wurde mit der Methode moveTo() auf das Zentrum der Flash-Anwendung verschoben.

```
...
for($s=0.1; $s<=2.5; $s+=0.1)
{
    $disp->scaleTo($s,$s);
    $movie->nextFrame();
}

for($s=2.5; $s>=0.1; $s-=0.1)
{
    $disp->scaleTo($s,$s);
    $movie->nextFrame();
}
...
```

Listing 7.37 Datei p758.php (Ausschnitt)

Erläuterung:

scaleTo() ▶ Die Methode scaleTo() der Klasse SWFDisplayItem wird in einer Schleife mehrmals angewandt. Diese Methode multipliziert die Breite bzw. Höhe eines Objekts mit dem angegebenen Parameterwert.

▶ In der ersten Schleife steigt der Skalierungsfaktor schrittweise von 0.1 auf 2.5. Das Rechteck mit der erzeugten Größe von 60 × 40 Pixel wird also zunächst in der Größe 6 (= 60 * 0.1) × 4 (= 40 * 0.1) Pixel abgebildet, dann in 12 × 8 Pixel usw. bis zur Maximalgröße von 150 × 100 Pixel.

▶ Der Vorgang wird in der zweiten Schleife wieder rückgängig gemacht, da der Skalierungsfaktor schrittweise von 2.5 auf 0.1 sinkt.

▶ Die Methode nextFrame() der Klasse SWFMovie wird in beiden Schleifen angewandt, daher wird das Rechteck in jedem Bild in der neuen Größe dargestellt. Nach Ablauf beider Schleifen wird wiederum von vorne begonnen.

Die beiden folgenden Abbildungen zeigen das Rechteck in zwei verschiedenen Zuständen während der Animation.

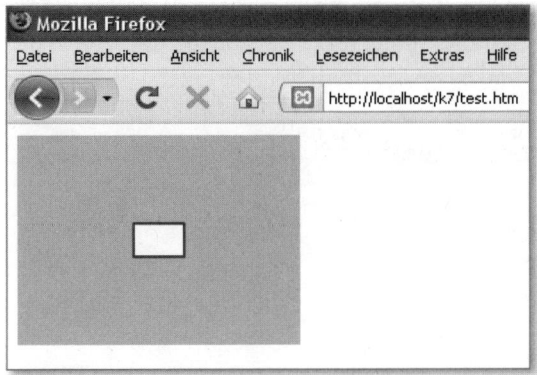

Abbildung 7.60   Rechteck stark verkleinert

Abbildung 7.61   Rechteck stark vergrößert

[«]

Hinweis

Der Faktor kann natürlich für die beiden Dimensionen unterschiedlich gewählt werden. Falls er zum Beispiel in einer Dimension zu 1 gewählt wird, verändert das Objekt seine Größe nur in der anderen Dimension.

7.4.9   Verzerrung

Objekte können auch verzerrt werden. Dazu werden die Methoden skewXTo() und skewYTo() der Klasse SWFDisplayItem verwendet. Im folgenden Programm bewegt sich die Verzerrung des bereits mehrfach eingesetzten Rechtecks zwischen den Werten –45 Grad und 45 Grad. Zur besseren Vorstellung folgen drei Momentaufnahmen.

In der ersten Aufnahme liegt der Verzerrungsfaktor für beide Methoden nahe -1, also ist die obere Kante des Rechtecks um ca. 45 Grad gegen den Uhrzeigersinn gedreht.

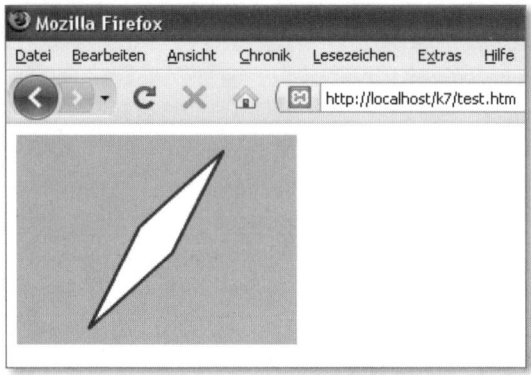

Abbildung 7.62 Verzerrung nahe −1

In der nächsten Aufnahme ist das Rechteck nur noch minimal verzerrt, der Verzerrungsfaktor liegt nahe 0:

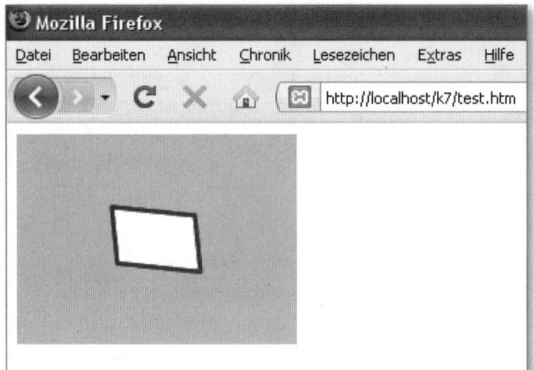

Abbildung 7.63 Verzerrung nahe 0

Die letzte Aufnahme zeigt das Rechteck am gegenüberliegenden Endpunkt der Veränderung. Die obere Kante des Rechtecks ist um ca. 45 Grad mit dem Uhrzeigersinn gedreht.

Abbildung 7.64 Verzerrung nahe +1

Es folgt nur der Teil des Programmcodes, der sich gegenüber der kreisförmigen Bewegung um das Zentrum geändert hat. Der erste Aufruf der Methode movePenTo() setzt den Startpunkt für die erste Linie auf die Koordinaten -30,-20. Das Zentrum des Rechtecks wurde mit der Methode moveTo() auf das Zentrum der Flash-Anwendung verschoben:

```
...
for($s=-1; $s<1; $s+=0.1)
{
    $disp->skewXTo($s);
    $disp->skewYTo($s);
    $movie->nextFrame();
}

for($s=1; $s>=-1; $s-=0.1)
{
    $disp->skewXTo($s);
    $disp->skewYTo($s);
    $movie->nextFrame();
}
...
```

Listing 7.38 Datei p759.php (Ausschnitt)

Erläuterung:

▶ Die Methoden skewXTo() und skewYTo() der Klasse SWFDisplayItem werden in einer Schleife mehrmals angewandt. Diese Methode verzerrt mit dem Parameterwert ein Objekt in die entsprechende Richtung.

skewXTo(), skewYTo()

▶ In der ersten Schleife steigt dieser Verzerrungswert schrittweise von -1 auf +1. Bei -1 ist die obere Kante des Rechtecks um 45 Grad gegen den Uhrzeigersinn gedreht. Bei einem Wert kleiner als -1 würde sie noch weiter in die Senkrechte gedreht, im Extremfall bis zur Unkenntlichkeit des Rechtecks. Bei einem Verzerrungswert von 0 wird das Rechteck in seiner ursprünglichen Form abgebildet, also unverzerrt. Bei +1 ist die obere Kante des Rechtecks um 45 Grad im Uhrzeigersinn gedreht.

▶ Der Vorgang wird in der zweiten Schleife wieder rückgängig gemacht, da der Skalierungsfaktor schrittweise von +1 auf -1 sinkt.

▶ Die Methode `nextFrame()` der Klasse `SWFMovie` wird in beiden Schleifen angewandt, daher wird das Rechteck in jedem Bild neu dargestellt. Nach Ablauf beider Schleifen wird wiederum von vorne begonnen.

7.4.10 Bild aus Datei laden

Bilder, zum Beispiel im JPG- oder GIF-Format, lassen sich mit Hilfe eines Objekts der Klasse `SWFBitmap` in eine Flash-Anwendung einbinden. Zunächst die Darstellung:

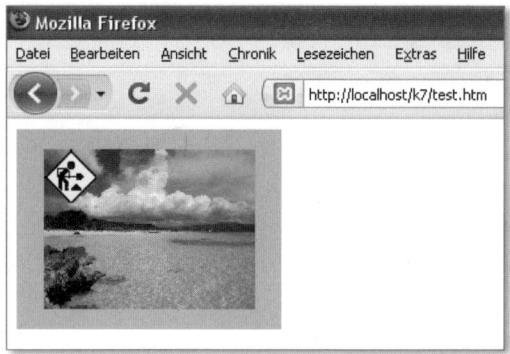

Abbildung 7.65 Bilder in Flash-Anwendung

Der Programmcode:

```
<html>
<body>
<?php
  ming_useswfversion(5);
  $movie = new SWFMovie();
  $movie->setDimension(200, 150);
```

```
$movie->setBackground(127, 127, 127);
$movie->setRate(12);

$disp1 = $movie->
    add(new SWFBitmap(fopen("paradies.jpg","rb")));
$disp1->moveTo(20,15);
$disp1->scaleTo(0.2,0.2);

$disp2 = $movie->
    add(new SWFBitmap(fopen("work.gif","rb")));
$disp2->moveTo(20,15);

$movie->save("test.swf");
?>
</body>
</html>
```

Listing 7.39 Datei p760.php

Erläuterung:

▶ Die entscheidende Anweisung ist ein wenig kompliziert. Die Bilddatei wird mit der Funktion `fopen()` zum binären Lesen geöffnet (Modus `rb`). Der Rückgabewert dieser Funktion ist ein Dateizeiger. Dieser Dateizeiger wird genutzt, um ein neues Objekt der Klasse `SWFBitmap` zu erzeugen und gleichzeitig die Daten der Bilddatei in dieses Bitmap-Objekt zu importieren.   `fopen()`

▶ Die Methode `add()` der Klasse `SWFMovie` fügt dem Movie-Objekt das Bitmap-Objekt hinzu. Gleichzeitig wird als Rückgabewert ein Objekt der Klasse `SWFDisplayItem` geliefert.   `SWFBitmap`

▶ Beide Display-Objekte werden an die Position `20,15` verschoben, liegen also übereinander. Da das Objekt mit dem GIF-Bild als zweites Objekt eingefügt wurde, ist es sichtbar. In der umgekehrten Reihenfolge wäre es völlig abgedeckt worden.

▶ Im Falle des ersten Bildes wird das Objekt auf 20 Prozent der Originalgröße (Faktor `0.2`) verkleinert.

7.4.11 Bilder ein-, aus- und überblenden

Ein Bild muss nicht direkt vollständig dargestellt werden, es kann stattdessen auch eingeblendet, ausgeblendet oder mit einem anderen Bild überblendet werden. Dazu wird die Methode `multColor()` der Klasse `SWFDisplayItem` genutzt.

Für die nächsten beiden Beispiele gibt es keine Screenshots, weil die Bildeffekte im Druck naturgemäß schwer zu erkennen sind. Laden Sie bitte daher beide Beispiele von der CD, dann wird der Effekt gut sichtbar.

Zunächst ein Beispiel, in dem das Bild ein- und ausgeblendet wird. Es folgt nur der letzte Teil des Programmcodes. Das Bild ist bereits geladen, platziert und skaliert.

```
...
for($k=1; $k<=24; $k++)
{
  $disp->multColor(1,1,1,$k/24);
  $movie->nextFrame();
}

for($k=24; $k>=1; $k--)
{
  $disp->multColor(1,1,1,$k/24);
  $movie->nextFrame();
}
...
```

Listing 7.40 Datei p761.php (Ausschnitt)

Erläuterung:

multColor() ▶ Die Methode `multColor()` der Klasse `SWFDisplayItem` benötigt vier Parameter: die Werte für den Rot-, Grün- und Blau-Anteil, die jeweils zwischen 0 und 1 liegen, und den Wert für den sogenannten Alphakanal, der ebenfalls zwischen 0 und 1 liegt. Mit den ersten drei Werten kann das Verhältnis der Farben im Bild zueinander verändert werden. Mit dem Alphakanal kann das Ein- und Ausblenden gesteuert werden.

▶ Die Methode wird innerhalb einer Schleife aufgerufen, die 24-mal durchlaufen wird. Der Wert für den Alphakanal wächst in dieser Schleife gleichmäßig von fast 0 bis 1. Dies bedeutet, dass das Bild zunächst nur schwach sichtbar ist und dann immer stärker sichtbar wird, bis zur normalen Darstellung. Der ganze Vorgang dauert zwei Sekunden, denn die Rate beträgt 12 Bilder pro Sekunde.

▶ Die Methode `nextFrame()` der Klasse `SWFMovie` wird in beiden Schleifen angewandt, daher kommt es zu einer permanent veränderten Darstellung. Nach Ablauf beider Schleifen wird wiederum von vorne begonnen.

Es folgt ein Beispiel, in dem insgesamt vier Bilder nacheinander erscheinen. Ein Bild wird durch Überblenden vom nächsten Bild abgelöst.

Der Programmcode:

```
<html>
<body>
<?php
  ming_useswfversion(5);
  $movie = new SWFMovie();
  $movie->setDimension(200, 150);
  $movie->setBackground(127, 127, 127);
  $movie->setRate(12);

  $img = array("paradies.jpg", "sofi.jpg",
       "welle.jpg", "winter.jpg");

  for($i=0; $i<4; $i++)
  {
    $disp = $movie->
       add(new SWFBitmap(fopen($img[$i],"rb")));
    $disp->moveTo(20,15);
    $disp->scaleTo(0.2,0.2);

    for($k=0; $k<36; $k++)
    {
      $disp->multColor(1,1,1,$k/36);
      $movie->nextFrame();
    }
  }

  $movie->save("test.swf");
?>
</body>
</html>
```

Listing 7.41 Datei p762.php

Erläuterung:

▶ Zunächst werden die Namen vier gleich großer Bilder in einem Array gespeichert.

▶ Es folgen zwei geschachtelte Schleifen. In der äußeren Schleife werden nacheinander die vier Bilder geladen, platziert und skaliert. In der inneren Schleife wird das jeweils aktuelle Bild in 36 Schritten langsam eingeblendet. Diese Vorgehensweise führt zum Übergang der vier Bilder.

7.4.12 Aktion auslösen

Bisher konnte der Benutzer noch nicht in den Ablauf eingreifen. Dies wird ihm erst durch Buttons und Aktionen ermöglicht, die im folgenden Programm erzeugt werden. Es wird ein Button dargestellt, bei dessen Betätigung eine andere Internetseite aufgerufen wird.

Abbildung 7.66   Click-Button

Der Programmcode:

```
<html>
<body>
<?php
  ming_useswfversion(5);
  $movie = new SWFMovie();
  $movie->setDimension(200, 150);
  $movie->setBackground(127, 127, 127);
  $movie->setRate(12);

  $shape = new SWFShape();
  $shape->setLine(3,0,0,255);
  $shape->setLeftFill(255,255,255);
  $shape->movePenTo(0,0);
  $shape->drawLine(60,0);
  $shape->drawLine(0,40);
  $shape->drawLine(-60,0);
  $shape->drawLine(0,-40);

  $button = new SWFButton();
  $button->addShape($shape, SWFBUTTON_HIT
      | SWFBUTTON_UP | SWFBUTTON_DOWN
      | SWFBUTTON_OVER);
```

```
$action = new SWFAction(
  "getURL('http://localhost','_self');");
$button->addAction($action, SWFBUTTON_HIT);

$disp_button = $movie->add($button);
$disp_button->moveTo(70,55);

$font = new SWFFont("_sans");
$text = new SWFTextField();
$text->setFont($font);
$text->addString("Click");

$disp_text = $movie->add($text);
$disp_text->moveTo(85,70);

$movie->save("test.swf");
?>
</body>
</html>
```

Listing 7.42 Datei p763.php

Erläuterung:

▶ Es wird zunächst ein weißes Rechteck mit blauer Umrandung erzeugt.

▶ Mit dem Ausdruck new SWFButton() wird ein neues Objekt der Klasse SWFButton erzeugt. Dies sind Objekte, mit denen Aktionen ausgelöst werden können. Es wird ein Zeiger auf ein Button-Objekt zurückgeliefert, der zum weiteren Bearbeiten dient. Der Button hat noch keine Form.   `new SWFButton()`

▶ Die Methode addShape() der Klasse SWFButton dient dazu, dem Button eine Form zu geben. Sie benötigt zwei Parameter: den Zeiger auf das Shape-Objekt für die Form und eine Konstante bzw. eine Liste von Konstanten. Diese Konstanten bezeichnen die möglichen Aktionen, die mit dem Button durchgeführt werden können. Die Elemente der Liste werden über ein bitweises Oder miteinander verknüpft. Es existieren die vier Aktionen hit (Drücken und Loslassen), up (Loslassen), down (Drücken) und over (Bewegen über).   `addShape()`

▶ Mit dem Ausdruck new SWFAction() wird ein neues Objekt der Klasse SWFAction erzeugt. Dies sind Objekte für kleine Programmstücke. Es wird ein Zeiger auf ein Action-Objekt zurückgeliefert, der zum weiteren Bearbeiten dient.   `new SWFAction()`

addAction() ▸ Die Methode `addAction()` der Klasse `SWFButton` ordnet einer Aktion des Buttons ein kleines Programmstück zu. Sie benötigt zwei Parameter: den Zeiger auf das Action-Objekt sowie das Programmstück als Zeichenkette.

getURL() ▸ Im vorliegenden Fall wird in dem Programmstück die Funktion `getURL()` aufgerufen, die zum Wechsel der Internetseite dient. Diese Funktion benötigt zwei Parameter: die URL und das Zielfenster. Die Bezeichnungen der Zielfenster sind aus HTML bekannt. Mit `_self` wird das aktuelle Browserfenster bezeichnet.

7.5   Fehler

Bei der Entwicklung von Programmen werden in der Regel Fehler gemacht. Während der Entwicklungszeit ist es wichtig, diese Fehler frühzeitig zu erkennen, aus ihnen zu lernen, sie zur Verbesserung des Programms zu nutzen und sie zu beseitigen.

Zur Ausführungszeit auf einem Produktionssystem sollten verbliebene Fehler nicht mehr angezeigt werden. Solche Anzeigen bieten einem Betrachter eventuell Informationen, durch die er Angriffe auf das System ausführen könnte.

7.5.1   Anzeige von Fehlern

Zur Verdeutlichung folgt ein PHP-Programm mit unterschiedlich schweren Fehlern:

```
<html>
<body>
<?php
  echo mktime();
  echo $a;
  echo 1/0;
  echo f();
  echo 1/0;
?>
</body>
</html>
```

Listing 7.43   Datei p770.php

Falls die Fehleranzeige sehr genau eingestellt wurde (siehe weiter unten im Abschnitt), sieht die Anzeige wie in Abbildung 7.67 dargestellt aus.

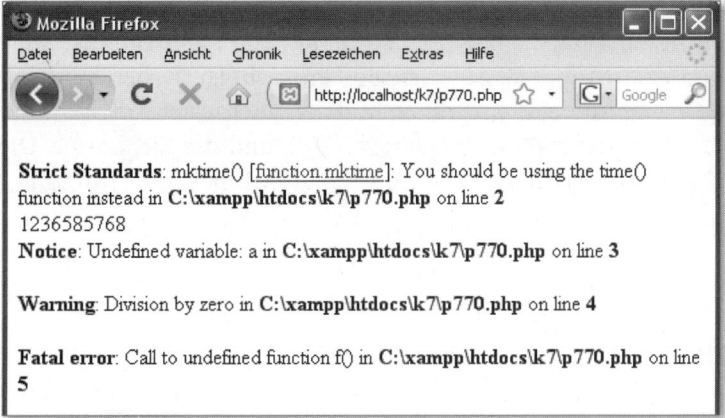

Abbildung 7.67   Anzeige von Fehlern

Erläuterung der Fehleranzeigen:

▶ *Strict Standards*: Dies sind Hinweise auf eventuelle Probleme bei der Vorwärtskompatibilität einer Anweisung. Es könnte also zum Beispiel sein, dass die betreffende Anweisung bei einer zukünftigen PHP-Version möglicherweise zu einem Fehler führt. Es gibt Funktionen, die als »deprecated« gekennzeichnet sind. Dies bedeutet, dass sie veraltet sind und in Zukunft nicht mehr existieren.

Strict Standards

▶ *Notice*: Ein Hinweis auf einen leichten Fehler, der eventuell zu einem größeren Fehler führen kann.

Notice

▶ *Warning*: Eine Warnung vor einem mittelschweren Fehler.

Warning

▶ *Fatal Error*: Dies ist ein schwerer Fehler, der zum Abbruch des Programms führt.

Fatal Error

Zum oben genannten Programm:

▶ Man sollte die Funktion `mktime()` nicht ohne Parameter aufrufen. Falls man lediglich die aktuelle Systemzeit wünscht, sollte die Funktion `time()` benutzt werden. Die Funktion `mktime()` sollte dagegen nur zur Erzeugung eines definierten Timestamps mit Datums- und Uhrzeitangabe genutzt werden.

mktime()

▶ Auf die Ausgabe der Variablen `$a`, die noch keinen Wert hat, wird mit einem Hinweis reagiert. Ein solcher Hinweis wird bei einer Standard-

Variable existiert nicht

installation unterdrückt. Bei einer Entwicklungsumgebung sollte man dies ändern.

Division durch 0 ▶ Auf die Division durch 0 wird mit einer Warnung reagiert.

Unbekannte Funktion ▶ Der Aufruf einer unbekannten Funktion führt zu einer Fehleranzeige und zum unmittelbaren Abbruch des Programms. Daher wird die zweite Division durch 0 nicht mehr durchgeführt.

Angriff ▶ Warnungen und Fehler können den Namen der Datei inklusive des Pfads und die Nummer der Zeile enthalten. Hier kann ein potenzieller Angreifer bereits Rückschlüsse auf das verwendete System ziehen. In einer Produktionsumgebung sollte man dies ändern.

7.5.2 Permanente Konfiguration der Anzeige von Fehlern

php.ini Eine Möglichkeit, die Anzeige von Fehlern zu steuern, bieten die Parameter in der Konfigurationsdatei *php.ini*. Diese Datei befindet sich bei einer Standardinstallation von XAMPP im Verzeichnis *C:\xampp\php*. Sie beinhaltet u. a. die folgenden Parameter (mit Beispielwerten):

```
error_reporting = E_ALL & ~E_NOTICE
display_errors = On
log_errors = Off
error_log = "C:\xampp\apache\logs\phperror.log"
```

Erläuterung:

error_reporting ▶ Der Parameter `error_reporting` filtert die anzuzeigenden Fehler. Bei den Werten handelt es sich um Konstanten bzw. Kombinationen von Konstanten (siehe Tabelle 7.1), die mit Bit-Operatoren (siehe Tabelle 7.2) verbunden werden.

Konstante	Zahlenwert	Bedeutung
E_ERROR	1	Anzeige schwerer Fehler
E_WARNING	2	Anzeige mittelschwerer Fehler
E_NOTICE	8	Anzeige von Hinweisen
E_ALL	30719	Alles anzeigen
E_ALL & ~E_NOTICE	30711 (= 30719 – 8)	Alles anzeigen, außer Hinweisen
E_STRICT	2048	Hinweise zur Vorwärts-Kompatibilität des Codes
E_ALL | E_STRICT	32767 (= 30719 + 2048)	Alles anzeigen, zusätzlich Hinweise zur Vorwärts-Kompatibilität

Tabelle 7.1 Wichtige Konstanten und Kombinationen

Operator	Bedeutung
|	bitweises Oder
&	bitweises Und
~	bitweises Nicht
!	boolesches Nicht

Tabelle 7.2 Bit-Operatoren

▶ Mit dem Parameter display_errors wird entschieden, ob Fehler auf dem Bildschirm ausgegeben werden. Mögliche Werte sind On und Off.   display_errors

▶ Der Parameter log_errors entscheidet darüber, ob Fehler in einer Log-Datei (mit Datum und Uhrzeit) gespeichert werden. Die möglichen Werte sind On und Off.   log_errors

▶ Mit Hilfe des Parameters error_log wird festgelegt, in welcher Datei (inklusive Pfad) auf dem Webserver Fehler gespeichert werden, falls log_errors auf On steht. Nach einer Standardinstallation von XAMPP verweist dieser Wert auf die Datei *C:\xampp\apache\logs\phperror.log*.   error_log

Nachfolgend ein Beispiel für einen Eintrag in der Log-Datei:

```
[09-Mar-2009 09:29:33] PHP Strict Standards:  mktime()
[<a href='function.mktime'>function.mktime</a>]: You should
be using the time() function instead in C:\xampp\htdocs\k7\
p770.php on line 2
[09-Mar-2009 09:29:33] PHP Notice:  Undefined variable: a in
C:\xampp\htdocs\k7\p770.php on line 3
[09-Mar-2009 09:29:33] PHP Warning:  Division by zero in C:\
xampp\htdocs\k7\p770.php on line 4
[09-Mar-2009 09:29:33] PHP Fatal error:  Call to undefined
function f() in C:\xampp\htdocs\k7\p770.php on line 5
```

Erläuterung: Es werden die verschiedenen Fehler wie in Abbildung 7.67 notiert, zusammen mit Datum und Uhrzeit.

Tabelle 7.3 enthält die empfohlenen Einstellungen für ein Entwicklungssystem und ein Produktivsystem:

Parameter	Entwicklung	Produktion
error_reporting	E_ALL | E_STRICT	E_ERROR
display_errors	On	Off
log_errors	Off	On
error_log	–	C:\xampp\apache\logs\phperror.log

Tabelle 7.3 Verschiedene Einstellungen

ini_get() Falls Sie feststellen möchten, welche aktuellen Einstellungen gelten, so hilft das folgende Programm, das sich der Funktion ini_get() bedient.

```
<html>
<body>
<?php
  echo "error_reporting: "
    . ini_get("error_reporting") . "<br />";
  echo "display_errors: "
    . ini_get("display_errors") . "<br />";
  echo "log_errors: "
    . ini_get("log_errors") . "<br />";
  echo "error_log: "
    . ini_get("error_log");
?>
</body>
</html>
```

Listing 7.44 Datei p771.php

Die Ausgabe sieht, je nach Einstellung, in etwa wie in Abbildung 7.68 dargestellt aus.

Abbildung 7.68 Einstellungen der Fehleranzeige

Erläuterung:

▶ Der Parameter error_reporting steht auf E_ALL | E_STRICT, daher wird der Wert 32767 ausgegeben.

▶ Die Parameter display_errors und log_errors stehen auf On, daher wird jeweils eine 1 ausgegeben.

▶ Bei error_log steht der Name der Log-Datei, gegebenenfalls inklusive Pfad.

7.5.3 Temporäre Konfiguration der Anzeige von Fehlern ini_set()

Falls Sie keine Möglichkeit haben, die Datei *php.ini* zu verändern, so können die Parameter auch über die Funktion ini_set() verändert werden. Dies gilt allerdings nur für das aktuelle Programm. Ein Beispiel:

```
<html>
<body>
<?php
  ini_set("error_reporting", 1);
  ini_set("display_errors", 1);
  ini_set("log_errors", 1);
  ini_set("error_log", "log.txt");

  echo mktime();
  echo $a;
  echo 1/0;
  echo f();
  echo 1/0;
?>
</body>
</html>
```

Listing 7.45 Datei p772.php

Erläuterung:

▶ Es werden nur schwere Fehler angezeigt (siehe Abbildung 7.69) und gleichzeitig in der Log-Datei *log.txt* im gleichen Verzeichnis notiert.

▶ Die entsprechenden Anweisungen können natürlich auch in eine include-Datei ausgelagert werden. Damit hat man auf dem Entwicklungssystem und dem Produktionssystem jeweils die passende Fehleranzeige zur Verfügung.

Abbildung 7.69 Anzeige des schweren Fehlers

7.5.4 Errorhandler

Mit der im vorherigen Abschnitt empfohlenen Einstellung werden Fehler in einem Produktionssystem nur noch in der Log-Datei gespeichert. Errorhandler bieten darüber hinaus die Möglichkeit, bei leichten bis mittelschweren Fehlern (Notice, Warning) Informationen über den Fehler zu sammeln.

Diese Informationen können für den Benutzer ausgegeben werden. Er kann dann um eine Benachrichtigung gebeten werden.

Fehlerinfo per Mail Eine weitere Möglichkeit wäre es, bei einem Fehler automatisch eine Mail zu generieren und abzusenden. Dies wird im folgenden Beispiel gezeigt:

```php
<html>
<body>
<?php
  function eh($typ, $meldung, $datei, $zeile)
  {
    $empf =       "newuser@localhost";
    $sender =     "fehler@test.de";
    $betreff =    "Fehler Typ: $typ";
    $nachricht  = "Datum:      " . date("d.m.Y", time()) . "\n";
    $nachricht .= "Uhrzeit:    " . date("H:i:s", time()) . "\n";
    $nachricht .= "Fehler Typ: $typ\n";
    $nachricht .= "Meldung:    $meldung\n";
    $nachricht .= "Datei:      $datei\n";
    $nachricht .= "Zeile:      $zeile\n";

    mail($empf, $betreff, $nachricht, "From:$sender");
  }
  set_error_handler("eh");

  ini_set("display_errors", 0);
  echo $a;
  $b = 1/0;
  f();
  echo "Ende";
?>
</body>
</html>
```

Listing 7.46 Datei p773.php

Die Ausführung dieses Programms führt zu zwei E-Mails. Die Anzeige sieht im E-Mail-Client des Empfängers wie in Abbildung 7.70 aus.

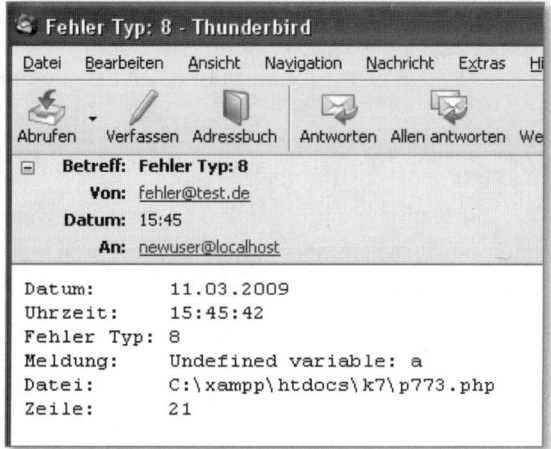

Abbildung 7.70   Fehlermeldung: undefinierte Variable

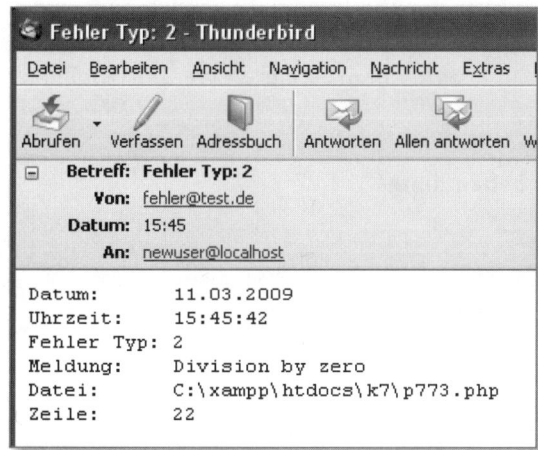

Abbildung 7.71   Fehlermeldung: Division durch 0

Erläuterung:

▶ Der Aufruf der Funktion `set_error_handler()` leitet das Behandeln von leichten bis mittelschweren Fehlern in eine Funktion um. Hier ist dies die Funktion `eh()`. Der (frei wählbare) Name der Funktion muss als Parameter angegeben werden.

`set_error_handler()`

▶ Die Funktion `eh()` bekommt bei einem Fehler automatisch die folgenden Parameter geliefert: Typ, Meldung, Datei und Zeile. Diese werden hier zusammen mit dem Datum und der Uhrzeit als Parameter für die Funktion `mail()` zusammengestellt und versendet. Weitere Informationen zur Funktion `mail()` finden Sie in Abschnitt 7.7.

▶ Die Anzeige der Fehler wird in diesem Programm mit Hilfe der Funktion `ini_set()` unterdrückt.

▶ Es folgen insgesamt drei Fehler. Die ersten beiden Fehler führen zum Aufruf des Errorhandlers und damit zu einer Mail. Der letzte, schwere Fehler führt zum Abbruch des Programms.

7.5.5 Exceptionhandling

try, throw, catch   Exceptionhandling bietet die Möglichkeit, bestimmte Fehler abzufangen. Dabei wird der Codebereich, in dem ein Fehler auftreten kann, in einen sogenannten `try`-Block eingeschlossen. Es wird »versucht«, den Code auszuführen. Falls ein definierter Fehler auftritt, so wird ein Objekt der betreffenden Ausnahmeklasse durch die Anweisung `throw` erzeugt. Anschließend wird statt des restlichen Codes in dem Bereich der Code in einem eigenen `catch`-Block ausgeführt; der Fehler wird somit »abgefangen«. Dies soll am Beispiel eines Programms erläutert werden, zu dem es zwei Versionen gibt.

Version 1 ohne Ausnahmebehandlung

```
<html>
<body>
<?php
  /* Dateizugriff */
  $fp = fopen("test.txt","r");
  $zeile = fgets($fp,50);
  echo "<p>$zeile</p>";
  fclose($fp);

  /* Mathematik */
  $x = 24;
  for($y=4; $y>-3; $y--)
  {
      $z = $x / $y;
      echo "$x / $y = $z<br />";
  }
?>
```

```
</body>
</html>
```

Listing 7.47 Datei p774.php

Erläuterung:

▶ Zunächst wird eine Datei geöffnet, eine Zeile aus der Datei gelesen und die Datei geschlossen. Falls die Datei nicht existiert, tritt ein Fehler beim Lesen auf. Es sollte dann nicht mehr mit der Datei gearbeitet werden.

Datei existiert nicht

▶ Anschließend wird die Zahl 24 nacheinander durch die Zahlen 4, 3, 2, 1, 0, −1, −2 geteilt. Bei der Division tritt ein Fehler auf, wenn durch 0 geteilt wird.

Division durch 0

Abbildung 7.72 zeigt die Ausgabe.

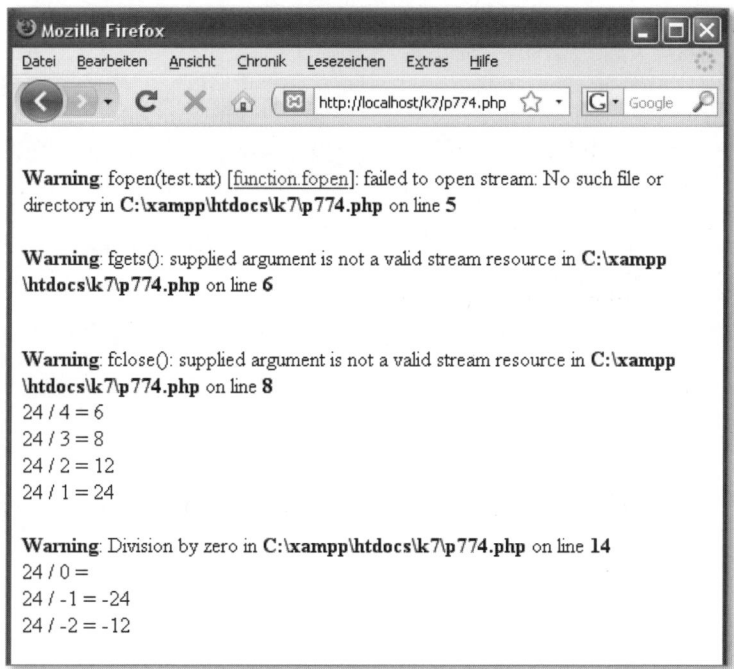

Abbildung 7.72 Ausgabe mit Fehlern

Version 2 mit Ausnahmebehandlung

Zum Abfangen dieser Fehler werden für eine zweite Programmversion zwei Fehlerklassen definiert, die vom Programm über try-throw-catch angesprochen werden können. Diese Fehlerklassen werden von der all-

Fehlerklasse

gemeinen Fehlerklasse `Exception` abgeleitet. Sie können zum Beispiel in einer `include`-Datei notiert werden.

```php
<?php
/* Dateizugriff */
class DateiFehler extends Exception
{
    private $ausnahme;

    public function __construct($a)
    {
        $this->ausnahme = $a;
    }

    public function ausgabe()
    {
        echo "Dateifehler: $this->ausnahme<br />";
    }
}

/* Mathematik */
class MathFehler extends Exception
{
    private $ausnahme;

    public function __construct($a)
    {
        $this->ausnahme = $a;
    }

    public function ausgabe()
    {
        echo "Math. Fehler: $this->ausnahme<br />";
    }
}
?>
```

Listing 7.48 Datei p775.inc.php

Beim Erzeugen eines Objekts der Klasse `DateiFehler` (oder `MathFehler`) wird die Objektvariable `$ausnahme` mit dem Wert des Konstruktorparameters `$a` belegt. Dabei handelt es sich um den Text der Fehlermeldung. Diese wird in der Ausgabemethode ausgegeben.

Die Fehlerklassen werden von folgendem Programm genutzt:

```
<html>
<body>
<?php
  include("p775.inc.php");

  /* Dateizugriff */
  try
  {
     $fp = fopen("test.txt","r");
     if(!$fp)
        throw new DateiFehler("Datei nicht vorhanden");
     $zeile = fgets($fp,50);
     echo "<p>$zeile</p>";
     fclose($fp);
  }
  catch (DateiFehler $ausnahme)
  {
     $ausnahme->ausgabe();
  }


  /* Mathematik */
  $x = 24;
  echo "<p>";
  for($y=4; $y>-5; $y--)
  {
     try
     {
        if($y==0)
           throw new MathFehler("Division durch 0");
        $z = $x / $y;
        echo "$x / $y = $z<br />";
     }
     catch (MathFehler $ausnahme)
     {
        $ausnahme->ausgabe();
     }
  }
  echo "</p>";
?>
</body>
</html>
```

Listing 7.49 Datei p775.php

Erläuterung des Dateizugriffs:

DateiFehler

▶ Der gesamte Dateizugriff wird in einen `try`-Block eingeschlossen. Falls die Datei nicht existiert, gibt die Funktion `fopen()` den Wert `false` zurück.

▶ In diesem Fall wird die `throw`-Anweisung aufgerufen, die ein neues Objekt der Klasse `DateiFehler` erzeugt und als Parameter die Fehlermeldung übergibt.

▶ Das Programm fährt mit dem `catch`-Block fort, in dem die Ausgabemethode aufgerufen wird, die für die Ausgabe der Fehlermeldung sorgt. Der Rest des `try`-Blocks wird nicht mehr bearbeitet.

Erläuterung der Division:

MathFehler

▶ Innerhalb der Schleife werden die Division und die Ausgabe des Ergebnisses in einen `try`-Block eingeschlossen.

▶ Falls der Nenner 0 ist, wird die `throw`-Anweisung aufgerufen, die ein neues Objekt der Klasse `MathFehler` erzeugt und als Parameter die Fehlermeldung übergibt.

▶ Das Programm fährt mit dem `catch`-Block fort, in dem die Ausgabemethode aufgerufen wird, die für die Ausgabe der Fehlermeldung sorgt. Der Rest des `try`-Blocks wird nicht mehr bearbeitet. Das Programm fährt mit dem nächsten Schleifendurchlauf fort.

Abbildung 7.73 zeigt die Ausgabe.

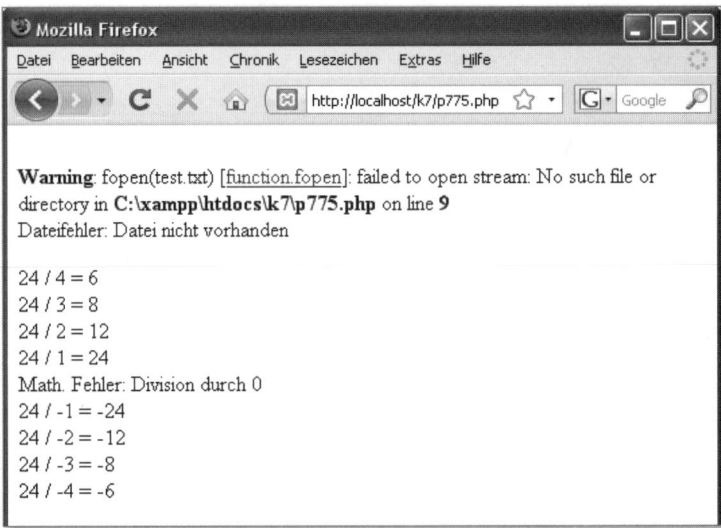

Abbildung 7.73 Ausgabe mit behandelten Fehlern

7.6 Sicherheit

Webserver im Internet sind häufig Angriffen ausgesetzt. Es gibt eine Reihe von Möglichkeiten, diese Angriffe abzuwehren. Eines muss allerdings klar sein: Es gibt keine völlige Sicherheit. Man sollte aber versuchen, den Grad an Sicherheit so weit wie möglich zu erhöhen, ohne dass die Benutzbarkeit des Systems eingeschränkt ist.

Dies gilt für kleine Systeme genauso wie für große. Viele Angriffe sind automatisiert und unterscheiden nicht nach Systemgröße.

Untersuchungen zeigen, dass ein beachtlicher Anteil der Sicherheitslücken durch unzureichende Programmierung entsteht. Neben den Administratoren, Providern und sonstigen Personen bzw. Institutionen, die einen Zugang zu einem Webserver ermöglichen, ist also auch der PHP-Programmierer gefordert, seinen Anteil zur Erhöhung der Sicherheit beizutragen. In diesem Abschnitt werden bewusst keine Angriffstechniken beschrieben, sondern nur Maßnahmen zur Verbesserung der Sicherheit genannt.

7.6.1 Programmpakete

Es existieren fertige Programmpakete, die dem PHP-Programmierer einen Teil seiner Arbeit abnehmen können. Bei diesen Paketen sollte man sich darüber im Klaren sein, dass ihr hoher Verbreitungsgrad auch dazu führen kann, dass ihre Sicherheitslücken ebenfalls verbreitet sind. Sie sollten darauf achten, dass die Pakete weiterhin vom Hersteller gepflegt werden und dass auch an der Beseitigung der Sicherheitslücken gearbeitet wird.

7.6.2 Sichtbare Daten

Daten, die nur der Programmierer benötigt, die aber für den Benutzer unwichtig sind, sollten nicht sichtbar gemacht werden. Alle sichtbaren Daten ergeben Informationen, die zu Angriffen genutzt werden können. Im Einzelnen bedeutet dies:

▶ Daten, die von einem PHP-Programm gesendet werden, sollten möglichst nicht (mit den Zeichen & und ?) an die URL angehängt werden ($_GET[...]), da sie anschließend lesbar in der Adresszeile des Browsers erscheinen.

▶ Daten sollten nicht mit Hilfe von Formularelementen des Typs hidden von einem PHP-Programm zum nächsten übertragen werden. Sie sind in der Quellcodeansicht des Browsers lesbar.

525

▶ Zur Datenübermittlung sollten Sessions verwendet werden (siehe den nächsten Abschnitt).

▶ Hinweise, Warnungen und Fehlermeldungen sollten auf einem Produktionssystem nicht ausgegeben werden.

7.6.3 Sessions

Bei der Übermittlung von Daten zwischen PHP-Programmen bieten Sessions eine recht hohe Sicherheit. Aber auch hier gibt es Verbesserungsmöglichkeiten:

▶ Informationen über die Session werden in einem Cookie auf dem Client-PC festgehalten. Die Lebensdauer der Cookies kann mit Hilfe der Funktion `session_set_cookie_params()` beeinflusst werden, sodass diese nur eine begrenzte Zeit auf dem PC verbleiben. Allerdings gelten die Einstellungen nur für das aktuelle PHP-Programm. Die Funktion muss vor der Funktion `session_start()` aufgerufen werden.

▶ Situation: Der Benutzer entfernt sich während einer Session vom Arbeitsplatz und hinterlässt seinen PC unbeaufsichtigt. Abhilfe: Den Startzeitpunkt einer Session in einer Datenbank auf dem Server festhalten und die Gültigkeit einer Session nach Ablauf einer maximal erlaubten Zeit automatisch beenden.

▶ Die Funktion `session_regenerate_id()` erzeugt eine neue Session mit einer neuen ID, dabei werden alle Daten der alten Session übernommen. So ist es einem Angreifer nicht mehr möglich, mit einer ihm bekannt gewordenen Session-ID oder einer von außen vorgegebenen Session-ID an weitere Daten zu kommen.

▶ Mit Hilfe der Funktion `session_cache_limiter()` kann das Speichern von Seiten, die auch Sessiondaten beinhalten, im Cache des Client-PC oder auf einem Proxy vermieden werden.

7.6.4 Variablen

Der Zugriff, das Hinzufügen oder das Auslesen von Variablen der PHP-Programme sollte nicht möglich sein. Sie sollten daher Folgendes beachten:

▶ Falls die Möglichkeit besteht, sollte der Schalter `register_globals` in der Datei *php.ini* auf `Off` gestellt werden. Die Inhalte von Formularelementen können dann im empfangenden PHP-Programm nur noch über das Array `$_POST[...]` verarbeitet werden.

▶ Variablen können vor ihrer Nutzung initialisiert und nach Ende ihrer Nutzung mit der Funktion `unset()` wieder gelöscht werden.

▶ Der Gültigkeitsbereich von Variablen kann klein gehalten werden, wenn ein Programm stark modularisiert, d. h. in Funktionen zerlegt wird.

7.6.5 Eingaben prüfen

Formulare bieten viele Angriffsmöglichkeiten, da es hier notwendig ist, Daten vom Client zum Server zu übertragen. Abhilfe kann Folgendes bieten:

▶ Die Eingaben sollten vor der Weiterverarbeitung auf Typ und Plausibilität hin geprüft werden. Entsprechen sie dem erwarteten Datentyp? Liegen sie im erlaubten Wertebereich? Handelt es sich um eine der vorgegebenen Möglichkeiten?

▶ Eingaben sollten mit Hilfe der Funktion `htmlspecialchars()` oder der Funktion `htmlentities()` vor der weiteren Verarbeitung umgewandelt werden, sodass kein schädlicher HTML-Code oder JavaScript-Code eingebettet werden kann. Die Funktion wandelt zum Beispiel die Zeichen < , > und Anführungszeichen in die entsprechenden HTML-Entities um (<, >, " usw.).

▶ Es sollte geprüft werden, woher die Daten kommen. Handelt es sich um die erwartete Quelle?

▶ Bei den übermittelten Werten sollte es sich nicht um Funktionsnamen oder Dateinamen handeln, die anschließend direkt aufgerufen oder anderweitig bearbeitet werden. Dies spart zwar Code, setzt aber die Sicherheit herab.

▶ Falls Eingaben benötigt werden, um anschließend eine Datenbankabfrage zu generieren, so sollte mit der Funktion `mysql_real_escape_string()` gearbeitet werden. Diese setzt unter anderem jedes Hochkomma in der Eingabe um in die Kombination: Backslash und Hochkomma. Dadurch wird das Einbetten von zusätzlichem, eventuell schädlichem SQL-Code verhindert.

7.6.6 Passwörter

Häufig kann der Zugang zu bestimmten Seiten nur mit einem Passwort erreicht werden. Die Sicherheit kann hierbei durch folgende Maßnahmen erhöht werden:

- Passwörter sollten eine bestimmte Mindestlänge haben. Sie sollten sowohl kleine Zeichen als auch große Zeichen sowie Ziffern, gegebenenfalls auch bestimmte Sonderzeichen beinhalten.

- Diese Regeln sollten in beiden möglichen Fällen beachtet werden:

  - falls der Benutzer sein Passwort selbst wählen kann oder

  - falls der Betreiber des Webservers ein per PHP-Programm generiertes Passwort vorgibt.

- Die Speicherung des Passworts in einer Datenbank sollte in verschlüsselter Form erfolgen, zum Beispiel mit Hilfe der Funktion md5(). Ein Vergleich wird dann zwischen der verschlüsselten Eingabe und dem verschlüsselt gespeicherten Passwort vorgenommen.

7.7　E-Mail

Automatisierte E-Mail

Bei vielen Websites besteht die Notwendigkeit, automatisierte E-Mails zu versenden. Diese dienen zum Beispiel als Bestellbestätigungen, Statusinformationen oder Registrierungen. In diesem Abschnitt werden zwei Möglichkeiten zum E-Mail-Versand vorgestellt:

- die PHP-Funktion mail() und

- ein frei verfügbares Produkt namens *HTML Mime Mail*

7.7.1　Lokale Testumgebung

Mercury Mail

Die eigenen, per PHP erzeugten E-Mails können zum Entwickeln und Testen über den lokalen Mail-Server, später über einen Server im Internet versandt werden.

Zum Testen und Entwickeln ist in der hier empfohlenen XAMPP-Installation für Windows der Mail-Server *Mercury Mail* enthalten. Er muss zunächst im XAMPP Control Panel gestartet werden.

newuser@ localhost

Es sind bereits drei Adressen eingerichtet: admin@localhost, postmaster @localhost und newuser@localhost. Falls eine Mail zum Beispiel an newuser@localhost gesendet wird, dann liegt diese im entsprechenden Postfach. Dies ist das Verzeichnis *C:\xampp\MercuryMail\MAIL\newuser* bei einer Standardinstallation von XAMPP. Die Mail kann dort mit einem Texteditor kontrolliert werden.

E-Mail-Konto

Besser ist es allerdings, ein E-Mail-Konto (Typ: POP3) unter dem eigenen E-Mail-Client einzurichten. Der unter XAMPP bereits eingerichtete Kontoname des Posteingangsservers lautet `newuser`, das Kennwort `wampp`, die Serveradressen sind jeweils `127.0.0.1`. Nun ist der E-Mail-Client in der Lage, die Mails aus dem Postfach des lokalen Mail-Servers `Mercury Mail` abzuholen und wie gewohnt darzustellen.

Sollte ein Problem mit der Einstellung bestehen, kann es nützlich sein, die SMTP-Konfiguration für PHP in der Datei *php.ini* zu kontrollieren. Im folgenden Programm wird die Funktion `ini_get()` zur Ausgabe der wichtigen Werte aufgerufen.

SMTP-Konfiguration

```
<html>
<body>
<?php
  echo "SMTP-Server: " . ini_get("SMTP") . "<br />";
  echo "Port: " . ini_get("smtp_port");
?>
</body>
</html>
```

Listing 7.50 Datei p780.php

Die Ausgabe sieht bei der Standardinstallation von XAMPP wie in Abbildung 7.74 dargestellt aus.

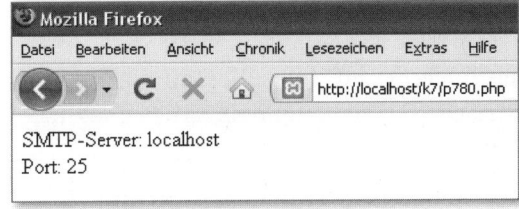

Abbildung 7.74 Lokaler Mail-Server

7.7.2 Erste Mail mit mail()

Die PHP-Funktion `mail()` benötigt fünf Parameter: Empfänger, Betreff, Nachricht, eine Sammlung von zusätzlichen Mailheadern sowie eine Sammlung von zusätzlichen Parametern. Die beiden letzten Parameter sind optional. Zunächst eine einfache Mail:

mail()

```
<html>
<body>
<?php
  mail("newuser@localhost, admin@localhost",
       "Das ist der Betreff",
       "Hallo,\ndas ist die Nachricht.\nBis dann",
```

```
            "From:absender@test.de");
?>
</body>
</html>
```

Listing 7.51 Datei p781.php

Erläuterung:

- Beim Empfänger sind zwei der drei bereits besprochenen Adressen auf dem lokalen Mail-Server angegeben.

- Zeilenumbrüche in der Nachricht können mit \n erzeugt werden. Zeilenumbrüche im Empfänger und im Betreff sind zu vermeiden.

Mailheader ▸ Zusätzliche Mailheader werden in der Form `<Header-Typ>:<Header-Inhalt>` notiert. Der Header-Typ `From` ist für den Absender vorgesehen.

Header-Typ »From« Die Mail kann von vielen Mail-Servern im Internet auch ohne den Header-Typ `From` versandt werden. Dies ist allerdings nicht zu empfehlen, da in diesem Fall automatisch ein eigener Absendername wie zum Beispiel www verwendet wird. Dies sieht beim Empfänger nicht sehr ansprechend aus. Außerdem akzeptieren immer mehr Mail-Server im Internet sinnvollerweise nur noch ein E-Mail-Konto als Senderadresse, das auf diesem Mail-Server eingerichtet wurde, um Spam-E-Mails auf diese Weise zu vermeiden.

Das Programm erzeugt keine Ausgabe auf dem Bildschirm. Eine Ausnahme: Sie haben den Mercury Mail-Server unter XAMPP noch nicht gestartet. Dann erscheint die Fehlermeldung:

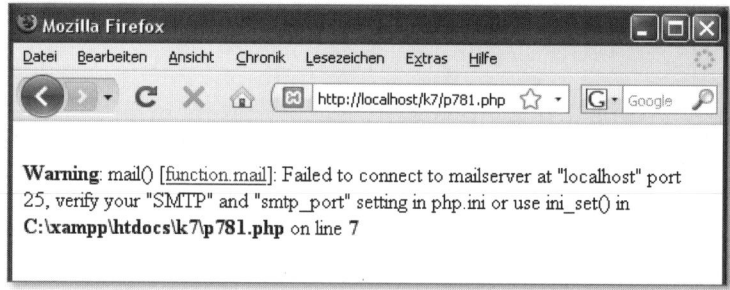

Abbildung 7.75 Mail-Server nicht gestartet

Falls die E-Mail erfolgreich gesendet wurde, gibt es eine neue Datei im Verzeichnis *C:\xampp\MercuryMail\MAIL\newuser*. Die Datei kann mit einem Texteditor betrachtet werden.

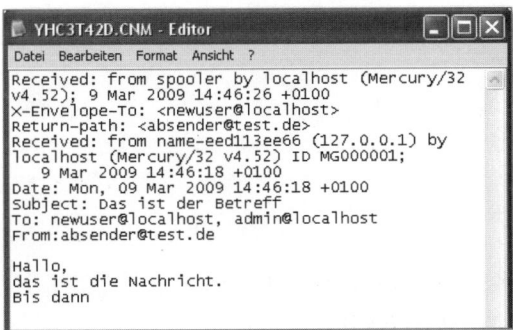

Abbildung 7.76 Mail im Mail-Verzeichnis des Empfängers

Falls bereits ein E-Mail-Konto eingerichtet wurde, sieht die Mail im E-Mail-Client (hier Mozilla Thunderbird 2) wie folgt aus:

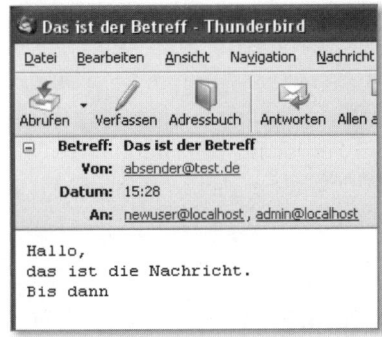

Abbildung 7.77 Mail in einem E-Mail-Client

7.7.3 HTML-Mail mit mail()

Weitere Möglichkeiten sollen mit der folgenden Mail gezeigt werden. Diese besteht aus einer Nachricht im HTML-Format. Auch wenn dies nicht immer gern gesehen wird, sind die meisten E-Mail-Clients in der Lage, eine solche Nachricht darzustellen. Zusätzlich werden sichtbare Kopien der Mail an zwei Empfänger versandt und die Antwortadresse verändert.

```
<html>
<body>
<?php
  mail("newuser@localhost",
       "Das ist der Betreff",
       "<html><body><table border='1'>
        <tr><td>Hallo</td></tr>
```

```
        </table></body></html>",
       "From:absender@test.de\r\n" .
       "Cc:postmaster@localhost, admin@localhost\r\n" .
       "Reply-To:service@test.de\r\n" .
       "Content-type: text/html");
?>
</body>
</html>
```

Listing 7.52   Datei p782.php

Abbildung 7.78 zeigt das Ergebnis im E-Mail-Client.

Abbildung 7.78   HTML-Mail mit Cc

Falls man diese Mail direkt über die Antwortfunktion des E-Mail-Clients beantwortet, sieht dies zunächst wie folgt aus:

Abbildung 7.79   Antwort an eine andere Adresse

Erläuterung:

▶ Im dritten Parameter wird ein komplettes HTML-Dokument inklusive Nachricht notiert. Außerdem muss im vierten Parameter der Header-Typ `Content-type` mit dem Inhalt `text/html` angegeben werden. Falls man dies unterlässt, wird der Original-HTML-Code in der Mail ausgegeben.

Content-type text/html

▶ Im vierten Parameter werden einige zusätzliche Mailheader notiert. Diese werden durch die Zeichen \r\n voneinander getrennt.

Mehrere Mailheader

▶ Der Header-Typ `Cc` dient zur Angabe sichtbarer Kopieempfänger. Es gibt auch den Header-Typ `Bcc` zur Angabe unsichtbarer Empfänger einer Kopie. Mehrere Empfänger werden durch Komma voneinander getrennt. Dies gilt auch im Header-Inhalt für `Cc` und `Bcc`.

Cc, Bcc

▶ Normalerweise geht die Antwort einer Mail an den Absender zurück. Falls dies nicht gewünscht ist, kann der Header-Typ `Reply-To` mit einer anderen Adresse als Header-Inhalt angegeben werden. Diese wird dann von der Antwortfunktion des E-Mail-Clients verwendet.

Reply-To

7.7.4 Erste Mail mit HTML Mime Mail

HTML Mime Mail ist ein Produkt von Richard Heyes (*http:// www.phpguru.org*), das unter der BSD-Lizenz genutzt werden kann. Es ist objektorientiert programmiert und bietet viele Möglichkeiten für einen komfortablen Mail-Versand.

phpguru.org

Für die vorliegenden Beispiele wurden die Dateien des Programms HTML Mime Mail im Unterverzeichnis *hmm* des PHP-Programmverzeichnisses abgelegt. An dieser Stelle finden Sie es auch auf der CD zum Buch. Betrachten wir zunächst ein einfaches Programm, das eine einfache E-Mail erzeugt:

Installation

```
<html>
<body>
<?php
  require_once("hmm/htmlMimeMail.php");
  $mail = new htmlMimeMail();
  $mail->setFrom("absender@test.de");
  $mail->setSubject("Betreff");
  $mail->setText("Mail mit HTML Mime Mail");
  $empf = array("newuser@localhost");
  $mail->send($empf);
?>
```

```
</body>
</html>
```

Listing 7.53 Datei p783.php

Erläuterung:

Klasse
htmlMimeMail
► Die Datei htmlMimeMail.php beinhaltet die Klasse htmlMimeMail und wird mit der Anweisung require_once einmalig in das Programm eingebunden (siehe Abschnitt 2.8.3).

► Es wird ein neues Objekt der Klasse htmlMimeMail() erzeugt. Rückgabewert ist ein Zeiger zur weiteren Bearbeitung des Objekts.

setFrom(),
setSubject(),
setText()
► Die Methoden setFrom(), setSubject() und setText() setzen den Absender, den Betreff und die Nachricht der Mail. Parameter ist jeweils eine Zeichenkette.

send()
► Die Methode send() sendet die Mail an alle Empfänger, die im Parameter-Array angegeben sind. Falls weitere Empfänger gewünscht sind, muss das Array dementsprechend vergrößert werden.

7.7.5 HTML-Mail mit HTML Mime Mail

Es folgt eine HTML-Mail. Eine Kopie wird an zwei weitere Empfänger versandt.

```
<html>
<body>
<?php
    require_once("hmm/htmlMimeMail.php");
    $mail = new htmlMimeMail();

    $mail->setFrom("absender@test.de");
    $mail->setCc("postmaster@localhost, admin@localhost");
    // $mail->setReturnPath("service@test.de");
    $mail->setSubject("Das ist der Betreff");

    $html = "<html><body><table border='1'>
            <tr><td>Hallo</td></tr>
            </table></body></html>";
    $mail->setHTML($html);

    $mail->send(array("newuser@localhost"));
?>
```

```
</body>
</html>
```

Listing 7.54   Datei p784.php

Erläuterung:

▶ Die Methode `setCc()` setzt einen oder mehrere sichtbare Kopieempfänger. Falls es mehrere gibt, werden diese in eine Zeichenkette gesetzt und jeweils durch ein Komma voneinander getrennt. Die Methode `setBcc()` zum Setzen der unsichtbaren Kopieempfänger arbeitet auf gleiche Weise.

setCc(), setBcc

▶ Die Methode `setReturnPath()` setzt den Empfänger der Antwort, falls dies nicht der Mail-Absender sein soll. Allerdings funktioniert die Methode in der für dieses Buch vorliegenden Version noch nicht zufriedenstellend.

setReturnPath()

▶ Es wird die Methode `setHTML()` statt der Methode `setText()` eingesetzt. Es können nicht beide Methoden gleichzeitig verwendet werden. Der Parameter der Methode `setHTML()` ist eine Zeichenkette mit HTML-Code. Der Content-Type muss nicht gesetzt werden.

setHTML()

Die Ausgabe:

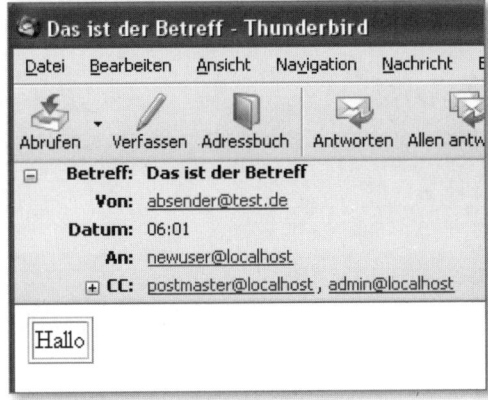

Abbildung 7.80   HTML-Mail mit HTML Mime Mail

7.7.6   HTML-Mail mit Bild

Zum Versenden von HTML-Dateien mit Bildern muss der Aufruf der Methode `setHTML()` etwas umfangreicher sein. Der Pfad zu dem Verzeichnis, in dem das Bild gespeichert ist, muss mit angegeben werden.

Eine E-Mail mit Bild könnte im E-Mail-Client des Empfängers etwa so aussehen wie in Abbildung 7.81.

Abbildung 7.81 HTML-Mail mit Bild

Der Programmcode:

```
<html>
<body>
<?php
  require_once("hmm/htmlMimeMail.php");
  $mail = new htmlMimeMail();
  $mail->setFrom("absender@test.de");
  $mail->setSubject("Mail mit Bild");

  $html = "<html><body><p>Vogel</p>
          <p><img src='vogel.jpg' /></p>
          </body></html>";
  $mail->setHTML($html, "", dirname(__FILE__) . "/");

  $mail->send(array("newuser@localhost"));
?>
</body>
</html>
```

Listing 7.55 Datei p785.php

Erläuterung:

▶ Der HTML-Code wird zur besseren Übersichtlichkeit in einer Variablen gespeichert. Er beinhaltet die `img`-Markierung zum Einbinden eines Bildes im gleichen Verzeichnis.

▶ Die Methode `setHTML()` wird diesmal mit drei Parametern aufgerufen. Im ersten Parameter steht nach wie vor der HTML-Code. Der zweite Parameter wird hier nicht benötigt und kann eine leere Zeichenkette beinhalten. · setHTML()

▶ Im dritten Parameter wird der Pfad zu dem Verzeichnis angegeben, in dem das Bild gespeichert ist. Da es sich um das aktuelle Verzeichnis handelt, kann der Verzeichnisname mit der Funktion `dirname()` und der Konstanten `__FILE__` ermittelt werden. · dirname(), __FILE__

7.7.7   E-Mail mit Anlage

Einer E-Mail können beliebige Dateien als Anlage mitgegeben werden. Im folgenden Beispiel wurden der Mail zwei Bilddateien angehängt. Das Ergebnis sieht im E-Mail-Client des Empfängers so aus wie in Abbildung 7.82.

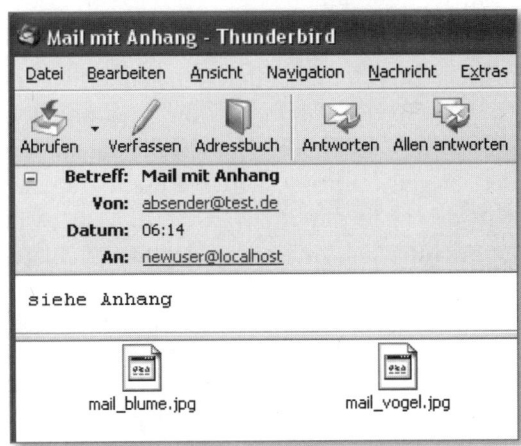

Abbildung 7.82   Mail mit Anhang

Der Programmcode:

```
<html>
<body>
<?php
  require_once("hmm/htmlMimeMail.php");
```

```
$mail = new htmlMimeMail();
$mail->setFrom("absender@test.de");
$mail->setSubject("Mail mit Anhang");
$mail->setText("siehe Anhang");

$inhalt = $mail->getFile("blume.jpg");
$mail->addAttachment($inhalt, "mail_blume.jpg");

$inhalt = $mail->getFile("vogel.jpg");
$mail->addAttachment($inhalt, "mail_vogel.jpg");

$mail->send(array("newuser@localhost"));
?>
</body>
</html>
```

Listing 7.56 Datei p786.php

Erläuterung:

▶ Dies ist eine Text-E-Mail, daher wurde die Methode `setText()` zum Hinzufügen des Textes benutzt.

getFile() ▶ Die Methode `getFile()` dient zum binären Einlesen einer Datei. Rückgabewert sind die gesammelten Dateiinformationen.

addAttachment() ▶ Die Methode `addAttachment()` fügt der Liste der Anlagen ein weiteres Element hinzu. Sie benötigt zwei Parameter: die gesammelten Dateiinformationen und einen frei wählbaren Namen für die zu versendende Datei (mit der richtigen Endung). Unter diesem Dateinamen erscheint die Datei in der Liste der Anlagen der E-Mail beim Empfänger. Der Dateiname kann auch der Name der Originaldatei sein.

7.7.8 E-Mail mit unmittelbar erzeugter Anlage

Im vorherigen Abschnitt wurde eine vorhandene, bereits gespeicherte Datei als Anlage eingebunden. Es ist aber auch möglich, eine Anlage per PHP-Programm zu erzeugen und ohne Speicherung der Mail direkt zu übergeben.

Im folgenden Beispiel wird ein PDF-Objekt erzeugt. Dieses Objekt wird der Mail als Anlage übergeben. Beim Empfänger liegt sie dann als separate PDF-Datei vor. Das Ergebnis sieht im E-Mail-Client des Empfängers wie in Abbildung 7.83 aus.

Abbildung 7.83 Mail mit unmittelbar erzeugter Anlage

Der Programmcode:

```
<html>
<body>
<?php
  require_once("hmm/htmlMimeMail.php");
  $mail = new htmlMimeMail();
  $mail->setFrom("absender@test.de");
  $mail->setSubject("Datei");
  $mail->setText("siehe Anhang");

  require("fpdf/fpdf.php");
  $pdf = new FPDF();
  $pdf->SetFont("Helvetica", "B", 24);
  $pdf->AddPage();
  $pdf->Write(20, "Hallo Welt");

  $mail->addAttachment($pdf->Output("","S"),
        "hallo.pdf");

  $mail->send(array("newuser@localhost"));
?>
</body>
</html>
```

Listing 7.57 Datei p787.php

Erläuterung:

Output() ▶ Das PDF-Objekt wird auf die gleiche Weise erzeugt, wie in Abschnitt 7.3 erläutert. Die Methode `Output()` der Klasse `FPDF` dient zur Ausgabe der gesammelten Informationen des PDF-Objekts. Falls als zweiter Parameter `"S"` angegeben wird, wird das PDF-Objekt als Zeichenkette ausgegeben.

addAttachment() Diese Zeichenkette eignet sich als erster Parameter der Methode `addAttachment()`. Als zweiter Parameter der Methode `addAttachment()` wird ein frei wählbarer Name (mit der richtigen Endung) angegeben. Unter diesem Dateinamen erscheint die Datei in der Liste der Anlagen der E-Mail beim Empfänger.

8 Beispielprojekte

In diesem Kapitel werden zwei typische Anwendungsprojekte beschrieben: ein Chat und ein Forum. Besonderer Wert wird dabei auf das Zusammenspiel von PHP, JavaScript und CSS gelegt.

8.1 Projekt »Chat«

Es soll eine Anwendung geschrieben werden, mit deren Hilfe ein einfacher Chat in eine Website integriert werden kann. Dazu gibt es im Internet bereits vorgefertigte Lösungen. Hier kommt es aber auf die Entwicklung mit den erlernten Mitteln und auf das Verständnis des Zusammenspiels der einzelnen Komponenten an.

Die Chat-Anwendung wird in zwei Versionen angeboten:

▶ Eine Version »Textdatei«, die auf Websites ohne Datenbankanbindung eingesetzt werden kann. Die zugehörigen Programmdateien befinden sich im Unterverzeichnis *chat_text*. **Textdatei**

▶ Eine Version »Datenbank«, die für Websites mit MySQL-Datenbankanbindung dient. Die zugehörigen Programmdateien befinden sich im Unterverzeichnis *chat_db*. **Datenbank**

Beide Versionen werden im Folgenden parallel beschrieben. Damit sind die Gemeinsamkeiten beziehungsweise Unterschiede deutlicher erkennbar. Außerdem werden mögliche, individuelle Erweiterungen angesprochen, die eine Standardanwendung nicht bieten kann.

8.1.1 Frame-Aufbau

Beide Versionen haben den gleichen Frame-Aufbau. Sie unterscheiden sich nur in der Form der Datenabspeicherung. In der Version »Textdatei« werden die bisherigen Chat-Beiträge bei der Darstellung aufsteigend sortiert. In der Version »Datenbank« wird die Darstellung in absteigender Form ermöglicht, sodass der neueste Beitrag oben steht.

In Abbildung 8.1 sehen Sie zunächst eine Gesamtdarstellung, in der Version »Textdatei«.

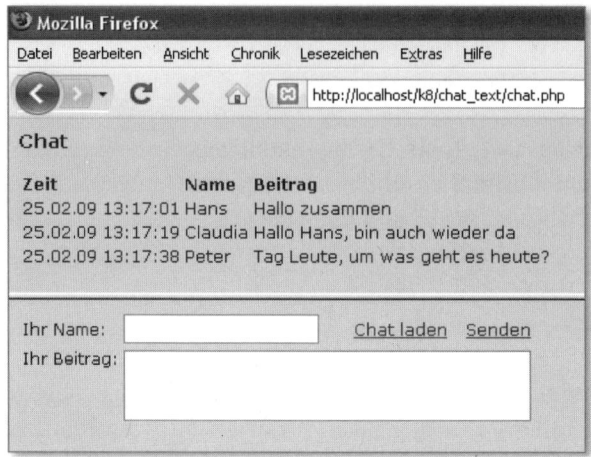

Abbildung 8.1 Ausgabe gesamt

Frame-Steuerdatei
Es wird eine Aufteilung in Frames vorgenommen. Dazu dient eine Frame-Steuerdatei:

```
<html>
<frameset rows="5*,*">
   <frame src="chat_aus.php" name="ausgabe" />
   <frame src="chat_ein.php" name="eingabe" />
</frameset>
</html>
```

Listing 8.1 Datei chat.php

Erläuterung:

▶ Die Aufteilung der beiden Frame-Zeilen wurde im Verhältnis 5:1 vorgenommen. Die Grenze zwischen den beiden Frames wurde nur für die obige Darstellung verschoben.

▶ Im oberen Frame werden die bisherigen Beiträge ausgegeben, das Programm steht in *chat_aus.php*. Der Frame hat den Namen ausgabe.

▶ Im unteren Frame können neue Beiträge eingegeben werden, das Programm steht in *chat_ein.php*. Der Frame hat den Namen eingabe.

8.1.2 CSS-Formatierung

Beide Dateien binden die folgende CSS-Datei zur einheitlichen Formatierung ein:

```
body,td    {font-family: Verdana; font-size: 9pt;
             background-color:#d0dce0; color:#00008b}

a:link     {font-family: Verdana; font-size: 9pt;
             color: #0000ff}
a:visited  {font-family: Verdana; font-size: 9pt;
             color: #0000ff}
a:hover    {font-family: Verdana; font-size: 9pt;
             color: #ff0000}
```

Listing 8.2 Datei chat.css

Erläuterung:

▶ Es wird für das gesamte Dokument und für die Tabellenzellen die Schriftart Verdana in der Größe 9 Punkt und in der Farbe mittelblau gewählt. Der Hintergrund ist hellblau.

▶ Ein Hyperlink wird in der gleichen Formatierung dargestellt, allerdings mit Unterstreichung. Wenn der Benutzer mit dem Mauszeiger über den Link fährt, wird dieser rot eingefärbt.

Zentrale Formatierung

8.1.3 Ausgabe, Version »Textdatei«

Die bisherigen Beiträge werden im oberen Frame durch das folgende Programm aus der Textdatei gelesen und auf dem Bildschirm ausgegeben:

Inhalte lesen und ausgeben

```
<html>
<head>
<link rel="stylesheet" type="text/css" href="chat.css">
</head>
<body>
<h3>Chat</h3>
<?php
/* Datei mit chat-Daten auslesen */
$fp = @fopen("chatdata.txt","r");
if($fp)
{
   echo "<table>"
     . "<tr><td><b>Zeit</b></td>"
```

543

```
    . "<td><b>Name</b></td>"
    . "<td><b>Beitrag</b></td></tr>";

    /* alle Zeilen lesen und ausgeben */
    while(!feof($fp))
    {
        $tabzeile = fgets($fp,200);
        echo "$tabzeile";
    }

    echo "</table>";
    fclose($fp);
}
?>
</body>
</html>
```

Listing 8.3 chat_aus.php, Version Textdatei

Erläuterung:

▸ Zunächst wird die CSS-Formatierungsdatei eingebunden.

▸ Im PHP-Teil wird die Datei mit den Beiträgen (*chatdata.txt*) zum Lesen geöffnet.

▸ Falls dieser Vorgang erfolgreich war, so wird eine dreispaltige Tabelle mit den Überschriften Zeit, Name und Beitrag begonnen.

▸ Alle Zeilen der Textdatei werden mit Hilfe der while-Schleife gelesen. Jede Zeile beinhaltet die Formatierungen für die HTML-Tabelle und wird vollständig ausgegeben.

8.1.4   Darstellung der Textdatei

Die Textdatei hat den in Abbildung 8.2 gezeigten Aufbau. Jede Zeile ist bereits eine vollständige HTML-Tabellenzeile.

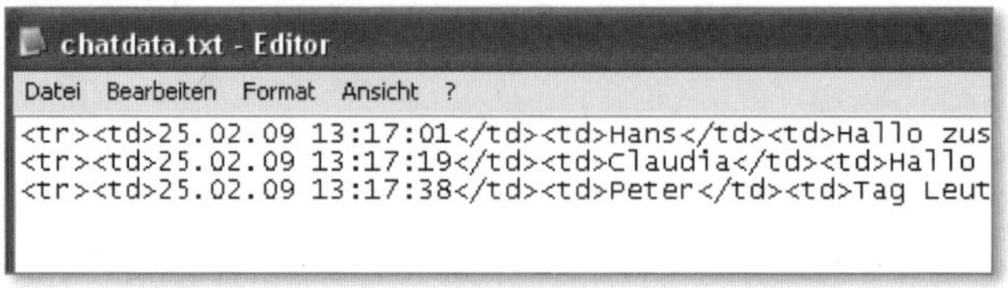

Abbildung 8.2 Textdatei

8.1.5   Ausgabe, Version »Datenbank«

Der Aufbau der Datenbank inkl. Tabelle wird im nächsten Abschnitt beschrieben.

Die bisherigen Beiträge werden im oberen Frame durch das folgende Programm aus der Datenbank gelesen und auf dem Bildschirm ausgegeben:

```
<html>
<head>
<link rel="stylesheet" type="text/css" href="chat.css">
</head>

<body>
<h3>Chat</h3>
<?php
/* Datei mit chat-Daten auslesen */
mysql_connect("","root");
mysql_select_db("chat");
$res = mysql_query("select * from daten order by zeit desc");

if(mysql_num_rows($res)>0)
{
   echo "<table>"
     . "<tr><td><b>Zeit</b></td>"
     . "<td><b>Name</b></td>"
     . "<td><b>Beitrag</b></td></tr>";

   while($dsatz = mysql_fetch_assoc($res))
   {
     $z = $dsatz["zeit"];
     $zs = substr($z,8,2) . "." . substr($z,5,2) . "."
        . substr($z,0,4) . " " . substr($z,11);
     echo "<tr>"
        . "<td>$zs</td>"
        . "<td>" . $dsatz["nick"] . "</td>"
        . "<td>" . $dsatz["beitrag"] . "</td>"
        . "</tr>";
   }

   echo "</table>";
}
?>
</body>
</html>
```

Listing 8.4   Datei chat_aus.php, Version »Datenbank«

Erläuterung:

▶ Zunächst wird die CSS-Formatierungsdatei eingebunden.

▶ Im PHP-Teil werden aus der Datenbank chat alle Datensätze aus der Tabelle daten geholt. Diese sind nach dem Feld zeit absteigend sortiert, sodass der neueste Beitrag der erste Beitrag ist.

▶ Falls Datensätze vorhanden sind, so wird eine dreispaltige Tabelle mit den Überschriften Zeit, Name und Beitrag begonnen.

▶ Alle Datensätze werden mit Hilfe der while-Schleife und der Funktion mysql_fetch_assoc() im assoziativen Feld $dsatz gespeichert.

▶ Der automatisch erstellte MySQL-Timestamp im Datenfeld zeit wird zerlegt, um formatiert ausgegeben werden zu können.

▶ Die drei Angaben jedes Datensatzes werden als HTML-Tabellenzeile ausgegeben.

8.1.6 Darstellung der Datenbanktabellen

Die Tabelle chat hat folgende Struktur:

Feld	Typ	Kollation	Attribute
zeit	timestamp		on update CURRENT_TIMESTAMP
nick	varchar(15)	latin1_swedish_ci	
beitrag	varchar(255)	latin1_swedish_ci	

Abbildung 8.3 Tabellenstruktur »Chat«

Einige Beispieldaten:

zeit	nick	beitrag
2006-06-25 13:17:01	Hans	Hallo zusammen
2006-06-25 13:17:19	Claudia	Hallo Hans, bin auch wieder da
2006-06-25 13:17:38	Peter	Tag Leute, um was geht es heute?

Abbildung 8.4 Daten »Chat«

[»] **Hinweis**

Zur Erzeugung der Datenbank inkl. Tabelle können Sie statt phpMyAdmin auch das PHP-Programm *k8/chat_db/ create_chat.php* benutzen.

8.1.7 Eingabe, Head

Die Datei *chat_ein.php* mit dem Programm zur Eingabe eines neuen Beitrags ist etwas umfangreicher, daher wird sie nachfolgend in drei Teilen dargestellt:

▶ Teil 1: Head mit CSS und JavaScript-Funktionen. Dieser ist für beide Versionen gleich.

▶ Teil 2: PHP-Abschnitt zum Speichern eines neuen Beitrags. Dieser unterscheidet sich und wird daher in zwei Versionen erläutert.

▶ Teil 3: Formular zum Eingeben eines neuen Beitrags. Dieses ist für beide Versionen gleich.

Es folgt Teil 1, also der Head mit CSS und JavaScript-Funktionen. Er ist für beide Versionen gleich.

```
<html>
<head>
<link rel="stylesheet" type="text/css" href="chat.css">

<script type="text/javascript">
/* Beitrag senden, falls Name und Beitrag vorhanden */
function send()
{
   if(document.f.nick.value != "" &&
      document.f.beitrag.value != "")
      document.f.submit();
}

/* Chat-Anzeige aktualisieren */
function reload()
{
   parent.ausgabe.location.href = "chat_aus.php";
}
</script>
</head>
```

Listing 8.5 Datei chat_ein.php, Teil 1

Erläuterung:

▶ Zunächst wird die CSS-Formatierungsdatei eingebunden.

▶ Im JavaScript-Teil wird mit Hilfe der Funktion send() überprüft, ob der Benutzer seinen (Nick-)Namen und einen Beitrag in den beiden Formularfeldern eingetragen hat. Falls ja, wird das Formular abgesendet.

JavaScript-Prüfung

▶ Die Funktion `reload()` dient zum neuen Laden des oberen Frames, also der Ausgabeseite. Dies geschieht sowohl »automatisch« nach dem Eintragen des neuen Beitrags als auch bei Betätigung des Links »Chat laden« ohne Eingabe eines neuen Beitrags.

[»]

> **Hinweis**
>
> Der JavaScript-Verweis auf ein Dokument wird über das Objekt `location`, Eigenschaft `href` realisiert. Dieser Eigenschaft wird ein Wert zugewiesen. In diesem Fall handelt es sich um das gleiche Dokument, das bereits angezeigt wird; es wird also nur neu geladen.
>
> Da das Dokument in einem anderen Frame geladen werden soll, muss der Frame über das festgelegte Wort `parent`, gefolgt vom Namen des Frames (`ausgabe`), angesprochen werden. Dieser Name wurde in der Frame-Steuerdatei festgelegt.

8.1.8 Eingabe, PHP zum Speichern, Version »Textdatei«

Dateispeicherung   Es folgt Teil 2, der PHP-Abschnitt zum Speichern eines neuen Beitrags in einer Textdatei:

```php
<body>
<?php
/* Anhängen des neuen Textes, falls vorhanden */
if(isset($_POST["beitrag"]))
{
    $fp = @fopen("chatdata.txt","a");
    if($fp)
    {
        $jetzt = date("d.m.y H:i:s");
        $tabzeile =  "<tr><td>$jetzt</td><td>"
            . $_POST["nick"] . "</td><td>"
            . $_POST["beitrag"] . "</td></tr>"
            . chr(13) . chr(10);
        fputs($fp,$tabzeile);
    }
    fclose($fp);

    /* Chat-Anzeige aktualisieren */
    echo "<script type='text/javascript'>
        reload();</script>";
}
?>
```

Listing 8.6   Datei chat_ein.php, Teil 2, Version »Textdatei«

Erläuterung:

▶ Falls es keinen Beitrag gibt, wird in diesem Teil nichts ausgeführt. Dies ist beim ersten Aufruf der Seite der Fall.

▶ Die Datei mit den Beiträgen (*chatdata.txt*) wird zum Anhängen geöffnet. Das aktuelle Datum und die aktuelle Uhrzeit werden ermittelt und zusammen mit dem (Nick-)Namen des Benutzers und seinem Beitrag in die Datei geschrieben.

▶ Diese drei Angaben werden in eine HTML-Tabellenzeile eingebettet, sodass die betreffende Zeile beim späteren Lesevorgang unmittelbar ausgegeben werden kann (siehe oben). Damit der Entwickler die Inhalte der Textdatei besser kontrollieren kann, wird am Ende ein Zeilenumbruch (chr(13) und chr(10)) eingefügt.

▶ Nach dem Schreibvorgang wird der Ausgabe-Frame durch die eigene JavaScript-Funktion reload() neu geladen, damit der neu eingegebene Beitrag unmittelbar zu sehen ist.

8.1.9 Eingabe, PHP zum Speichern, Version »Datenbank«

Es folgt Teil 2, der PHP-Abschnitt zum Speichern eines neuen Beitrags in einer Datenbank:

Datenbankspeicherung

```
<body>
<?php
/* Anhängen des neuen Textes, falls vorhanden */
if(isset($_POST["beitrag"]))
{
   mysql_connect("","root");
   mysql_select_db("chat");
   mysql_query("insert daten (nick, beitrag)
      values ('" . $_POST["nick"] . "', '"
      . $_POST["beitrag"] . "')");

   /* Chat-Anzeige aktualisieren */
   echo "<script type='text/javascript'>
      reload();</script>";
}
?>
```

Listing 8.7 Datei chat_ein.php, Teil 2, Version »Datenbank«

Erläuterung:

▶ Falls es keinen Beitrag gibt, wird in diesem Teil nichts ausgeführt. Dies ist beim ersten Aufruf der Seite der Fall.

insert into ...
values

▶ Mit Hilfe der SQL-Anweisung `insert` werden der (Nick-)Name des Benutzers und sein Beitrag in die Tabelle `daten` der Datenbank `chat` geschrieben. Diese Tabelle beinhaltet ein drittes Feld vom Typ `Timestamp`. In diesem Feld werden bei der Erzeugung des Datensatzes von MySQL automatisch das aktuelle Datum und die aktuelle Uhrzeit eingetragen.

▶ Nach dem Schreibvorgang wird der Ausgabe-Frame durch die eigene JavaScript-Funktion `reload()` neu geladen, damit der eingegebene Beitrag unmittelbar zu sehen ist.

8.1.10 Eingabe, Formular

Es folgt Teil 3, das Eingabeformular. Es ist für beide Versionen gleich.

```
<form name="f" action="chat_ein.php" method="post">
<table>
   <tr>
      <td>Ihr Name:</td>
      <td><input name="nick"
         <?php
           if(isset($_POST["nick"]))
             echo "value='" . $_POST["nick"] . "'";
         ?>
         size="20" /></td>
      <td align="center">
         <a href="javascript:reload();">Chat laden</a>
      </td>
      <td align="right">
         <a href="javascript:send();">Senden</a>
      </td>
   </tr>

   <tr>
      <td valign="top">Ihr Beitrag:</td>
      <td colspan="3">
         <textarea cols="50" rows="2" name="beitrag"></
textarea>
      </td>
   </tr>
</table>
</form>

</body>
</html>
```

Listing 8.8 Datei chat_ein.php, Teil 3

Erläuterung:

▶ Das Eingabeformular hat einen Namen (f), dieser wird für JavaScript benötigt. Es ruft die gleiche Datei wieder auf. Nach dem Absenden steht das Eingabefenster also wieder zur Verfügung.

▶ Die Formularelemente sind in einer kleinen Tabelle eingebettet.

▶ In der oberen Tabellenzeile steht das Eingabefeld für den (Nick-) Namen. Der Benutzer muss seinen Namen nur einmal eintragen. Nach dem Absenden sorgt PHP dafür, dass der gleiche Name wieder übernommen wird (value='$nick').

▶ Es folgt der Hyperlink für *Chat laden* (ohne Beitrag), der die eigene JavaScript-Funktion reload() aufruft.

▶ Anschließend folgt der Hyperlink für das SENDEN eines Beitrags, der die eigene JavaScript-Funktion send() aufruft.

Beitrag senden

▶ In der unteren Tabellenzeile nimmt eine Textarea der Größe 50 mal 2 die neuen Beiträge auf. Diese Werte wurden nur für Abbildung 8.1 gewählt. Sinnvoller wäre zum Beispiel 90 mal 3.

8.1.11 Mögliche Erweiterungen

Das Programm könnte mit folgenden Features erweitert werden:

Der Benutzer, der an einem Chat teilnehmen möchte, gelangt zunächst zu einer Log-in-Seite. Dort meldet er sich mit seinem (Nick-)Namen und seinem Passwort an und bestimmt, an welcher Chat-Gruppe er teilnehmen möchte.

Alle anwesenden Teilnehmer jeder Chat-Gruppe werden angezeigt, sodass man sich einen Überblick darüber verschaffen kann, wie gut die jeweilige Chat-Gruppe besucht ist und ob Bekannte dabei sind.

Ideen

Ein neu hinzukommender Benutzer, der noch kein Passwort hat, wird auf eine Seite zur Neuanmeldung verwiesen. Hier trägt er seine persönlichen Daten ein, soweit diese für die Chat-Anmeldung relevant sind.

Es ist eine Administrationsseite für einen Moderator vorhanden. Dieser kann

▶ alle Chat-Beiträge sehen,

▶ eigene Beiträge und Hinweise senden,

▶ Beiträge, die die gesetzten Regeln verletzen, gegebenenfalls löschen,

▸ Benutzer temporär oder permanent ausschließen sowie

▸ Neuanmeldungen bearbeiten und die neuen Benutzer benachrichtigen.

Ausgehend von der Version »Datenbank« wird eine zusätzliche Tabelle für die Benutzer benötigt. Hier werden folgende Angaben gespeichert: persönliche Daten, Nickname, Passwort, Anwesenheitsvermerk (anwesend, wenn ja in welchem Chat), Benutzerstatus (neu, normal, gesperrt).

Die Tabelle `daten` wird um ein Feld `gruppe` erweitert. Bei der Ausgabe werden mit der SQL-Anweisung nur die Beiträge aus der betreffenden Gruppe ausgewählt.

8.2 Projekt »Forum«

Es soll ein individuelles Forum für eine geschlossene Benutzergruppe geschaffen werden.

Zunächst eine kurze Erläuterung zu der Benutzergruppe:

Fachinformatiker ▸ Die Umschulung zum Fachinformatiker, Fachrichtung Anwendungsentwicklung, umfasst vierzehn Monate Unterricht, sechs Monate Praktikum und zwei Monate Prüfungsvorbereitung und eine Prüfung vor der Industrie- und Handelskammer. Während des Praktikums soll den 50 Umschulungsteilnehmern aus insgesamt zwei Kursen die Möglichkeit geboten werden, über das Internet Erfahrungen auszutauschen und sich gegenseitig Tipps und Hilfestellungen zu geben.

▸ Die Teilnehmer haben Praktikantenstellen bei unterschiedlichen Firmen aus dem IT-Bereich beziehungsweise in IT-Abteilungen branchenfremder Firmen sowie in öffentlichen Einrichtungen (zum Beispiel Universität, Stadtverwaltung usw.). Diese befinden sich größtenteils im Kammergebiet, einige sind auch über das gesamte Bundesgebiet verteilt.

Passwort Der Zugang zum Forum ist über eine Internetseite möglich, bei der nur das individuelle Passwort eingegeben werden muss. Die Eingabe eines Benutzernamens oder die Möglichkeit zur Neuanmeldung ist nicht erforderlich bzw. möglich, da alle Teilnehmer bereits namentlich bekannt sind und das Forum nur für einen begrenzten Zeitraum genutzt wird. Die Teilnehmer erfahren die Adresse und ihr individuelles Passwort als Antwort auf eine E-Mail, die sie von ihrem Praktikumsplatz aus an den Administrator der Website gesendet haben.

Die Namen, Passwörter und Beiträge der Teilnehmer werden in zwei Tabellen einer Datenbank gespeichert. Es handelt sich um die Datenbank forum und die Tabellen eintrag und teilnehmer. Der Aufbau der Tabellen wird im Zusammenhang mit dem Aufbau des zugehörigen Programmelements erläutert. Das gesamte Programm einschließlich der Anmeldeseite ist in einer Datei codiert. Dies vereinfacht viele Vorgänge.

Datenbank

8.2.1 Darstellung, Anmeldung

Nach Aufruf des Forums erscheint zunächst der Anmeldebildschirm:

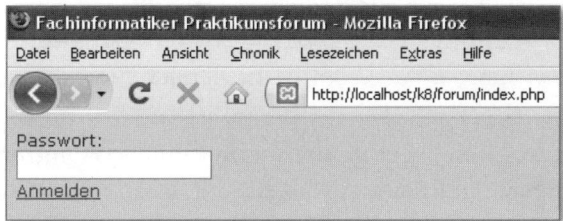

Abbildung 8.5 Forum, Anmeldebildschirm

8.2.2 Darstellung, Hauptbildschirm

Nach Eingabe eines falschen Passworts oder keines Passworts gelangt der Benutzer ohne Kommentar wieder auf den Anmeldebildschirm. Nach Eingabe seines korrekten, persönlichen Passworts gelangt der Teilnehmer schließlich zum Forum:

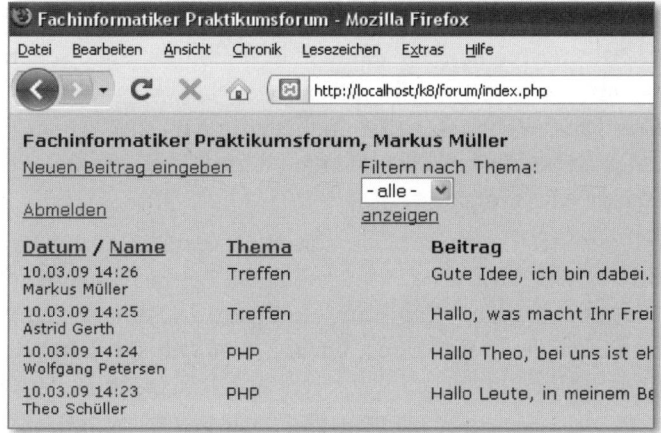

Abbildung 8.6 Forum, nach der Anmeldung (obere Hälfte)

Erläuterung:

Forum, Inhalt ► In der Titelzeile und als Überschrift erscheint der Name des Forums. In der Überschrift wird zusätzlich der Name des angemeldeten Teilnehmers angezeigt (hier: *Markus Müller*), der nach der Eingabe des Passworts eindeutig zugeordnet werden kann.

► In den nächsten beiden Zeilen können verschiedene Hyperlinks angeklickt werden:

   ► Der Hyperlink *Neuen Beitrag eingeben* führt zum unteren Ende der Seite. Dies ist besonders dann sinnvoll, wenn bereits zahlreiche Einträge existieren. Hier können das Thema und der Beitrag eingegeben und abgesendet werden (siehe den nächsten Abschnitt).

   ► Der Link *Abmelden* führt wieder zum Anmeldebildschirm (siehe oben).

► Die Beiträge des Forums lassen sich gefiltert anzeigen. Die Benutzer können selbst das Thema ihres Beitrags wählen.

Themenfilter ► Falls ein Benutzer nur die Beiträge zu einem bestimmten Thema sehen möchte, so kann er das gewünschte Thema aus dem Menü FILTERN NACH THEMA auswählen. Diese Liste beinhaltet automatisch alle Themen des Forums in alphabetischer Reihenfolge. Das Forum kann somit auf einfache Weise in einzelne Foren »zerlegt« werden. Diese Funktionalität setzt natürlich eine gewisse Benutzerdisziplin bei der Eingabe der Themen voraus, die man in einer geschlossenen, namentlich bekannten Benutzergruppe erwarten kann. Zusätzlich kann ein Moderator regelmäßig die Liste der Themen »vereinheitlichen«, um die Filterung zu erleichtern.

Namensfilter ► Falls ein Benutzer nur die Beiträge eines bestimmten Kollegen sehen möchte, so kann er den gewünschten Name aus dem Menü FILTERN NACH NAME auswählen. Diese Liste beinhaltet automatisch alle Benutzer des Forums, die bereits mindestens einen Beitrag gesendet haben, in alphabetischer Reihenfolge.

Wortfilter ► Das Textfeld FILTERN NACH WORT bietet eine Volltextsuchfunktion an. Nach Eingabe eines Begriffs werden nur noch die Beiträge angezeigt, die dieses Wort beinhalten. Dies kann als Ergänzung zum FILTERN NACH THEMA angesehen werden. Ein Beitrag lässt sich nicht immer nur einem Thema eindeutig zuordnen.

Sortierung ► Der Hyperlink *Datum* sortiert die Beiträge nach ihrem Datum; der neueste Beitrag steht oben. Dies ist die Standardsortierung nach der Anmeldung. Sie wird nur benötigt, falls vorher eine der beiden anderen Sortierungen genutzt wurde.

▶ Die beiden Hyperlinks *Name* und *Thema* bieten eine alphabetische Sortierung der Beiträge nach Benutzernamen beziehungsweise nach dem Thema des Beitrags.

▶ Es folgen die einzelnen Beiträge gemäß der aktuellen Sortierung. Dabei werden Datum, Uhrzeit und Name des beitragenden Teilnehmers automatisch ermittelt. Er muss nur das Thema und den Beitrag hinzufügen.

Eine Einschränkung: Die Filter-, Such- und Sortierfunktionen können nur einzeln genutzt werden. Sie sind nicht additiv, das heißt, es ist nicht möglich, nur die Beiträge eines Teilnehmers anzuzeigen und diese gleichzeitig nach einem Thema zu sortieren. Hier wurde einer schnellen Lösung der Vorzug vor der komplexen Lösung gegeben. Die erweiterte Funktionalität könnte allerdings problemlos hinzugefügt werden, falls sich die Notwendigkeit ergibt.

8.2.3 Darstellung, neuer Beitrag

Der Hyperlink *Neuen Beitrag eingeben* führt zum unteren Ende der Seite. Hier können das Thema und der Beitrag eingegeben und abgesendet werden.

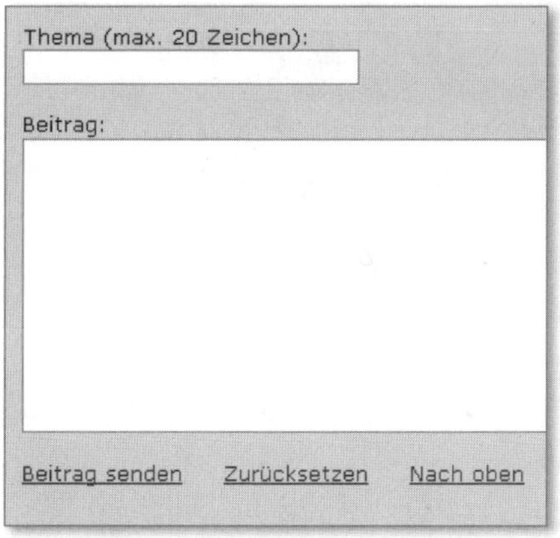

Abbildung 8.7 Eingabe eines neuen Beitrags

Die Bezeichnung des Themas sollte nicht länger als 20 Zeichen sein. Die Länge eines Beitrags ist auf 1000 Zeichen begrenzt.

Binary Large Object

Unter der Textarea für den Beitrag finden sich Hyperlinks zum *Beitrag senden* und *Zurücksetzen* des Formulars beziehungsweise zum Rücksprung *Nach oben*, zum Kopf der Seite.

Neuer Beitrag Nachdem ein neuer Beitrag gesendet wurde, wird die Seite neu geladen. Es ist kein Filter aktiv, die Beiträge sind absteigend nach dem Datum sortiert, der soeben abgesendete Beitrag erscheint oben. Die Liste des Menüs FILTERN NACH THEMA ist bereits ergänzt worden, falls es sich um einen Beitrag zu einem neuen Thema handelte. Die Liste des Menüs FILTERN NACH NAME ist ebenfalls bereits unmittelbar ergänzt worden, falls es sich um den ersten Beitrag des angemeldeten Teilnehmers zum Forum handelte.

8.2.4 Datenbank, Tabelle der Teilnehmer

Teilnehmer-struktur Nachfolgend zunächst die Struktur der Datenbanktabelle für die Teilnehmer:

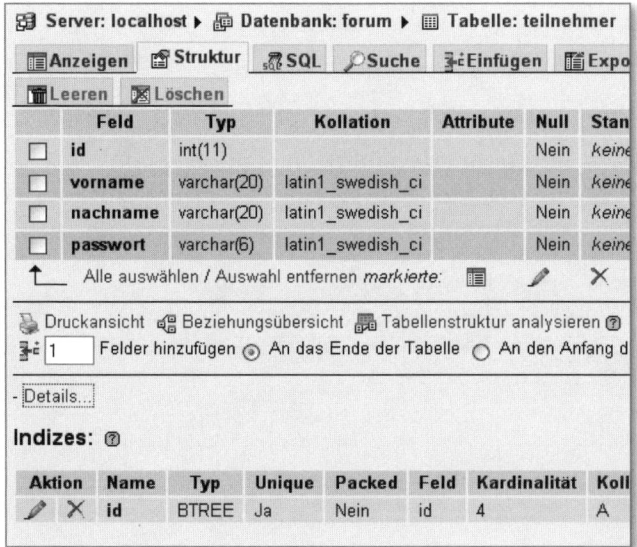

Abbildung 8.8 Tabellenstruktur für die Teilnehmer

Zu jedem Teilnehmer werden ID, Vorname, Nachname und Passwort gespeichert. Auf dem Feld id liegt ein eindeutiger Index. Die Pflege der Teilnehmertabelle geschieht außerhalb dieses Forums, direkt mit phpMyAdmin, und ist nicht Thema dieser Beschreibung.

[»] **Hinweis**

Zur Erzeugung der Datenbank inkl. beider Tabellen können Sie anstelle von phpMyAdmin auch das PHP-Programm *k8/create_forum.php* benutzen.

Nachfolgend einige Beispieleinträge in der Tabelle teilnehmer:

id	vorname	nachname	passwort
1	Markus	Müller	krt956
2	Theo	Schüller	pth620
3	Wolfgang	Petersen	ikr652
4	Astrid	Gerth	hkw649

Abbildung 8.9 Daten der Teilnehmer

8.2.5 Datenbank, Tabelle der Beiträge

Die Beiträge werden in der Tabelle eintrag gespeichert. Abbildung 8.10 zeigt ihren Aufbau.

Beitragsstruktur

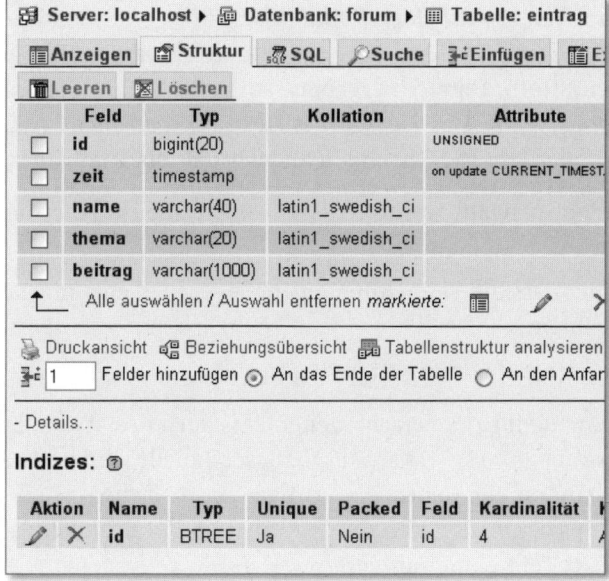

Abbildung 8.10 Tabellenstruktur für Einträge

Neben der ID (mit eindeutigem Index) werden Datum/Uhrzeit, Name des Teilnehmers, Thema und Text des Beitrags gespeichert. Die Einträge im Feld id werden automatisch hochgezählt (auto-increment). Der Eintrag im Feld zeit erfolt ebenfalls automatisch (Datentyp: Timestamp). Einige Beispieleinträge:

id	zeit	name	thema	beitrag
1	2009-03-10 14:23:29	Theo Schüller	PHP	Hallo Leute, in meinem Betrieb wird
2	2009-03-10 14:24:24	Wolfgang Petersen	PHP	Hallo Theo, bei uns ist eher Python
3	2009-03-10 14:25:59	Astrid Gerth	Treffen	Hallo, was macht Ihr Freitag 16 Uhr?
4	2009-03-10 14:26:37	Markus Müller	Treffen	Gute Idee, ich bin dabei.

Abbildung 8.11 Dateneintrag

8.2.6 Passwortvergabe

Wie bereits erwähnt, ist der Zugang nur über ein individuelles Passwort möglich. Die Teilnehmer erfahren die Adresse und ihr individuelles Passwort als Antwort auf eine Mail, die sie von ihrem Praktikumsplatz aus gesendet haben.

Passwort-
ermittlung

Dazu ist es vorher notwendig, für jeden Teilnehmer ein eigenes, eindeutiges Passwort zu erzeugen. Das Passwort besteht stets aus drei Kleinbuchstaben und drei Ziffern. Dadurch ergeben sich circa 17,5 Millionen verschiedene Kombinationen. Das Passwort ist fest, es kann nicht vom Teilnehmer geändert werden. Dies erscheint zunächst als Nachteil, aber:

▸ Durch die zufällige Auswahl werden Passwörter festgelegt, die nur schwer erraten werden können.

▸ Es wird vermieden, dass die Teilnehmer eigene, eventuell zu einfache Passwörter auswählen.

▸ Der Aufwand bei der Anmeldung ist geringer.

Das Programm zur Erzeugung der verschiedenen Passwörter setzt auf der bereits dargestellten Tabelle teilnehmer auf. In dieser Tabelle sind bereits vier Datensätze vorhanden, bei denen ID, Vorname und Nachname eingetragen sind. Das Programm lässt sich durch Änderung der Schleifenvariablen leicht auf mehr Teilnehmer erweitern.

Das Programm:

```
<html>
<body>
<?php
/* Zufallsgenerator initialisieren */
mt_srand((double)microtime()*1000000);

/* Jeweils eine zufällige Kombination erzeugen */
for($i=1; $i<=4; $i++)
{
    /* Keine Kombination doppelt erzeugen */
```

```
    do
    {
        $vorhanden = 0;
        $pw[$i] = "";

        /* Kombination aus drei kleinen Buchstaben ... */
        for ($k=1; $k<=3; $k++)
            $pw[$i] .= chr(mt_rand()%26+97);

        /* ... und drei Ziffern */
        for ($k=1; $k<=3; $k++)
            $pw[$i] .= chr(mt_rand()%10+48);

        /* Mit allen bisherigen Kombinationen vergleichen */
        for($m=1; $m<$i; $m++)
        {
            if($pw[$m] == $pw[$i])
            {
                $vorhanden=1;
                break;
            }
        }
    }
    while($vorhanden==1);
}

/* Kombinationen in die Datenbank schreiben */
mysql_connect("", "root");
mysql_select_db("forum");

$num = 0;
for($i=1; $i<=4; $i++)
{
    $sqlab = "update teilnehmer set passwort = '"
        . $pw[$i] . "' where id = " . $i;
    echo $sqlab . "<br />";
    mysql_query($sqlab);
    $num += mysql_affected_rows();
}

echo "$num Datensätze geändert";
?>
</body>
</html>
```

Listing 8.9 Datei pw.php

Erläuterung:

▶ Zunächst wird der Zufallsgenerator initialisiert.

▶ Es wird für jeden Datensatz einmal eine `for`-Schleife durchlaufen.

▶ Für ein Passwort wird eine Kombination aus drei Kleinbuchstaben und drei Ziffern ermittelt und in einem numerisch indizierten Feld gespeichert.

▶ Dazu wird für die Buchstaben eine ganze Zahl zwischen 0 und 25 erzeugt. Das Ergebnis wird um 97 verschoben, sodass eine ganze Zahl zwischen 97 und 122 zur Verfügung steht. Das Zeichen mit dem betreffenden ASCII-Code wird dem Passwort hinzugefügt.

▶ Die Erzeugung der drei Ziffern verläuft analog. Die Ziffern liegen im Codebereich zwischen 48 und 57.

▶ Anschließend wird das neue Passwort mit den bisher ermittelten Passwörtern in dem Feld verglichen. Falls es bereits vorhanden ist, wird die `do-while`-Schleife, in der die gesamte Ermittlung eines Passworts eingebettet ist, noch einmal durchlaufen. Dies wird so oft wiederholt, bis ein neues Passwort gefunden wird.

▶ Zur Kontrolle wird das Passwort auf dem Bildschirm ausgegeben.

▶ In einer weiteren `for`-Schleife werden die Datensätze der Tabelle in der Datenbank mit den Elementen des Feldes aktualisiert.

▶ Zur Kontrolle wird die Anzahl der vorgenommenen Änderungen mit Hilfe der Funktion `mysql_affected_rows()` in der Tabelle festgehalten und am Ende ausgegeben.

[»] **Hinweis**

Das Programm sollte nach einem Lauf auskommentiert oder umbenannt werden, damit die vergebenen Passwörter nicht versehentlich durch neue Zufallswerte überschrieben werden.

8.2.7 Forum, CSS

CSS-Formatierung

Die Darstellung des Forum-Programms wird aufgrund der Größe unterteilt. Die Dateiinhalte werden der Reihe nach abgebildet und erläutert. Hier zunächst die Beschreibung der CSS-Formatierung:

```
<html>
<head>
<title>Fachinformatiker Praktikumsforum</title>
```

```
<style type="text/css">
    body        {font-family:Verdana; font-size:10pt;
                 background-color:#d0dce0; color:#00008b}
    td          {font-family:Verdana; font-size:10pt;
                 background-color:#d0d0d0; color:#00008b;
                 vertical-align:top}
    td.ub       {background-color:#d0d0d0}
    td.kl       {font-size:8pt}
    a:link      {color:#0000ff}
    a:visited   {color:#0000ff}
    a:hover     {color:#ff0000}
</style>
```

Listing 8.10   Datei index.php, CSS

Erläuterung:

▸ Für das Dokument wird die Schriftart Verdana in der Größe 10 Punkt, eingestellt. Der Hintergrund ist hellblau.

▸ Für Tabellenzellen wird die gleiche Schriftformatierung gewählt. Sie haben allerdings einen hellgrauen Hintergrund. Dadurch wird die Aufteilung der Seite vor dem Dokumenthintergrund stärker hervorgehoben. Auf diese Weise hat die CSS-Formatierung nicht nur einen optischen, sondern auch einen funktionellen Charakter.

▸ Beiträge gehen meist über mehrere Zeilen innerhalb einer Zelle. Die Informationen zu Datum, Uhrzeit, Name und Thema dienen durch die vertikale Ausrichtung (oberer Rand) als optische »Einordnung« der gesamten Tabellenzeile.

▸ Tabellenzellen der Klasse kl werden für die Angaben Datum, Uhrzeit und Name eingesetzt. Diese Zellen haben eine etwas kleinere Schrift. Der Eigenschaftswert 10 Punkt wird hier durch den Wert 8 Punkt überlagert. Die restlichen Eigenschaften einer Tabellenzelle bleiben erhalten.

▸ Hyperlinks ändern die Schriftfarbe auf Rot, wenn man mit dem Mauszeiger darüber fährt.

8.2.8   Forum, JavaScript-Funktion

Es folgt die JavaScript-Funktion send(), mit deren Hilfe die gewünschte Aktion beziehungsweise der Darstellungsstatus eingestellt wird:

```
<script type="text/javascript">
function send(p)
```

```
    {
        if (p==1)
        {
            if (document.tb.thema.value == ""
                || document.tb.beitrag.value == "")
                alert("Bitte Thema und Beitrag eintragen!");
            else
            {
                document.tb.aufruf.value = "beitrag";
                document.tb.submit();
            }
        }
        else if (p==2)
        {
            document.tb.aufruf.value = "sdatum";
            document.tb.submit();
        }
        else if (p==3)
        {
            document.tb.aufruf.value = "sname";
            document.tb.submit();
        }
        else if (p==4)
        {
            document.tb.aufruf.value = "sthema";
            document.tb.submit();
        }
        else if (p==5)
        {
            document.tb.aufruf.value = "filter_t";
            document.tb.submit();
        }
        else if (p==6)
        {
            document.tb.aufruf.value = "filter_n";
            document.tb.submit();
        }
        else if (p==7)
        {
            document.tb.aufruf.value = "filter_w";
            document.tb.submit();
        }
    }
</script>
</head>
```

Listing 8.11 Datei index.php, JavaScript-Funktion

Erläuterung:

Die Funktion `send()` wird von vielen verschiedenen Hyperlinks aufgerufen. Der dabei übermittelte Parameter p legt die Art der Aktion fest:

1. p=1: Es handelt sich um das Absenden eines neuen Beitrags. Falls eines der beiden Elemente für das Thema beziehungsweise den Beitrag leer ist, so wird darauf aufmerksam gemacht und nicht gesendet. Andernfalls wird dem versteckten Element `aufruf` zur Auswertung im empfangenden Programmteil der Wert `beitrag` zugewiesen. Anschließend wird gesendet.

2. p=2: Die Tabelle soll nach dem Datum absteigend sortiert werden. Das versteckte Element `aufruf` bekommt den Wert `sdatum`.

3. p=3: Die Tabelle soll nach dem Namen sortiert werden. Das versteckte Element bekommt den Wert `sname`.

4. p=4: Die Tabelle soll nach dem Thema sortiert werden. Das versteckte Element bekommt den Wert `sthema`.

5. p=5: Die Tabelle soll nach dem ausgewählten Thema gefiltert angezeigt werden. Das versteckte Element bekommt den Wert `filter_t`.

6. p=6: Die Tabelle soll nach dem ausgewählten Namen gefiltert angezeigt werden. Das versteckte Element bekommt den Wert `filter_n`.

7. p=7: Die Tabelle soll nach dem eingetragenen Wort gefiltert angezeigt werden. Das versteckte Element bekommt den Wert `filter_w`.

Nach Durchführung einer der Aktionen 2 bis 7 wird ebenfalls das Formular abgesendet.

8.2.9 Forum, Anmeldung

Der erste Teil des Hauptdokuments dient zur Aufnahme der Datenbankverbindung und der Darstellung des Anmeldebildschirms:

```
<body>
<?php
/* Datenbankverbindung */
mysql_connect("","root");
mysql_select_db("forum");

/* Keine Parameter gesendet: Zur Anmeldung */
if(!isset($_POST["aufruf"]) || !isset($_POST["pw"]))
{
    echo "<form name='anm' action='index.php' method='post'>"
    . "Passwort:<br /><input type='password' name='pw' />"
```

```
        . "<input type='hidden' name='aufruf'
             value='login' /><br />"
        . "<a href='javascript:document.anm.submit();'>
             Anmelden</a>"
        . "</form></body></html>";
    exit;
}
```

Listing 8.12 Datei index.php, Anmeldung

Anmeldung Erläuterung:

▶ Es wird die Datenbank forum ausgewählt.

▶ Falls kein Passwort übermittelt oder keine Aktion aufgerufen wird, so wird unmittelbar die Anmeldeseite generiert.

▶ Diese besteht aus dem Formular mit dem Namen anm. Das Formular beinhaltet das versteckte Element aufruf, dem der Wert login zugewiesen wird, sowie ein Passwortelement.

▶ Der Hyperlink dient zum Absenden des Formulars.

▶ Weitere Elemente beinhaltet die Anmeldeseite nicht, daher kann das Dokument mit exit beendet werden.

8.2.10 Forum, Zugangsprüfung und Überschrift

Dieser Teil des Hauptdokuments dient zur Zugangsprüfung und leitet die Überschrift ein:

```
/* Prüfung auf gültiges Passwort */
$sqlab = "select * from teilnehmer";
$sqlab .= " where passwort like '" . $_POST["pw"] . "'";
$res = mysql_query($sqlab);
$num = mysql_num_rows($res);

if($num==0)
{
    echo "<script type='text/javascript'>
        location.href='index.php'</script></body></html>";
    exit;
}

/* Formular beginnt nach erfolgreicher Anmeldung */
echo "<form name='tb' action='index.php' method='post'>"
    . "<input type='hidden' name='pw' value='"
      . $_POST["pw"] . "' />"
    . "<input type='hidden' name='aufruf' />";
```

```
/* Kopfzeile mit Teilnehmername */
$vn = mysql_result($res,0,"vorname");
$nn = mysql_result($res,0,"nachname");
$name = "$vn $nn";

echo "<table width='100%'>"
   . "<tr><td colspan='4' class='ub'>"
   . "<a name='oben'><b>Fachinformatiker
      Praktikumsforum, $name</b></a>"
   . "</td></tr>"
   . "<tr><td width='25%' class='ub'><a href='#neu'>
      Neuen Beitrag eingeben</a>"
   . "<br /> <br /><a href='index.php'>
      Abmelden</a></td>";
```

Listing 8.13 Datei index.php, Zugangsprüfung und Überschrift

Erläuterung:

Zugangsprüfung

▶ Mit Hilfe einer `select`-Anweisung wird ermittelt, ob das Passwort in der Tabelle existiert. Falls kein passender Datensatz gefunden wird, ruft das Dokument sich selbst auf. Da dabei keine Parameter übermittelt werden, gelangt man so zur Anmeldeseite zurück.

▶ Falls dagegen die Anmeldung erfolgreich war, wird das Hauptformular mit dem Namen `tb` begonnen. Das erste versteckte Element (`pw`) übermittelt das Passwort zum nächsten Aufruf weiter. Das zweite versteckte Element (`aufruf`) dient zur Übermittlung der gewünschten Aktion (Sortieren, Filtern, Eintragen usw.) mit der JavaScript-Funktion (siehe oben).

▶ Der Name des Teilnehmers wird aus dem Datensatz ermittelt, in dem das Passwort gefunden wurde.

▶ Es folgt die Überschrift, in der auch der Name des Teilnehmers erscheint.

▶ Anschließend folgt der Hyperlink zum Ankerpunkt `#neu` im unteren Teil des Dokuments (`Neuen Beitrag eingeben`).

8.2.11 Forum, neuen Beitrag speichern

Ein neuer Beitrag wird als Erstes gespeichert, sodass das restliche Dokument ihn mit einbeziehen kann:

```
/* Neuen Beitrag in Datenbank schreiben */
if($_POST["aufruf"] == "beitrag")
{
```

```
    $sqlab = "insert eintrag (name, thema, beitrag)
       values ('$name', '"
       . $_POST["thema"] . "', '"
       . $_POST["beitrag"] . "')";
    mysql_query($sqlab);
}
```

Listing 8.14 Datei index.php, Neuen Beitrag speichern

Erläuterung:

Neuen Beitrag
speichern

▸ Falls ein Beitrag gesendet wurde, so hat $aufruf den Wert beitrag.

▸ Es wird die Systemzeit formatiert ermittelt.

▸ Der neue Beitrag wird eingetragen: mit der Systemzeit, dem vollen Namen des Teilnehmers, dem Thema und dem Beitrag selbst.

8.2.12 Forum, Filterung auswählen

Es wird erläutert, wie die Elemente zur Filterauswahl dargestellt werden:

```
/* Thema als Auswahlfilter */
$sqlab = "select thema from eintrag group by thema";
$res = mysql_query($sqlab);
$num = mysql_num_rows($res);

echo "<td width='25%' class='ub'>Filtern nach Thema:<br />"
   . "<select name='filter_t'><option>- alle -</option>";

for($i=0; $i<$num; $i++)
{
    $optt = mysql_result($res, $i, "thema");
    echo "<option>$optt</option>";
}

echo "</select><br />"
   . "<a href='javascript:send(5);'>anzeigen</a></td></td>";

/* Name als Auswahlfilter */
$sqlab = "select name from eintrag group by name";
$res = mysql_query($sqlab);
$num = mysql_num_rows($res);

echo "<td width='25%' class='ub'>Filtern nach Name:<br />"
   . "<select name='filter_n'><option>- alle -</option>";
for($i=0; $i<$num; $i++)
```

```
{
    $optn = mysql_result($res, $i, "name");
    echo "<option>$optn</option>";
}
echo "</select><br />"
    . "<a href='javascript:send(6);'>anzeigen</a></td></td>";

/* Wort im Beitrag als Auswahlfilter */
echo "<td width='25%' class='ub'>Filtern nach Wort:<br />"
    . "<input name='filter_w' /><br />"
    . "<a href='javascript:send(7);'>anzeigen</a></td>"
    . "</tr></table>";
```

Listing 8.15 Datei index.php, Filterung auswählen

Erläuterung:

▶ Mit Hilfe einer `select`-Anweisung werden alle Themen, die bereits   group by
  eingegeben wurden, gesammelt. Die `group`-Klausel sorgt dabei für
  eine Gruppierung. Dadurch wird jedes Thema im Abfrageergebnis
  nur einmal aufgeführt.

▶ Mit den Daten des Abfrageergebnisses wird das HTML-Select-Menü
  `filter_t` gefüllt. Als erste Option der Optionsliste wird `-alle-` eingetragen. Falls kein anderes Listenelement ausgewählt wird, werden
  alle Beiträge angezeigt. Die Filterung wird dadurch aufgehoben.

▶ Unterhalb des HTML-Select-Menüs wird der zugehörige Hyperlink
  `anzeigen` dargestellt. Bei seiner Betätigung wird die JavaScript-Funktion `send()` mit dem Parameter 5 aufgerufen. Dadurch wird dem versteckten Element `aufruf` der Wert `filter_t` zugewiesen, sodass beim
  anschließenden Neuanzeigen der Tabelle dieser Filter genutzt wird.

▶ Auf die gleiche Weise wird das zweite HTML-Select-Menü `filter_n`
  mit den verschiedenen Namen der Teilnehmer, die bereits etwas eingegeben haben, gefüllt. Die Funktion `send()` wird mit dem Parameter
  6 aufgerufen; `aufruf` bekommt dadurch den Wert `filter_n`.

▶ Für das gesuchte Wort steht das Eingabeelement `filter_w` bereit.
  Darunter wird wiederum der zugehörige Hyperlink `anzeigen` dargestellt. Die Funktion `send()` wird mit dem Parameter 7 aufgerufen;
  `aufruf` bekommt dadurch den Wert `filter_w`.

8.2.13 Forum, Sortierung durchführen

Sortieren Die Beiträge werden nach dem gewünschten Kriterium sortiert:

```
/* Alle Beiträge darstellen, sortiert */
/* nach Zeit (fallend)                */
if($_POST["aufruf"] == "sdatum"
    || $_POST["aufruf"] == "beitrag"
    || $_POST["aufruf"] == "login")
{
    $sqlab = "select * from eintrag order by zeit desc";
    $res = mysql_query($sqlab);
    $num = mysql_num_rows($res);
}


/* Alle Beiträge darstellen, sortiert     */
/* nach Name (steigend) und Zeit (fallend) */
else if($_POST["aufruf"] == "sname")
{
    $sqlab = "select * from eintrag
       order by name asc, zeit desc";
    $res = mysql_query($sqlab);
    $num = mysql_num_rows($res);
}


/* Alle Beiträge darstellen, sortiert      */
/* nach Thema (steigend) und Zeit (fallend) */
else if($_POST["aufruf"] == "sthema")
{
    $sqlab = "select * from eintrag
       order by thema asc, zeit desc";
    $res = mysql_query($sqlab);
    $num = mysql_num_rows($res);
}
```

Listing 8.16 Datei index.php, Sortierung durchführen

Es folgen drei verschiedene Sortierungen:

▶ Falls eine Sortierung nach dem Datum gewünscht oder ein neuer Beitrag eingegeben wird oder ein Teilnehmer sich angemeldet hat, wird die Standardsortierung durchgeführt: der neueste Beitrag steht oben.

▶ Falls nach dem Namen sortiert werden soll, gilt als zweiter Sortierschlüssel das Datum (absteigend).

▶ Das Gleiche gilt für die Sortierung nach dem Thema: zweiter Sortierschlüssel ist das Datum (absteigend).

8.2.14 Forum, Filterung durchführen

Die Beiträge werden nach dem gewünschten Kriterium gefiltert: **Filtern**

```
/* Nur Beiträge zum ausgewählten Thema      */
/* darstellen, sortiert nach Zeit (fallend) */
else if($_POST["aufruf"] == "filter_t")
{
   if ($_POST["filter_t"] == "- alle -")
   {
      $sqlab = "select * from eintrag order by zeit desc";
      $res = mysql_query($sqlab);
   }
   else
   {
      $sqlab = "select * from eintrag where";
      $sqlab .= " thema like '" . $_POST["filter_t"] . "'";
      $sqlab .= " order by zeit desc";
      $res = mysql_query($sqlab);
   }
   $num = mysql_num_rows($res);
}

/* Nur Beiträge zum ausgewählten Namen       */
/* darstellen, sortiert nach Zeit (fallend) */
else if($_POST["aufruf"] == "filter_n")
{
   if ($_POST["filter_n"] == "- alle -")
   {
      $sqlab = "select * from eintrag order by zeit desc";
      $res = mysql_query($sqlab);
   }
   else
   {
      $sqlab = "select * from eintrag
         where name like '" . $_POST["filter_n"]
         . "' order by zeit desc";
      $res = mysql_query($sqlab);
   }
   $num = mysql_num_rows($res);
}

/* Nur Beiträge mit ausgewähltem Wort aus */
/* Beitrag, sortiert nach Zeit (fallend)  */
```

```
else if($_POST["aufruf"] == "filter_w")
{
   if ($_POST["filter_w"] == "")
   {
      $sqlab = "select * from eintrag order by zeit desc";
      $res = mysql_query($sqlab);
   }
   else
   {
      $sqlab = "select * from eintrag
         where beitrag like '%" . $_POST["filter_w"]
         . "%' order by zeit desc";
      $res = mysql_query($sqlab):
   }
   $num = mysql_num_rows($res);
}
?>
```

Listing 8.17 Datei index.php, Filterung durchführen

Es folgen drei verschiedene Filterungen:

▶ Falls nach dem Thema gefiltert werden soll, wird zunächst untersucht, ob die erste Option (alle) ausgewählt wurde. In diesem Fall wird die Filterung aufgehoben, und es werden alle Beiträge angezeigt. Andernfalls gilt der Wert des HTML-Select-Menüs filter_t als Wert für die where-Klausel.

▶ Das Gleiche gilt für die Filterung nach dem Namen, mit dem Wert des HTML-Select-Menüs filter_n als Wert für die where-Klausel.

▶ Falls mit einem eingegebenen Wort gefiltert werden soll, wird zunächst untersucht, ob eventuell kein Zeichen eingegeben wurde. In diesem Fall wird die Filterung aufgehoben, und es werden alle Beiträge angezeigt. Ansonsten gilt der Wert des Eingabeelements filter_w, umrahmt von zwei Prozentzeichen, als Wert für die where-Klausel. Die Prozentzeichen sind die Platzhalter für »beliebige Zeichen«. Es ist also nicht wichtig, an welcher Stelle das gesuchte Wort im Beitrag steht.

8.2.15 Forum, Sortierung auswählen

Die Darstellung der Hyperlinks, die der Benutzer zur gewünschten Sortierung auswählen kann:

```
<table width="100%">
<tr>
    <td width="15%" class="ub">
        <a href="javascript:send(2);"><b>Datum</a> /
        <a href="javascript:send(3);">Name</b></a>
    </td>
    <td width="15%" class="ub">
        <a href="javascript:send(4);"><b>Thema</b></a>
    </td>
    <td width="70%" class="ub">
        <b>Beitrag</b>
    </td>
</tr>
```

Listing 8.18 Datei index.php, Sortierung auswählen

Erläuterung: Die drei Hyperlinks zur Auswahl der Sortierung rufen die Funktion `send()` auf, mit den Parametern 2 (= Sortierung nach Datum, `aufruf=sdatum`), 3 (= Sortierung nach Name, `aufruf=sname`) beziehungsweise 4 (= Sortierung nach Thema, `aufruf=sthema`).

8.2.16 Forum, Beiträge darstellen

Die eigentliche Tabelle der Beiträge – gegebenenfalls sortiert beziehungsweise gefiltert:

Darstellung

```
<?php
for($i=0; $i<$num; $i++)
{
    $tabz = mysql_result($res, $i, "zeit");
    $ausz = substr($tabz,8,2) . "." . substr($tabz,5,2)
        . "." . substr($tabz,2,2) . " " . substr($tabz,11,5);
    $tabn = mysql_result($res, $i, "name");
    $tabt = mysql_result($res, $i, "thema");
    $tabb = mysql_result($res, $i, "beitrag");
    echo "<tr><td class='kl'>$ausz<br />$tabn</td>"
        . "<td>$tabt</td><td>$tabb</td></tr>";
}
echo "</table>";
?>
```

Listing 8.19 Datei index.php, Beiträge darstellen

Erläuterung: Unabhängig davon, welcher Vorgang (Sortierung, Filterung, Anmeldung usw.) stattgefunden hat, steht ein Abfrageergebnis bereit.

Die verschiedenen Inhalte der Felder werden aus den Datensätzen extrahiert. Der MySQL-Timestamp wird formatiert. Es werden alle Daten ausgegeben.

8.2.17 Forum, neuen Beitrag eingeben

Das Eingabeformular für einen neuen Beitrag:

```
<table width="100%">
<tr>
<td width="100%" class="ub"><a name="neu">
    <b>Neuen Beitrag eingeben:</b></a>
    <br /> <br />
Thema (max. 20 Zeichen):<br />
<input name="thema" size="30" maxlength="20" />
<br /> <br />Beitrag:<br />
<textarea name="beitrag" rows="10"
    cols="70"></textarea><br /> <br />
<a href="javascript:send(1);">
    Beitrag senden</a>    
<a href="javascript:document.tb.reset();">
    Zurücksetzen</a>    
<a href="#oben">Nach oben</a><br /> <br />
</td>
</tr>
</table>

</form>
</body>
</html>
```

Listing 8.20 Datei index.php, neuen Beitrag eingeben

Erläuterung:

▶ Es wird ein einzeiliges Textfeld für das Thema und eine Textarea für den Beitrag dargestellt. Weitere Daten werden nicht benötigt. Der Timestamp wird in der Datenbank erzeugt. Der Name des Teilnehmers ist nach der Anmeldung bekannt.

▶ Der Hyperlink *Beitrag senden* ruft die Funktion `send()` mit dem Parameter 1 auf (`aufruf=beitrag`).

Anhang

A HTML für PHP

Die Sprache HTML bildet die Grundlage zur Programmierung mit PHP. Bei Bedarf finden Sie eine ausführliche HTML-Anleitung in Form einer PDF-Datei auf der CD zum Buch. Dieses Kapitel bietet Ihnen eine Kurzeinführung in die Bestandteile von HTML, die zum Bearbeiten von PHP-Programmen notwendig sind. Dies sind: Dokumentaufbau, Formulare und Tabellen.

Mit Hilfe von HTML (Hypertext Markup Language) werden Dokumente im Internet dargestellt. Innerhalb der Dokumente sind Zeichen, Wörter und ganze Bereiche durch HTML-Befehle markiert. Ein Webbrowser formatiert den Text gemäß den Markierungen und stellt ihn auf dem Bildschirm dar. Einzelne Bereiche des Dokuments können als Hypertext markiert werden. Dadurch wird es möglich, diese Bereiche mit anderen Bereichen oder anderen Dokumenten zu verknüpfen. Diese Verknüpfungen werden Hyperlinks oder einfach Links genannt.

Hypertext

Zum Erlernen der Programmiersprache PHP, zum Ausprobieren der Beispiele und zum Lösen der Übungsaufgaben müssen Sie nur wenige Grundlagen von HTML beherrschen, die in diesem Abschnitt vermittelt werden. Sie benötigen zum Testen einen Texteditor und einen Webbrowser. Zum Erzeugen ansprechender Websites, also mehrerer miteinander verknüpfter Seiten mit Bildern, formatierten Tabellen und Frames, sind allerdings weitergehende Kenntnisse notwendig.

A.1 Die erste Seite

Betrachten wir ein erstes Beispiel:

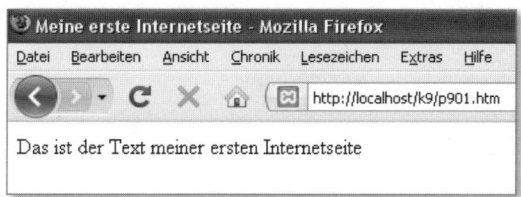

Abbildung A.1 Erste Internetseite

Nachfolgend der HTML-Programmcode hierfür:

```
<html>
<head>
<title>Meine erste Internetseite</title>
</head>
<body>
Das ist der Text meiner ersten Internetseite
</body>
</html>
```

Listing A.1　Datei p901.htm

Container　Innerhalb einer HTML-Seite befinden sich Texte und Markierungen, die in spitzen Klammern eingebunden sind (< und >). Viele dieser Markierungen sind sogenannte »Container«, das heißt, es gibt jeweils eine Anfangs- und eine Endmarkierung. Bei der Endmarkierung wird ein zusätzlicher Forward-Slash (Schrägstrich /) eingefügt.

html, head, body　Innerhalb des Containers <html> befindet sich das gesamte Dokument. Es besteht aus den Containern <head> und <body>. Im Container <head> können sich Angaben zum Dokument befinden – wie zum Beispiel der Titel innerhalb des Containers <title>. Im Container <body> befindet sich der eigentliche Inhalt des Dokuments.

Kleinbuchstaben　Alle Markierungen sollten in Kleinbuchstaben geschrieben werden, zur besseren Kompatibilität mit den Standards. Es gibt auch einige leere Elemente. Beispiele hierfür sind ein Zeilenumbruch <br />, eine horizontale Linie <hr /> oder ein Eingabefeld in einem Formular <input ... />.

[ℓ]

Übung P901

Editor　Geben Sie das angegebene Beispiel mit Hilfe eines Texteditors ein. Achten Sie dabei besonders auf das korrekte Setzen der spitzen Klammern und Schrägstriche. Speichern Sie es unter dem Dateinamen *p901.htm* in einem Verzeichnis Ihrer Wahl ab. Starten Sie einen Webbrowser, laden Sie die Datei und überprüfen Sie die korrekte Darstellung der Titelzeile und des Dokumentinhalts.

Adresse in Screenshots

localhost　Die Adresse des Webservers ist *http://localhost*. Die Funktionsweise aller Dateien, sowohl der HTML-Dateien als auch der PHP-Dateien, wurde über den Webserver kontrolliert, obwohl dies bei reinen HTML-Dateien nicht notwendig wäre. Daher lautet die Adresse im Screenshot für das erste Beispielprogramm *http://localhost/k9/p901.htm*.

A.2 Formulare

Eine besondere Stärke von PHP ist die einfache Auswertung von Formularinhalten. Durch eine solche Auswertung wird die Informationsübermittlung vom Betrachter der Website zum Webserver ermöglicht. Dem Betrachter wird zunächst ein Formular vorgelegt, in dem er eigene Einträge vornehmen beziehungsweise unter vorgefertigten Einträgen auswählen kann. Er füllt das Formular aus, sendet es ab und erhält eine Antwort vom Webserver. Ein Beispiel für eine HTML-Datei mit einem Eingabeformular:

Daten senden

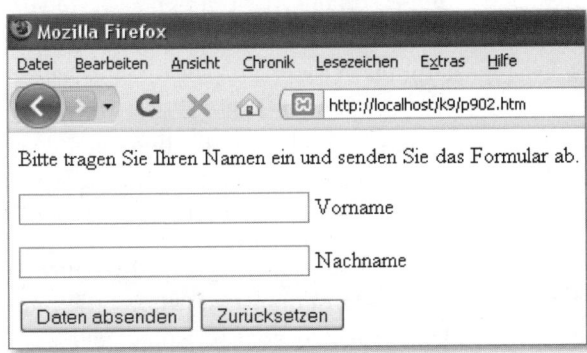

Abbildung A.2 Formular

Der HTML-Programmcode:

```html
<html>
<body>
<p>Bitte tragen Sie Ihren Namen ein und senden Sie das
Formular ab.</p>
<form>
    <input size="30" /> Vorname <p>
    <input size="30" /> Nachname <p>
    <input type="submit" />
    <input type="reset" />
</form>
</body>
</html>
```

Listing A.2 Datei p902.htm

577

In diesem Formular kann der Betrachter zwei Einträge vornehmen und das Formular mithilfe des Buttons DATEN ABSENDEN zum Webserver schicken. Der Webserver wird allerdings noch nicht antworten, da es dort kein passendes Serverprogramm gibt. Zumindest kann man aber schon den Aufbau eines Formulars erkennen. Falls der Betrachter den Anfangszustand des Formulars wiederherstellen möchte, zum Beispiel weil er Fehleingaben gemacht hat, kann er die Schaltfläche ZURÜCKSETZEN betätigen.

submit, reset Innerhalb des `<body>`-Containers befindet sich ein `<form>`-Container mit den Formularelementen. Dabei handelt es sich um zwei Eingabefelder für Text in der Größe 30 (`<input size="30" />`), eine Schaltfläche zum Absenden (`<input type="submit" />`) und eine Schaltfläche zum Zurücksetzen (`<input type="reset" />`) des Formulars.

Bei der Markierung `<input>` werden erstmalig Attribute und Werte verwendet. Eine Markierung kann mehrere Attribute (also Eigenschaften) haben. Hier sind dies `type` beziehungsweise `size`. Die Eigenschaften haben Werte. Hier sind dies der Wert 30 für die Größe (`size`) des Eingabefeldes und der Wert `submit` beziehungsweise `reset` für den Typ (`type`) des Eingabefeldes. Ein Wert wird dem zugehörigen Attribut immer per Gleichheitszeichen zugewiesen.

Die Markierung `<p>` erzeugt einen Absatz, der eine eigene Absatzformatierung haben kann. Mit `<br />` kann man einen einfachen Zeilenumbruch erzeugen. Dabei entsteht kein Abstand zur Vorgängerzeile, wie dies bei einem Absatz der Fall ist.

[▨] Übung P902

Geben Sie das angegebene Beispiel mit Hilfe eines Texteditors ein und speichern Sie es unter dem Dateinamen *p902.htm* ab. Betrachten Sie das Dokument anschließend mit Hilfe eines beliebigen Webbrowsers.

[▨] Übung P903

Erweitern Sie das Beispiel dahingehend, dass eine ganze Adresse eingegeben werden kann (Datei *p903.htm*). Es soll zusätzlich vier weitere, gleich große Eingabefelder für die Angaben zu Straße, Hausnummer, Postleitzahl und Ort innerhalb des Formulars geben. Die Seite soll folgendes Aussehen haben:

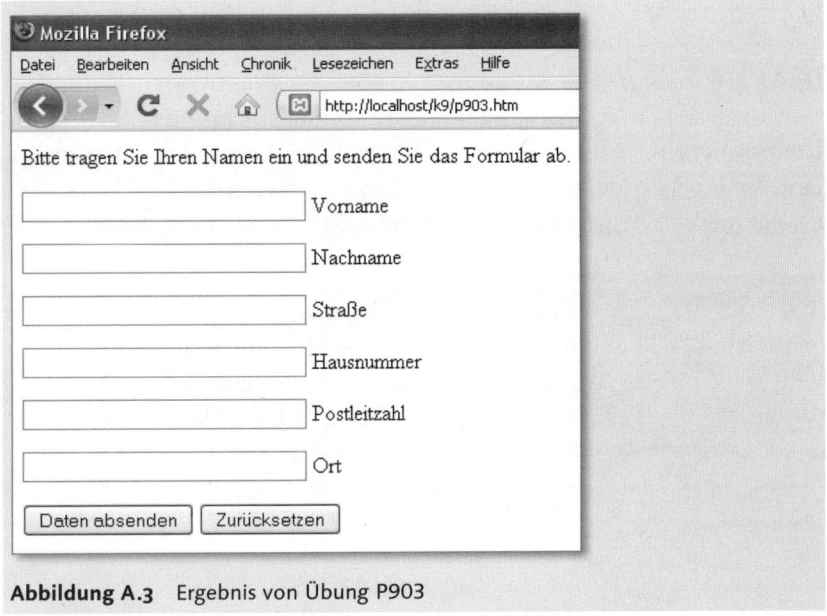

Abbildung A.3 Ergebnis von Übung P903

A.3 Tabellen

Tabellen dienen zur übersichtlichen Darstellung größerer Datenmengen und zur mehrspaltigen Ausgabe in Dokumenten. Sie eignen sich besonders zur Ausgabe von Datenbankinhalten. Eine Tabelle besteht aus mehreren Containern. Die gesamte Tabelle steht im Container `<table>`, eine Zeile einer Tabelle steht im Container `<tr>`, und eine Zelle innerhalb einer Zeile steht im Container `<td>`. Ein Beispiel:

`table, tr, td`

```
<html>
<body>
<table border>
    <tr>
        <td>Berlin</td>
        <td>Paris</td>
        <td>Brüssel</td>
    </tr>
    <tr>
        <td>Deutschland</td>
        <td>Frankreich</td>
        <td>Belgien</td>
    </tr>
</table>
```

579

```
</body>
</html>
```

Listing A.3   Datei p904.htm

Diese Tabelle besitzt einen Rahmen (Attribut `border` innerhalb des Containers `<table>`), zwei Zeilen (Container `<tr>`), drei Zellen pro Zeile (Container `<td>`). Insgesamt sieht die Tabelle wie folgt aus:

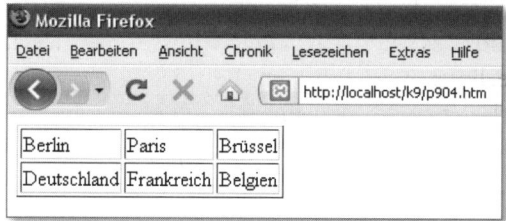

Abbildung A.4   Tabelle

[/]   **Übung P904**

Geben Sie das angegebene Beispiel mit Hilfe eines Texteditors ein und speichern Sie es unter dem Dateinamen *p904.htm* ab. Betrachten Sie das Dokument anschließend mit Hilfe eines beliebigen Webbrowsers.

[/]   **Übung P905**

Verändern Sie das Beispiel. Fügen Sie noch eine weitere Stadt/Land-Kombination hinzu und drehen Sie die Tabelle (Datei *p905.htm*). Die Tabelle soll wie folgt aussehen:

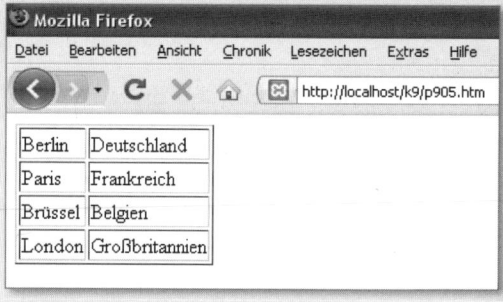

Abbildung A.5   Ergebnis von Übung P905

A.4 Hyperlinks

Hyperlinks verbinden HTML-Dokumente. Der Betrachter muss nur einen Hyperlink mit der Maus anklicken, und schon gelangt er zu einer anderen Seite.

Ein Hyperlink befindet sich innerhalb des Containers `<a>` ... `</a>`. Der Wert des Attributs `href` gibt das Ziel des Hyperlinks (auch Verweisziel genannt) an. Nehmen wir zunächst einmal vereinfachend an, dass sich alle beteiligten Dateien innerhalb des gleichen Verzeichnisses befinden. Durch Anklicken des Hyperlinks im folgenden Beispiel gelangt der Betrachter zur ersten Beispielseite dieses Abschnitts.

<a href = ... >
... </a>

```
<html>
<body>
<p>Zur <a href="p901.htm">ersten</a> Datei</p>
<p>Klicken Sie mit der Maus auf das unterstrichene Wort</p>
</body>
</html>
```

Listing A.4 Datei p906.htm

Bilder können auch als Hyperlinks dienen (siehe Bonuskapitel *HTML ausführlich* auf der CD). Und Ziele von Hyperlinks können auch PHP-Programme sein (siehe Abschnitt 3.4.6).

[∥]

Übung P906

Erweitern Sie das oben angegebene Beispiel. Fügen Sie vier weitere Hyperlinks hinzu, die zu den restlichen Dateien dieses Abschnitts führen (*p902.htm* bis *p905.htm*) sollen. Die Seite soll wie folgt aussehen:

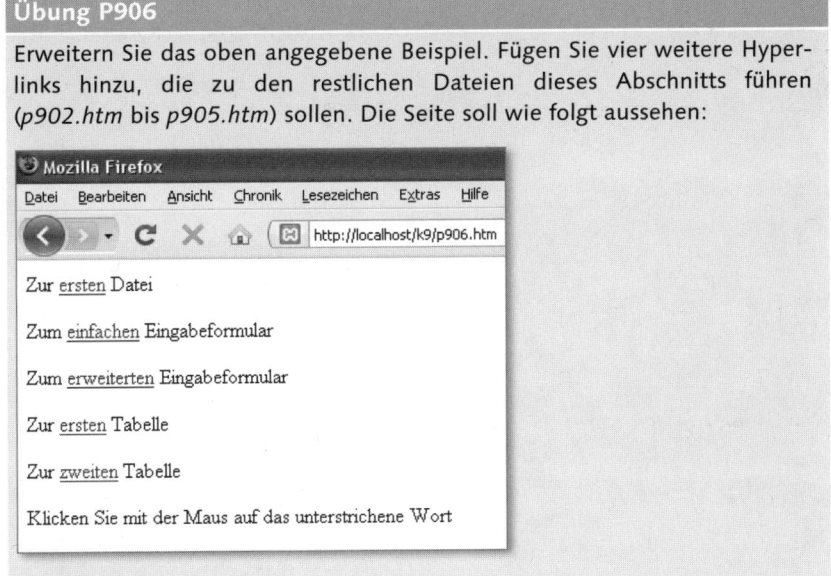

Abbildung A.6 Ergebnis von Übung P906

B   Installationen

In diesem Kapitel werden zwei unterschiedliche Installationsarten für PHP und die zugehörige Software beschrieben:

▶ Installation des fertig vorkonfigurierten, frei verfügbaren Pakets XAMPP, inkl. Apache, PHP 5.3, MySQL 5.1, Mercury Mail Server und vielem mehr.

▶ Installation der einzelnen Software-Komponenten, u.a. mit PHP 5.3.0 und MySQL 5.4.3 beta.

Die erste Installationsart (mit XAMPP) wird empfohlen. Sie ist einfacher, insbesondere für Einsteiger. Die Beispiele in diesem Buch verhalten sich unter beiden PHP-Versionen gleich.

Die FTP-Clients WS_FTP LE und FileZilla bieten die Möglichkeit, eigene PHP-Programme ins Internet zu transferieren. Die Installation der beiden Programme wird in einem eigenen Abschnitt beschrieben.

Ebenfalls auf der CD enthalten ist der frei verfügbare Editor Notepad++, Version 5.5.1. Er zeichnet sich unter anderem durch die Syntaxhervorhebung für die verschiedenen Sprachen (wie zum Beispiel HTML, PHP oder JavaScript) aus.

B.1   Installation des Pakets XAMPP

Auf der CD zum Buch finden Sie das Paket XAMPP (Version 1.7.2 für Windows). Etwaige aktuellere Versionen können Sie auch von der Internetseite *http://www.apachefriends.de* herunterladen. XAMPP beinhaltet (bis auf einen Editor) alle notwendigen Bestandteile, die der angehende PHP-Programmierer benötigt.

Dies sind unter anderem:

▶ der Webserver Apache,Version 2.2.12

▶ PHP selbst, Version 5.3.0

▶ der Datenbankserver MySQL, Version 5.1.37

▶ die Benutzeroberfläche phpMyAdmin für MySQL, Version 3.2.0.1

▶ die Bibliotheken GD (Grafiken), Ming (Flash-Anwendungen), FPDF
(PDF-Dokumente) und SQLite (Datenbanken in Textdateien)

▶ der Mercury Mail Server, Version 4.62

Durch den Aufruf der Datei *xampp-win32-1.7.2.exe* wird die Installation
eingeleitet. Das vorgeschlagene Zielverzeichnis (*Destination Folder*) C:\
sollten Sie beibehalten. Nach der Betätigung des Buttons INSTALL startet
die eigentliche Installation (Abbildung B.1).

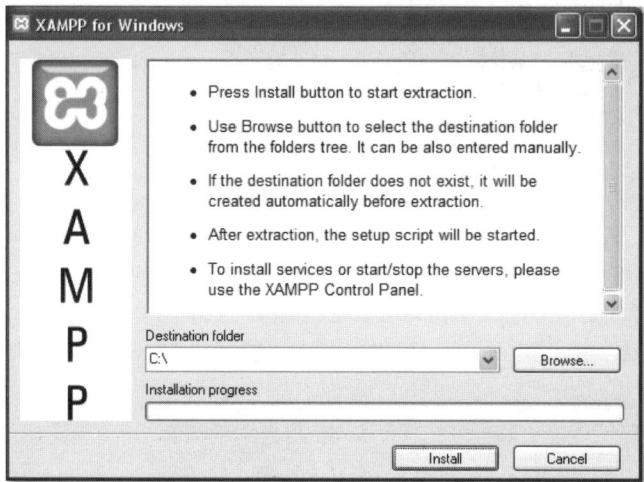

Abbildung B.1   Zielverzeichnis

Es wird zunächst danach gefragt, ob Verknüpfungen im Startmenü und
auf dem Desktop angelegt werden sollen. Dies können Sie wie vorgeschlagen mit »y« beantworten (Abbildung B.2).

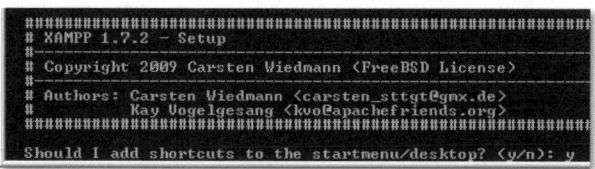

Abbildung B.2   Verknüpfungen

Auch die nächste Frage beantworten Sie wie vorgeschlagen mit »y«
(Abbildung B.3).

Die Entwicklungsumgebung wird auf der Festplatte mit Diensten und
festgelegten Laufwerksbuchstaben angelegt, daher wird nun wie vorgeschlagen mit »n« geantwortet (Abbildung B.4).

Abbildung B.3

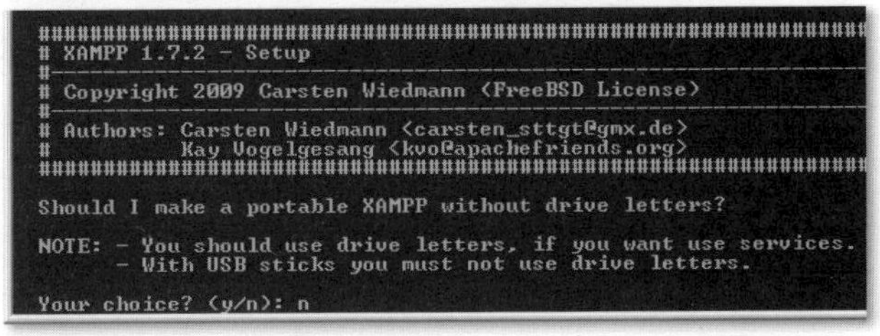

Abbildung B.4   Dienste

XAMPP meldet sich mit *Fertig zur Benutzung*. Die Zeitzone wird anschließend wie vorgeschlagen mit *Europe/Paris* bestätigt (Abbildung B.5).

Abbildung B.5   Zeitzone

Das Installationsmenü können Sie durch die Eingabe von »x« beenden (Abbildung B.6).

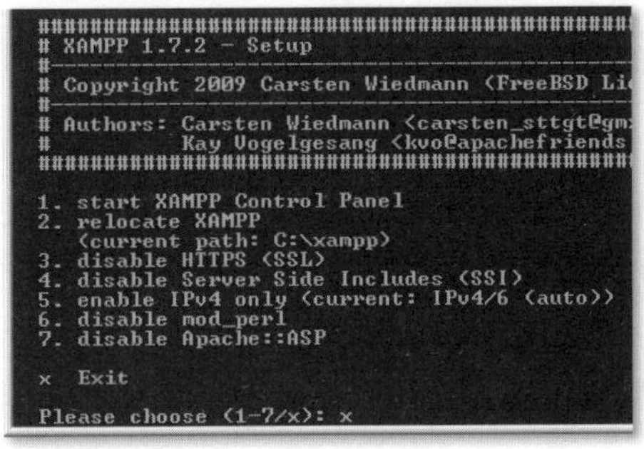

Abbildung B.6   Installationsmenü beenden

Der Apache Webserver und der MySQL-Datenbankserver müssen dann vor der Benutzung über das XAMPP Control Panel (Abbildung B.7) über die beiden Buttons Start gestartet werden. Dies hat den Vorteil, dass die beiden Server nur dann laufen, wenn Sie sich mit PHP und MySQL beschäftigen.

Das XAMPP Control Panel finden Sie auf dem Desktop oder auch unter Startmenü / Programme / XAMPP for Windows.

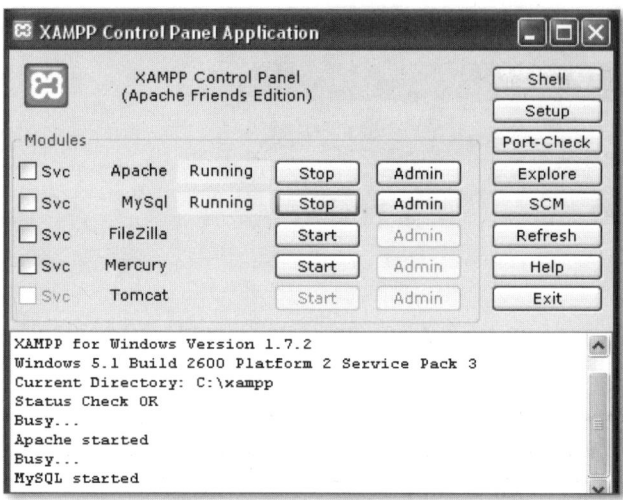

Abbildung B.7 XAMPP Control Panel

Die Adresse der XAMPP-Hauptseite lautet nach der Installation *http://localhost*. Die eigenen PHP-Programme müssen im Unterverzeichnis *htdocs* der XAMPP-Installation oder in Verzeichnissen darunter gespeichert werden. Die Beispiele zu den verschiedenen Kapiteln dieses Buchs wurden in den Unterverzeichnissen *htdocs/k2* bis *htdocs/k9* abgelegt.

B.2 Installation der einzelnen Software-Komponenten

Wenn Sie die jeweils aktuellsten Versionen nutzen möchten, z. B. MySQL 5.4, können Sie vorgehen wie in den folgenden Abschnitten beschrieben.

B.2.1 Installation Apache Webserver

Auf der CD zum Buch finden Sie den Apache Webserver (Version 2.2.14 für Windows, mit SSL). Sie können ihn auch über *http://www.apache.org* herunterladen. Durch den Aufruf der Datei *apache_2.2.14-win32-x86-no_ssl.msi* wird der Installationsvorgang eingeleitet.

Für ein PHP-Entwicklungssystem zu Hause können Sie als Serverinformationen beliebige Einträge vornehmen. Sie können Apache für alle Benutzer als Dienst installieren.

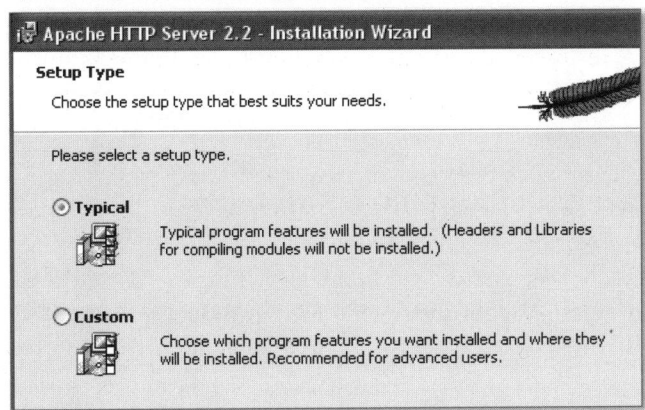

Abbildung B.8 Serverinformationen

Als Installationstyp wählen Sie *Typical*:

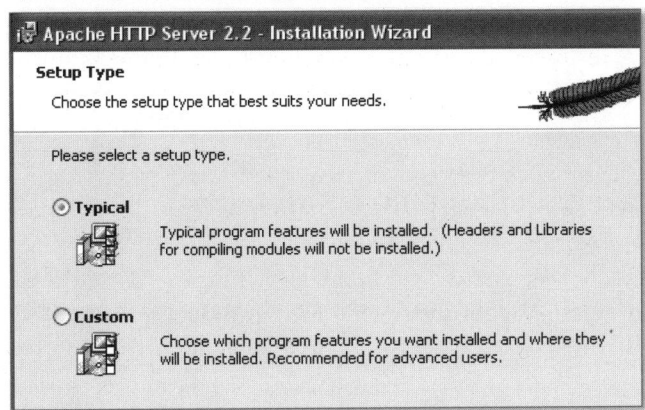

Abbildung B.9 Installationstyp

Ändern Sie das Installationsverzeichnis auf *C:\Apache*:

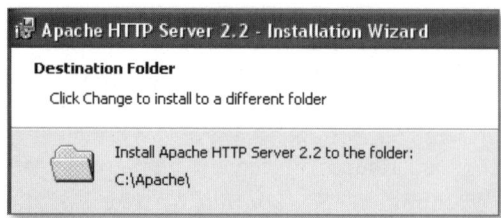

Abbildung B.10 Installationsverzeichnis

Nach diesen Eingaben startet die Installation.

Nach dem Ende der Installation erscheint das Apache-Symbol in der unteren Leiste, mit einem kleinen grünen Pfeil. Dies kennzeichnet, dass der Apache Webserver läuft (Abbildung B.11).

Abbildung B.11 Server-Icon

Über das Symbol gelangen Sie zum Dialogfeld APACHE SERVICE MONITOR. Hier können Sie den Dienst stoppen bzw. starten (Abbildung B.12).

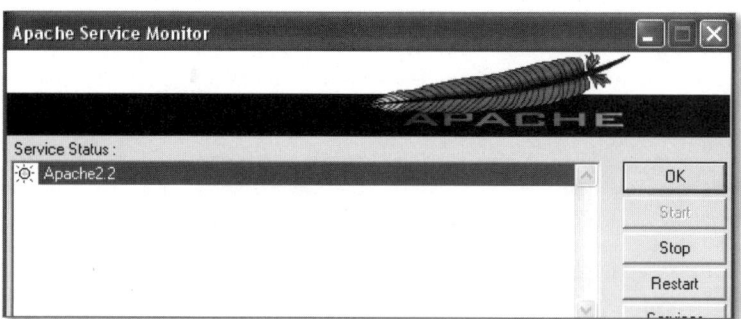

Abbildung B.12 Apache Service Monitor

Bei laufendem Apache Webserver erscheint nach Eingabe der Adresse *http://localhost* in einem Webbrowser eine Erfolgsmeldung (Abbildung B.13).

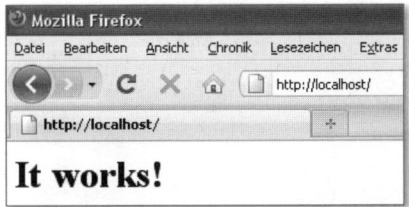

Abbildung B.13   Apache läuft.

B.2.2   Installation PHP

Die Version von PHP 5.3 ist auf der CD zum Buch zu finden. Sie können
PHP auch über *http://www.php.net* herunterladen. Hier ist zu beachten:
Die Version VC6 dient zur Zusammenarbeit mit einem Apache Webser-
ver, die Version VC9 arbeitet mit dem IIS von Microsoft zusammen.
Durch den Aufruf der Datei *php-5.3.0-Win32-VC6-x86.msi* wird der
Installationsvorgang eingeleitet. Ändern Sie das Installationsverzeichnis
auf *C:\PHP* (Abbildung B.14).

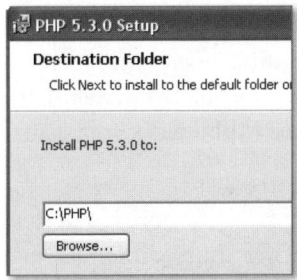

Abbildung B.14   PHP-Installationsverzeichnis

Als Webserver wählen Sie *Apache 2.2.x Module* (Abbildung B.15).

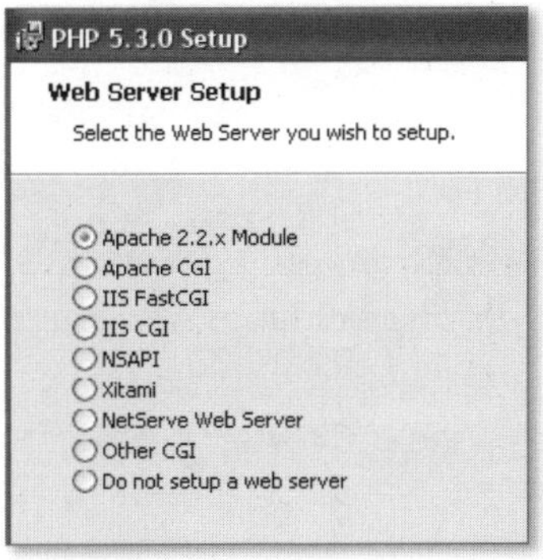

Abbildung B.15   Auswahl des Webservers

Anschließend wählen Sie das Installationsverzeichnis *C:\Apache* des Apache Webservers aus (Abbildung B.16), damit dort die PHP-spezifischen Änderungen vorgenommen werden können.

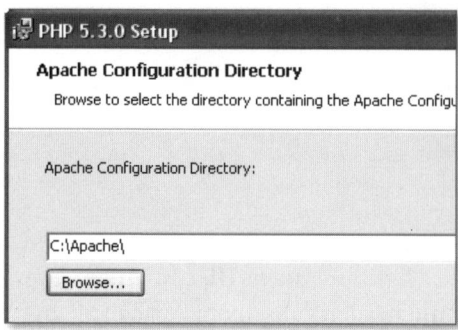

Abbildung B.16 Apache Webserver-Installationsverzeichnis

Die voreingestellte Auswahl der Programmelemente und Extensions bleibt bis auf zwei Ausnahmen unverändert: SQLite (bis zur Version 2) und das PHP-Manual werden mit installiert (Abbildung B.17).

Bei Bedarf können Sie zu einem späteren Zeitpunkt noch einzelne Programmelemente und Extensions von PHP hinzufügen oder löschen. Dies geht über STARTMENÜ • EINSTELLUNGEN • SYSTEMSTEUERUNG • SOFTWARE, Listenelement PHP 5.3.0, Button ÄNDERN.

Diese Installation von PHP (sowie auch jede spätere Änderung) ändert die Konfiguration des Apache Webservers. Daher muss dieser jeweils über den Apache Service Monitor neu gestartet werden.

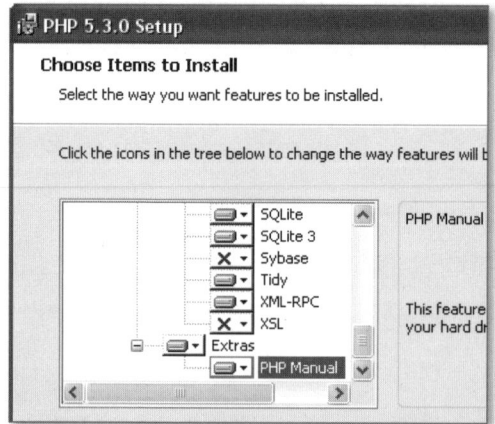

Abbildung B.17 Programmelemente und Erweiterungen

Zum Testen der erfolgreichen Installation von PHP wird der nachfolgende PHP-Code in der Datei *C:\Apache\htdocs\phpinfo.php* gespeichert:

```
<html>
<body>
<?php
  phpinfo();
?>
</body>
</html>
```

Listing B.1   Datei phpinfo.php

Nach der Eingabe der zugehörigen Adresse auf dem lokalen Webserver (*http://localhost/phpinfo.php*) in einem Webbrowser erscheint eine ausführliche Beschreibung der installierten PHP-Version und ihrer Erweiterungen (Abbildung B.18).

In der Datei *C:\PHP\php.ini* können für ein Entwicklungssystem zur genauen Anzeige von Warnungen und Fehlern die folgenden Einstellungen gewählt werden (siehe auch Abschnitt 7.5):

```
display_errors = On
error_reporting = E_ALL | E_STRICT
```

Auch nach dieser Änderung muss der Apache Webserver neu gestartet werden, damit die Änderung wirksam wird.

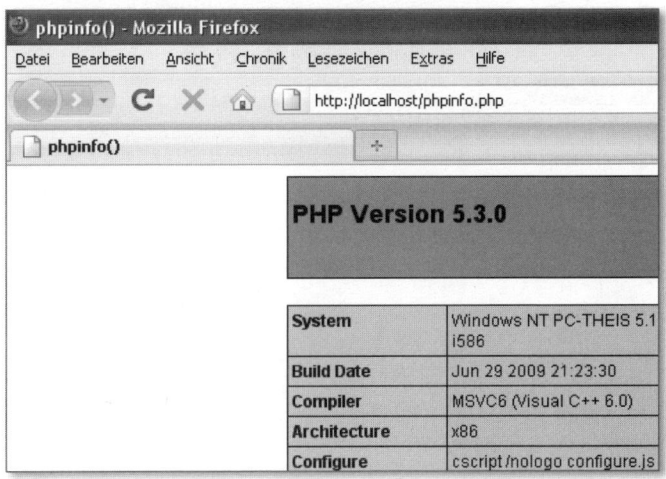

Abbildung B.18   Ausgabe von phpinfo.php (Ausschnitt)

B.2.3 Installation MySQL

Auf der CD zum Buch finden Sie MySQL in der Version 5.4.3. Sie können MySQL auch von der Internetseite *http://www.mysql.com* herunterladen. Durch den Aufruf der Datei *mysql-essential-5.4.3-beta-win32.msi* wird der Installationsvorgang eingeleitet.

Als Installationstyp wählen Sie *Custom* (Abbildung B.19).

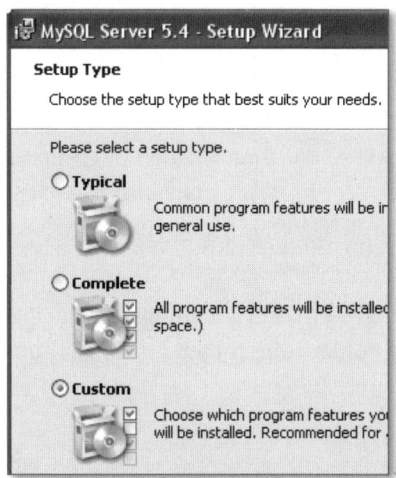

Abbildung B.19 Auswählen des Installationstyps

An den Programm-Features wird nichts geändert außer dem Installationspfad (*C:\MySQL*).

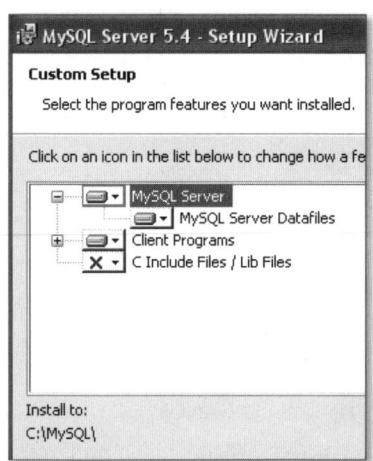

Abbildung B.20 Programm-Features

Nach der Installation wählen Sie aus, dass der Datenbankserver konfiguriert werden soll (Abbildung B.21).

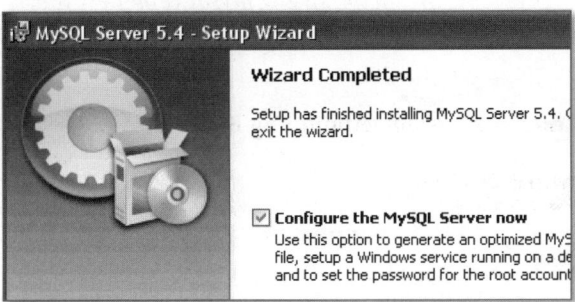

Abbildung B.21   Von der Installation zur Konfiguration

Stellen Sie die Standardkonfiguration ein (Abbildung B.22).

MySQL wird als automatisch startender Dienst mit dem Namen *MySQL* installiert (Abbildung B.23). Außerdem wird ermöglicht, mit der MySQL-Kommandozeile zu arbeiten.

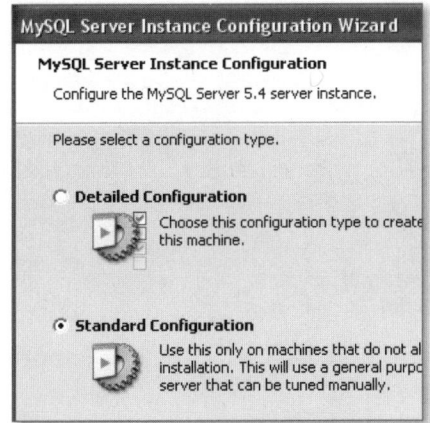

Abbildung B.22   Konfigurationstyp

Die Sicherheitseinstellungen werden verändert. Das aktuelle Passwort für den User `root` ist bei einer Erstinstallation eine leere Zeichenkette, also wird bei Current Password nichts eingetragen. Das neue Passwort (hier z.B. »toor«) wird zweimal eingetragen (Abbildung B.24).

Damit wird die spätere Einzelinstallation von phpMyAdmin mit dem Zugriff auf den MySQL-Datenbankserver ermöglicht. Anschließend wird die Installation zu Ende geführt und der MySQL-Datenbankserver läuft.

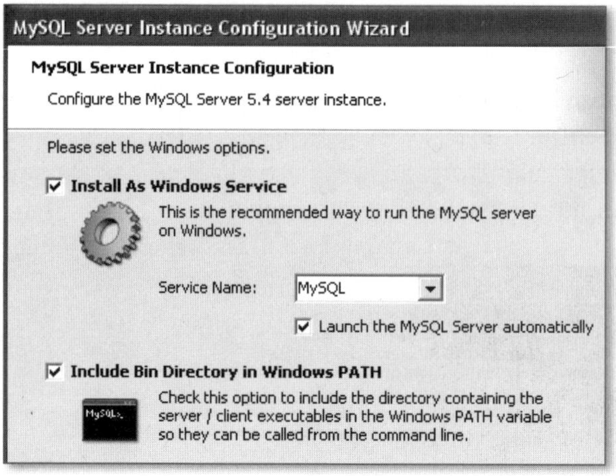

Abbildung B.23 MySQL als Dienst einstellen (Kommandozeile)

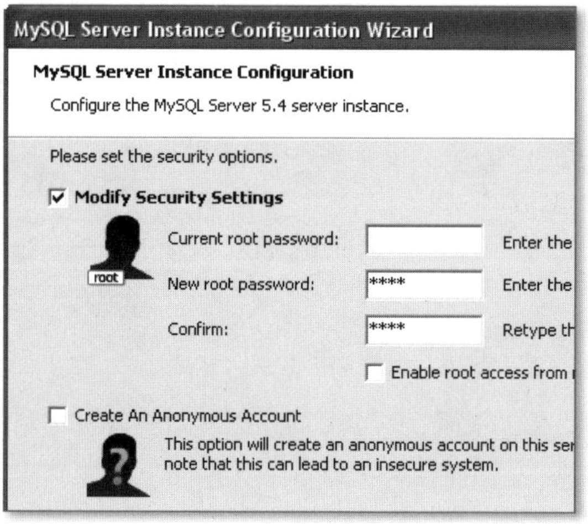

Abbildung B.24 Sicherheitseinstellungen

In allen PHP-Programmen, die auf den MySQL-Datenbankserver zugreifen, muss dann allerdings der Aufruf der Funktion `mysql_connect()` wie folgt geändert werden:

```
mysql_connect("", "root", "toor");
```

Diese Funktion wird erstmalig im Programm *p401.php* aufgerufen.

Zum Testen des MySQL-Datenbankservers können Sie den MYSQL-Monitor nutzen. Dorthin gelangen Sie über STARTMENÜ • PROGRAMME • MYSQL • MYSQL SERVER 5.4 • MYSQL COMMAND LINE CLIENT. Bei der

Nachfrage nach dem Passwort geben Sie das soeben vergebene neue Passwort ein (hier z.B. »toor«).

In diesem Kommandozeilentool können Sie MySQL-Kommandos oder SQL-Befehle zur Arbeit mit den Datenbanken eingeben, z.B. `show databases;` zur Anzeige aller vorhandenen Datenbanken (Abbildung B.25). Der Client kann mit `exit` wieder verlassen werden.

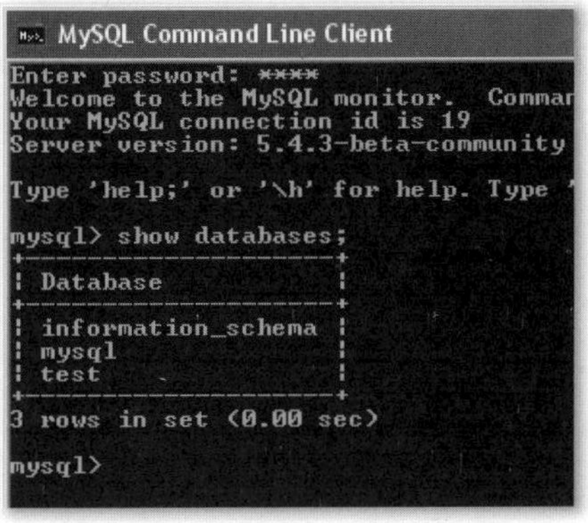

Abbildung B.25 MySQL Command Line Client

B.2.4 Installation phpMyAdmin

Die Software phpMyAdmin, Version 3.2.2 bietet eine Benutzeroberfläche für MySQL-Datenbanken und ist auf der CD zum Buch enthalten. Sie können sie auch über die Internetseite *http://www.phpmyadmin.net* herunterladen.

Die Datei *phpMyAdmin-3.2.2-all-languages.zip* kann in ein beliebiges, temporäres Verzeichnis entpackt werden. Anschließend steht das Verzeichnis *phpMyAdmin-3.2.2-all-languages* zur Verfügung. Dieses sollten Sie umbennen, zum Beispiel in *phpMyAdmin,* und in das Verzeichnis *C:\ Apache\htdocs* verschieben.

Nach dem Entpacken und dem Umbenennen des Verzeichnisses sollten Sie die nachfolgend angegebene Datei *config.inc.php* von der CD in das Verzeichnis *C:\Apache\htdocs\phpMyAdmin* kopieren. Sie beinhaltet die wichtigsten Zugangseinstellungen für den MySQL-Datenbankserver, u. a. das soeben vergebene neue Passwort:

```php
<?php
    $i = 0;
    $i++;
    $cfg['Servers'][$i]['auth_type'] = 'config';
```

```
$cfg['Servers'][$i]['user'] = 'root';
$cfg['Servers'][$i]['password'] = 'toor';
$cfg['Servers'][$i]['AllowNoPasswordRoot'] = true;
?>
```

Listing B.2 Datei config.inc.php

Anschließend können Sie die Benutzeroberfläche durch Eingabe der Adresse *http://localhost/phpMyAdmin/index.php* im Webbrowser aufrufen.

Abbildung B.26 Benutzeroberfläche phpMyAdmin

Falls Sie das Passwort des Benutzers *root* später noch einmal ändern möchten, geht dies z.B. über den MySQL Command Line Client mit den beiden folgenden Anweisungen:

```
update mysql.user set password=password('abcde')
   where user='root';
flush privileges;
```

Die erste Anweisung setzt das Passwort auf 'abcde', die zweite Anweisung weist MySQL an, die Benutzerrechte neu zu laden.

B.3   Installation des FTP-Programm WS_FTP LE

Nach dem Aufruf der Datei *ws_ftple.exe* können Sie einfach den Installationsschritten folgen. Dabei müssen Sie einige Fragen zum Nutzertyp beantworten. Der erste, eigentliche Konfigurationsschritt erfolgt mit der

Frage, aus welchem lokalen Verzeichnis man bevorzugt hochladen möchte. Dieses Verzeichnis wird bei einer späteren Verbindung zum FTP-Server auf der linken Seite eingeblendet.

Nach erfolgter Installation rufen Sie das Programm auf und können nun unmittelbar eine Verbindung zum FTP-Server der Herstellerfirma Ipswitch aufnehmen.

Zum Anlegen einer Verbindung zum eigenen FTP-Server drücken Sie den Button NEW. Tragen Sie einen beliebigen Profilnamen für diese Verbindung ein. Anschließend tragen Sie den Namen des FTP-Servers, Ihre User-ID und Ihr Passwort ein. Diese Daten werden vom Provider zur Verfügung gestellt. Es ist ratsam, die Checkbox *Save Password* anzuklicken.

FTP-Server,
User-ID, Passwort

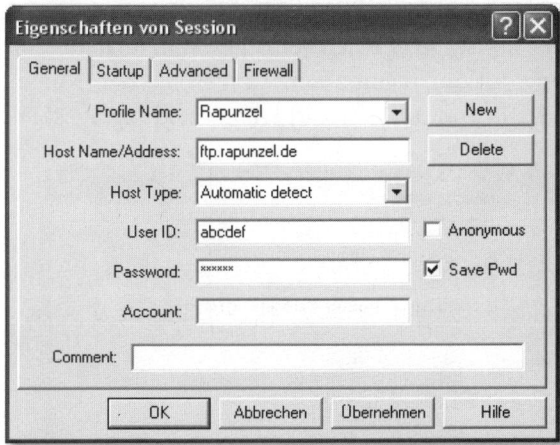

Abbildung B.27   Daten der neuen Verbindung

Mit dem Button OK werden die Verbindungsdaten gespeichert, und es wird unmittelbar versucht, eine Verbindung aufzubauen. Nach erfolgreicher Verbindung ist auf der linken Seite das lokale Verzeichnis zu sehen (*Local System*) und auf der rechten Seite das Verzeichnis auf dem FTP-Server (*Remote Site*). Die weitere Bedienung können Sie Abschnitt 3.6 entnehmen.

B.4   Installation des FTP-Clients FileZilla

Nach dem Aufruf der Datei *FileZilla_3.2.8.1_win32-setup.exe* können Sie einfach den Installationsschritten folgen. Nach dem Start des Programms können Sie den Bildschirm etwas übersichtlicher gestalten und über das Menü Ansicht die folgenden Fenster ausschalten:

▶ Statusleisten für Verzeichnisanzeige

▶ Quickconnect-Leiste

▶ Lokaler Verzeichnisbaum

▶ Server-Verzeichnisbaum

▶ Transfer-Warteschlange

Anschließend rufen Sie den Menüpunkt DATEI • SERVERMANAGER auf, um die Daten der Verbindung zum FTP-Server der eigenen Website einzutragen.

Im Dialogfeld SERVERMANAGER betätigen Sie zunächst den Button NEUER SERVER. Tragen Sie auf der linken Seite einen selbstgewählten Namen für die neue Verbindung ein. Auf der rechten Seite tragen Sie den Namen des FTP-Servers, Ihre User-ID und Ihr Passwort ein (Abbildung 1.28).

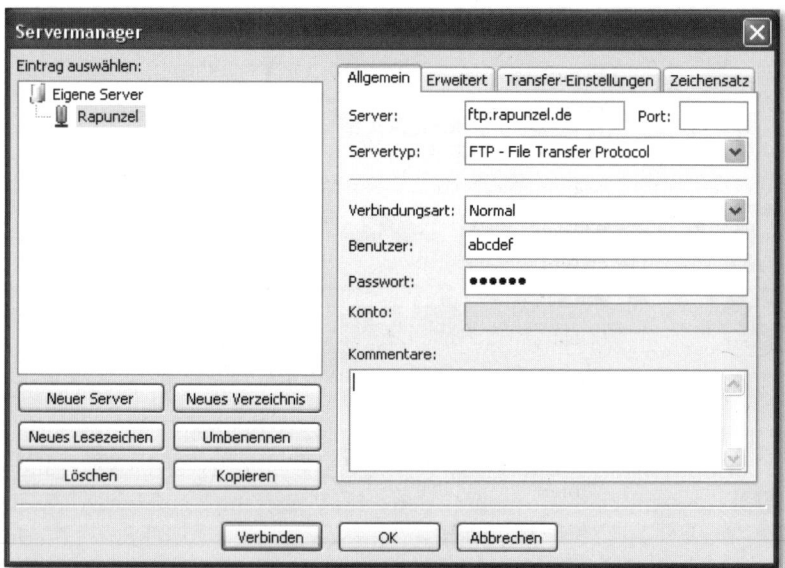

Abbildung B.28 Neue Verbindung eintragen

Anschließend können Sie über den Button VERBINDEN unmittelbar eine Verbindung mit dem FTP-Server aufnehmen. Die Verbindungsdaten sind gespeichert und über den Servermanager weiterhin erreichbar.

C Liste der reservierten Wörter in PHP

Den reservierten Wörtern kommt eine besondere Bedeutung zu: Keines der Wörter in Tabelle C.1 dürfen Sie als Namen für eine eigene Variable, Konstante, Klasse, Funktion oder Methode nutzen.

Die Tabelle beginnt mit den magischen Konstanten, erkennbar an den doppelten Unterstrichen vor und nach dem Namen, siehe auch Abschnitt 5.11.

Wort	Erläuterung
__CLASS__	Name einer Klasse
__FILE__	vollständiger Pfad- und Dateiname einer Datei
__FUNCTION__	Name der Funktion
__LINE__	Zeilennummer
__METHOD__	Name einer Klassenmethode
abstract	Beginnt die Definition einer abstrakten Klasse.
and	logisches Und
array()	Erstellt ein Array.
as	Wird in einer foreach-Schleife eingesetzt.
break	Bricht eine Schleife oder einen switch-Block ab.
case	Wird in einem switch-Block eingesetzt.
catch	Fängt eine Ausnahme.
class	Beginnt die Definition einer Klasse.
clone	Kopiert ein Objekt.
const	Klassenkonstante
continue	Setzt eine Schleife unmittelbar fort.
declare	Legt die Ausführung eines Codeblocks fest.
default	Default-Fall eines switch-Blocks
die()	Gibt eine Nachricht aus, beendet das PHP-Skript.
do	Wird in einer do-while-Schleife eingesetzt.
echo()	Gibt eine Zeichenkette aus.
else	Wird in einer if-else-Verzweigung eingesetzt.

Tabelle C.1 Liste der reservierten Wörter

Wort	Erläuterung
elseif	Wird in einer if-else-Verzweigung eingesetzt.
empty()	Prüft, ob eine Variable leer ist oder den Wert 0 enthält.
enddeclare	Wird zusammen mit declare eingesetzt.
endfor	Beendet eine for-Schleife (mit HTML).
endforeach	Beendet eine foreach-Schleife (mit HTML).
endif	Beendet eine if-Verzweigung (mit HTML).
endswitch	Beendet einen switch-Block (mit HTML).
endwhile	Beendet eine while-Schleife (mit HTML).
eval()	Wertet Zeichenkette als PHP-Code aus.
exception	vordefinierte Klasse für Ausnahmen
exit()	Beendet ein PHP-Skript.
extends	zur Vererbung einer Klasse
final	Bewahrt Klassenmethode bei Vererbung vor Überladung.
for	Schleife
foreach	Schleife
function	Definiert eine Funktion.
global	Erweitert Gültigkeitsbereich einer Variablen
if	Verzweigung
implements	Implementiert eine Schnittstelle (Interface).
include()	Bindet externen Code ein; bricht bei einem Fehler nicht ab.
include_once()	Bindet externen Code einmalig ein; bricht bei einem Fehler nicht ab.
interface	Definiert eine Schnittstelle (Interface).
isset()	Prüft, ob eine Variable existiert.
list()	Behandelt eine Variable wie ein Array.
new	Erzeugt eine Instanz einer Klasse.
old_function	Erlaubt den Einsatz einer Funktion wie in PHP/FI 2.
or	logisches Oder
php_user_filter	vordefinierte Klasse für einen Stream-Filter
print()	Gibt eine Zeichenkette aus.
private	Klasseneigenschaft oder -methode (KE/KM) – nur in Klasse sichtbar
protected	KE/KM – nur in Klasse und abgeleiteten Klassen sichtbar
public	KE/KM – überall sichtbar
require()	Bindet externen Code ein; bricht bei einem Fehler ab.
require_once()	Bindet externen Code einmalig ein, bricht bei Fehler ab

Tabelle C.1 Liste der reservierten Wörter (Forts.)

Wort	Erläuterung
return()	Beendet eine Funktion und liefert einen Rückgabewert.
static	lokale Variable – behält ihren Wert
switch	Verzweigung
this	aktuelles Objekt
throw	Wirft eine Ausnahme.
try	Versucht, Anweisungen auszuführen, gegebenfalls eine Ausnahme
unset()	Löscht eine Variable.
use	Macht eine Variable in einer Lambda-Funktion sichtbar.
var	Erzeugt eine öffentliche Klasseneigenschaft (PHP4).
while	Schleife
xor	logisches exklusives Oder

Tabelle C.1 Liste der reservierten Wörter (Forts.)

Index

 Video-Training

Ideal für Programmieranfänger – lernen durch Zuschauen

Die PHP- und MySQL-Grundlagen

Sicher programmieren von Anfang an

Benjamin Bischoff

PHP 5.3 und MySQL 5.1

Das Training für Einsteiger

Aller Anfang ist schwer – und gerade für Autodidakten ist es häufig mühsam, die Grundlagen des Programmierens zu erlernen. Daher haben wir dieses Video-Training speziell auf die Bedürfnisse von Programmier-Einsteigern zugeschnitten. Unser Trainer Benjamin Bischoff zeigt Ihnen Schritt für Schritt, wie Sie sich in PHP ausdrücken und mit Webserver und Datenbank kommunizieren.

DVD, Win, Mac, Linux, 64 Lektionen, 08:30 Stunden Spielzeit, 29,90 Euro, 49,90 CHF
ISBN 978-3-8362-1329-5

>> www.galileocomputing.de/1977

Grundlagen, Anwendung, Praxiswissen

Objektorientierung, Sicherheit, MVC, inkl. CakePHP

Fortgeschrittene MySQL-Techniken, Web 2.0, Datenbank-Tuning

Gunnar Thies, Stefan Reimers

PHP 5.3 und MySQL 5.1

Das umfassende Handbuch

Das Buch richtet sich an ambitionierte Einsteiger und fortgeschrittene Entwickler, die umfangreiches Grundwissen in der Datenbankentwicklung und Programmierung mit PHP erhalten möchten.
Der Autor bietet Ihnen eine praxisorientierte Einführung in Techniken, Arbeitsweisen und Werkzeuge für Ihre datenbankgestützte Webseite mit PHP und MySQL.

1051 S., 2. Auflage 2009, mit CD, 39,90 Euro, 67,90 CHF
ISBN 978-3-8362-1377-6

>> www.galileocomputing.de/2078

CSS-Prinzipien verstehen und sicher anwenden

Analyse und Fehlerbehebung von CSS-Layouts

Verschachtelte Navigationslisten, Mehrspaltenlayouts, Typografie u.v.m. Inkl. IE 8

Corina Rudel, Ingo Chao

Fortgeschrittene CSS-Techniken

Inkl. Debugging

In drei umfangreichen und reich illustrierten Teilen zeigen Ihnen die beiden Autoren Corina Rudel und Ingo Chao die Vielfalt der CSS-Prinzipien. Anhand von vielen Kurzbeispielen stellen sie kompetent den Umgang mit Inkonsistenzen in modernen Browsern dar und vermitteln professionelle Debugging-Techniken.

436 S., 2. Auflage, komplett in Farbe, mit DVD, 39,90 Euro, 67,90 CHF
ISBN 978-3-8362-1426-1

>> www.galileocomputing.de/2148

Auf CD-ROM: Übungssoftware
SQL-Teacher

Inkl. SQL Syntax von MySQL, Access,
SQL Server, Oracle, PostgreSQL, DB2
und Firebird

Inkl. Referenzkarte mit SQL-Syntax

Marcus Throll, Oliver Bartosch

Einstieg in SQL

Verstehen, einsetzen, nachschlagen

Eine übersichtliche Strukturierung, zahlreiche Praxisbeispiele und die
Übungssoftware auf CD machen dieses Buch zum perfekten Lehrwerk
für Universität und beruflichen Einsatz. Alle wichtigen Themen von der
Anlage der Datenbank über Abfragen bis zur Arbeit mit
Rechteverwaltung und Automatisierung werden behandelt.

317 S., 3. Auflage 2010, mit CD und Referenzkarte, 24,90 Euro, 42,90 CHF
ISBN 978-3-8362-1442-1

>> www.galileocomputing.de/2162

Installation, Grundlagen, Praxiseinsatz

Model View Controller (MVC) in Theorie und Praxis

Rechtemanagement, Caching, Sicherheitslösungen, Webservices u.v.m.

Carsten Möhrke

Zend Framework

Das Entwickler-Handbuch

Das Buch bietet eine praxisbezogene Einführung in die Entwicklung von PHP-Anwendungen mit dem Framework.

420 S., 2008, mit CD, 39,90 Euro, 67,90 CHF
ISBN 978-3-8362-1068-3

>> **www.galileocomputing.de/1540**

Galileo Computing

Von der ersten Idee bis zur fertigen Website

Webdesignen wie die Profis

Kreativ mit Webstandards

Manuela Hoffmann

Modernes Webdesign

Gestaltungsprinzipien, Webstandards, Praxis

Ein Wegweiser für modernes Webdesign, der gleichzeitig Praxis, Anleitung und Inspiration liefert. Die Grafikerin und Webdesignerin Manuela Hoffmann (pixelgraphix.de) führt Sie von der Idee über erste Entwürfe bis hin zur technischen Umsetzung mit HTML und CSS. Inkl. Vorlagen und Templates für Photoshop und WordPress

ca. 400 S., komplett in Farbe, mit DVD, 39,90 Euro, 67,90 CHF
ISBN 978-3-8362-1502-2, Dezember 2009

>> www.galileodesign.de/2244

In unserem Webshop finden Sie unser aktuelles
Programm mit ausführlichen Informationen,
umfassenden Leseproben, kostenlosen Video-Lektionen –
und dazu die Möglichkeit der Volltextsuche in allen Büchern.

www.galileocomputing.de

Galileo Computing

Wissen, wie's geht.